高等院校经济与管理各专业通选系列教材

品牌传播与管理

舒咏平　郑伶俐　著

首都经济贸易大学出版社
·北　京·

图书在版编目(CIP)数据

品牌传播与管理/舒咏平,郑伶俐著. -北京:首都经济贸易大学出版社,2008.3

(高等院校经济与管理各专业通选系列教材)

ISBN 978-7-5638-1443-5

Ⅰ.品… Ⅱ.①舒… ②郑… Ⅲ.企业管理-质量管理-高等学校-教材 Ⅳ.F273.2

中国版本图书馆 CIP 数据核字(2007)第 136508 号

品牌传播与管理

舒咏平　郑伶俐　著

出版发行　首都经济贸易大学出版社

地　　址　北京市朝阳区红庙（邮编 100026）

电　　话　(010)65976483　65065761　65071505(传真)

网　　址　http://www.sjmcb.com

E-mail　publish@cueb.edu.cn

经　　销　全国新华书店

照　　排　首都经济贸易大学出版社激光照排服务部

印　　刷　北京地泰德印刷有限责任公司

开　　本　787 毫米×980 毫米　1/16

字　　数　504 千字

印　　张　26.25

版　　次　2008 年 3 月第 1 版第 1 次印刷

印　　数　1~5 000

书　　号　ISBN 978-7-5638-1443-5/F·844

定　　价　35.00 元

Preface 序言

PREFACE

2007 年,我想对于中国企业家来说,这是个备受刺激的年份:当我们的产品以优于美国的产品合格率走向国际市场,却屡屡受到挑剔与指责。如果说,前些年对于由“中国制造”走向“中国创造”的讨论已经在现实分析与理论推演上达成共识,但2007 年的这场产品质量的暴风雨则更刺痛了国人的神经。由此,技术自主创新、品牌自主打造,成为中国企业界的不二选择。

而对于中国自主品牌发展的研究,目前更多地体现在品牌的营销与管理上,也有少量的品牌整合传播类书籍开始问世;但品牌传播与管理从来就是难以分离的,而对二者结合起来进行的研究却尚不多见。因此,本书结合企业实施品牌战略的具体实践,吸收现有的品牌研究成果,形成了富有实战价值的品牌传播与管理的逻辑体系。其可图示为:

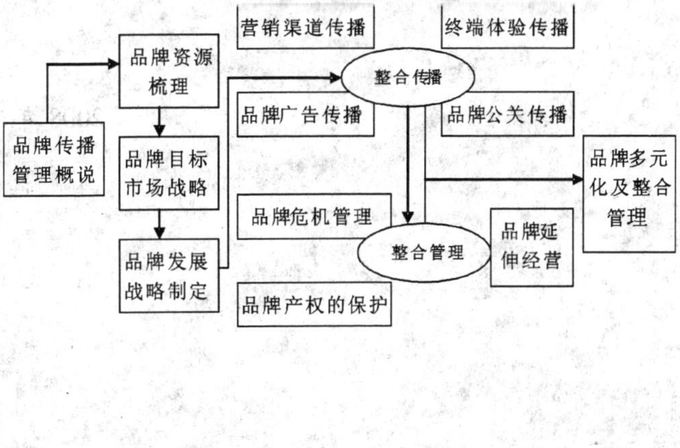

在上图中，我们可以一目了然地看到，除了本书前后两章分别为概论与整合性收束，其他各章实际上分为了三大板块：品牌战略板块——品牌资源梳理、品牌目标市场战略和品牌发展战略制定；整合传播板块——营销渠道传播、终端体验传播、广告传播和公关传播；品牌整合管理板块——品牌危机管理、产权管理和延伸管理。也正是这三大板块内容形成有机的整体，从而帮助读者整体性地把握品牌传播与管理的基本理论与知识，并运用到我国自主品牌创新与发展的实践中。

目前，中国已经进入一个由制造导向朝创新导向过渡的全新时代，中国的 GDP 已位于全球的第四位，中国的外贸已位于全球第三位，中国的外汇储备已位于全球第一位，但全球一百个最强势品牌中中国依然榜上无名。中国的 GDP 占世界总量的 5% ~6%，但中国却消耗了世界上主要资源和能源的 20% ~30%。中国的土地、环境、资源、能源、劳动力都已经到了无法承受低层次制造的时候。因此，自主创新，提升产品结构，增加附加值，打造自主品牌，履行科学发展观，构建和谐社会已是迫在眉睫。当本书出版面世的时候，时间已经跨入 2008 年，而这新的一年将注定被书写进中国乃至世界的历史：北京奥运会将成功举办！这一事件从品牌角度阐释，将是：

“中国”整体品牌向全世界精彩亮相传播；

中国品牌的文化软实力彰显丰厚的魅力；

“中国人”的整体品牌前所未有地获得世界的尊重；

而更多的中国创造之品牌耀眼于世界经济奥林匹克舞台；

……

北京奥运会将必然地带动“中”字号品牌全面提升，那么对于我们从事品牌专门化工作的实践者来说，则需要在品牌理念之下，将我们自主品牌的传播与管理工作做得更细致、更科学、更有效率。如此，便为我们著写本书的初衷，即希望本书对于我们的读者有着切实的帮助。是为序。

舒咏平

2008 年元旦 · 武汉喻园

Contents

目 录

CONTENTS

品牌传播与管理

1

品牌传播与管理概说

本章学习重点

- 品牌的定义及内涵
- 品牌的六要素
- 品牌的四大功能
- 品牌的五大特性
- 品牌传播的概念
- 品牌传播提出的背景
- 品牌管理的概念
- 品牌管理的内容
- 品牌管理的组织形式与流程

第一节　品牌的内涵及作用

一、品牌的内涵

自20世纪50年代美国的大卫·奥格威首次提出品牌概念，到进入21世纪世界经济全球化后，品牌日益显现出对于经济发展的标志性意义。品牌不仅成为企业界的发展战略，同时也成为学术界的热门话题。如此，对品牌的内涵也就必然有了各种各样的认识。下面是一些代表性的品牌定义。

（一）国外学者关于品牌的界定

美国市场营销学会在《营销术语词典》（1988年版）中将“品牌”定义为：品牌是指以识别一个或一群卖主的商品或劳务的名称、术语、记号、象征或设计及其组合，并用以区分一个或一群卖主和竞争者。

著名广告大师大卫·奥格威的定义则为：品牌是一种错综复杂的象征——它是产品属性、名称、包装、价格、历史声誉、广告方式的无形总和，品牌同时也因消费者对其使用的印象以及自身的经验而有所界定。

美国营销学权威菲利普·科特勒认为：品牌是一个名字、名词、符号或设计，或是上述元素的总和。其目的是要使自己的产品或服务有别于其他竞争者。

品牌专家大卫·艾克的定义为：品牌就是产品、符号、人、企业与消费者之间的联结和沟通。也就是说，品牌是一个全方位的架构，牵涉到消费者与品牌沟通的方方面面，并且品牌更多地被视为一种“体验”，一种消费者能亲身参与的更深层次的关系，一种与消费者进行理性和感性互动的总和，若不能与消费者结成亲密关系，产品就从根本上丧失了被称为品牌的资格。

营销学家莱威认为：品牌不仅是用以区别不同制造商商品的标签，它还是一个复杂的符号，代表了不同的意义和特征，最后的结果是变成商品的公众形象、名声或个性。品牌中的这些特征比产品中的技术因素显得更为重要。

（二）国内学者关于品牌的界定

我国品牌界名宿艾丰认为：品牌的直接解释就是商品的牌子。但在实际运用中，品牌的内涵和外延都远远超出了这个字面解释的范围。品牌包括三种牌子：第一种是商品的牌子，就是平常说的“商标”；第二种是企业的名字，也就是“商号”；第三种是可以作为商品的牌子。这三种就是人们所说的品牌。

我国品牌专家余明阳在《品牌学》中认为：品牌是在营销或传播过程中形成的，用以将产品与消费者等关系利益团体联系起来，并带来新价值的一种媒介。该定义强调了两点：一是品牌是一种媒介，二是强调了品牌是在互动传播过程中形成的。

品牌学者韩光军在《品牌策划》中说到：品牌是一个复合概念。它由品牌名称、品牌认知、品牌联想、品牌标志、品牌色彩、品牌包装以及商标等要素构成。

我国另一位品牌专家梁中国认为：品牌是凝聚着企业所有要素的载体，是受众在各种相关信息综合性的影响作用下，对某种事或物形成的概念与印象。它包含着产品质量、附加值、历史以及消费者的判断。在品牌消费时代，赢得消费者的心远比生产本身重要，品牌形象远比产品和服务本身重要。

我国对品牌卓有研究的学者何佳讯在《品牌形象策划》中剖析了现代品牌经营的种种现象，强调消费者对于品牌的重要性。他认为："消费者对产品如何感受的总和，才称为品牌。"他的观点在以消费者取向的经营时代，无疑是正确的。

（三）我们对品牌含义的认识

综合如上对"品牌"内涵的认识，概括地说主要集中于两个层次上：一是表层元素层次上的认识，主要偏重于品牌表层的识别因素以及这些因素的总和；二是深层关系层次上的认识，主要偏向于消费者或公众对于表层品牌所代表的内在的商品、服务、企业、组织的认识与评判，即侧重于品牌内在指代与消费者之间的关系。如美国品牌专家汤姆·邓肯等人强调："很多公司眼中看到的品牌，只是印在产品包装上的名称和商标，他们忽略了以下真相：真正的品牌其实存在于关系利益人的内心和想法中。换言之，即使公司拥有品牌名称和商标的所有权，品牌的真正拥有者却是关系利益人。"①

而美国整合营销传播学者唐·舒尔茨则更直截了当地认为：品牌不过是品牌所有者赖以赚钱的一种方式，品牌可以是一种产品或者一种服务、一个人、一件东西、一个观念、一个过程、一个国家、一个组织或者任何东西。因此，"品牌是买卖双方一致认同，并可以据此达成某种交换协议，进而为双方都创造价值的东西"，"这就是我们给出的品牌的定义：品牌是为买卖双方所识别并能够为双方带来价值的东西"。②

如此便引出了我们对"品牌"的认识与定义：品牌是包括组织与个人在内的品牌主，以可以进行传播流通的表层符号以及符号所指代的内在事物（人、产品、服务等）通过传播扩散，而在消费者或接受者那里产生的倾向性的印象，是品牌主与以消费者为核心的受众一种聚焦性约定。

（四）品牌的内涵

从本质上说，品牌是在向消费者传递一种信息，同时又是与消费者达成的

① ［美］汤姆·邓肯等：《品牌至尊》，华夏出版社2000年版，第11页。
② ［美］唐·舒尔茨：《论品牌》，人民邮电出版社2005年版，第8～9页。

一种约定，因此，可以对其内在的含义作以下几方面的概括：

1. 属性。一个品牌首先代表的是特定产品的属性。例如“海尔”，它的品牌所表现出来的是质量可靠、服务上乘，“一流的产品、完善的服务”，这些是海尔品牌成功的基础。特定的属性附着在一定的产品上，不同品牌的产品表现为不同的属性差异。消费者可以根据不同的品牌区分出同类产品的属性差异，据此选择自己所需要的产品。

2. 利益。消费者购买的是利益而不是属性。从消费者的视角来看，品牌属性就是品牌功能和情感利益。“质量可靠”必然会减少消费者的维修费用，给消费者提供减少维修成本的利益；而“服务上乘”则意味着极大地方便了消费者。

3. 价值。品牌的价值特指可以兼容多个产品的理念，是品牌向消费者承诺的功能型、情感型以及自我表现型利益，体现了制造商的某种价值感。品牌的价值是一种超越企业实体和产品以外的价值，是与品牌的知名度、认同度、美誉度和忠诚度等消费者对品牌的印象紧密相关的、能给企业和消费者带来效用的价值，是产品属性的升华。例如，“高标准、精细化、零缺陷”是“海尔”体现的服务价值。品牌价值需要通过企业的长期努力，使其在消费者心目中建立起一定的价值，再通过企业与顾客之间保持稳固的联系来加以体现。

4. 个性。品牌的个性是品牌存在的灵魂，品牌个性是品牌与消费者沟通的心理基础。从深层次来讲，消费者对品牌的喜爱来源于对品牌个性的认同。“海尔”最突出的品牌个性是“真诚”，而“沃尔玛”则会使人感受到它“勤俭、朴实”的个性。

5. 文化。品牌的内涵是文化，品牌属于文化价值的范畴，是社会物质形态和精神形态的统一体，是现代社会的消费心理与文化价值取向的结合。“海尔”体现了一种“真诚到永远”、“海尔是海”的文化；而“联想”则以“科技创造自由”来统领价值观。

6. 使用者。品牌暗示了购买或使用产品的消费者类型。品牌将消费者区分开来，这种区分不仅从消费者的年龄、收入等表象特征体现出来，更多地体现在消费者心理特征和生活方式上。例如，购买奔驰车的人，很有可能是追求彰显身份、地位的成功人士。

品牌的内涵在于除了向消费者传递品牌的属性与利益外，更重要的在于向消费者传递品牌的价值、品牌个性以及在此基础上形成的品牌文化。品牌属性、品牌利益、品牌使用者、品牌价值、品牌个性以及品牌文化这六种要素共同构成品牌的内涵，形成一个紧密联系的统一体，具体关系如图 1－1 所示。

如图 1－1 所示，“属性、利益、使用者”形成一个品牌的基础，而品牌价值和品牌个性则是在此基础上的浓缩和提炼，文化则是进一步的升华。一个公司如果把品牌仅仅看做是某一个元素的符号，那么它就忽略了品牌内容的关键点。

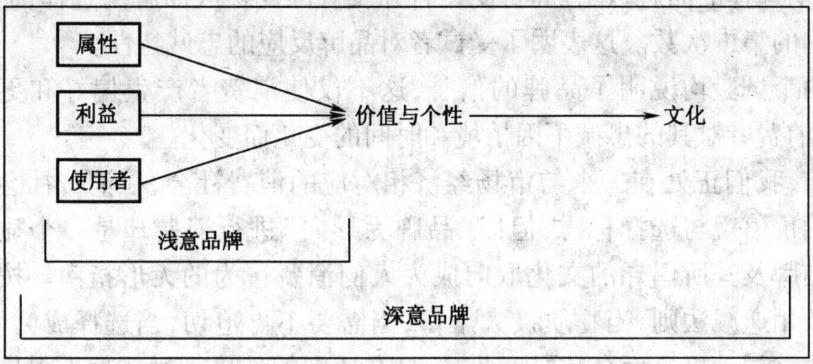

图 1-1　品牌内涵关系图

品牌的挑战是要深度开发出品牌的意义。如果一个品牌只是具备了"属性、利益、使用者"这三个基本要素,我们将其称为浅意品牌,而具备六层意义的,我们称其为深意品牌。

在品牌六大元素中,价值处于中心地位,品牌的价值是品牌的精髓,是成为深意品牌的关键。品牌价值是在浅意品牌基础上的升华,一个品牌最独一无二而且最具有价值的部分通常会表现在核心价值上。强势品牌无一例外的是靠其核心价值获得消费者认同的。"让我们做得更好"使飞利浦作为大型电子品牌的核心价值猛增,而"IBM 就是服务"的核心价值更让消费者认知了蓝色巨人的内涵。

二、品牌的作用

(一)品牌能够满足消费者的需要

英国品牌学家保罗·斯图伯特曾说过:"品牌不是违背消费者意愿而强加在'品牌的忠诚信徒'头上的。品牌使消费者在日益复杂的世界上充满自信地购物。品牌为消费者提供了质量、价值和产品满意方面的保证。只要品牌保持其作用,消费者就会继续给予支持,反之,如果消费者不喜欢某个品牌,或品牌不能满足消费者的需要,或出现了另一个更好满足消费者需要的品牌,品牌的区别功能就使消费者避开不满意的品牌,另选一个替代者。"①确实,品牌在消费者那里,往往与其心理效应密切相关。如下面的两个试验:

试验一:把试验用的同一种火鸡肉分为两份。其中一份贴有著名商标;另一份贴的不是著名商标。让受试者食用并做出评价。结果表明,贴有著名商标的那份火鸡肉,受试者评价更高。

试验二:将 144 个家庭分为 6 个组。其中 4 个组为试验组,2 个组为控制组。试验组的变量为可供选择的品牌数增加,控制组的品牌数则不变。结果显

① [英]保罗·斯图伯特:《品牌的力量》,中信出版社 2001 年版,第 12 页。

示，当可供选择的品牌数增加时，受试者并没有因此扩大品牌的选择，而是提高特定品牌的集中次数。这表明了受试者对品牌反应的忠诚特性。

这两个试验均说明了品牌的信誉，这不仅使消费者产生偏好和更高的评价，而且消费者对其的忠诚不因情境和时间的变化而变化。

目前，我们正处在一个与市场经济相对应的消费社会，在消费社会虽然没有统一的价值观与选择标志，但以“品牌为导向”进行消费却是一个显著的准则。即品牌及其所倡导的文化取向成为人们消费行为的无形指南。按照经济学边际效用递减法则，当物质极大丰富，当需要不再迫切，当选择成为可能时，人的物质欲望动机反而会减弱。此时，只有适度的外界刺激或他人引导才可能燃起新的消费欲望。在消费社会，虽然商品丰富，交易机会增多，但消费者的认知容量以及搜寻信息的时间、能力还是有限的。在这种情况下，对要做出购买决策的消费者来说，就要进行结果不确定的消费决策。而要在搜寻消费信息成本的合理范围内进行消费抉择，其最经济合理的方式，就是按照品牌在心里留下的印象进行取舍。有一项调查结果表明：消费者在消费行为中，对品牌“很重视”、“重视”、“一般”、“无所谓”四种态度的选择，分别占被调查总数的21%、58%、17%和4%，认为应该购买好品牌的占66%，认为应该符合自己需求能力进行品牌消费的占34%。可见，品牌在引导消费者、满足消费者方面作用明显。

已有的市场调查资料也表明，“认牌消费”已经成为一种普遍的消费现象。而且随着商品档次的提高，认牌消费的消费者人数所占比率也随之增高，而且呈现线性递增的趋势。从所得数据的多因素分析中可以发现，消费者认牌消费具有如下三种动机：①减少风险，避免因购买不当带来的经济上、身体上或心理上的损失或损害；②免去咨询、比较和挑选带来的麻烦和困扰，使消费省时省事；③时尚的驱使。

这说明了品牌在帮助消费者消费上具有明显的效用。①

（二）品牌能够帮助品牌主营销

对应于满足消费者需要，品牌对于品牌主来说最主要的功能即为帮助品牌主营销，也就是具有促销功能。其品牌的促销作用又主要体现在如下三个方面：

1. 品牌有助于销售量的增长。品牌良好形象的建立，在消费者那里得到的认同，必然会吸引对应的消费者，从而形成品牌特有的消费群体，并在品牌持续经营中得到巩固，从而形成消费者的品牌忠诚效应。而在商品信息的不断传播中，品牌忠诚消费者的口碑推荐以及在销售场所的购买示范行为，则必将印象深刻地影响着周边犹豫不决的其他消费者。

---

① 马谋超主编：《品牌科学化研究》，中国市场出版社2005年版，第131页。

有资料显示，一个品牌忠诚消费者的现身说法或潜移默化的作用，能够影响他周围15个左右的人，增加周围人们对某品牌的熟悉程度和好感。而在销售场所，忠诚消费者的购买行为，常常在无意间给那些对该品牌不熟悉、且信心不足的消费者以信息暗示。在忠诚消费者影响下，品牌可以积极地沟通各层次的潜在消费者，为他们提供各种充足的理由来购买该品牌商品。而不断加入的已经具有消费行为的该品牌消费者群体，必然不断带来品牌商品的销售，使销售总量不断增长。

2. 品牌有助于商品合理溢价。在人们的传统认识中，市场价格的准则是"优质优价"，产品价格的高低主要取决于产品质量的高低。而在今天多元化的市场上，原有的价格准则固然还潜在的发挥着作用，但已经不是如此单一了，即：低质肯定低价，但优质未必一定高价；同样的质量、款式、功能的商品，其价格往往相差甚远。如我国苏杭的丝绸服装每年大量出口到美国，贴上国内企业的品牌商标，每件售价仅20美元；但如果换用美国一家公司的品牌商标，每件售价可达300美元。而在我国工厂同一生产线、同一批工人、同一用料所生产的类似款式运动鞋，用自主品牌每双国内售价为120元，而用"耐克"品牌则每双售价为560元；在国外市场，我国自主品牌很少有订货商，而用"耐克"品牌则每双售价280美元。

显然，品牌不仅仅是对质量信誉的一种承诺与保证，由于品牌所倡导的独一无二的文化、给消费者带来的美好联想，使品牌商品增加了文化的因素，因而可以合理地进行溢价，完全有可能比同档次的普通商品价格高出20%～80%，甚至超出数十倍。

3. 品牌有助于降低营销费用。企业运转的目的在于赢利。销售量再大、单位售价再高，如果成本居高不下，就完全可能抵消了利润，而无利可图。因此，优秀的企业总是在各个环节对成本进行最优化控制，这也必然体现到营销环节中。虽然一个品牌的建立并在消费者那里留下美好印象，需要进行高投入的品牌传播，但相对于品牌的销售总额来说，营销费用却呈降低的趋势。

在营销界有一个众所周知的"帕累托原理"，即：某品牌或某类商品的购买情况是20%的消费者创造80%的消费量，在其他因素不变的情况下，也创造80%的利润。因此，对品牌企业而言，建立和维护现有消费者的品牌认可与忠诚，比让商品在市场上放任自流效益要大得多。还有资料表明，吸引1个新顾客要比保住1个老顾客多花5倍的营销费用。因此，对品牌传播进行持续的投入，就是不断积累品牌的促销信誉，增加品牌忠诚，并在使销售额增长的同时，使单位营销费用相对降低。

（三）品牌能够提升企业的经营品位

企业界流传这样的几句话：一流企业做品牌，二流企业做市场，三流企业做质量。这并不是说做品牌的企业不重视质量与市场，而是强调做品牌的企业已经在质量与市场方面具有厚实的基础，并已超越了前两个阶段。一般来说，以品牌为核心进行的企业经营，总是将能让社会与市场得到认可的美好的愿景附加到品牌之上，并将一切的企业行为提升到品牌形象层面，如此则必然会提升企业经营的品味。

品牌经营品位的提升主要通过以下几方面来实现：

1. 品牌崇高理念的确立。品牌的崇高理念是奠定品牌品位的基础，品牌主具有什么样的精神理念就会体现出什么样的品牌品位，这已被众多的中外优秀的品牌案例所印证。如，“杜邦，化学让生活更美好”、“奔驰，驱动人类精神”、“诺基亚，科技以人为本”、“海尔，真诚到永远”。

2. 品牌质量信誉的保证。高品位的品牌往往在商品质量上精益求精，不仅追求最先进的技术，而且在细节上将先进的技术转化为一种现实的商品，并且用它来实际地造福消费者，造福社会。要让消费者在对品牌商品的使用中，切切实实地感受到品牌商品质量的可靠，从而建立起品牌质量的良好信誉。

3. 品牌人性服务的提供。高品位的品牌在服务上也是追求高标准、能动的人性化服务，想消费者所想，急消费者所急。人性化服务能否提供到位，也在使品牌近距离接触消费中体现出不同的品牌品位。国际商用机器公司（IBM）已经是 IT 业的一流品牌了，但其强调的仍然是“IBM 意味着最佳服务”，从而让人性化的服务对应于其领先的商品质量，从而确保了世界计算机第一品牌的地位。而我国自主的第一品牌“海尔”，在进军海外的同时，也同步输出了“海尔星级服务”的理念，让快速反应的海尔服务为海尔形象品位增加砝码。

4. 品牌美好形象的设计。品牌的形象美感主要通过品牌标志来体现。高品位的品牌往往名称与标志既独特、富于亲和力，又能让人产生美好联想。品牌标志的美感在商标设计时就应该考虑到了，一些颇具品牌美感的商标都格外注重设计的美感和内涵，如麦当劳、可口可乐、惠普、奥迪、奔驰、宝马、索尼、联想和美的等品牌标志的设计可以说是巧夺天工的，在视觉形象上凝练地体现出品牌的高品位（参见图 1－2）。

（四）品牌能够负载企业的无形价值

可口可乐总裁伍德拉夫的一句名言为所有关心、注重品牌建设的人们所熟知，这就是：即使可口可乐公司在全球的所有工厂一夜之间化为灰烬，但凭借“可口可乐”这个品牌，它将很快复苏，仍将生机勃勃。为什么呢？他继续说道，因为可口可乐品牌具有巨大的无形价值，消费者仍然充满期待，这表明市场充满着需求；那么银行将争先恐后地提供低息贷款，因为银行并无风险；设备提供商也会抢着以成本价提供流水线，因为“可口可乐设备提供商”的声誉将为它带来后续的订单；而经销商仍然会打款过来订货，因为他们知道，稍有犹疑，经销

图 1－2　麦当劳与宝马的标志

可口可乐的这棵摇钱树就会被其他商家抢走。显然，品牌实实在在地负载着巨大的价值。

关于品牌价值的衡量与分解有许多观点，其中最著名的是美国学者大卫·埃科关于品牌价值的五星模型，该模型在业界受到了高度的肯定与评价（参见图 1－3）。

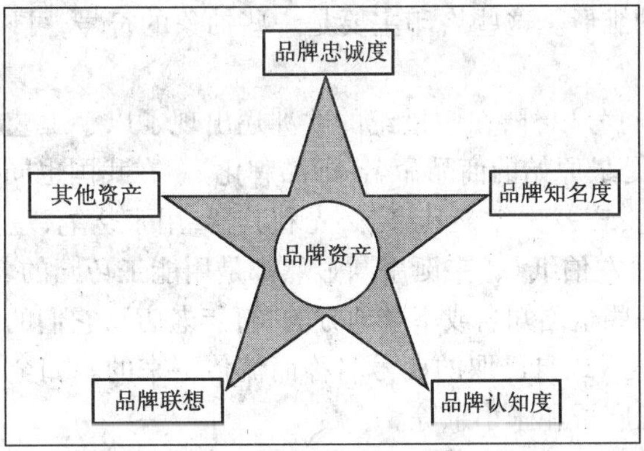

图 1－3　品牌价值五星模型（Brand Star）

资料来源：转引自余明阳：《品牌学》，安徽人民出版社 2002 年版，第 55 页。

该品牌价值模型从理论上对品牌价值的产生做了解析，以使品牌主的品牌经营与传播更具理性，使品牌不断得到增值。对品牌价值最直观的认识与判断，莫过于对品牌无形价值的测评，并以数字相对精确地表达出来。品牌，作为企业无形资产最主要的组成部分，其价值巨大，甚至超过了厂房、设备、产品等诸多有形资产的价值。越来越多的企业已经意识到，企业之所以能在市场上有良好的表现，乃取决于品牌所拥有的巨大价值。迪斯尼公司的总裁奥维兹甚至说："在我看来，工商界中无论是谁，其全部未来都维系在他的品牌资产以及与之有关的一切上。”而著名的广告专家利维·莱特则说道:未来的行销是品牌的战争,品牌才是公司最珍贵的资产。在以品牌互竞长短的竞争中,拥有市场比拥有工厂重要得多。而拥有市场的唯一途径就是先拥有市场优势的品牌。既然品牌负载着企业如此巨大的无形价值,而且其可增值的前景如此可观,品牌的重要功能被越来越多的企业认同则是理所当然的了。

第二节 品牌的发展历程

一、品牌在国外的发展

对于品牌的起源,英国 inter 品牌公司董事保罗·斯图伯特曾经这样说过:“品牌被用来区分不同生产者的产品由来已久。实际上,英语‘品牌’(brand)一词源于古挪威语的‘brandr’,意思是‘打上烙印’。”[①]确实,在诸多著述中,均记述了古代人们在牛及其牲畜身上打上烙印以表明主人;在未干的陶器底部按上指印以表明制陶者;在斧头、镰刀、木桶等工具上烙上印记以表明生产者。这些其实都是品牌的雏形。这些烙印主要是一些抽象的符号,可以说,符号是品牌最原始的形式。

之后,除了符号以外,在中世纪的欧洲还出现了以手工艺者的签名作为识别的标志,它就是最原始的商品命名(即品牌化)。在我国也同样如此,史书《三辅决录》引韦诞奏言:“夫欲善其事,必先利其器,用张芝笔,左伯纸韦诞墨。”其中的“张芝笔”、“左伯纸”、“韦诞墨”,显然都是用能工巧匠的名字命名的品牌。我国至今仍有一些全国知名或享誉地方的“百年老店”,它们的商号品牌就是以其创业者的“名号”或自己取的商号名称而流传下来的。如全聚德、同仁堂、叶开泰、朱庆余、王麻子和张小泉等。

当社会生产的规模渐次扩大,品牌印记的使用迅速普及,并带来无形的价值,寻求品牌保护的“商标”(Trademark)及商标法便随之诞生。1266 年,英国通过了一项法律,要求面包房在每个面包上打上它的标记,如果面包分量不足,就可以找到生产者并给予相应处罚。而真正意义上的第一个商标法案诞生于 1803 年的法国。英、德、美诸国也均在 19 世纪 70 年代制定了商标法。我国在 1904 年,即清光绪三十年,也出台了《商标注册试办章程》。

值得思考的是,品牌催生了商标,而商标又反过来促进了品牌的发展。正如美国广告专家约翰·菲利普·琼斯所说:“品牌由商标发展而来,长期以来,

① [英]保罗·斯图伯特:《品牌的力量》,中信出版社 2000 年版,第 2 页。

商标一直是向发明者的专利提供法律保护的工具。但是,对一百多年前出现的最早的品牌而言,品牌开发过程所衍生出的目的和重要意义超出了法律保护的单一职能。品牌向它的购买者隐含着产品质量和同一性的保证,购买者除此之外,对该产品的生产商一无所知。更重要的是,品牌可以准确无误地把一个生产商的产品同另一生产商的产品区分开来。"[①]也就是说,品牌比起商标单一的法律保护功能来说,多出了丰富的内涵以及相应的促销功能与经营功能。

19 世纪,西方较早进入资本主义的一些国家,在商品经济的发展以及商标法案的引导下,其品牌发展进入了一个方兴未艾的阶段,出现了真正大规模的商品品牌化,一些至今仍生机勃勃的品牌纷纷问世,如可口可乐、桂格燕麦、李维斯牛仔裤、象牙香皂等。

19 世纪下半叶到 20 世纪初,是全球品牌化思想成熟与发展的时期。电力的出现,使得西方国家的生产力发生了质的变化,当时产生的很多品牌日后都成为全球性的国际品牌:[②]

1880 年法国巴黎梦特娇公司诞生;

1886 年可口可乐诞生;

1895 年"吉列"剃须刀出现;

1896 年路易 · 威登问世;

1898 年伊士曼发明了小巧便利的照相机,并定名为"柯达"相机;

1905 年美国普洛克特 · 甘布尔公司改为宝洁股份有限公司;

1907 年劳斯莱斯公司推出银色幽灵车;

1908 年劳力士手表诞生;

1908 年亨利 · 福特推出福特 T 型车;

1913 年法国"雪铁龙"品牌出现;

1916 年美国人威廉 · 波音与维斯特 · 威而特舒创办了"太平洋航空公司";1917 年改名为波音公司,享誉全球的"波音"品牌悄然诞生;

1924 年"万宝路"品牌问世;

1938 年"雀巢咖啡"诞生。

20 世纪中后期,尤其是在二次世界大战以后,世界科技发展突飞猛进,一批著名品牌随着资本的流动走向世界,茁壮成长。"肯德基"于 20 世纪 30 年代问世;"麦当劳"创立于 20 世纪 40 年代;1946 年"胡峰"摩托车问世。世界经济一方面快速发展,另一方面则开始了经济的全球化。一大批世界级的顶尖品牌也随之问世并进入发展快车道,如 555、百事可乐、百威、沃尔玛、微软、戴尔、IBM、

① [美]约翰 · 菲利普 · 琼斯:《广告与品牌策划》,机械工业出版社 1999 年版,第 22 页。

② 王元勇,王增明编著:《如何打造品牌:强势品牌创建与发展》,工商出版社 2002 年版,第 11 页。

富士、奔驰、丰田、克莱斯勒、耐克、阿迪达斯、皮尔·卡丹、鳄鱼、惠普、索尼、松下、雷诺等。

经过近200年的发展，可以很明显地看出，世界品牌常在新技术出现后的一段时间里，伴随着新的消费潮流、新的消费群体的出现而出现。

二、中国品牌的发展历程

我国的品牌发展从历史上寻根当为目前所称的百年老店，如在清代的北京，前门外的果子街有“永盛”、“永利”、“万成”、“天盛”等61家果行，并持有清政府发给的“牙帖”（或称龙帖）的品牌经营许可证。“天章涌”、“六必居”、“天源”、“天义成”、“宝瑞”等，则成为北京五大酱园。“千芝堂”、“同仁堂”、“鹤年堂”、“庆仁堂”，则成为北京城中药四大家。前门的李记酒馆，把乾隆皇帝亲笔写的虎头匾“都一处”高悬店中。宣武门外王麻子剪刀铺，则因质量好而引起仿冒，不得不挂出告示：“本铺有创以来，并没有子孙在外面开办分号，请社会诸君认明王麻子招牌，免受欺骗。”至今延续下来的，如北京的“同仁堂”、“全聚德”、“东来顺”，上海的“恒源祥”、“冠生园”、“老凤祥”、“老庙”，浙江的“胡庆余”、“咸亨”，天津的“狗不理”、“劝业场”，武汉的“叶开泰”、“马应龙”，广东的“潘高寿”、“王老吉”、“何济公”，重庆的“桐君阁”等，可以说均是经过市场与历史检验传承下来的民族品牌。

总体来说，我国现代品牌的发展大体经历了以下三个阶段。

（一）现代商品品牌缺失期

20世纪前半期，洋货基本上垄断了我国市场，我国几乎出现了现代产品品牌真空的现象。新中国成立前的上海，商店里销售的商品80%以上是洋货。1872年，法国“轩尼诗”品牌的白兰地酒中的“科涅克XO”进入上海，受到人们的喜爱；1928年，“可口可乐”品牌出现在天津、上海等地区；1936年，“奔驰”开始进入我国市场。这一时期很少见到我国现代工业的品牌，国内企业经营者们基本上还没有明确的品牌意识，国产品牌寥若晨星，大多还属于当地的传统商品品牌，如北京“东来顺”饭馆、杭州张小泉剪刀、北京盛锡福帽子等。

（二）行业产品品牌计划期

新中国成立后，在计划经济体制下，产供销由国家统一管理，加上商品严重供给不足，人们在购买商品的时候，无能力、无机会、无欲望去认识品牌，挑选品牌。这一时期，在计划经济的框架之内，我国的品牌实际上也在得到成长，出现了一些由制度性的保护以及生产主体的质量自觉而得到市场认的可品牌，如：汽车行业的“解放”、“东风”、“红旗”、“跃进”；白酒业的“五粮液”、“红星二锅头”、“沱牌曲酒”、“古井”、“双沟”、“西凤”；自行车业的“永久”、“凤凰”；缝纫机业的“蜜蜂”、“蝴蝶”；手表业的“上海”、“海鸥”等。

（三）现代自主品牌崛起期

改革开放之后，我国由计划经济转型为市场经济，生产力得到极大释放，也进入品牌的黄金时期，各个行业在经过市场竞争洗礼后相继涌现出一些著名品牌。例如，计算机行业的“联想”、“长城”、“方正”；家用电器行业的“海尔”、“TCL”、“海信”、“格力”、“长虹”、“康佳”、“科龙”、“美的”；汽车行业的“奇瑞”、“吉利”、“哈飞”、“中华”、“瑞风”、“福田”；家庭用品行业的“美加净”、“白猫”、“雕牌”、“立白”；服装行业的“杉杉”、“雅戈尔”、“培罗蒙”、“李宁”、“波司登”、“鄂尔多斯”、“七匹狼”；鞋业的“康奈”、“森达”、“双星”、“富贵鸟”、“红蜻蜓”；饮料业的“娃哈哈”、“农夫山泉”、“维维”、“伊利”、“汇源”；食品业的“康师傅”、“福满多”、“双汇”、“达利”、“完达山”、“蒙牛”、“光明”等。虽然我国品牌在这一时期得到了迅猛发展，但是仍然无法与国际强势品牌相抗衡，获得宽松自由的发展空间。近年来，伴随着我国成功加入世贸组织，外资外商不断进入我国市场，国外品牌通过合资、合作、控股、收购等方式不断排挤、收购我国自主品牌产品，国内自主品牌发展面临着严峻考验。

第三节　品牌特征与种类

一、品牌的特征

品牌的诸多重要功能决定了品牌必然地成为企业发展的旗帜、成为企业战略的核心，因此就需要对品牌的特性予以准确清晰地了解。根据品牌在管理实践中以及市场竞争中的具体体现，其特性可以归纳为以下几个方面。

（一）独特性

品牌的出现可以追溯到19世纪早期，那个时候的酿酒商为了突出自己的产品，在盛威士忌的木桶上打上标志，从此诞生了现代品牌概念的雏形。由此可见，品牌的出现是为了帮助消费者区分、识别不同的产品，其独特性也就格外突出。市场经济也是一种有序的法制经济，其法律体系对品牌的持有者进行保护，以使品牌的独特性得到满足。目前，各国对品牌的具体体现符号——商标，均进行了立法管理，其一般程序为：

◎ 精确的商标选择和确定；

◎ 搜索商标资料库以确保该商标是独一无二的，并且不可能被拒绝，这也许需要花很多时间，因为涉及许多国家，而有些国家并没有建立计算机数据库，所以最好请专业机构来代理；

◎ 注册申请；

◎ 申请报告经过检验后，申请人将领到一份报告书以详述该商标是否具有独特性，或是否对已有商标构成侵权行为，该商标将在期刊上公布；

◎ 领取注册凭证；

◎ 整个过程也许需要1年到18个月时间，这取决于整个程序的复杂程度和商标的明晰度。①

我国《商标法》的第十七条也明确规定："申请注册的商标，凡不符合本法规定或者同他人在同一种商品或者类似商品上已经注册的或者初步审定的商标相同或者近似的，由商标局驳回申请，不予公告。"而第三十八条则规定："在同一种商品或者类似商品上使用与其注册商标相同或者近似的商标"，"伪造擅自制造他人注册商标标识或者销售伪造、擅自制造的注册商标标识的"行为，"均属侵犯注册商标专用权"。显然，商标法的核心目的，就是以法律的形式确保商标的尊严，亦即品牌的独特性。

（二）可塑性

回顾世界著名品牌的发展史，无一不是从小到大、从弱到强发展起来的。如波音飞机制造是由创始人老波音经营木材起家的；"奔驰"品牌则是由年轻的钳工卡尔·本茨在1879年研制出世界最早的空气压缩点火发动机而逐步发展起来的；"希尔顿"酒店在1919年还是刚刚盘下的一家叫马比莱的小旅馆；"索尼"在1956年还是一个刚从加工企业中问世的收音机的牌子；20世纪40年代中期，51岁的克洛克才刚刚为"麦当劳"品牌进行奠基。而在20世纪80、90年代的中国，"海尔"、"联想"、"美的"、"海信"、"长虹"、"康佳"、"格力"、"TCL"、"伊利"、"光明"和"娃哈哈"等品牌也是刚刚起步。

与品牌的成长具有可塑性相关，品牌还因品牌主的战略而对其进行延伸，表现出品牌内涵的可塑性。如原是由咖啡产品起家的"雀巢"品牌，目前已经使用到奶粉、巧克力、饼干之上；"万宝路"品牌则由香烟延伸到了箱包等皮革制品；"诺基亚"品牌则早就从纸尿布品牌过渡到手机品牌；"康师傅"也由单纯的碗面延伸到了纯净水、膨化食品上。如上品牌内涵的改变典型地体现出品牌的可塑性。显然，品牌作为人们经过实践而积淀的产物，其生命力总是根据品牌主的经营实践，与其市场生态密切相关的。"物竞天择，适者生存"，同样适用于品牌的生命力。而对品牌本身来说，自然就具有可塑性，即由品牌主赋予它的内涵及生命力。品牌的可塑性在现代市场中还体现为品牌的扩展延伸，即集团化的过程。作为无形资产的负载体，有价值品牌企业在市场中显示着越来越强的号召力、影响力，使得在品牌的扩张延伸过程中，行业界限越来越模糊，而其品牌的概念却越来越清晰。

① ［美］雷恩·爱尔伍德：《品牌必读》，新华出版社2004年版，第172～173页。

（三）关联性

品牌的关联性是由品牌本身的符号性、规定性以及长期传播中赋予的文化内涵，再加上消费者以及品牌传播接受者具有的思维联想、阐释功能而决定的。

美国学者雷恩·爱尔伍德曾经说道，一个成功的品牌都有一个强势的、内在的、能吸引并维持客户群体的认知价值。他转引了法国设计先驱斯塔克的话说："这个世界需要的是水而不是水龙头，要的是温暖而不是热水器"；因此"需要顺应消费者的真正需求与愿望"。以"航空为例，明显的答案是品牌处于运输领域，但消费者想他们所提供的是：度假旅行、刺激旅行、值得记忆的事业、参加会议、出租车行业、一生只有一次的经历、时间延伸行业、美的行业。其中大多数对客户来说是真实可靠的，并且在创立品牌个性过程中确立哪一个是最突出的是很重要的。一旦你理解了所处的行业，那么通过品牌个性来表达这种附加价值就更容易一些。"①

也就是说，品牌的创意者、经营者总是根据目标消费者的实际需要与心理需要，进行品牌文化的有关链接，从而赋予了品牌的关联性。实际情况也是如此，特定的品牌提供给消费者的总是它规定的关联性方面的联想，如："奔驰"让人想到的是成功人士；"劳力士"让人想到的是名贵富有；"轩尼诗XO"让人想到的是优雅诗意；"百威"让人想到的是大众豪迈；"Lee"（李牌牛仔）让人想到的是粗犷野性；"全聚德"让人想到是欢乐聚会；"同仁堂"让人想到的是仁义药方；"康师傅"让人想到的是健康食品；"蒙牛"让人想到的是蒙古草原健硕的牛群。

（四）脆弱性

由于品牌一定意义上是市场竞争的产物，是优胜劣汰的结果，因此品牌经营发展中就必然会存在风险、存在着生生死死。甚至一些世界性的大品牌，也可能因种种原因，而黯然退出了市场、退出人们的视野。如外国的"安然"、"EDS"、"凯玛特"、"环球电讯"、"八佰伴"、"安达信"等品牌均曾是著名品牌，而我国的"亚细亚"、"秦池"、"飞龙"、"三株"、"巨人"、"小霸王"、"荷花"等品牌也曾经名噪一时，但由于竞争的残酷，它们均已宣告破产，在人们的记忆中也渐次淡去。显然，品牌的脆弱性也是需要予以足够认识的。由于建立品牌的关联方较多，在品牌的建立与发展的过程中，受到诸多因素的牵连，因此品牌显得异常脆弱。比如，市场的不断变化，消费需求的不断提高，品牌的潜在价值可能大也可能小，有时由于质量问题，有时由于资产状况，有时由于售后服务，都会使品牌发生贬值。2001年9月，因为中央电视台对南京冠生园月饼陈馅的曝光，使得全国同一品牌的不同企业同时受到市场的遗弃。有的企业不得不掰开

---

① ［美］雷恩·爱尔伍德：《品牌必读》，新华出版社2003年版，第128～129页。

月饼来卖，并要联手起诉南京冠生园。①

任何品牌，自它诞生之日，各种各样的危机因素就已经潜伏在其周围，有外部的，如资源匮乏、环境恶化、政治局势动荡、对手增强增多、新的竞争行业脱颖而出等；也有内部的，如信息误差、决策失当、管理疏忽、人才失察、资金断链、质量出错、服务低劣等。而这些潜在的危机因素，只要有任何一点得到体现并放大，就会给品牌造成巨大威胁。美国著名公共关系专家弗兰克·杰夫斯曾经指出，在充满传奇的世界上，我们面临着无法预见的恐怖，这些恐怖事件能够破坏绝大多数灵敏而又有名气的公司的声誉和销售额。

其实，品牌的脆弱未必一定要有恐怖事件的打击，任何一个内外部危机因素，均可能对品牌形成灭顶之灾。如我国的"爱多"电器品牌，由于内部股东产生纷争，使得公司轻率地在媒体上发布分支机构与总部经济活动有关权限的声明，结果损害了品牌整体声誉，使得脆弱的品牌受到致命的打击，并导致企业破产，品牌死亡。

（五）符号性

品牌不具有独特的物质实体，但是它通过一系列的物质符号来表现自己，直接的物质符号主要是图形、品牌标记、文字和声音；间接的物质符号则主要是产品的外观设计、包装、材质等。品牌作为一种产品形象实体的象征，把各种符号如标记、色彩、包装都合并到一起。生产商（服务商）把品牌作为区别他与其他生产商（服务商）产品（服务）的标志，以吸引人们，尤其是吸引消费者以及潜在消费者对自己产品（服务）的关注与识别。从消费者的角度看，品牌作为一种速记符号与产品类别一同存储在头脑中，成为他们搜索记忆的线索与对象。

品牌作为一个企业诸多要素的负载符号，聚集其自身的信誉与影响力而形成，自然成为企业的无形资产，品牌所代表的意义、个性、品质和特征可以产生巨大的品牌价值，这种价值我们看不见、摸不着，但它却能够为企业或品牌主创造大量的超额利益。从某一方面而言，品牌比有形资产还要重要。有形资产往往不一定能够让人信服，但无形资产却是一种精神的占有、心灵的攻势、行为的诱导。例如，多年以来，"可口可乐"品牌价值就是其有形资产的好几倍，而其所创造的价值也是其物理产品的好几倍。显然，作为符号的品牌，更多的是企业无形资产的负载体，由于经济增长的中心资源已经发生了巨大的变化，所以，对于今天和明天的竞争而言，符号性的品牌显然发挥着比符号指代的实体更为重要的作用。

① 岳文厚：《品牌魅力》，中国财政经济出版社2002版，第34页。

资料链接

赢利性品牌的六大特点

注意力:“认知”是大众经济时代打造品牌的秘籍,但现在是“注意力”。在信息具有及时性和影响力的前提下,有相关性时,“注意力”就见效了。

卓越的交易:品牌开始于单一交易。如果在顾客看来,交易是不愉快的,就不可能建立赢利性品牌。

信任:信任=赢利性品牌。信任是强有力的,也是易失去的竞争优势;它不能够买来,只能随着时间的流逝,由顾客认可交易来获得。

忠诚:550 名首席执行官中的 45% 认为,顾客忠诚是首要的战略问题。忠诚可以导致顾客维系,而顾客维系又是一个主要的利润驱动因素。

拥护:信任和忠诚使得顾客拥护企业,并自发地向他人推荐企业的产品。赢利性品牌的一大特点,就是拥有一群代表它利益的拥护者。

赢利性:不能赢利,品牌就无法生存。没有赢利性,就没有必要品牌化。没有赢利性,认知、定位和创造力就毫无意义。每一个品牌行为、关系和标准必须聚焦于赢利性。

资料来源:[美]尼克·雷登等:《品牌运营与企业利润》,机械工业出版社 2007 年版,第 22~23 页。

二、品牌的种类

任何分类均需一定的标准,标准不同,其得出的结果不同,并具有不同的作用。按照不同的标准,品牌有很多分类方法,如按市场地位分类,可以分为领导品牌、挑战品牌、跟随品牌和补缺品牌;按品质档次分类,可以分为高档品牌、中档品牌和人众品牌;按内在属性分类,可以分为产品品牌、企业品牌和组织品牌;按品牌形式分类,可以分为复合品牌和单一品牌等。

(一)按地区分类

根据品牌辐射地区的范围大小,品牌可以划分为当地品牌、地区品牌、国内品牌和国际品牌。

当地品牌是指一个区域内的品牌。如某地当地酱油厂生产的××牌酱油和醋,其他县市的人根本不知晓,而当地人却乐于购买。

地区品牌相当于我国的省内品牌,是指在一个较小的区域之内生产销售的品牌产品。这些产品一般在一定范围内生产、销售,主要受产品特性、地理条件及某些文化特性影响,产品辐射范围不大,享有一定的知名度和美誉度。如武汉的“行吟阁”啤酒,该市消费者已经对此品牌产品产生了认同和信赖。地区品牌在本地区内的销售势头一般比较好。

国内品牌是指在国内有较高知晓度和美誉度，产品辐射全国，全国销售的产品的品牌。例如，电脑巨子“海尔”；香烟巨子“红塔山”；饮料巨子“娃哈哈”以及“长虹”彩电、“联想”电脑、“莲花”味精、“森达”皮鞋等。国内品牌根据产品专业性程度的不同又可分为两种类型：一类是专业性强的国内品牌，例如，“荣宝斋”（文房四宝）；另一类是普通型的国内品牌，例如，无论喝酒与不喝酒的人都知道的“茅台”。

国际品牌是指在国际市场上享有较高知晓度和美誉度，产品辐射全球的品牌。根据产品专业性程度的不同国际品牌也可分为两种类型：一种是专业性强的国际品牌，例如，“威尔逊”网球产品、“创新”声卡；另一种是普通型的国际品牌，例如，“可口可乐”、“麦当劳”、“柯达”、“万宝路”、“奔驰”、“微软”和“皮尔·卡丹”等。

（二）按行业分类

根据品牌的行业不同，品牌可以分为家电电子行业品牌、食品饮料行业品牌、日用化工业品牌、汽车机械业品牌、服饰鞋类业品牌、金融保险业品牌、通信服务业品牌和旅游酒店业品牌等。

家电电子行业品牌，在我国主要有以下几类：冰箱主要有“海尔”、“容声”、“新飞”等品牌；空调主要有“科龙”、“美的”、“海尔”、“格力”等品牌；洗衣机主要有“小天鹅”、“小鸭”、“海尔”等品牌；电视机有“长虹”、“康佳”、“创维”、“TCL”等品牌；电脑行业中主要有“联想”、“方正”、“长城”等品牌；手机主要有“波导”、“熊猫”和“TCL”等品牌；照相机主要有“海鸥”、“凤凰”等品牌。

食品饮料行业品牌中，白酒类主要有“茅台”、“五粮液”、“古井贡”等品牌；啤酒类主要有“青岛”、“燕京”等品牌；葡萄酒类主要有“张裕”、“王朝”等品牌；饮料有“娃哈哈”、“乐百氏”、“农夫山泉”、“露露”等品牌；肉制食品中有“双汇”等品牌。

日用化学工业品牌中，在我国市场上洗衣粉有“奇强”、“白猫”、“汰渍”、“雕牌”等品牌；化妆品有“玉兰油”、“露华浓”和“小护士”等品牌；外国日化洗涤用品公司品牌有“宝洁”、“联合利华”和“花王”等品牌。

汽车机械业品牌，国产汽车主要有“红旗”、“解放”、“东风”和“神龙”等品牌；外国汽车品牌主要有“奔驰”、“宝马”、“奥迪”和“丰田”等。

服饰鞋类业品牌中，我国市场上服装品牌有“皮尔·卡丹”、“宝姿”、“杉杉”和“雅戈尔”等；装饰类品牌有“金利来”领带、“戴梦得”珠宝和“劳力士”手表等；鞋类品牌有“耐克”、“鳄鱼”和“森达”等。

（三）按生命周期分类

按照品牌的生命周期，品牌可以分为短期品牌、长期品牌和时代品牌。

短期品牌是指品牌生命周期持续时间较短、昙花一现的品牌，它往往是利用一个偶然的机会，使得知名度猛然上升，随后便不断下降，最后为人们所淡忘。短期品牌的生命周期一般不超过10年，如轰动一时的“巨人”脑黄金，独领风骚三五年的“爱多”VCD等。

长期品牌是指品牌生命周期随着产品生命周期的更替经久不衰、永葆青春。例如，我国历史上的老字号“全聚德”等，世界知名品牌“奔驰”等。

时代品牌是指一个品牌能够影响一个时代甚至存在于几个时代的品牌，如已300年历史的“同仁堂”、100多年历史的“可口可乐”，至今畅销不衰，生机盎然，服务于现实的时代和社会生活。

（四）按归属分类

人们习惯上依据品牌的归属，将隶属于外国企业的品牌称之为国际品牌，也叫外国品牌；这类品牌包括“可口可乐”、“宝洁”、“百事可乐”、“百威”、“柯达”、“富士”、“万宝路”、“555”、“香奈儿”和“皮尔·卡丹”等等。隶属于国内企业的品牌则被称为民族品牌，这类品牌举不胜举。

其实，不管是国际品牌还是民族品牌，随着国际合作程度的加深，往往出现你中有我，我中有你的状况，而且更多的只是特定产品的一个代号，没有必要加以区别。但是由于不同国家的科技、经济发展水平的不同，产品的质量也有一定的差异。这样一来，品牌的归属就成为人们识别、判断产品质量的重要标志。一种产品或服务是国际品牌还是民族品牌也就变得重要起来。

在我国，国际品牌产品一般被认为是质量相对较高、价格较为昂贵，目前占据着高端市场；而民族品牌的产品则被看做是质量相对较差、价格较为便宜。不过，随着我国科技和经济的发展，人们的观念也在逐渐发生变化。例如，人们对国产家电产品的质量判断就有了较大的转变。

国际品牌和民族品牌的另一个差异来源就是消费者的民族情感。消费者民族情感如何会影响他们的品牌选择。在民族意识比较浓厚的年代或者是对民族意识比较浓厚的消费者而言，一个品牌是国际的还是民族的，有时决定着产品购买决策中的品牌选择。

（五）按结构分类

按照品牌的结构和延伸性，品牌可以分为主品牌、副品牌和副副品牌，或分为母品牌、子品牌和孙品牌。例如，宝洁公司的“飘柔”、“海飞丝”、“潘婷”等。但一般在复合品牌框架中来进行分类，所谓复合品牌即企业对外的品牌亮相，不是单一的品牌，而是复合的，一般由两个品牌所构成，分为以下两类。

1.“母子”品牌。即由母品牌（又称主品牌）带出子品牌（又称副品牌），形成一种“母子”或“主副”品牌的组合。例如，“伊利”带“小天使”、“苦咖啡”等；“联想”带“天星”、“天秤”、“天禧”、“天鹭”、“同禧”、“逐日”、“奔月”、“问天”、“补天”、“商博士”和“双子恒星”等；“海尔”带“小神童”、“小小神童”、“小王子”和“小元帅”等。

这种“母子”品牌，多是企业在细分市场之后，为了既利用既有品牌的传播优势，又注意避开母品牌的目标市场而开辟新的目标市场而产生的。其好处是，易于传播宣传，可携原有品牌的认知度、美誉度和和谐度，来为子品牌进行市场造势；同时，又带动了母品牌消费群之外的消费者来进行子品牌指代的产品消费，从而获得一举数得的功用。

2. 联合品牌。即由两个同样有市场影响力的品牌进行强强组合，从而得到更广泛的市场认同。如：“波音—麦道”、“戴姆勒—奔驰”、“贝尔—尼克森”、“SBG—太平洋”、“美国在线—时代华纳”、“科龙—容声”、“长安—奥拓”和“索尼—爱立信”等。

第四节　品牌的存在：传播

传播在品牌建设中起着巨大作用，而且地位十分重要。传播是品牌的代言人，是品牌和消费者之间的纽带，是消费者认知品牌的重要手段。传播建立了品牌的认知度、美誉度与和谐度，树立了品牌的形象，促进了品牌商品的销售。

一、品牌传播的提出

既然“品牌”的感受与评价在于消费者，而品牌的拥有者与经营者又是生产企业，将二者建立起有机联系的“传播”自然成为品牌经营或品牌战略中的关键因素，品牌传播（Brand Communication）概念也就随之进入我们的视野。

品牌传播的对象不仅限于单纯的消费者，而是包括消费者在内的“目标受众”。因为，在信息高度发达的现代社会，社会的诸多内容、现象均符号化，亦即品牌化；“品牌”的指代也不单单限于商业品牌，还包括城市品牌、区域品牌、院校品牌、团体品牌和个人品牌等社会品牌。如果说商业品牌可称为狭义品牌的话，那么种种社会品牌，则可统称为广义品牌。狭义品牌与广义品牌的并存，是一种客观存在，但本书更多的是对狭义品牌传播的探讨。

传播学是20世纪出现的新兴的社会科学，但20世纪的传播学主要是与新闻学进行了密切的联姻；于是新闻化的传播学便较多地为社会政治服务。进入21世纪后，人类比历史上任何一个时期更强调和平与发展、强调经济建设，因此传播学直接为经济建设服务就成为必然，这种必然性便催生了“品牌传播”。其具体背景可以从以下三个方面来认识。

（一）世界市场制胜的关键是品牌传播

经济全球化是一个人人都能切实感受到的趋势，但这对市场竞争者来说，却未必是福音。因为世界市场上的竞争更多地体现在强者博弈、名牌对决之上，即跨国公司及其所拥有的品牌之间的竞争。“据联合国跨国公司中心的统计，全球跨国公司已发展到了 39 000 家，海外分支机构 27 万个，这些跨国公司控制着世界 80% 的技术专利、70% 的投资和 60% 的贸易；并且跨国公司的来源国相对集中在发达国家，世界上最大的 100 家跨国公司，数量的 70%、资产的 80% 集中在欧美和日本”①。而跨国公司本身不仅拥有一个品牌，而且还拥有一个品牌群，且不说宝洁公司所拥有的 100 多个品牌，单就通用汽车也有“雪佛莱”、“卡迪拉克”、“别克”、“欧宝”等多种品牌；可口可乐公司不仅仅拥有“可口可乐”，还有“雪碧”、“芬达”等品牌。纵观国际市场上的竞争，主要是跨国公司之间上演的品牌竞争。如“柯达”与“富士”、“可口可乐”与“百事可乐”、“通用”与“福特”等品牌之间的战火，几乎燃遍了世界市场的每个角落。

在中国，据盖洛普调查公司首次所做的中国消费者生活态度和生活方式趋势调查显示，就品牌知名度（认知率）而言，排在前 20 位的商品品牌，国外品牌 16 个，国内品牌只有 4 个。认知率最高的“可口可乐”达 85%。认知率超过 20% 的 58 个品牌中，国产品牌 10 个，占 17.24%。这表明国外品牌进入中国市场，其实就是以品牌传播作为战略先导的。相形之下，我国绝大多数品牌尚处于本土市场中的成长阶段，在国际市场上除了“海尔”、“联想”、“格力”、“双星”和“同仁堂”等品牌尚有一定的影响外，能与跨国公司相抗衡的品牌几乎没有。近 20 年来，我国的外贸额虽然不断提高，其出口商品结构也在不断优化，基本上改变了无品牌的初级产品主导出口的格局。但是，我国的出口工业制成品仍以劳动密集型的轻纺产品为主，而且多为定牌加工，自主知识产权的品牌产品甚少；因此出口量虽然不小，但效益却不容乐观，其症结便是我国工业产品的品牌力不强所致。显然，伴随着我国加入 WTO，国有自主知识产权的品牌参与国际市场竞争将是无可回避的选择，这无疑对我国的品牌传播提出了严峻的挑战。

（二）媒介的市场生存需服务于品牌传播

20 世纪总体上是大众媒介与广告传播共兴共荣的时期。在整个 20 世纪里，虽然绝大多数时期世界的格局处于战争与冷战状态，媒介传播的内容也以政治及意识形态为重，但是在 20 世纪的后半叶，尤其是最后 10 年，伴随着大规模战争与冷战的结束，世界上绝大多数国家进入经济发展期，媒介的生存环境为之一变。媒介因广告的巨资注入而风光无限，广告也因大众媒介的巨大传播力而效用颇丰。无疑，20 世纪后期大众媒介的生存实践促使传播学研究者们开始思考：当大众媒介的生存取决于市场需求，那么它的主体意识该是一种怎样的构成？

① 王成荣主编：《中国名牌论》，中国人民大学出版社 1999 年版，第 12～13 页。

我国学者黄升民曾在对多家媒介进行跟踪研究后，颇有感慨地写道："媒介经营走到今天，你可以不说'产业化'，也可以不说'商业化'，但是，你无法改变一个基本的现实，中国的媒介无论大小，现在都是依靠自身的经营取得生存的权利，再说得直白一点，90%是靠广告经营来生存的，已经呈现一种'准企业'的特点。""任何强有力的行政干预，只能解决媒介经营的一时之痛，然而，替代不了媒介在市场经济中的自身生存和长久发展。"①当我国媒介业频频成立集团，甚至进行现代企业化改造进入股市时，我们就不能不得出媒介的市场生存已成为媒介主体意识的主旋律的结论。媒介的市场生存，迫使其必须在传播内容、市场受众、广告客户三者之间进行统筹运作；而在三者环行互动中，传播内容与市场受众在一定意义上成为争取广告客户、服务广告客户的手段。因为，服务广告客户成为媒介市场生存的生命线。如，服务广告客户，在一定程度上就是服务于品牌传播，这对于媒介经营来说，其实是一种经营指导思想的突破。如前所述，"品牌"其实是一个企业、一个国家竞争力的象征，而围绕品牌传播所进行的经济建设，也已成了21世纪最大的"政治"。因此，突破争取广告客户的具象、突破广告收入简单的数据统计，配合广告刊播所系统进行的品牌传播，其实不仅不是新闻报道的雷区，而且是媒介须臾难舍的实务。

（三）整合营销传播空前凸显品牌因素

现代营销学之父菲利普·科特勒认为："市场营销观念认为，组织目标的实现有赖于对目标市场的需要和欲望的正确判断，并能以比竞争对手更有效的方式去满足消费者的要求。"②显然，以消费者为主的营销观念相对于传统的以生产者为主的推销观念是一大进步。在现代市场营销实践中，伴随着现代广告、公共关系、销售促进等传播实务的有机运用，整合营销传播（Integrated Marketing Communication，IMC）应运而生。

1993年，美国西北大学舒尔茨教授等人的重要著作——《整合营销传播》出版。该书强调由生产导向转入消费者导向后，4P已经转向4C，过去的"消费者请注意"现已被"请注意消费者"所取代。因此，从消费者出发，IMC就应该成为营销的新趋势。对于整合营销传播，美国广告公司协会（American Association of Advertising Agencies，4As）的一个工作组所下的定义为：这是一个营销传播计划概念，要求充分认识用来制定综合计划时所使用的各种带来附加价值的传播手段——如普通广告、直接反应广告、销售促进和公共关系——并将之结合，提供具有良好清晰度、连贯性的信息，使传播影响力最大化。③

① 黄升民：《重提媒介产业》，《现代传播》，2000年第5期。

② ［美］菲利普·科特勒：《市场营销学导论》，华夏出版社2001年版，第23页。

③ ［美］乔治·E.贝尔齐：《广告与促销：整合营销传播展望》，东北财经大学出版社2000年版，第13页。

综合舒尔茨的观点与4As所揭示概念的内涵，IMC的主要内容有三：①强调从消费者需求出发，从沟通意义上展开营销活动；②强调把广告、公关、CI、促销、直销、包装、新媒体等一切传播均归属于广告活动，使企业能将有关的信息统一口径地传播，即"用同一声音去说"（Speak with one voice）；③强调营销的前提是传播，需要追求传播效果的最大化。

从IMC的三项内容上我们可以看到，有效的营销对于传播沟通的依赖，而营销传播中的"用同一声音去说"，则无形地将整合营销传播的核心指向了"品牌"；因为只有品牌才能将营销传播的诸多内容统一起来，如企业历史与动态、产品科技含量与功能、企业家的人格、企业员工素质、消费者的品牌认可等，均直接或间接地附加到品牌内涵之上。如此，我们完全可以认识到品牌传播乃是整合营销传播操作的关键，即整合营销传播空前凸显了品牌之因素。美国的营销与广告学者乔治·E.贝尔齐等曾分析了整合营销传播兴盛的原因，他们认为："根本原因是厂商们认识到了战略性地整合多种传播机构的价值"；"反映了厂商们对环境变化的适应，尤以尊重消费者、科技和媒体为前提"；以及"公司营销方式的改变"[①]。这些原因不仅导致了营销与传播的联姻，更导致了营销与传播方式的整合，其整合的核心或旗帜自然便归于品牌。可见，品牌传播不仅是企业参与国际市场竞争的宏观战略之需要，也不仅是媒介市场生存需要而热心服务的结果，更是与企业生死攸关的市场营销操作之必然。

二、品牌传播的特点

明确了品牌传播的内涵以及提出的社会背景，一定意义上即明确了品牌传播的概念。但是，将概念发散为系统的理论，转化为可操作的规律与方法，还需要做大量的研究工作。这里，我们首先对品牌传播的特点进行探讨与归纳。

（一）信息的聚合性

作为动态的品牌传播，其信息的聚合性是由静态品牌的信息聚合性所决定的。菲利普·科特勒在谈到品牌建立时说道："品牌是一个名称、术语、符号、图案，或者是这些因素的组合，用来识别产品的制造商和销售商。它是卖方做出的不断为买方提供一系列产品的特点、利益和服务的允诺。"[②]我国学者韩光军则认为："品牌是一个复合概念。它由品牌名称、品牌认知、品牌联想、品牌标志、品牌色彩、品牌包装以及商标等要素构成。"[③]他们所述的品牌表层因素如名称、图案、色彩和包装等，其信息含量是有限的，但产品的特点、利益与服务的允

① [美]乔治·E.贝尔齐：《广告与促销：整合营销传播展望》，东北财经大学出版社2000年版，第15页。

② [美]菲利普·科特勒：《市场营销学导论》，华夏出版社2001年版，第212页。

③ 韩光军：《品牌策划》，经济管理出版社1997年版，第1页。

诺、品牌认知、品牌联想等品牌深层次的因素，却无疑聚合了丰富的信息。它们构成了品牌传播的信息源，也就决定了品牌传播本身信息的聚合性。因此，当世界上著名的跨国公司在经营决策、组织调整、产品开发、市场开拓、广告发布、公关活动等方面有所动作，包含消费者在内的受众，其接受心理结构便自然地进行信息聚合，聚合于相应的品牌传播之上。这就启发品牌传播者，在具体操作品牌传播实务时，需辩证地进行信息取舍，做到所传播的品牌信息"合"则有基础，"聚"则能传神。

（二）受众的目标性

品牌传播作为传播的一个门类，其对象只能是受众。虽然从营销角度上看，品牌经营者最关注的是目标消费者，因为"品牌"打动"消费者"、"消费者"带动"销售"，乃是最明确的逻辑；但从传播角度上看，品牌传播者最关注的是目标受众，因为"品牌"打动"受众"、"受众"则会产生有益于"品牌"的行为——不仅仅是直接带动销售，而且还引发各种各样的间接行为，如意见领袖会对品牌进行二次传播，潜在消费者将转化为知晓消费者等。

虽然在一定程度上，"消费者"与"受众"是一致的，但不同的表述与强调，却体现了不同的指导观念：将品牌传播的对象表述为"消费者"，强调的是消费者对产品的消费，体现的是在营销上获利的功利观念；而将品牌传播的对象表述为"受众"，强调的是受众对品牌的认可与接受，体现的是传播上的信息分享与平等沟通观念。因此，与品牌传播合理对应的便只能是"受众"。如果将信息传播也视作一种营销行为，那么与所有在市场中求取生存的企业一样，传播者也需细分市场，寻找到自己的目标消费者，即目标受众。事实上，在市场中生存的媒介均有自己的目标定位和受众群，但对于品牌传播者来说，他所寻找的目标受众，既是目标消费者，又是品牌的关注者，还应是通过特定媒介积极主动的"觅信者"。如此，只有确立了明确的目标受众，传播中的受众本位意识才能得到体现，受众的接受需求才能得到满足，相应的品牌传播才是卓有成效的。

（三）媒介的多元性

加拿大的传播学家麦克鲁汉有句名言，即"媒介即信息"，乍读有些难以理解，但细思之，却可品味出其中的真理性。因为媒介技术往往决定着所传播的信息本身，如电视媒介传播了超出报刊、广播多得多的"信息"，而网络媒介又传播了兼容所有媒介信息的"信息"。在传播技术正在实现革命性变革的今天，新媒介的诞生与传统媒介的新生，共同打造出一个传播媒介多元化的新格局。这为品牌传播提供了机遇，也对媒介运用的多元化整合提出了新挑战。

传统的大众传播媒介，如报纸、杂志、电视、广播、路牌、海报、POP、DM、车体和灯箱等，对现代社会的受众来说，依然魅力犹存；对它们的选择组合本身就具有多元性。而新媒体的诞生，则使品牌传播的媒介多元性更加突出。美国传播学家罗杰·菲德勒曾经描绘了数字化时代广告传播的景象:“数字技术可能会把广播与印刷广告中人们熟悉的特长加以融合,同时结合电脑媒介中的一些人际特征。数字媒介中的广告不像电视上的商业广告,也许不会突然打扰或耽误读者与观众的收看。它们的作用也许更像购物中心的店面橱窗,读者或观众简直可以在那些他们不感兴趣的广告前‘一走而过’……当一扇‘窗户’里的广告吸引住了一位潜在的顾客,他或她只要触摸一下或选择那则广告,就可以走进商家的‘商店’。”“当前的发展趋向强烈表明,新形式应比当前的形式更加个人化,更加交互化,更加有责任感。”①实际上,菲德勒所描绘的景象已通过互联网而成为现实。企业自办的网站、刊播的网络广告,不仅具有广告的功能,更在进行着内涵丰富的品牌传播。而由互联网所带来的新媒体的丰富性,至今人们尚未完全认识。如此,品牌传播在新旧媒介的选择中,就有了多元性的前提。

(四)操作的系统性

在传播实务研究者的眼中,“一个系统是一套相互作用的单元,它在一个现存的边界范围内通过对于来自环境的变革压力做出反应和调整而长时间发挥作用,从而获得和维持目标状态”。仅“就公共关系来说,这一整套相互作用的单元包括这个组织以及与之已经具有或者将要具有各种关系的各类公众。他们或多或少地相互影响或者相互有关”②。公共关系是树立组织的良好形象、协调公众关系的传播行为,并作用于品牌传播。既然仅公共关系的操作都需讲究系统性,那么具有丰富内涵的品牌传播则更需遵循操作的系统性了。在品牌传播中,其系统的构成主要为品牌的拥有者与品牌的受众,二者由特定的信息、特定的媒介、特定的传播方式、相应的传播效果(如受众对品牌产品的消费、对品牌的评价)、相应的传播反馈等信息互动之环节,而彼此成构。由于品牌传播追求的不仅是近期传播效果的最佳化,而且追求长远的品牌效应,因此品牌传播总是在品牌拥有者与受众的互动关系中,遵循系统性原则进行操作。

第五节 品牌的基础:品牌管理

一、品牌管理及其作用

(一)品牌管理的含义

全球知名品牌创建、开发和管理专家保罗·藤浦诺(P. Temporal)认为:“品

① [美]罗杰·菲德勒:《媒介形态变化》,华夏出版社 2000 年版,第 222 ~ 223 页。
② [美]斯各特·卡特李普等:《公共关系教程》,华夏出版社 2001 年版,第 187 页。

牌管理就是要统筹有关品牌的一切事项，诸如品牌所表达的含义和品牌给人们的感觉等。”[①]在这个界定极其宽泛的概念中，作者力求扩大品牌管理的职权范围，从而保证更宏观地规划品牌的发展。

奥美公司的观点则为：“品牌管理是一完整的作业过程以确保所有活动都能反应、建立并忠于品牌，以期积极主动地去管理产品与消费者的关系。”[②]该概念突出品牌在管理中的核心地位，并将消费者摆在了明确的地位。

新格品牌管理顾问中心首席顾问苏晓东认为：“它是协调与平衡企业自身的发展战略与看法、具体做法和顾客看法的管理工具和商业系统，能够帮助企业定位的落实、控制、持续、平衡与发展。它的具体表现不只是营销、广告、传播，而是由内往外的企业力量的传递，它包含企业的内外行动因素。”[③]在这里，苏晓东将品牌管理视为一种工具，并突出了其在企业发展中的作用。

由此引出我们对品牌管理的界定：品牌管理是品牌管理者针对企业的品牌，运用内外部资源，有效监控品牌建立、维护和巩固并协调与消费者关系的全方位管理过程。其实质是以品牌为核心，借助企业的全部力量，达到对企业、产品和市场的全程管理。

（二）品牌管理的作用

有效的品牌管理可以通过品牌创新、品牌传播、商标管理和营销管理等内容来增加品牌的认知度、美誉度和和谐度，实现品牌价值的保值与增值，巩固和提升企业产品和服务的市场地位，并把它最终转化为可持续的经济效益。其作用具体如下：

1. 有效整合品牌资源，实现品牌价值的最大化。由于品牌不是一个单纯的概念，包括了诸多要素，根据“木桶”定律，一只木桶盛水的多少，并不取决于桶壁上最长的木板，而是取决于桶壁上最短的木板，所以如何有效地整合品牌的各个资源，抑短扬长，发挥系统效应，是品牌管理的首要任务。行之有效的品牌管理可以通过具体战略的制定，从宏观上予以把握，最终实现品牌价值的最大化。

2. 提高整体竞争力，在市场竞争中占据有利地位。如今，企业在不断地做大、做强，品牌延伸也随之成为企业拓展的重要策略。一个企业往往拥有数个品牌，形成品牌组合。借助有效的品牌管理，提高品牌组合的整体业绩和整体的竞争力将加重企业在市场竞争中的砝码。比如，海尔集团公司就在品牌管理的支持下成功地实现了由单一品牌战略到品牌延伸战略的转变：从生产电冰箱起家，然后采用品牌延伸扩张战略，延伸到白色家电和通信行业，并很好地把海

---

① ［新加坡］保罗·藤浦诺：《高级品牌管理》，清华大学出版社2004年版，前言。

② 宋秩铭等：《奥美的观点》，中国物价出版社2003年版，第280页。

③ 苏晓东等：《720度品牌管理》，中信出版社2002年版，第32页。

尔的品牌核心价值“真诚服务”和延伸产品的相关性有机地联系起来。同时,各品牌的产品也取得很大的市场规模,并成功地打入国际市场,最终成功实现了企业品牌的跨越式发展。

3. 优化品牌结构,使决策更具科学性。品牌管理是站在全局的高度去统筹和规划各品牌,这样便可以充分考虑各品牌的实际情况,并根据市场的反馈信息对品牌结构进行调整,弥补战略上的不足,使整体管理决策具有科学性和可行性。比如,松下公司在品牌管理过程中,就品牌决策进行了有效的调整。松下公司原本有“松下”和“乐声”两个电视机品牌,由于市场变化的原因,公司决定走高端品牌路线。如果同时沿用“松下”和“乐声”两个品牌,市场上就会形成相互竞争的局面,不利于企业的发展,并会造成企业资源的浪费。因此,公司在品牌决策时决定沿用“松下”品牌,而割舍“乐声”品牌,最终结果是“松下”电视机在国际市场获得了极大成功。

4. 防范品牌危机,保证品牌的可持续发展。在越来越不可确定的市场环境下,品牌在运行中不可避免地面临由于客观或主观原因而引发的各种危机,如国际政治环境、自然环境或原材料供应等客观原因引起的品牌商品供货、价格方面的危机;如质量原因、服务原因、信息沟通不畅等企业主观原因引起的市场方面的危机。这就需要予以监控,并在尽可能短的时间内启动危机处理机制,及时控制危机的蔓延,并采取统一传播、客观调查、公布真相、处理调停等方法来进行品牌危机管理,以保证品牌的可持续发展。

二、品牌管理的内容

品牌管理涉及各个方面,可以理论性地分为品牌战略管理、品牌规范管理和品牌运营管理三大板块,也可以操作性地细分为目标管理、产品管理、商标管理、广告管理、公关活动管理和营销管理等。这里我们则将品牌管理综合归纳为如下5个方面的内容。

(一)品牌文化管理

品牌文化主要指相对稳定的文化内容,如战略定位、品牌商标、核心技术、企业CIS系统、制度文化、特色文化活动、战略目标和战略规划等。其管理往往着眼于长远性、目标性和稳定性。

(二)品牌传播管理

其管理内容包含两个方面:一是品牌宏观层面的传播,主要指企业形象层面的母品牌传播管理,包括品牌形象定位、品牌形象传播战略、品牌形象广告创意及媒体选择、品牌的大型公共关系活动、品牌终端形象的传播等;二是品牌中微观层面的操作传播,包括产品广告定位、产品广告创意、广告载具组合、促销公共关系活动、品牌商品的营销策略等。

(三)品牌市场管理

针对目标市场进行客户及消费者调查,对经销商进行选择与管理,对销售渠道进行拓展与规范管理,对品牌商品进行区域化管理,进行子品牌及价格控制管理,对经销商及 VIP 客户进行数据管理,同时在信息流管理基础上进行物流管理和资金流管理。

(四)品牌危机管理

树立品牌危机意识,建立品牌危机管理机制,跟踪并分析品牌的认知度、美誉度与和谐度,以科学判断品牌潜在危机状况,提出消除潜在危机的建议并采取对策;在突发性危机爆发时启动品牌危机管理机制,并尽可能在合理处理危机基础上,化被动为主动,将危机转化为契机,对品牌进行以和谐度为导向的传播。

(五)品牌延伸管理

品牌延伸是品牌提升的常用之道,对品牌延伸进行科学的管理对品牌的长远、持续发展至关重要。品牌延伸管理主要是遵循企业品牌专业化或多元化发展的战略思路,进行相关性的同产业品牌延伸,或以投资合作方式进行多元品牌化的跨产业延伸。在品牌延伸管理中,需要侧重评估延伸所带来的风险,对品牌资产进行合理评估,对品牌使用策略进行科学决策等,并对品牌文化的融合进行跟踪管理。

三、品牌管理的组织形式与流程

(一)品牌管理的组织形式

早在 100 多年前,西方企业就已将品牌管理视为营销乃至整个企业管理的核心。品牌管理常见的组织形式为:

1. 公司经理负责制。公司经理负责制是指品牌管理由企业经理以及公司的高层领导负责,是一种高度集权的管理制度。同时,公司经理还负责生产、销售和财务等,即品牌管理与其他职能是平行关系,所以此种管理形式又属于非品牌核心制度。

例如,可口可乐公司总经理坎德拉(Candler)自 1888 年收购年轻的可口可乐公司到 1916 年将公司出售给伍德洛夫,就是以一种近乎狂热的态度来构建公司的分销网络,并亲自参加选择广告代理商的活动。而在我国,TCL 集团采用的也是此种管理模式,公司经理负责从品牌命名、广告代理商和媒体的选择,到促销活动等一系列事宜。

该制度的权力集于一人,所以具有决策迅速、协调能力强的优点。同时,可以注入业主的企业家精神,从而为商标发展提供强大的策动力。它一般适宜产品和商标比较少且规模不大的企业。当企业的业务很多,或同一业务下已有多个商标时，这种组织方式就会显现其弱点。同时，过分的高度集权不利于调动下属积极性、创造性，存在凭经验主观意志办事的倾向。

2. 职能负责制。职能负责制是指在公司的统一协调下，品牌管理由各职能部门分担并在各自的权限范围内对品牌实施管理。这种盛行于西方 20 世纪 20 ~ 50 年代的管理制度，标志着品牌管理真正发展并完善起来。

该制度由于将品牌管理的任务下放到各职能部门，所以公司领导可以摆脱具体事务的烦扰，专心思考发展方略、企业文化传承等方向性问题。同时，明确的分工极大提高了工作效率，还有效避免了由公司经理负责制产生的经验型管理的缺点，将品牌管理置于科学管理的层面。虽然职能负责制较公司经理负责制有了巨大的进步，但随着经济的发展也逐渐暴露出其缺点，如：因各职能部门之间为平行关系，在遇到利益冲突时，会缺乏有力的沟通和协调；当企业延伸出多个品牌，如果此时还由各职能部门来管理，那么到底由谁来对某个品牌的发展负主要责任就会显得模棱两可。

3. 品牌经理制。所谓品牌经理制，是指在企业内部建立产品经理组织制度，以协调职能型组织中的部门冲突。具体来说，就是企业为其每一个子品牌都专门配备一名经理，对产品的开发、销售以及品牌相关方面的事情负全部责任，并统一协调各职能部门的工作，管理影响产品的所有环节（参见图1 - 4）。一般来说，产品差异较大或产品数量较多的企业，在按功能设置的营销系统无法良好运转的情况下，建立品牌经理制是比较合适的。

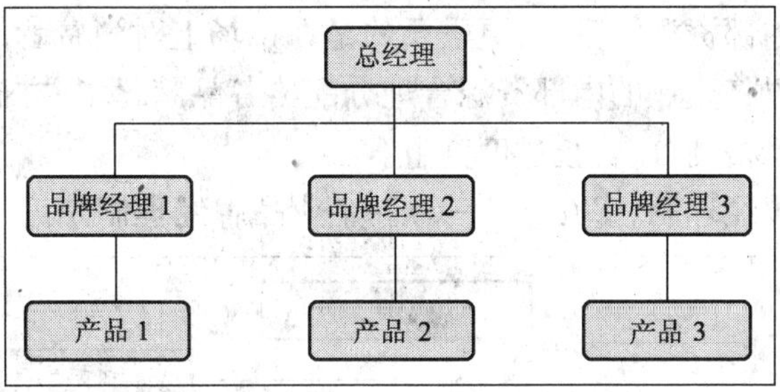

图 1 - 4　品牌经理制组织图

宝洁公司是品牌经理制的摇篮，也是品牌经理制的最大受益者。1931 年，负责“佳美”品牌促销和与广告公司日常联系工作的尼尔 · 麦克 · 爱尔洛埃发现，由几个人负责同类产品的广告和销售，不仅造成人力与广告费用的浪费，更容易对顾客造成顾此失彼的印象。于是，他提出了“一个人负责一个品牌”的构想，并鼓励各品牌之间进行竞争。美国《时代》杂志曾称赞道：麦克 · 爱尔洛埃赢得了最后的胜利。他成功地说服了他的前辈们。使宝洁公司保持高速发展的策略其实非常简单：让自己和自己竞争。

建立品牌经理制,可以保证每个品牌在内部和外部市场上获得全面的平衡,实现 1 +1 >2 的市场效应。其优点具体包括:增强职能部门围绕品牌运作的协调性和统一性;促进产品市场定位的科学化;有利于维持品牌的持续发展与整体形象;转变公司毛利率的目标管理过程。品牌经理制能够有效地协调各种市场营销职能,并对市场变化做出积极反应。同时,由于有专门品牌经理的存在,那些品牌较小的产品也不会被忽视。不过,该制度也存在不少缺陷,如整体观念缺乏;部门冲突仍然存在等。

4. 类别品牌经理制(参见图 1 –5)。该管理形式是以品牌经理制为基础,结合企业具体需要而形成的。具体来说,是先将企业中的诸多品牌按照产品的性质进行分类,然后给每一类别设置一名品牌经理,管理属于该类别的所有品牌;同时保留原先各品牌的品牌经理,在管理体制上形成两级管理的形式。

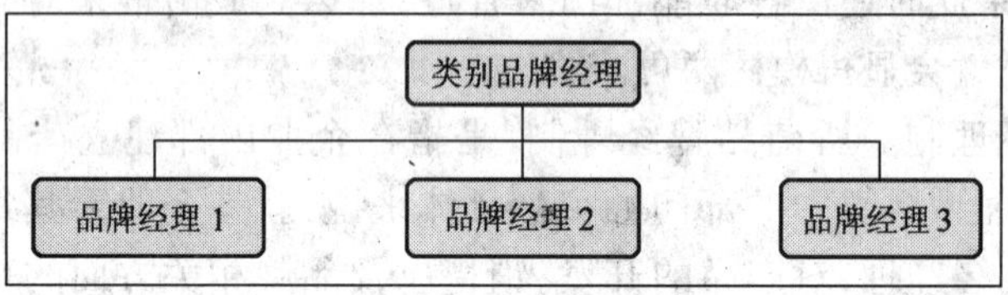

图 1 –5　类别品牌经理制

类别品牌经理制的优势在于:能有效协调本类别品牌与其他类别品牌之间的关系;可防止同一类别的各品牌之间竞争过度。在这些类别及品牌之间,不仅存在对企业内部资源的竞争,更重要的是在市场上对消费者的争夺。而类别经理一方面可以将企业的内部资源合理分配给各品牌,另一方面则可将各品牌在市场上进行严格划分,防止过度竞争。

5. 企业品牌经理制(参见图 1 –6)。企业品牌经理制是近几年新出现的一

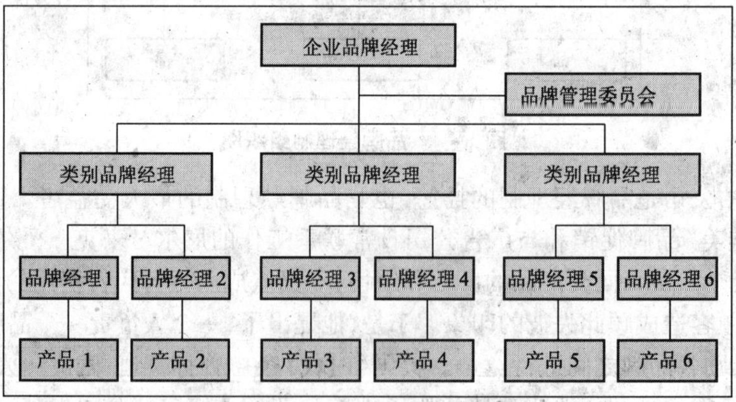

图 1 –6　企业品牌经理制组织

种品牌管理形式，其着眼点置于企业品牌的高度，并努力实现企业内部诸品牌建设的最优化，因而与以往管理形式有着明显不同。

建立企业品牌经理制对企业的品牌发展具有重大意义：①有利于企业从战略发展的高度对品牌进行规划和管理。在该制度中，企业赋予企业品牌经理最高的地位和职能权限，便于企业品牌经理从全局出发，以整体利益为重，对企业品牌实施系统管理。②有利于企业集中力量塑造企业品牌，从而向消费者展现统一的品牌形象。企业品牌与产品品牌相比，更多地代表着企业的理念、利益及文化，所以在传播过程中更容易塑造企业在消费者心中的形象。③有利于企业合理分配资源在诸品牌建设中的比重，从而保证各个产品品牌的持续发展。④有利于企业从宏观的角度选择适合自身发展的品牌管理形式。

（二）品牌管理的组织流程

品牌管理的组织流程可以分为品牌分析、品牌策划、战略实施和效果评估四个部分(参见图1－7)。这四部分使品牌管理系统连贯成为一个循环的有机整体，各个部分之间互相支持，互为工具，密不可分。品牌分析为品牌策划提供充分的市场依据；品牌策划为战略实施提供丰富的传播素材和准确的实施对象；战略实施为效果评估提供必要的研究课题；效果评估为品牌分析提供充实的数据积累和发现有价值的市场信息。

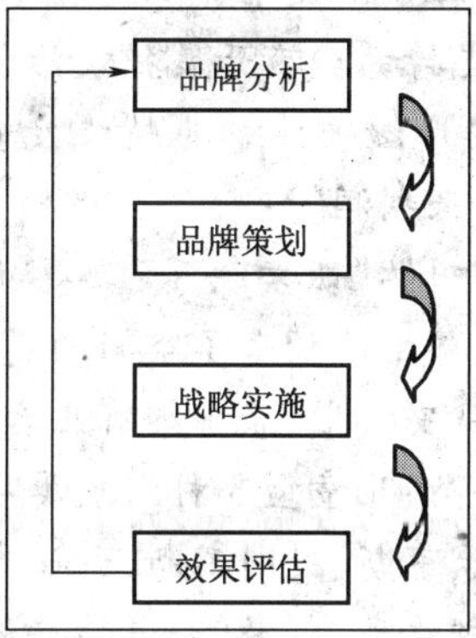

图1－7　品牌管理的组织流程

品牌管理系统就是通过品牌分析、品牌策划、战略实施和效果评估四个部分循环、连贯、持续地执行来体现品牌的终身管理。

嘉年华：品牌概念创新带来无限商机

嘉年华，最早起源于古埃及，后成为古罗马的农神节庆祝活动，再次成为欧美的狂欢节，目前已经是著名的娱乐品牌。

嘉年华之所以受到欢迎，因为它不仅仅是孩子们的乐园，也受到青年与中年人的喜爱。因为现代社会中人们的压力很大，需要一些方式来排解压力，放松心情，而狂欢正提供了这样一种方式。

随着嘉年华登陆中国，其商机也无处不在。2003 年上海环球嘉年华，50 天接待了 200 万人次，超过了锦江乐园最鼎盛时期的半年的客流量，日均收入 400 万元人民币。在嘉年华，每一个接受采访的游客都会说同一个词："气氛"。嘉年华带给人们的不只是世界顶级的豪华游乐设备，更是一种娱乐精神。

环球嘉年华一般在每个地方仅停留 2 个月时间，作为游乐场，"移动"是最后的模式。由于新鲜感和有限时间，可以获得最高的单位时间客流量，让消费者的消费欲望最大程度地爆发出来。其次是设备虚拟，租赁大型游乐机，避免淡季维护，又可以更换世界上最新的设备；人员虚拟，全球固定员工只有 180 人，负责运作中国区嘉年华项目的仅有 28 人，其余 1 000 多工作人员都是临时雇来的；地点虚拟，只在人均收入高、流量有保证、政府支持的城市开展狂欢活动；附加值虚拟，眼球经济已被企业认可，一件被广泛关注的事情肯定具有极大的附加值，冠名权、转卖权之类都能带来利润。

嘉年华有个宗旨，叫做"贩卖快乐"。嘉年华的占地面积与一般主题公园相比不是很大，却由此带来了空间的灵活与紧凑，并拉近了人与人的距离。在游乐项目安排上，除了拥有几台世界级游乐设备外，还设置了惊险刺激型、家庭型、儿童型 3 种游戏类型以吸引不同年龄层的游客。整个游乐现场音乐不断、尖叫不断，到了夜晚更是彩灯闪烁，由此，嘉年华精心构筑起一种欢乐、刺激、火爆的整体氛围，令人们趋之若鹜。

显然，嘉年华的核心竞争力就是与时俱进的想象力和强大的整合虚拟资源的能力，并由此而成为与"迪斯尼"、"环球影城"并列的世界三大娱乐品牌。

资料来源：盘和林：《哈佛品牌战略决策分析及经典案例》，人民出版社 2006 年版，第 265 ~ 270 页。

本章小结

在辨析国内外学者对品牌的诸多定义后，本章提出了品牌的定义，即：品牌是包括组织与个人在内的品牌主，以可以进行传播流通的表层符号以及符号所指代的内在事物（人、产品、服务等）通过传播扩散，而在消费者或接受者那里产生的倾向性的印象，是品牌主与以消费者为核心的受众一种聚焦性约定；属性、利益、价值、个性、文化和使用者构成了品牌的六大元素；品牌的功能主要表现在：满足消费者需求、帮助品牌主营销、提升企业的经营品味、负载企业的无形价值四个方面；回顾了品牌在国内外的发展历程；根据品牌在管理实践中以及市场竞争中的具体体现，其特性可以归纳为：独特性、可塑性、关联性、脆弱性和符号性；品牌的种类根据地区、行业、生命周期、归属和结构等不同标准可以划分成不同种类。

本章最后提出，传播是品牌存在的前提，提出了品牌传播的观点、特点及其社会背景；品牌管理是品牌的基础，介绍了品牌管理的含义及其作用、品牌管理的内容、品牌管理的组织形式与流程。

思考练习题

1. 品牌的定义是什么？它的内涵包括哪几个方面？
2. 品牌的作用主要体现在哪四个方面？
3. 品牌有哪些特征？
4. 品牌传播提出的背景是什么？品牌传播有何特点？
5. 以你所接触的某品牌为例，上网进行资料检索，谈谈该品牌采取的管理组织形式是怎样的。

品牌传播与管理

2 品牌资源梳理

本章学习重点

- 品牌资源的含义
- 品牌资源的构成
- 品牌的个性及其功能
- 品牌理念文化系统的构成
- 品牌文化的内外传播渠道
- 品牌技术储备、人才开发、研发投入的意义
- 品牌的主要关系
- 品牌的三大关系指标
- 品牌资产的含义及特点
- 品牌资产的构成
- 品牌资产的评估方法

第一节 品牌资源及其构成

一、品牌资源的含义

品牌作为包括组织与个人在内的品牌主,以可以进行传播流通的表层符号以及符号所指代的内在事物(人、产品、服务等),传播扩散在消费者或接受者那里产生的倾向性的印象,是品牌主与以消费者为核心的受众的一种聚焦性约定。这显然需要有个前提,就是必须拥有可与受众达成互惠互利的资源,受众才可能与该品牌形成约定。

品牌资源是属于经济范畴的资源,经济资源是指:“在人类的经济生活中,一切直接或间接地为人类所需要的,并构成生产要素的、稀缺的、具有一定开发利用选择性的资财来源。”①按经济资源本身的属性,可以将其分为自然资源、人力资源、资本资源和信息资源,而品牌资源乃是多种资源的综合体,并聚焦性地存在于品牌自身,能给产品创造出新的价值,并能够影响消费者行为。

一个品牌的建立不是一朝一夕的事情,也许可以在短时间内创作出一个品牌名称、设计出一个品牌的标志,但因为品牌作为一种符号,指代的内容异常丰富,从产品到服务、从文化到传播、从战略到操作,几乎无所不包,因此往往都是一个日积月累的长期的发展过程。同时,也正是在品牌这个日积月累的建立过程中才逐渐形成了品牌资源。品牌资源是品牌在创建、发展过程中逐渐形成的。因此,可以给品牌资源作如下定义:*品牌资源是随着品牌的创建逐渐发展起来的,能给产品创造新的价值并影响消费者行为的无形资产的总和。*

每当提到品牌的无形资产时,听到最多的是“品牌价值”或“品牌资产”,在某些文章或著作中也常常将品牌资源与品牌资产混用,用于指代同种东西。但是,品牌资源与品牌价值或品牌资产是有区别的。麦克唐纳认为,品牌有 3 种价值 6 种含义,即物质价值(material value)、概念价值(conceptual value)、感觉价值(conceptual value)和属性、利益、文化、个性、人物、气质。可见,品牌价值是“品牌存在的目的与意义,其表示能向消费者提供什么样的价值,在精神和观念上得到消费者的认同与拥护,是消费者对品牌的核心需求,也是消费者忠诚于品牌的根本理由。”②也就是说,品牌价值主要是就消费者而言,以消费者的认可为标杆的。因为新产品的品牌还只是识别符号,本身并不具备市场价值,只有

① 史忠良等:《中国经济资源配置的理论与实践》,中国财政经济出版社 1998 版,第 2 页。

② 李密:《企业提升品牌价值的策略研究》,《商场现代化》,2006 年 10 月。

当产品在市场上的销量与日俱增，市场份额不断扩大后，品牌价值才得以体现。品牌资产则是通过给消费者带来价值利益、品牌主自身又得到回报，从而产生的无形资产，并成为品牌资源的一部分。这就是说，品牌资源是对由品牌价值转换而成的品牌资产的一个包容。其实，在英语里，品牌价值与品牌资产是同一个短语"Brand Equity"。"品牌价值是20世纪90年代的热门话题。坊间诸多诠释品牌营销的著作都将'Brand Equity'中译为'品牌权益'或'品牌资产'。较切近的翻译为'品牌资产价值'，简称品牌价值，意谓品牌通过商标达成交易而为企业带来财务上的收益，是由品牌所联结的资产与负债"①。这样看来，品牌价值和品牌资产实际上是同一个概念，而不论品牌价值还是品牌资产都是品牌资源的一部分，是品牌众多资源中的一个方面。

二、品牌资源的构成

品牌资源的形成有一个较长的过程，随着品牌的不断壮大，品牌资源的内容会随之逐渐丰富起来。特别是随着社会经济的不断发展和品牌创建机制的不断完善，品牌资源的内容越来越广泛。从以下的构成图可以清晰地看出品牌资源的构成（参见图2-1）。

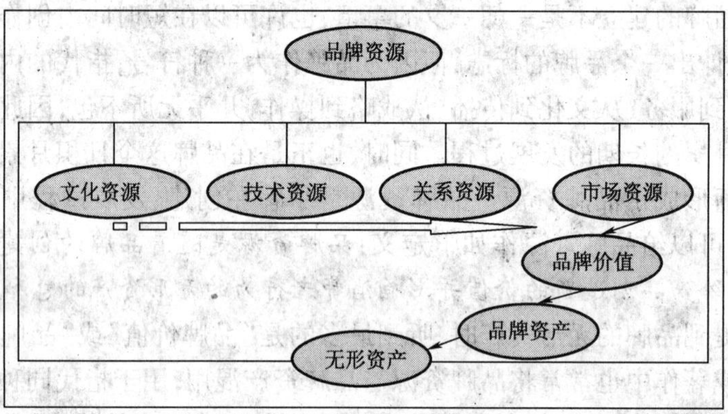

图2-1　品牌资源构成图

由图2-1可见，品牌资源包括品牌文化资源、品牌技术资源、品牌关系资源、品牌市场资源等无形的资源形态。其中，由品牌市场资源的价值实现，从而形成品牌价值与品牌资产。而品牌资产连同其他无形资源所可能形成的转化，则形成了品牌主的总体无形资产。

（一）品牌文化资源

它主要体现为品牌的理念系统：品牌愿景、价值观、经营哲学、人才观、质量

① 沈乃山：《品牌整体营销》，《上海经济》，2006年9月。

观、服务观、行为准则；以理念系统为主导的商标文化、品牌个性、品牌联想、品牌故事、制度文化、特色活动和特色氛围；由历史文本积淀下来的各种符号，如创业史、英模人物、产品沿革实体或符号。

（二）品牌技术资源

它主要指品牌创建过程中所形成的、在市场上获得转化的专利技术，以及即将在市场竞争中成为品牌竞争力的技术储备。其形态或为最新产品的技术产权，或为最新产品的设计理念、设计图纸、实验产品等。但最突出的体现则为品牌技术人才，以及由技术人才构成并体现的创新团队、创新机制。品牌技术资源不仅能够增强品牌的竞争力，完善品牌形象，更重要的是支持着品牌在竞争激烈的市场上进行可持续发展。

（三）品牌关系资源

任何品牌的发展均是由形形色色的关系支持所决定的，从客观环境关系上看，有品牌企业所处区域的原料供应关系、人力资源供给关系、市场及交通条件关系等；从品牌社会环境关系上看，有内部股东关系、员工关系、外部的政府关系、合作商关系、银行关系、媒体关系和社区关系等。这些关系的和谐能极大地促进品牌的发展，因此也自然形成品牌的关系资源。

（四）品牌市场资源

它是品牌在发展中所形成的市场对品牌的评价，以及由评价所引导的订购、消费等市场行为。其具体体现往往为品牌市场区域的广度，如全球国际市场、区域国际市场、全国市场、地域市场、中心城市市场和农村市场等；也表现为市场的深度，即市场上的品牌声誉排序和市场份额等。但需要说明的是，品牌市场资源往往是由品牌的文化资源、技术资源和关系资源决定的。它们综合性地形成品牌竞争力，从而在市场上得到相应的体现，并形成品牌市场资源，因此在图 2－1 中，我们用横向箭头作了反映。

资料链接

若干品牌的核心理念

公司品牌	核心理念
波音	领导航空工业；永为先驱；应付重大挑战与风险；产品安全与品质；正直与合乎伦理的业务
福特汽车	人员是我们的力量源泉，产品是我们努力的终端成果，利润是必要的手段与衡量我们成就的指标；以诚实及正直为基础
宝洁	产品完美；不断自我提高；诚实与公平；尊重与关心个人

续表

公司品牌	核心理念
IBM	给予每个员工充分的考虑；花很多时间使顾客满意；坚持到底把事情做好，所作所为追求完美
通用电气	以科技及创新改善生活品质；在对顾客、员工、社会与股东的责任之间求取互相依赖的平衡；个人责任及机会；诚实与正直
索尼	体验以科技进步、应用与创新造福大众带来的真正快乐；提升日本文化与国家地位；做先驱，不追随别人，但是要做不可能的事情；尊重、鼓励每个人的能力和创造力
沃尔玛	我们存在的目的是提供顾客物有所值的东西，用比较低的价格和比较多的选择，改善他们的生活，其他一切都属次要；力争上游，对抗凡俗之见；和员工成为伙伴；热情、热心、认真工作；精简经营；永远追求更高的目标
摩托罗拉	公司存在的目的是“以公平的价格向顾客提供品质优异的产品和服务，光荣地服务于社会”；不断进行自我革新；发掘我们内部潜藏的创造力；不断改进公司的一切作为：创意、品质与顾客满意度；以尊严对待每一位员工，视之为个体；在业务的所有层面追求诚实、正直、合乎伦理

资料来源：丰平等：《品牌塑造刍议》，《企业参考》，2006 年第 10 期。

第二节　品牌文化反思

《周易》曰：“观乎天文，以察时变；观乎人文，以化成天下。”这大概是中国人论述“文化”之始。在中国人此时的观念中，文化的含义是通过了解人类社会的各种现象，用教育感化的方法治理天下。到汉朝，“文化”一词正式出现，其含义也与现在人们通常理解的不一样。刘向《说苑·指武》篇中说：“凡武之兴，为不服也，文化不改，然后加诛。”这是指与国家军事手段相对的一个概念，即国家的文教治理手段。

西方人论述“文化”要比中国人晚，但比中国古文献中的论述显得广泛、科学。其中较有影响的观点有三种：第一种是方式论，即认为文化是一定民族的生活方式，是一种并非由遗传而得来的生活方式。第二种是过程论，即认为文化是人类学习和制造工具，特别是制造定型工具的过程，这里包含了人类智力和创造能力的不断进化，强调了文化的演进性。第三种是复合论，即认为文化是作为社会的一个成员所获得的包括知识、信仰、艺术、音乐、风俗、法律以及其他种种能力的复合体，这强调了文化的熔铸性。

关于文化的概念，马克思主义的理论家所作出的解释是：文化可分为广义和狭义两种。“广义”的文化是指人类在社会历史实践过程中创造的物质财富和精神财富的总和;而"狭义"的文化则专指精神文化而言,即社会意识形态以及与之相适应的典章制度、政治和社会组织、风俗习惯、学术思想、宗教信仰和文学艺术等。本书所指的文化,是"狭义"的文化,即是专指精神文化而言的。

品牌文化是指文化特质在品牌中的沉积和品牌经营中的一切文化现象。价值观念、文化传统、道德规范、风俗习惯、利益认知和情感归属等丰富了品牌的内涵。人们透过品牌的经济现象,可以解读其中的文化意蕴。品牌文化体现于其理念系统,以及以理念系统为主导的商标文化、品牌个性、品牌联想、品牌故事、制度文化、特色活动、特色氛围和员工行为之上;它无所不在,并无时不在体现着作为品牌资源的作用。任何品牌文化均是在其发展历史中积淀下来的,无疑拥有着巨大的生命力,但时代在进步、市场在变化,品牌文化也需要在发展中进行反思,并在反思中进行调整,以适应未来的挑战。由于品牌文化的内容非常广泛,因此我们主要从资源梳理角度讨论品牌个性文化、品牌理念文化和品牌文化传播三个方面。

一、品牌个性文化

美国著名品牌策略大师大卫·奥格威曾说道,就像人的个性,品牌个性既是特殊的也是永续的。产品虽然是可以被模仿的,但品牌却不能,究其原因,归根结底在于品牌的个性。

(一)品牌个性的含义

在西方,个性一词源于拉丁语 Persona,它有两层含义:一方面,原指演员在舞台上所戴的假面具,后引申为一个人在生命舞台上所扮演的角色;另一方面,指能独立思考、具有独特行为特征的人。现代心理学一般把个性定义为一个人的整体精神面貌,即一个人在一定社会条件下形成的、具有一定倾向的、比较稳定的心理特征的总和。关于品牌个性,大卫·艾克认为:"是品牌战略设计者希望建立或保持的独特品牌联想。这些联想表现了品牌代表什么,暗示着组织成员对顾客的承诺。品牌个性应通过产生一个实用性、情感上或自我表现的利益的价值计划,帮助在品牌与顾客间建立良好的关系。"①我国学者朱立也说道:"品牌个性是品牌文化的集中表现,有什么样的品牌文化就会形成什么样的品牌个性……品牌个性是消费者对于某个品牌总体印象的有用描绘,显现出品牌与真实的人类一样,在许多方面具有实体上、情绪上和态度上的特质。"②

具体而言,品牌形象就是消费者对品牌具有的联想,即一提到品牌消费者便会想到的东西。这种联想可能是功能、物理实质等硬性属性,如价位、操作

① [美]凯文·莱恩·凯勒:《战略品牌管理》,中国人民大学出版社2003年版,第530页。

② 朱立:《品牌文化战略研究》,经济科学出版社2006年版,第106页。

性、外观、材料和速度等;也可能是软性的属性,如趣味、严肃、温柔、刺激等特征。这些属性要素在消费者心智与记忆中不断积淀与扩散,形成一张品牌构想的相关网络。而品牌个性则只能是其中的软性属性,典型的品牌个性更是软性属性中最能体现出与其他品牌的差异、最富有人性的部分。

(二)品牌个性的功能

1. 引发消费者的认知与消费。就消费者对品牌认识的心理定律而言,可以初步归纳为这样一个流程:品牌信息—注意—感知—记忆—联想—购买动机—试用—评价—态度—口碑—信任—强化—情感共鸣(忠诚)。但以上每一步骤,都不是必然会发生的,其间有太多的不确定性因素。要有效地控制消费者对品牌认识的心理定律的流程,就需要深刻地理解消费者行为与品牌的关系。

根据弗洛伊德的潜意识理论,研究消费者人格的学者相信,人类的驱动力大多是无意识,而且消费者可能亦不了解其购买行为背后的真正原因。这些学者将消费者的外表及所有一切饰品、衣物以及购买行为视为消费者个人人性的反映及延伸。当消费者坚持要穿耐克运动鞋、喝可口可乐以及买诺基亚手机时,多少都可以折射出潜意识中的本能欲望和潜在的心理需求。

品牌个性是产品在消费者心目中的感性形象。可以说,品牌个性就是在品牌定位的基础上人格化、个性化的品牌形象,它代表特定的生活方式、价值取向和消费观念,目的在于与消费者建立起一种情感上的沟通和联系。这种为引起消费者共鸣而进行的生活方式的设计和消费观念的倡导,既要与产品特色相适应,又要与目标消费者的潜意识需求相吻合。只有达到这种融洽的程度,才能通过商品诱发消费者的欲求和联想,如注重生活质量、讲究文化艺术品位,追求新潮时尚、突出个人性格、重温浪漫情怀等等。只有帮助消费者找出潜在的心理需求,才能激发消费者的购买欲望,从而实现购买。

这时,处于感性层面的产品已不仅仅是某种具有自然属性的物,而是一种精神商品。它变成一种有性格、有魅力、有风韵、有生命、有象征意义的,消费者身边不可缺少的好朋友。这便是厂商、广告商们精心营造的一种文化氛围,一个精神世界,它使消费者在商品消费中找到自我、得到慰藉、获得精神寄托和心理平衡。如著名品牌“万宝路”,作为“男子汉的香烟”,其品牌个性定位正是充分挖掘了当时美国人的潜意识需求因而获得了巨大的成功。当时正值“二战”结束不久,工业经济得到迅猛发展,工业化中的美国人普遍存在着一种反叛现实的倾向。他们厌倦了紧张忙碌、枯燥乏味的都市生活,怀念过去那种无拘无束、自由自在的乡野情趣。针对这种心态,“万宝路”广告持久地以美国西部牛仔作为其个性表现形象,以充满原始西部风情的画面衬托着矫健的奔马、粗犷的牛仔,突出了男子汉放荡不羁、坚韧不拔的性格,尽显硬汉本色。这一品牌个性的塑造恰恰迎合了大多数美国人的心理欲求,很快便博得了美国烟民的喜爱与认同。其实,消费者心里也明白,即使一天抽一条"万宝路"也成不了一个牛仔,但它却可以达到对世俗尘嚣的排遣和解脱,从而使人得到一种心理补偿。

2. 满足不同客户的个性化需求。品牌个性是由于品牌定位,以及对此定位长期不懈的传播而形成的,同时品牌定位又是从消费者的需求出发的。随着市场竞争的加剧,以及消费者需求的多元化,品牌产品在内容和方式上必然体现出多样化、人性化和个性化。如海尔公司在产品设计、生产、营销时就依从"海尔洗衣机,专为你设计",按顾客需要度身定做产品的经营理念,按照消费者的审美观点设计产品,实现了从传统生产习惯到满足消费者个性化需求的跨越。

消费者的个性化需求,往往受到如下消费价值观念的影响:①功能价值,反映消费者认知的品牌功能效用,例如,奔驰汽车工艺技术方面的卓越性能、吉普的越野的特殊功能;②社会价值,即不同的品牌总是带着一定社会评价功能的,如耐克在体育爱好者那里受到追捧,但在优雅的交际场合却不一定适用;③情感价值,是指品牌具有引发不同情感的效用,如请情人去吃哈根达斯是爱情的表达,而送椰岛鹿龟酒是亲情的表达;④认知价值,即不同的消费者总是对不同个性的新品牌具有好奇心,共同逛店的伙伴,有的可能冲着李维斯品牌而去,有的则可能在阿迪达斯品牌前流连难舍;⑤条件价值,是指不同品牌在不同场合的效用,例如,家用酒可能选择"王朝",而在社交场合则往往会选择"马爹利"。这些价值的不同取舍,构成了不同个性的消费者各种各样的需求,从而需要具有鲜明个性的品牌来予以满足。

3. 促进品牌创新和提升。在竞争空间越来越小、同质化越来越明显的背景下,品牌个性往往成为消费者区分商品的主要选择点。而品牌的个性又是需要相应的产品品质、工艺、技术、性能等方面予以相应的创新与支撑。如此,对品牌个性的追求也就必然带动品牌全方位的创新与提升。换句话说,谁能率先开发出成熟的个性化品牌产品,谁就能率先占领市场,继续凸显自身的品牌个性。如为了持续个性化品牌,海尔公司提出了"零距离就是彻底的个性化",即人人都是一个市场,人人都有一个市场的经营宗旨。如果用户提出要三角形的冰箱,你能不能提供?这就是消费者的个性化需求,能满足,这就是优势。而事实上,海尔也的确做到了以个性化品牌追求带动生产链的创新。这一点,同样表现在众多成功企业所经营的品牌产品上。我们可以看到,凡是成功的强势品牌,一般都有鲜明的个性。这些个性通常都可以用一些形容词来描述,如表 2 - 1 所列。

实际上,这些品牌个性总是由品牌主根据消费者的个性需求,并根据这些个性需求在不同时代的表现而不断创新、强化的结果。

表 2-1　若干强势品牌的个性描述

品牌	个性描述
奔驰	自负、富有、世故
柯达	纯朴、顾家、诚恳
惠普	有教养、影响力、称职
锐步	野性、户外、冒险、年轻、活力
李维斯	纯真、刺激、称职、强壮
百事可乐	年轻、活泼、刺激

二、品牌的理念文化

品牌与文化是肉与灵的结合，一方面文化支撑着品牌的丰富内涵；另一方面品牌又可展示其代表的独特文化魅力。哲学家尼采说，当婴儿第一次站起来的时候，你会发现，使他站起来的不是他的肢体，而是他的头脑。对品牌而言，如果说品牌的质量、技术、性能、用途和包装等是其肢体，那么蕴涵在其中的文化则是品牌的头脑，并显性地体现为品牌的理念文化系统。品牌理念文化系统主要包括以下三个方面。

（一）民族精神

品牌总是植根于历史的土壤，吸收着民族文化的养分，带着民族精神的基因。每个地区或国家的民族文化都有自身的历史渊源和独特个性。一种文化历史越悠久，传统越深厚，其民族性就越强，越具特色。这也是形成品牌差异性的重要原因。

商家之所以创名牌、保名牌，其目的在于占领市场，而市场并非是千篇一律的。不同国家和民族的消费者，其消费需求也不尽相同。因此，好的品牌首先应考虑到本民族消费者的文化需求，以自己民族博大精深的文化为底蕴，充分体现民族的精神面貌。只有这样，才能在站稳本国市场之余，走向世界。有人说，想要了解美国文化，根本不需要跑到美国，你只需喝一瓶可口可乐，吃一顿麦当劳，穿一双耐克，看一场 NBA 就行了。这句话从一个侧面反映出一个好品牌中所蕴涵的民族精神。

“劳斯莱斯”不仅是一个历百年而不衰的优秀品牌，更象征着一种汽车文化。因为劳斯莱斯的员工不是以创造冷冰冰的机器的观点进行工作，而是以严格的标准、严谨的程序，以人类高尚的道德情操和艺术家的热情去雕琢每一个零部件。通过他们的双手，每一道工序制作出来的东西都是有血有肉的艺术极品。所以，“劳斯莱斯”这个品牌所代表的意义远远超越了产品本身的局限，而代表了一种民族文化、民族精神和民族责任心。

（二）社会文化

文化在品牌的管理和营销中无处不在，对品牌文化也产生着重大的影响。社会文化在品牌文化中是涉及层面最广的。“奔驰”代表德国文化——高度组织、效率和高质量；“本田”代表了大和民族文化传统——精益求精、高效率和团队精神；“卡迪拉克”代表了美国文化——大型组织、追求质量和管理水平。文化传统优势会成为品牌的强大力量源泉，品牌因此而更有持久的生命力和市场优势。

品牌定位能否进入消费者的心中，关键在于它给消费者什么样的质量和服务。品牌标志着商品及企业的质量与信誉，所以，好的品牌必须以优良的质量和优质的服务为特征，向消费者作出承诺，获得消费者的充分信任，从而树立起自身的形象，促使消费者忠于该品牌。

有一次，美国通用汽车公司的庞帝雅克（Pontiac）部门收到一封客户抱怨信，投诉自己新买的庞帝雅克对香草冰淇淋过敏。“知道吗？每当我买的冰淇淋是香草口味时，我从店里出来车子就发动不起来。但如果我买的是其他的口味，车子发动就顺得很。我要让你知道，我对这件事情是非常认真的，尽管这个问题听起来很猪头。”虽然这个投诉看起来很像是故意捣乱，但通用汽车公司仍及时地派去一位工程师，以解决这个“问题”。经过一而再，再而三的试验，工程师惊讶地发现，这居然是真的！但是，他相信这与香草冰淇淋没有什么关系，因此，他认真研究了从头到尾所发生的种种详细资料，最后发现，买香草冰淇淋所花的时间比其他口味的要少。经过再三确认，问题的症结终于找到了：答案是“蒸气锁”。因为当这位顾客买其他口味的冰淇淋时，由于时间较久，引擎有足够的时间散热，重新发动时就没有太大的问题。但是买香草口味的，由于花的时间较短，引擎太热以至于还无法让“蒸气锁”有足够的散热时间。通用汽车公司正是在这种不断追求完善的服务中，体现出其浓厚的文化内涵。

消费者在对品牌的认知过程中，会将品牌的利益认知转化为一定情感上的利益。消费者购买产品的功能利益时，也在购买产品带来的情感属性。麦当劳的质量和服务转化为“在这里找到受人尊重、舒适以及开心”，IBM 的完善服务转化为“我买了电脑，但我不用为它担心”。情感属性也与一定的品牌联想有关。

（三）企业经营理念

企业经营理念是品牌的灵魂，是企业在长期的生产经营过程中形成的，是企业全体员工信奉的经营哲学、企业精神、价值观念、行为准则和审美理念的综合反映。所有成功的企业都有非常科学的符合企业发展战略目标的企业经营理念以及具有强烈个性的企业文化。

许多生存上百年的老企业，在时间的流逝中，很多东西都改变了，但只要企业的经营理念不变，则该企业的灵魂就依然能支持着企业品牌永远不衰。可以说，优秀的企业经营理念能不断创造出更具人性和文化底蕴的产品，从而不断获得生命力和活力。优秀的企业经营理念通过品牌将视野扩展到广阔的市场领域，以对内增强凝聚力，对外增强竞争力，并将品牌文化效应转化为市场效应和经济效益。因而品牌竞争更多地体现为品牌经营理念文化的竞争。只有取得文化优势的企业和品牌，才能拥有更多的消费者，赢得这场竞争的最后胜利。下面是一些著名品牌的经营理念：

"IBM"的品牌理念系统：

企业理念：四海一家的解决之道

价值观：尊重个人、顾客至上、追求完美

座右铭：诚实

服务观：IBM 就是服务

"中国移动"的品牌理念系统：

服务理念：沟通从心开始

经营宗旨：追求客户满意服务

企业使命：创无限通信世界，做信息社会栋梁

价值观：持续为社会、为企业创造更大价值

企业精神：改革创新、只争朝夕、艰苦创业、团队合作

"海尔"的品牌理念系统：

企业理念：真诚到永远

人才观：人人是人才，赛马不相马

服务观：用户永远是对的

质量观念：高标准、精细化、零缺陷

三、品牌文化传播

品牌作为一个负载丰富的符号总是在传播中显示出它的聚合力、认同感。一定意义上品牌及其文化总是顽强地通过品牌人——员工、品牌商品——产品或服务、品牌关系——各类关系人得以传播。如此，就需要站在战略的高度，进行品牌文化的自觉传播。

（一）对内传播

即主要对品牌企业或组织内部的员工进行品牌文化的传播，通过内部传播可望凝聚共识，将文化转化为行动，从而使品牌能对外产生更好的传播。对内传播渠道主要有以下几种。

1. 自办品牌媒体。通过内部媒体可以有效传播品牌文化，同时也具有向外部传播的功能。品牌自办媒体主要有：①品牌报刊。自办一份报刊，可以建立

通畅的信息沟通渠道，有利于员工共享信息资源。其内容一般为记载品牌大事以及品牌成果，对优秀员工的事迹进行宣传，以及员工对品牌文化的感受和一些内部事件的交流探讨等。同时，也可介绍竞争对手的发展现状及近期营销新举措。②内部广播台。内部广播台灵活性很大，信息随时可以变动，内容时刻可以更新，对于一些紧要事件的通报是非常有效的媒体；同时，广播台还可以在休息时候放一些音乐，在周末时准备一些休闲的节目和品牌内部信息的播报和沟通等等，从而营造出一种温情的品牌氛围。③品牌网站。品牌网站既可以对外宣传品牌形象，对产品进行介绍与推广，同时也便于收集员工与消费者的反馈意见，进一步完善品牌文化建设。网站内容包括：品牌文化、产品介绍与研发、BBS 留言板、经销商信息、品牌新闻和消费者意见等。④品牌宣传栏。在品牌组织或企业人流集中的区域设立宣传栏，包括电子屏幕、宣传板报等，随时更新通知、传达信息和指令，有关品牌的表彰和批评，同时还包括外部新闻媒体对品牌的报道等。⑤员工建议箱。这主要是为了充分发挥品牌员工的主人翁精神，使他们能够为品牌的发展献计献策，同时还可以反映出品牌存在的一些问题。员工可以以写信的方式提出对品牌人的意见或建议，并建立相应的激励机制，对被采纳的建议与意见给予奖励。

2. 开展内部培训。内部培训能很好地传输品牌文化，创造良好学习氛围，挖掘员工内在潜力，提升员工素质和水平；不仅能使人才得到充分发挥，还使品牌的背后有一个学习型组织予以支撑。企业培训有多种形式，如：①高层论坛以“请进来”为主，邀请国内外知名专家参加，培训对象主要为组织或企业的中高层，以使他们开阔视野，更新观念。②理念文化培训，包括对品牌文化、品牌发展史、品牌愿景和规划、品牌员工行为规范等培训内容。③技能培训，结合品牌文化，对各种生产技能、管理经验和营销手法等进行培训。

3. 组织文化活动。品牌文化不仅仅是几句口号或者几个标语，要真正营造一个有利于品牌发展的文化氛围，必须依靠一系列的文化活动来实现。这些活动并不是形而上学的，而是围绕品牌文化核心，使一些积极的、利于品牌发展的理念、价值观等深入到内部每一位领导干部和员工的心中。一些成功的组织文化活动有：①员工生日祝贺。在员工生日的时候，送上由董事长、总经理或部门经理亲笔签名的生日贺卡及小礼品，以示公司对员工的关爱和重视；在可能的情况下，还可以送上一份生日蛋糕或举办小范围的生日午餐会。②员工子女夏令营。关心员工孩子的成长，是给员工最大最好的福利。可以为员工的孩子举办一个别开生面的夏令营，融社会知识、体察社会、情感教育、体育锻炼于一体。此活动可以帮助员工孩子过一个丰富精彩的暑假，使员工更加热爱品牌；同时也是品牌的活广告，有助于树立品牌良好的形象。③趣味团队活动。结合文艺活动、体育活动、拓展训练、技能大赛等常规的活动形式，进行趣味性的改造，增加吸引力，以在生动活泼的团队活动中、领导与员工同乐之中，培养团队合作精神，融合彼此感情，从而提高员工对品牌文化的认同感。

（二）对外传播

即通过品牌产品营销、广告传播、公共关系、新闻传播、品牌代表（组织或企业领导）活动、全员行为展现等多种方式对外传播品牌文化。由于诸传播途径本书将重点展开讨论，因此这里主要阐述以“品牌人”为载体的对外品牌文化传播。

1. 品牌代表的活动。一个组织或企业的领导人，一定意义上就是品牌的代表。经济学家熊彼特认为，企业家是企业最具活力的因素，企业家的创新行为是商业周期和经济发展的根本原因。企业家是企业的精神领袖，他们的价值观和行为准则，影响了企业文化的建立和发展。在企业文化体系中，企业家精神是企业文化的核心组成部分。“典型的企业家，比起其他类型的人来，不是那么依靠传统和社会关系。因为他们的独特任务——从理论上讲以及从历史上讲——恰恰在于打破旧传统，创造新传统”。[①]

一般来说，一个成功的企业家或组织领导人，总是具有强烈的开拓创新精神，如管理学家杜拉克就曾说道：创新是企业家特有的工具，借此工具，他们把变化看做是开创另一个企业或服务的机遇，企业家应该有目的地寻找创新的来源，寻找预示成功创新机遇的变化和征兆。他们还应该懂得并应用成功创新的原理，具有追求卓越、勇于拼搏的信心，具有系统思维和辩证思维的能力，具有超越平庸的独立意识。正是这些特质，使得他们理所当然地成为品牌代表。而他们参与各种活动，不仅得到媒体的关注与传播放大，也成为最能展现品牌文化的代言人。如“克莱斯勒”的艾柯卡、“GE”的杰克·韦尔奇、“IBM”的沃森父子、“微软”的比尔·盖茨、“索尼”的盛田昭夫、“现代”的郑永周、“长江”的李嘉诚、“宏基”的施振荣、“联想”的柳传志和“海尔”的张瑞敏等等。

2. 全员行为的展现。如果说品牌代表的活动能聚焦性地传播品牌文化，那么品牌更全面更有说服力的传播则是品牌组织或企业的全体员工的行为，其中包括品牌组织的各层面的管理人员，以及各个岗位的普通员工。如麦当劳品牌的成功与其说是其创始人克洛克的连锁经营理念的成功，不如说是其理念通过麦当劳员工的行为得到体现的成功。他相信只有当所有的“麦当劳”都用同一种个性文化给人们留下深刻印象，麦当劳的品牌才能树立起来。为此，他为麦当劳确定了理念，即 QSCV，而这一理念是通过每一位麦当劳员工的行为才得以展现的，即：

Q——Quality，高品质的产品；S——Service，快捷微笑的服务；C——Clean，

① ［美］熊彼特：《经济发展理论》，商务印书馆 1990 年版，第 102 页。

清洁优雅的环境；V——Virtue，物有所值。

第三节　品牌技术盘点

我们知道，在现代市场竞争环境中，品牌的成功离不开自身核心技术的支撑，因此在品牌的进一步发展中，就需要对品牌的技术资源进行盘点，以便采取相应的对策巩固并提高品牌技术的竞争力，使品牌在市场上获得可持续发展。品牌的技术资源是指品牌主通过研发或引进，在该行业拥有的并应用于产品设计生产过程中的工艺、专利、专业人才、专门设计等技术因素的总和。而对品牌技术的盘点则主要从技术储备、人才开发、研发投入等方面入手。

一、品牌的技术储备

（一）技术储备内涵与作用

品牌主为提升品牌的技术含量，投入大量人力、物力、财力从事研究开发等创新活动，获得的成果一般领先于当前应用中的技术水平和市场需求，需要对其进行甄别和消化吸收，才能投入使用。在此之前，品牌主依照法律规定和企业战略，对这些成果进行科学管理和规划，从而形成了品牌的技术储备。广义上技术储备也包含专业人力资源及开发管理，但这里主要指静态的以专利形式为主的知识产权。

专利是法律授予发明创造的一项独占权，它既可以是一项产品，也可以是一种生产方法，也可以是解决某个问题的技术方案。在我国，专利权则是指由国务院专利行政部门授予的，对发明创造者在规定的时间内享有的独占使用权，在这一规定的时间内，任何自然人、法人、其他组织，未经其许可，均不得使用其发明创造。我国自1985年起开始实行专利制度，在《中华人民共和国专利法实施细则》中规定的受保护的专利有以下三种：发明专利，是指对产品、方法或者其改进所提出的新的技术方案；实用新型专利，指对产品的形状、构造或者结合所提出的适于实用的新技术方案；外观设计专利，指对产品形状、图案或者其结合以及色彩与形状、图案的结合所做出的富有美感并适于工业应用的新设计。在以上三项专利中，发明解决的是涉及任何形式的产品与方法的技术问题，技术创新水平高，属于大发明；实用新型仅限于有一定形状和结构的产品，技术创新水平较低，属于小发明；而外观设计一般不涉及技术问题。作为技术储备的专利主要是指前两种，但这三者对于品牌建设都有作用，前两者应用在产品的生产中，后者多应用在产品的包装陈列中。

专利是企业参与竞争的有效形式和取得竞争优势的关键性战略资源。首先，专利为发明创造提供保护；其次，专利权人有权决定谁可以或不可以实施其发明创造，亦可以通过订立协议的办法将专利技术许可给他人实施，也可以将专利权卖给他人。一旦专利保护期满，原专利权人不再享有独占权。

（二）技术储备所面临的问题

目前，国外的大公司对于专利资源十分重视，投入巨大，而国内的企业专利申请量较少，主要原因有以下两个方面：首先，国内企业的专利意识较为薄弱，没有建立起持续的专利战略；另一方面则因为，国内产业技术基础较差，专业人才较匮乏，同时由于研发的高投入、高风险，投入的资金有限。近年来，我国品牌企业不断遭遇核心技术之困，对外贸易中也常为技术性壁垒所阻，痛定思痛，普遍开始认识到专利资源的重要性，申请量和获授权量出现较大增长。总的来说，我国品牌专利存在的问题有以下四个方面：①

1. 专利总量少，在国家专利中所占比例不高。据统计资料，我国品牌申请和获得专利授权量仅占总量的30%左右，在发达国家，企业拥有专利一般占本国专利总量的80%左右。可见我国品牌企业还没有成为技术创新的主体，不适合市场经济的要求。

2. 发明专利少，技术含量较低。我国品牌企业1985～2004年间获授权的发明专利仅占企业获授权专利的5%，而美国企业发明专利占总专利量的90%以上；而且我国企业的专利含金量不足，起不到显著提高生产率的作用。

3. 中外品牌的专利状况差距很大。1985～2004年，国外品牌企业申请发明专利为国内企业的3.59倍，获授权的发明专利为国内企业的7.31倍。国内品牌在重要产业和高新技术产业中拥有的专利更是鲜见。

4. 国际专利严重缺失。中国2000年和2001年国际专利获授权量平均仅为74件，远远低于美国等发达国家企业的授权量。

（三）技术储备的管理与创新

技术储备的管理与创新，固然需要政府层面的引导及制度性的保障，然而更需要各品牌企业积极应对，采取措施。

1. 制定科学的专利战略。专利战略是指企业从长远战略目标出发，充分有效地利用专利制度、专利技术和专利情报信息，以求在技术创新和市场竞争中维持、强化其优势地位而采取的对策谋略。企业一方面可以利用专利制度规定的信息公开等便利条件和专利法赋予的法律保护权力，保护自身利益，扩大优势；另一方面又要承担法律所规定的义务和责任，如合理使用吸收他人专利，不侵犯他人利益等。同时需要实施专利战略，实现技术创新，提升企业和品牌的技术含量，从而增大市场份额，增加利润，开拓出全新的市场。专利战略的制订

---

① 刘明珍：《我国企业专利问题与更进措施》，《改革与战略》，2006年第5期。

和实施使企业知识资产的规模不断扩大，质量不断提高，企业研究开发的技术平台日趋完善；使品牌产品优秀的性能和创新的设计得到消费者的认知和信赖。

2. 在保护中实现创新。企业对自身经济实力、技术能力、市场经营状况、专利技术的竞争和发展态势等诸多因素进行综合分析后，宜采取保护中的技术创新。首先应办理本企业专利申请事宜，管理本企业拥有的专利，了解与本品牌有关的国内外专利申请和市场动向，通过专利技术许可、专利申请等方式，保护企业的专利权和防止侵犯他人专利权。在此基础上，具有较强经济实力、技术上处于领先地位的品牌，应加强与政府、科研院所的联合开发，利用对现有专利技术的二次开发、技术引进、专利对抗、专利诉讼等抵御竞争者的专利攻势，开拓自己的市场，打破竞争对手的技术垄断。对于我国品牌企业，宜借鉴日本企业在二战后的专利战略经验。当时，日本企业在引进国外先进技术的同时，围绕这些技术进行应用性的开发研究，创造出许多外围专利。日本企业由此构筑起严密的专利网，限制了国外基本性、关键性技术的发展，导致国外的基本性、关键性专利技术在许可和转让时遇到了层层壁垒。在战后短短的几十年中，日本从全球最大的技术引进国发展成为全球最大的技术输出国。

二、品牌的人才开发

（一）品牌人才的特征

品牌发展所需要的人才，体现在多个方面，如突出协调能力的管理人才、以市场开拓见长的营销人才、高技能高素质的生产骨干等等，他们是品牌技术创新的研发人才。著名人才学家王通讯认为，人才就是为社会发展和人类进步进行了创造性劳动，在某一领域、某一行业或某一工作上做出较大贡献的人。这一说法突出的是人才的两个方面的特征：一是人才是从事创造性劳动的；二是人才比一般性人力资源的贡献要大。高品质的研发人才是一种稀缺资源，是企业智能与技术创新的前提资源。在知识经济时代，已由物质资源的争夺转为技术资源的竞争，而技术资源背后的关键因素则是人才。迪斯尼公司的CEO艾斯纳曾说过："我们真正的产品是人才"；海尔首席执行官张瑞敏也说过："企业是什么？说到底，就是人。"显然，国内外的优秀企业家都异常重视开发人才资源。一般来说，一个品牌所倚重的人才有着如下特征：

1. 具有自觉的创造性。品牌研发人才的创造性决定了企业的发展方向、空间、领域和规模。从工业革命到信息革命，人才的创造性活动带来了生产力的大发展。同时在这些新兴领域中，新的企业蓬勃发展，以人才资源为动力，不断推陈出新，优秀的品牌也随之涌现。在今天，数名核心技术人员有时便能创造出一个崭新的企业，例如，斯坦福大学学生杨致远和大卫·费罗，在1994年创办 Yahoo 后,数年间创造了一个品牌神话,雅虎一度成为互联网的代名词。很快同样是两名斯坦福大学的学生,拉里·佩奇和塞尔吉·布林,翻版了雅虎的神话,他们创造的 Google 已是新时代的网络霸主。

2. 具有强烈的使命感。在现代社会,任何人均归属于特定的社会组织,即归属于特定的品牌,而任何品牌都具有崇高的品牌理念,以服务人类、推进社会发展为己任。如此,优秀的研发人才能将自己的技术研发与技术服务社会、迎合市场、引导消费、体现价值,并与为品牌发展作出贡献结合起来。所以,研发人才并不仅仅是"技术人",更是"社会人"、"人文人",与品牌个性是高度统一的。

3. 具有良好的合作精神。现代技术开发已经不可能是单个人的行为,不仅需要品牌企业提高资金与条件的支持,还需要在研发的整个过程中依赖团队的合作。从市场需求信息的获得、专业信息的搜集,到研发方向的论证确立、研发技术难关的攻克,乃至新技术、新产品的效果实验等,均需要一个相互协作、高效运转的团队,这就需要所有的研发人才均具有很好的合作精神。实际上,在研发人才资源开发过程中,不仅仅是开发出新的产品和技术,人才资源也在进行自我开发,其自身的素质和价值也会不断提升,人和物的因素互为动因、互相整合,凝聚成品牌的整体研发力。

(二)人才开发的策略

人才资源的种种特征使我们认识到人才资源开发是其他一切资源开发和利用的前提与基础。美国高盛咨询公司对全世界 3 000 家大企业总裁的问卷调查显示,未来 10 年,企业面临最大的挑战是人才竞争,品牌之间的人才竞争就是其人才开发策略的竞争。目前,优秀的品牌企业,其人才开发策略主要为:

1. 开放而灵活地吸纳人才。应适应经济全球化的发展,面向全球搜索优秀人才;开拓渠道,注重人才供求关系的预测和人才战略规划的设计,通过广泛的渠道加强与外界的沟通和联系;通过推荐、招聘、合作、中介等形式发现人才,并运用人才资源管理的信息网络系统来科学地发现、引进人才。

2. 以人为本,吸引人才。以人本为出发点,用丰厚的待遇吸引人才,即品牌企业以高工资、奖金、奖学金、股权、保险、合约等方式,提高员工待遇,吸引所需人才;用优越的工作条件吸引人才,要不惜重金投资为人才建立良好的科研和信息条件;注重以富有特色的企业文化吸引人才。例如,惠普公司为鼓励员工创新,提出了"没有斗争,没有官僚,不歧视荒谬想法"的口号,把"尊重和信任每一个员工"作为企业文化的核心;用更多的发展机会吸引人才,即品牌企业要为人才不断创造和提供更多更好的岗位,以及交流、晋升等发展机会。

3. 重视人才培养和提升。美国大学总是根据社会需要及时调整专业和课程设置,加强文理科渗透,培养复合型人才。而品牌企业也应高度重视对招聘来的人才进行继续教育和培训，通常是聘请外部的著名专家对研发人才进行集中培训与指导；在此基础上，对于重点人才则送到相关专门学院、研究院所进行深造，或参加各种研讨会、出国考察学习，从而提升其研发视野与专业水平。

4. 采用激励手段稳定人才。在人才激励方面，品牌企业宜根据自身不同的特点采取不同的激励手段，来稳定人才。很多高科技公司除采取加薪、晋升、红利、带薪休假等通常做法外，还采取配股的方式激励人才为公司发展服务，激励人才将公司的长远发展与个人的预期高收益紧密联系在一起。

我国的品牌企业在人才观念和经济实力等方面与国际品牌企业相比还有较大的差距，但既然要在国际市场上同台竞争，而国外跨国公司已经在争夺国内企业的优秀人才，因此国内品牌企业必须认识到实施人才开发战略的紧迫性，更新观念，学习国外的先进经验，高度重视人才资源开发工作；要从长远考虑，制定和实施人才开发战略；要深化改革，创新人才资源管理机制；要为人才实现价值搭建平台；要营造和谐创新的企业文化，建立激励体制，吸引人才，善用人才，培养人才。

三、品牌的研发投入

普华永道（PWC）英国公司进行的研究结果表明：掌握创新技术的公司比同类企业的发展更为迅速，而且能够创造更多的利润。显然在技术储备梳理与人才开发策略确定的前提下，需要对品牌技术研发进行足够的投入，以保证品牌的发展。

纵观国内外品牌，“微软”代表了世界软件开发技术的最高水平，“英特尔”引领了世界芯片技术的发展潮流，而“海尔”则代表了国内家电行业的最高技术水平。可见强大的品牌植根于生生不息的技术创新之中。尤其在知识经济的今天，世界产业格局发生重大变化，以信息技术、微电子技术、生物技术、自动化技术、航空航天技术及新材料技术等为依托的高新技术产业蓬勃发展，并涌现出众多全球知名品牌。无论是在传统行业还是在高新技术产业，技术的重要性日益凸显，新技术的研发应用在产品或服务的生产、品质、创新等方面发挥出重大作用。产品和服务的品质与品牌形象的树立息息相关，只有具有优异品质和创新意识的产品才能建设出可持续发展的品牌。

在竞争日益激烈的全球化市场，核心技术的获得一般来自企业长期的研发投入，这是一项高投入、高回报又充满风险的经济活动。2005 年 10 月，英国贸易与工业部发布了第 15 次“全球企业研发排行榜”（The 2005 R&D Scoreboard），表 2－2 中列出了全球前 15 家研发支出额最高的企业，其中汽车业 5 家、医药业 4 家、电子业 4 家、软件业 2 家。这些企业均拥有全球顶尖品牌，其中

"微软"、"IBM"、"诺基亚"、"丰田"位列2006年度全球最具价值品牌十强①。显然,品牌研发的投入与品牌的地位成正相关关系。如,我国通讯设备制造的品牌企业华为公司,其产品已经走在世界前列,并成为世界行业的著名品牌。其成功的重要因素之一就是在产品研发上的投入,华为公司有3万员工,其中有2万人在做技术研发,仅2005年技术开发就投入了50多亿元人民币,取得国际技术专利240多项,而当年全国申请国际专利才2000多项,"华为"一个品牌就占到了1/10。

表2-2　2005年度前15家研发投入额最多的企业

名次/企业名称	国家	研发投入(亿英镑)	年增长率(%)
1. 戴姆勒·克莱斯勒	德国	40.06	2
2. 辉瑞制药	美国	40.02	8
3. 福特汽车	美国	38.54	-1
4. 丰田汽车	日本	38.38	11
5. 西门子	德国	35.84	-8
6. 通用汽车	美国	33.86	14
7. 微软	美国	32.21	-21
8. 松下电工	日本	31.29	6
9. IBM	美国	29.50	12
10. 大众汽车	德国	29.48	1
11. 葛兰素·史可制药	英国	28.39	2
12. 赛诺菲·安万特制药	法国	28.04	-3
13. 诺基亚	芬兰	27.14	-4
14. 强生制药	美国	27.10	11
15. 索尼	日本	25.52	-2

企业在研发方面的投入决定了其品牌技术含量的高低,而技术含量的高低在企业、产品和消费者三方面都具有重大意义:①拥有技术优势的企业在激烈的竞争中具有优势,并能制定行业标准,占据市场;②先进技术的应用能促进新产品的开发或降低既有产品的成本,起到开源节流的作用;③高技术含量是消费者选择的动因、信心的保证。技术资源是品牌资产的重要组成部分,尤其在现代工业和

① 据美国《商业周刊》和国际品牌咨询公司Interbrand联合发布的2006年度全球最具价值品牌100强排行榜,"微软"、"IBM"、"诺基亚"、"丰田"分别位列第二、第三、第六及第七。

高新技术产业中,有形的技术资源正成为无形的品牌价值的依托与基石。

链接

从“中国制造”到“中国创造”

温家宝总理视察海尔的时候曾经说过:品牌对于一个国家的竞争力来说是非常重要的,将来衡量一个国家在世界上竞争力的重要的指标,是它拥有多少个在国际上知名的品牌。

有资料显示,我国汽车产业的外国投资商出30%的资本,拥有50%的股份,却拿走了70%的利润,中国的资本只能拿到30%的利润。对于OEM(定牌或授权贴牌加工)生产,有专家估计,外商甚至拿走了92%的利润。产业利润的大量不合理流失,正成为影响我国实现经济可持续发展的重大障碍。

从“中国制造”到“中国创造”是一个国家的基本战略问题。在国际经济交易中,只有不断增强提供创造性的产品和服务才可能获取更大的市场份额。“中国制造”是依靠劳动力、原材料等资源优势来获取收益的一种模式,转变成“中国创造”将更多地依赖人力资本,这将为我国可持续的发展奠定基础。经济全球化对国家竞争力提出了很高的要求,这必须体现在产业和企业的竞争力上,而品牌和技术恰恰是影响企业竞争力的两大关键,当然,技术创造力也是品牌的构成因素之一。

光有技术、独立的知识产权并不能给国家带来竞争力,这还需要去进行品牌的塑造。同样地,没有技术,也不能去空谈品牌。从宏观角度来说,品牌是民族文化的载体,而技术是民族文化的本质,品牌的衰败、技术和创造力的衰败,就等于是文化的衰败,从文化的角度看,我们必须扛起品牌和技术的两面大旗,没有了这两者,我们的国家和民族就很难兴盛繁荣。

当前,市场竞争已经从价格竞争转变为创新能力的竞争。不持续提升自主技术创新能力,就不可能打造出自主的品牌,而不打造品牌,就不可能充分开拓市场。打造品牌的路径有:第一,创造一个新产业,并拉动这个产业共同发展,或者成为产业的形象代言人。第二,结合企业自身的技术、质量优势并与强势媒体合作。第三,创造民族品牌,政府应该做得更多,要加大力度在国际上传播我国的历史、文化,同时还要营造一个良好的创造品牌的环境。第四,加大研发投入力度,增强自主创新能力,让技术成为打造品牌的一柄利剑。

资料来源:http://news.xinhuanet.com/newscenter/2005-03/11

第四节　品牌关系审视

任何品牌的发展均是由形形色色的关系支持所决定的，因此品牌关系就成为品牌运转发展的重要资源，无疑也就需要进行审视与梳理。正如受国际商业传播者协会委托，进行长达16年传播“优效研究”而闻名的格鲁尼格所认为：通过优效的公共关系运作，一个组织可以与它的相关公众建立一种具有互相控制、信任、关系满意和关系承诺四项指标和特征的良好关系[①]。对于一个品牌组织关系的梳理主要可从关系分类、关系指标两方面来进行。

一、品牌的主要关系

品牌关系主要是由决定品牌存在与发展的目标公众评价所决定的，而对品牌产生评价的目标公众及期待品牌关系有以下几类。

（一）期待品牌辉煌的品牌员工关系

员工是一个社会组织内部的公众。员工是否乐意在一个组织或企业中工作，是否乐意在工作中为组织或企业品牌贡献力量，取决于很多因素，而与品牌组织与企业的关系是一个至关重要的方面。一般来说，一个员工对自己所处的品牌组织与企业希望形成如下的关系。

1.“自己的品牌”。心理学研究认为，人对自己所认同的东西会产生极大的热情。管理学则进一步强调，人只有在为自己所同意的目标进行工作时，才能全身心地投入其间，并充分发挥自己的创造力。任何一个社会组织都是由员工这一主体构成的，要使这些内部公众努力为组织目标的实现而出力，就必须使他们对自己工作单位的品牌有这样的认同：这个品牌是自己的。要使员工真正产生“自己的品牌”的认同感，就需要让他们了解品牌所发生和即将发生的事情，鼓励员工参加品牌的管理与决策。

2.“可以依托的品牌”。人作为社会动物，需要有所依托、有所归属。因为在社会化大生产的今天，没有一个人能孤立地生存，他必须依托一定的组织，归属一个团体，以满足其物质的、心理的和社会的需求。这种组织团体的选择，取决于人们对它的信任度。受人们信任的品牌聚集了大批成员，并将自己的现在和未来与这一品牌联系在一起，结成命运共同体，构成良好的品牌关系。

3.“值得骄傲的品牌”。每一个人都希望有值得自豪的地方，这样就可以以

---

① Hang yi－hui. Public Relations Strategies, Relational Outcomes, and Conflict Management Strategies Unpublished doctoral dissertation[J]. University of Maryland, College Park, MD. 1997. P. 62～66.

此为荣，产生心理的满足与愉悦。因为，每一个人都有被尊重的需要，希望得到他人的肯定与尊重。因而，凡是能够引起他人羡慕的地方，都能从中得到一种满足感。当员工觉得自己所处的品牌有着诸多值得骄傲的地方时，一方面会更加热爱自己的品牌，并为之积极热情地工作；另一方面则能够成为品牌正面宣传的最具权威的媒介。

（二）值得投资的品牌股东关系

在市场经济中，“股东”是指股份制企业的资金投入者；股东拥有的股份是可以转移流动的，尤其是上市公司，它的股份作为股票，可以在证券交易市场上进行买卖。如此，一个上市公司能否得到足够的投资，完全取决于股东对于品牌业绩的信任。概括地说，在股东的心目中，一个品牌是否能得到自己的投资信赖，其关系取决于如下诸方面。

1. 业绩优秀的品牌。对于运营性的品牌企业来说，合法地追求利润的最大化，是自身的使命所在。而对于股东来说，之所以将资金投向该品牌，首先就是祈求品牌回报超过银行利息的资金报酬，在此基数上，红利或股息越多则越理想。因此，股东公众对于品牌的要求，必然会把业绩是否优秀放到第一位。

2. 富有实力的品牌。股份公司的红利受制于品牌的经营状况，而品牌的经营状况又受制于品牌的整体实力，如高素质的人才队伍、优秀的公司信誉、先进的生产设备、一流的产品、雄厚的资金、高质量的服务和高水平的管理等，这些因素必然决定着品牌的经营状况以及利润创造的高低。撇开大环境对股市的影响，持有资金的股东们往往就是根据品牌的这些实力因素来判断其未来的赢利情况，从而决定是否进行相应的投资。

3. 拥有良好声誉的品牌。作为普通的人，股东在拥有理想的红利回报的前提下，同样希望在购买股票的同时，能得到资金安全的保障。能否给股东提供这样的满足，就取决于品牌是否具有良好声誉。声誉良好必然得到市场与社会的信赖，也必然将品牌经营的风险以及资金的风险降到最低点，股东的资金自然就有了安全的保障；同时，拥有良好声誉的品牌，由于拥有社会上广泛、良好的评价，作为股东，自然便拥有一种自豪感，从而也能得到心理上的满足。

（三）乐意消费的品牌顾客关系

日立公司广告部部长和田可一曾经这样评价顾客：“在现代社会里，消费者就是至高无上的王。”消费者或顾客被推上“皇帝”的宝座，获得至高无上的地位，并不是企业甘愿臣服在顾客脚下，而是市场经济高度发展的结果。激烈的市场竞争，造就了拥有对商品具有选择权的顾客，为了取悦顾客，为了自身的生存，企业不得不放下架子，在做个“好臣民”中获得生存与发展。作为“皇帝”的顾客，其心目中对于品牌关系具有以下期待。

1. 产品品质一流的品牌。产品品质要在与同行比较中做到你差我好，你好我优，你优我新，你新我高，即只要具有可比性，就要胜过他人，这才称得上“一流的产品”。优秀的品牌，其产品要做到品质一流、精益求精，这样才能得到顾客的青睐。对于服务性的品牌，虽然不是通过产品这样的硬件向顾客展示品牌形象，但其一流的服务品质也同样是顾客期待的，如高效便捷的银行服务、音质清晰的通信服务等。

2. 服务精良的品牌。美国福特汽车公司一位负责人曾经说道：“假如你把顾客服务看做是中心目标的话，利润也就会随之而来。”这句话道破了利润与服务之间的辩证关系，即良好的服务，可赢得顾客的青睐，而顾客的青睐，则是对品牌利润的回报。以卓越服务著称的IBM公司，其成功的奥秘就是它的超一流服务。该公司的第二任总裁托马斯·J. 沃森在他的《企业及其信念》一书中，就谈到了IBM的服务观：“优良的服务最终几乎成了IBM公司的象征……几年前，我们发了一则简洁而大胆的广告，‘IBM公司意味着最佳服务’。它清楚而确切地表达了我们的立场，我们要为顾客提供世界上最优秀的服务……”畅销世界的《成功之路——美国优秀公司的管理经验》一书在总结优秀公司的成功经验时，也得出这样一个耐人寻味的结论：“不管是不是都像弗里托公司、IBM公司或者迪斯尼公司那样醉心于服务，所有的优秀公司看来都充满着强大的服务精神。我们的一个重要结论是：不管这些公司的业务是金属加工、高级技术，还是汉堡包，它们始终都把自己规定为服务性企业。”

3. 社会声誉卓越的品牌。从表面看“品牌”只是一个名称而已，然而，品牌名称的背后，其意义却非常深厚。因为，品牌凝聚了一流产品之“硬件”和一流服务之“软件”，品牌所有的追求与努力，最后均体现在品牌的社会声誉之中。正因为如此，现代企业尤其重视品牌良好声誉的创建与树立。当一个品牌不仅得到权威部门的认可，而且得到市场的认可，那么它就成为“名牌企业”，积累出可观的无形资产，并给予了顾客多方面的满足。

（四）造福一方的品牌社区关系

所谓社区，就是品牌所处的区域环境，或者就是共同生存的空间区域。品牌社区关系是由社区公众来评价的。通俗地说，社区公众就是品牌的邻居。社区公众所期望的品牌社区关系为：

1. 可造福地方的品牌。一个品牌在社区存在，最重要的就是在经济上造福于地方，为该社区的发展作出贡献。首先应该在为社区居民提供就业机会方面作出贡献，因为品牌在该社区的存在与发展必然占据社区的空间，而土地空间是人们谋生的资源，作为回报，品牌企业应该把就业机会优先提供给当地的居民；其次，应该科学管理品牌，创造业绩，加速发展，扩大规模，以便给社区带来连带效益，如零配件的加工、社会性的服务，都必然会促进社区经济的发展；再次，品牌企业的良好运转，将在交纳地方税上为社区作出贡献，有利于社区环境的美化与更新。

2. 负责任的品牌。在品牌的生存与发展中，可能会遇到各种各样的问题，如社会治安问题、自然环境的保护与美化问题、市政建设问题，这些都需要品牌企业积极地负起责任来，做出应有的贡献。否则，品牌经营不善，员工会给社区带来诸多不稳定的因素；或者虽然品牌经济效益不错，但“三废”却给社区的环境带来了恶劣的影响；再或市政建设与品牌企业的利益发生了冲突，企业却依凭对社区有贡献而采取不合作的态度，这些必然会损害品牌企业在社区公众心目中的形象，对品牌的长期发展造成隐患。

3. 热心的品牌居民。如果仅仅做到如上两点，该品牌企业还只是一个说得过去的普通居民，因为这只是一个品牌企业最起码要做到的。然而，在关系资源的积累与建设中，品牌的形象应该是理想状态的、是美好积极的，不能满足于“说得过去”，而应该有更好、更积极的表现。“热心”，就是对一个品牌形象定位的高标准的要求。因为，只有热心，品牌企业才能在多方面主动为社区作出贡献，如公益赞助活动、支持发展当地的文化与慈善事业、参与当地的各种社区事务等，才能成为一个为社区公众所称许的品牌居民。

（五）以国家利益为重的品牌政府关系

在我们的社会中，国家代表人民管理国民经济、社会事务。执行这一管理权力的机构，就是政府。每一个品牌都在政府的管辖范围之内，与政府的各个具体执行部门必然发生多种形式的联系。品牌的政府关系主要体现为：

1. 以国家利益为重的模范。从理论和宏观上说，本土品牌利益与国家利益是一致的，根本利益的一致却无法排除具体问题上的矛盾。一般来说，品牌企业要在政府关系中建立受欢迎的关系，就应当在品牌利益与国家利益发生矛盾时，以国家利益为重，把服从国家利益作为第一选择，即使为此要放弃一些品牌利益。

2. 遵纪守法的法人。国家政府通过各种法律、法令、条例、政策来管理社会生活，规范个人与组织的各种行为。品牌企业作为法人，必须严格遵守这些法律、法令、条例、政策所限定的行为准则。而作为立法和执法机构的各级政府，当然信任、赞赏遵纪守法的法人。任何置国家法律于不顾，一味我行我素、经常违反法规制度的行为，都无法建立良好的政府关系。在现实生活中，偷税漏税、违章操作、假冒产品、行贿受贿等违法乱纪的行为，在一些企业中屡有发生。这些行为理所当然地破坏了它们在社会公众心中的品牌形象，尤其是破坏了企业与政府之间的关系。

3. 创造良好经济效益的经营者。品牌企业是以创造物质财富为根本目的的经济组织。政府管理国家的资金取决于企业所创造的经济效益。品牌企业以税收和利润等形式上交给政府各部门的资金，是各级政府在管理国民经济、行使政府职能过程中不可或缺的因素。因此,经济效益好或经济效益提高得快的品牌往往是维护与政府关系最好的润滑剂。

二、品牌关系指标

对于品牌关系的审视,必须要借助简明扼要的指标,品牌关系的指标主要由如下“三度”构成。

(一)品牌认知度

“认知”,英文为 Cognition,是 20 世纪 50 年代兴起的认知心理学的核心概念,该心理学流派主要是从信息加工的角度来研究认知或认识活动。认知,即认识、知晓之意。由认知转换而来的认知度,表述的是一个品牌被社会公众所认识、知晓的程度,包含被认识的深度、被知晓的广度两个方面。因此,认知度有两个衡量角度,即区域的广度和认知的深度。

品牌认知区域的广度,共有 A——国际、B——全国、C——大区、D——省区、E——当地 5 个级别。这 5 个级别的确定,是将品牌影响力分解成如下几个主要要素来进行衡量的,即品牌的规模、与品牌发生关系的公众分布、品牌传播媒介所及的范围与频率等。

品牌认知的深度,根据品牌认识的 10 个最基本的信息要素由浅入深、由表及里地排序,然后在量化的基础上加以确定。这 10 个基本信息要素为:

(1)组织名称,含组织名称的全称和简称;

(2)地理位置,含组织所处的国家或地区、省、城市或城镇、街道;

(3)行业归属,即不同的行业门类归属,如电器、汽车、日化和服务等门类;

(4)规模档次(参见区域的广度);

(5)发展历史,含品牌创建时间、发展阶段、经验与教训等;

(6)品牌组织业绩,主要为品牌近年的经济效益和社会荣誉等;

(7)交换物,即在市场上实现交换的产品或服务的品种、技术含量、文化内涵等;

(8)品牌代表,指企业家的名字、性别、年龄、经历、业绩、性格和领导作风等;

(9)个性概念,含个性化的营销概念、经营理念、个性化的交换物(如企业的新产品、新的服务项目)、个性化的广告词、个性化的公共关系活动等;

(10)深层文化,含品牌理念、品牌制度和品牌文化等。

(二)品牌的美誉度

美誉度是一个品牌获得公众赞美、称誉的程度;是品牌受到公众评价的舆论倾向性指标;是对品牌道德价值的一种评判。由于不同的品牌组织或企业其道德价值的体现有所不同,因此对品牌美誉度的确定也就分解为不同的衡量因素。

1. 生产性品牌的美誉度评价因素。①产品评价，包括产品性能、材料质量、技术（手艺）含量、可靠性、美观舒适性、多样性和价格因素等；②服务评价，包括意见征询、销售服务、售后服务和信息服务等；③贡献评价，包括就业提供、纳税数量、产品覆盖、环境保护和公益赞助等；④文化评价，包括企业名称与标志、品牌名称与商标图案、包装设计、广告品味、管理风格、企业理念、员工行为素质、企业家形象、企业环境和企业重大举措等。

2. 服务性品牌的美誉度评价因素。①硬件评价，包括建筑设施、技术装备、服务环境等；②服务评价，包括服务项目、制度措施、信息咨询、服务态度、服务艺术、投诉处理和服务价格等；③贡献评价，包括就业提供、经济效益、便利地方和公益赞助等；④文化评价，包括环境设计、陈设布置、服务理念、管理风格、员工行为素质、领导人形象和宣传品品味等。

（三）品牌的和谐度

美国公共关系学会曾阐释道："公共关系通过在团体和机构中提供相互理解，帮助我们这个复杂、多元的社会去更有效地做出决定和发挥作用。它的服务使得私营的和公共的政策臻于和谐。"[1]由于对于品牌关系的评价长期停留在知名度与美誉度的二度指标上，以致国人对品牌关系的认识脱离了品牌的目标公众。因为知名度指标对绝大多数与品牌存在各种关系的目标公众或利害关系人来说意义并不大。它的大小，更大程度上是就社会大众即泛公众而言的；而美誉度指标，则是社会大众跟随于对品牌知名后、具有一定虚拟性的评价，并不一定真实，它对于品牌运作的作用往往是间接的，而且对品牌来说还存在一种麻醉性。于是，关乎品牌生存大计的、有利害关系的目标公众之间的"和谐"，即理应格外突出的指标——"和谐度"——便在品牌关系评价中失落了，因此应予以回归。[2]

所谓品牌关系的和谐度，即指与品牌关系密切的各类目标公众与品牌之间的情感态度与行为合作的程度。品牌关系的和谐度主要是就目标公众与组织的实际关系而言，一般可分为态度赞同、情感亲和、言语宣传和行为合作4个档次，参见表2-3。

在表2-3中，每一类目标公众与和谐程度相交叉的空格中，都可以用"品牌和谐度衡量的基本坐标图"的正负各分一定的等级来进行衡量确定，从而获得量化的品牌关系和谐度及其科学评价。

① Formally adopted by PRSA Assembly[J]. November 6,1982.

② 舒咏平：《公共关系"和谐度"指标的失落与回归》，《国际关系学院学报》，2004年第5期。

表 2-3　品牌关系和谐度的因素分解

程度 目标公众	态度赞同	情感亲和	言语宣传	行为合作
员　工				
股　东				
顾　客				
媒　介				
社　区				

第五节　品牌资产评估

前面我们已经指出，品牌市场资源将通过消费者身上所体现出的品牌价值，而转化为一定的品牌资产。目前，品牌资产的评估已经成为品牌研究者的热门话题。

一、品牌资产的含义及特点

品牌资产是当今营销与企业经营领域研究的重要概念。资产可按照是否具有实物形态分为有形资产和无形资产两种。有形资产是指具有特定的实物形态的资产；而无形资产则是指那种看不见、摸不着，能够在长期使用中为所有者或控制者带来经济利益，不具备独立实体却能够资本化并以一定货币单位计量的资产。品牌资产显然属于无形资产的范畴，首先它是由一系列的传播代码所组成；其次具有很强的排他性，即只为它所代表的企业或所有者带来收益。

品牌资产的英文为 Brand Equity，在《韦氏词典》中解释为“超出财务价值的价值，或资产减去负债”，指的是源自公司或企业的财务结算。实际上，对品牌资产的界定目前已形成共识，即由特定的名称、术语、记号、包装、风格等传播代码所组成的，能够为所有者和使用者带来超越产品本身功能效用的附加价值和附加利益的无形资产。

品牌资产具备以下几个特点。

（一）增值性

品牌资产作为一种无形资产，具有增值性。品牌资产不同于有形资产，投资就会增加资产存量，利用就会减少资产存量或者出现资产损耗，品牌资产的利用并不会必然产生品牌资产的减少或损耗，而且如果经营得当，品牌资产不仅不会在使用中减少，反而会在使用中增值。

（二）非实体性

非实体性包括三层含义：一是指品牌资产通常表现为某种权利、特权和信誉等非实物状态；二是指品牌资产在使用或存放过程中不存在有形损耗，只有无形损耗，并且报废时往往没有残值；三是尽管品牌资产不具有实体性，但它作为一种资产有其价值和使用价值，这种形式和其价值的体现往往是借助于有形的实体（有形资产）来达到。①

（三）排他性

排他性主要体现在品牌资产在法律的保护下，禁止非持有者无偿使用，排斥他人非法竞争。

（四）不确定性

品牌资产的价值存在不确定性，这种不确定性起因于无形资产的经济寿命和未来收益的不易确定以及多变，技术的进步、市场供求关系、政策变化、研制成本变动等等都是难以准确测定的。

二、品牌资产的构成

品牌资产是通过消费者和企业提供附加利益来体现其价值的。随着品牌时代的到来，商界与投资者逐渐认识到拥有市场比拥有工厂重要得多。拥有市场的有效途径就是拥有市场优势品牌。品牌在市场上的良好销售表现及与消费者建立的稳定的关系，会逐渐积累为品牌资产。因此，品牌资产是企业最有价值的长期投资之一。

品牌资产的价值表现为：①是质量的保证，是实现高价格的基础；②能影响新的消费者，留住既有的消费者；③能提高品牌使用者的满足感，减少购买决策时间；④面对竞争时，能为企业赢得足够的冲和时间和空间；⑤能起到贸易杠杆的作用，利于品牌的进一步延伸和扩张。

既然品牌资产具有如此之大的价值和作用，它到底是由哪些因素组成的呢？美国加州大学的大卫·艾克教授认为，构成品牌资产的有四个核心要素：品牌忠诚（Brand Loyalty）、品牌知名度（Brand Awareness）、品质认知（Perceived Quality）和品牌联想（Brand Associations）；另外一个附加因素是“其他专属性品牌资产”（Other Proprietary Brand Assets）。②

我国品牌专家黄合水则认为：“品牌资产实际上就由三种联想构成，即品牌名字与产品类别的联想、品牌名字与产品评价的联想和品牌名字与关联物的联

---

① 蔡继明等：《无形资产评估理论与实践》，中国物价出版社 2002 年版，第 13 页。

② [美]大卫·艾克：《管理品牌资产》，机械工业出版社 2006 年版，第 15～16 页。

想。这里,关联物是指产品类别和产品评价之外的其他信息和线索。"①

这里,我们综合有关研究者的观点,将品牌资产构成要素简化为如下三点。

(一)品质认知度

品质认知度,建立在前面所阐述的品牌关系认知度的基础上,是指消费者对某一品牌的产品或服务的整体品质或优越性做出的整体感知和评价。作为一种主观的认知,这种认知并不一定与产品本身真正的品质相符。因为不同的顾客有着不同的偏好和要求,有的顾客可能因对产品性能要求不高而易于感到满意,有的顾客可能对价格较高的高品质产品持有一种消极态度,也有的对产品品质过分信赖而不惜代价。所以,品牌的品质认知与消费者之间的关系表现为:一方面,品牌的品质形象依赖于产品具体的功能和质量;另一方面,作为消费者的品质认知并非与产品的实际质量不可分割。品质认知度的作用有以下几个方面。

1. 提供购买理由。具有优良品质认知的品牌,往往能够直接影响和改变消费者的购买决策。消费者在购买商品时通常依赖于自己的消费经验和认知,如果产品品质认知过硬,再加上适当的广告和促销,该品牌产品就很容易被消费者选中。

2. 产生溢价。优势品牌为厂商提供了索取溢价的选择权,意味着厂商可以采取高价位的策略。如果厂商以竞争价格而不是以溢价向顾客群提供品质卓越的产品,那么,这种增值将会赢得更广泛的消费群、更高的品牌忠诚度,尤其是在经济疲软时期。

3. 提高品牌延伸力。具有高品质印象的品牌具有一定的光环效应,在品牌延伸上具有更大的潜力,因为消费者会将原有的品质印象转移到新的产品上。并且,具有良好品质印象的品牌还能争取到更多的销路和更好的经销商。

(二)品牌联想

品牌联想是指记忆中与品牌相连的每一件事。它是广告、服务、感觉、消费体验、公关和销售通路等方面综合起作用的结果。品牌联想是在品牌认知基础之上产生的一种消费者行为,是品牌特征在消费者心目中的具体体现,品牌联想的集合就是品牌形象。如一说到万宝路香烟,我们就联想到美国策马纵横、四海为家的西部牛仔;一说到麦当劳,我们就会联想起金色的双拱门和热情的服务。

值得注意的是,品牌联想具有正反两方面的作用,我们应加强和推进积极的品牌联想,克服和消除负面及不利的品牌联想。

品牌联想具有以下作用:

1. 产生品牌差异化。有区别的联想为竞争者制造了一道无形的障碍,为自

① 黄合水等:《品牌与广告的实证研究》,北京大学出版社 2006 年版,第 12 页。

己提供了一块坚实的垫脚石。品牌名称、标志、包装、定位、广告和服务等沟通手段都可以创造差异化联想。正是由于品牌联想使这些产品在消费者心中产生了差别,使消费者选择此品牌而非彼品牌。

2. 形成品牌延伸的基础。品牌联想也可以用于其他产品之上,品牌延伸的同时品牌联想也在延伸。例如,海尔集团核心产品是海尔电冰箱,它具有国际一流的制冷设备、技术、人才和经验等,这种联想便于它从电冰箱生产延伸到空调器生产上。品牌经营者要充分利用各种手段和工具,找出那些直接或间接影响购买行为的品牌联想,开展有益的品牌延伸。

3. 坚定购买信念。许多消费者购买某个品牌是因为这个品牌让他联想到了该产品的特征。比如,"高露洁"意味着洁白的牙齿、健康的牙龈。有些消费者选择某一品牌是因为该品牌与荣耀、自信的象征联系在一起,如某位世界冠军用过的品牌。正是由于品牌联想,使很多品牌具备了超越其使用价值本身的附加值。

(三)品牌忠诚度

品牌忠诚度是指由于质量、价格等诸多因素的影响,使消费者对某一品牌产生感情,形成偏爱并长期重复购买该品牌产品的行为。品牌忠诚度是消费者对某品牌感情的度量。以品牌忠诚为目标的营销成为20世纪90年代中期西方营销学的热点话题,并引出了顾客关系管理(Customer Relationship Management)的概念和议题。根据赖克海德和萨瑟的理论,一个公司如果将其顾客流失率降低5%,其利润就能增加25%~85%。吸引一个新顾客所耗费的成本大概相当于保持一个现有顾客的5倍。遗憾的是,目前大多数营销理论和实践往往集中在如何吸引新的顾客,而不在保持现在顾客方面。

为了保持公司利润的持续增长,公司的目光必须要从市场占有率的数量转向市场占有率的质量,创立和巩固顾客的品牌忠诚度,尽量降低顾客的流失率。将品牌忠诚度看做是品牌资产的一个核心构成,促使企业有意识地去经营品牌资产;同时,将消费者作为品牌资产来对待,有助于公司在总资源一定的限度内,尽力提升顾客的满意度,以换取顾客对品牌的忠诚。

品牌忠诚度的作用:

1. 降低营销成本。顾客对品牌忠诚度越高并且品牌忠诚者越多,那么营销成本也就越低,竞争对手进入市场的阻力也就越大,竞争对手的利润潜力和利润空间也就越小。对于拥有品牌忠诚度的消费者而言,即使企业降低品牌宣传的投入,他们也能保持特定的品牌印象,甚至消费者之间通过消费体验的交流,无形之中成为该品牌的形象代言人。而且我们知道,口碑式的广告宣传最具有号召力。

2. 产品贸易杠杆力。因为消费者对品牌的忠诚、热爱,经销商会优先购买该品牌，并且会优先把它们放在有利的货架空间上，以促进销售。因此，消费者对品牌的忠诚，利于该品牌消费网络的建设。在公司推出新的产品规格、种类或延伸产品时，这种贸易杠杆作用就显得尤为重要。

3. 减缓竞争威胁。品牌忠诚度还为公司争取到了对竞争对手作出反应的时间，或者说是给自己保留了喘息的余地。如果品牌竞争者开发出一种卓越的产品，那么也就迫使公司要对其产品进行革新，而品牌忠诚者的存在为公司争取到了对产品进行革新的缓冲时间，以开发出更卓越的产品反击竞争者。同时，消费者的品牌忠诚可以构筑一道较为坚固的心理防线，抵御或者缓解来自其他品牌的冲击和影响。

三、品牌资产评估

（一）品牌资产的评估方法

1. 市场业绩评估法。即以品牌在产品市场上的绩效来反映。其一是对于品牌溢价的测量，即对市场上同类商品中的品牌产品与无品牌产品之间的价差进行统计。其二是以品牌企业的销售收入作为主要衡量指标，如北京名牌资产评估公司每年对中国最有价值品牌的评估排名，就采取这种方法。该评估法的不足是：用溢价比来测量，参照系本身就缺乏可比性；而销售收入则是一个短期性的指标，远远不能反映品牌所具有的、对远期市场影响的资产能力。

2. 消费者认同评估法，又称品牌资产的消费者模式。主要评估顾客或消费者对品牌的知名度、态度、联想、情感依附和忠诚。这种方法认为，顾客或消费者是品牌资产的源头，他们对于品牌的心理认知能够预测品牌的市场潜力。该评估方法的优点是理论依据充分、涵盖面广、品牌诊断力强。缺点是消费者的心理认同不易调查，无法对品牌表现提供单一、简明、客观的财务值，因而无法对金融市场的资本并购产生影响。

3. 金融市场产出评估法。即将品牌作为一种金融资产来评估，常使用的指标包括：品牌出售时的购买价、特许费和加盟费的折扣现金流量估价等。例如，Interbrand 咨询公司结合产品市场和金融市场预测量方法，调整品牌的当期利润并用以预测未来增长潜力。这种方法希望以金融市场的产出来反映品牌的未来潜力，但未来价值的测量存在不稳定性。另外，对品牌资产在营销活动中产生的价值也无法体现。

4. 当期预期综合评估法。即将品牌的现实市场表现与预期的市场贡献率结合起来评估。如世界品牌实验室所采用的品牌附加值工具箱（Bva Tool）方法，重点将收入作为拥有品牌的结果，在对现金流折现分析的基础上，再对预期财务收益进行折现分析，并把数据分类并入相关的价值因素之中。其模型如图 2－2 所示。

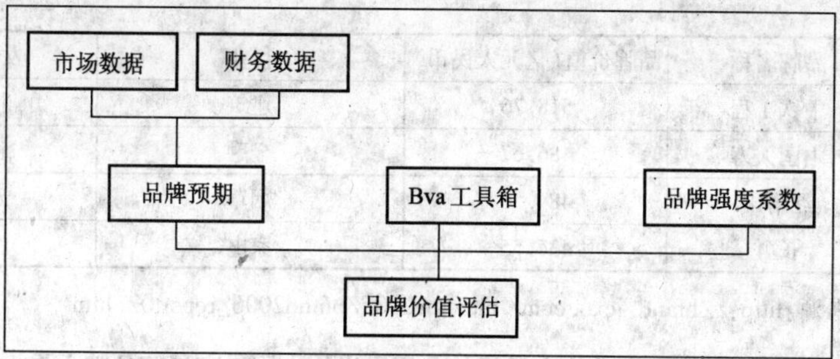

图 2－2 世界品牌实验室评估模型

资料来源:http://brand. icxo. com/meeting2006/brand2006_report03. htm.

（二）若干品牌资产评估排行

表2－4、2－5、2－6分别列示了全球品牌十强、中国品牌十强和中国最有价值品牌十强的排名情况。

表 2－4 2006 年 Iterbrand 与《商业周刊》全球品牌十强

排序	品牌名称	品牌价值(百万美元)	涨跌幅(与2004年相比)	国家
1	可口可乐	67 000	－1%	美国
2	微软	56 926	－5%	美国
3	IBM	56 201	5%	美国
4	通用电气	48 907	4%	美国
5	英特尔	32 319	－9%	美国
6	诺基亚	30 131	14%	芬兰
7	丰田	27 941	12%	日本
8	迪斯尼	27 848	5%	美国
9	麦当劳	27 501	6%	美国
10	梅塞德斯·奔驰	21 795	9%	德国

资料来源:http://www. interbrand. com/best_bfands_2006. asp

表 2－5 2006 年世界品牌实验室评出的中国品牌十强

排序	品牌名称	品牌价值(亿元人民币)	行业	发源地
1	海尔	639.89	家电	山东
2	联想	630.12	IT	北京
3	中国移动	623.40	通信	北京
4	CCTV	622.90	传媒	北京
5	宝钢	597.38	钢铁	上海
6	中石化	577.93	石化	北京

续表

排序	品牌名称	品牌价值(亿元人民币)	行业	发源地
7	中铁工程	518.76	建筑	北京
8	中国人寿	486.67	金融	北京
9	红塔山	484.56	烟草	云南
10	长虹	437.55	家电	四川

资料来源:http://bfand.icxo.com/ meeting2006/bfand2006_report02.htm

表 2-6　2006 年北京名牌评估公司评出的中国最有价值品牌十强

排序	品牌名称	品牌价值(亿元人民币)
1	海尔	749.00
2	联想	607.00
3	TCL	362.00
4	五粮液	358.26
5	第一汽车	357.28
6	红塔山	336.06
7	美的	311.90
8	康佳	151.07
9	青岛啤酒	142.06
10	长安	133.58

资料来源:http://www.mps.com.cn/ en3.htm

案例分析

IBM 的专利战略

2005 年 1 月 11 日,IBM 公司宣布向外界开放 500 多个软件的专利权,用户在诸如 Linux 等开源平台上都可以免费使用上述软件。分析人士称,IBM 公司专利新模式,代表着从传统的企业模式向专利、版权、商标和商务机密等保护模式过渡。传统的专利保护模式是占有大量的专利,然后向使用专利的用户收费。IBM 公司指出,2004 年,公司从专利许可中获得约 10 亿美元的收入。

此举标志着 IBM 公司知识产权保护的重大转型。IBM 公司高层称,专利开放是战略转型的第一步。IBM 公司负责技术和知识产权的高级副总裁约翰·凯利称,专利开放标志着 IBM 公司知识产权管理进入了一个新时代。IBM 公司可能要重新确定知识产权战略,但很显然,IBM 不会放慢专利保护的步伐。据美国专利和商标局称,2004 年,IBM 公司获得了 3 248 项专利,比美国其他任何公司都要多。专利和商标局宣布了私有企业获得专利的前10位:2003年,IBM公司获得了1 300项专利,排名第二,仅次于日本的马自达电子公司,其他美国公司还有惠普、英特尔和Micron Technology等。

案例分析

IBM是全世界专利最多的公司。自1993年起,IBM连续10年获得在全美专利注册排行榜的榜首位置。2002年,IBM的研发人员共累积荣获专利22 358项,这一记录史无前例,远远超过IT界排名前11的美国企业所取得的专利总和,这11家IT强手包括:惠普、英特尔、Sun、微软和戴尔等公司。

20世纪50~80年代,IBM在计算机行业独领风骚。在该段时间内,IBM大中型系统的产品(软硬件)持续为公司创造了惊人的收入来源。《财富》杂志在1982年开始公布世界500强的公司名单时,IBM连续4年排名第一。

然而,90年代初,在全球经济不景气的周期中,IBM陷入经济困境之中。微软公司总裁比尔·盖茨甚至断言:"不出几年,IBM必然倒闭。"1993年1月19日,IBM宣布它在1992年遭受了高达49.7亿美元之巨的损失,是美国公司当时最大的亏损,而这实际已是连续第二年亏损。

造成IBM衰落的最主要原因是战略决策的失误。IBM没有料到自己投巨资首先开发的个人计算机会彻底改变计算机行业的格局,特别是没有预料到个人计算机成长将代替大型机、微型机这些IBM传统优势之所在。当它意识到PC机的发展潜力时,却没能控制住PC机最有价值的两个关键部分:微处理器和操作系统。最终操作系统的专利控制权落在比尔·盖茨的手中,微处理器的专利控制权落在英特尔手中。

1993年,素有扭亏增盈好手美誉的郭士纳被重金聘来解救濒危的IBM。在确定了IBM业务价值链的关键环节,即技术创新及服务后,郭士纳为了维持IBM在业界最充足的研发投资,彻底打破终身雇佣制,引入竞争机制,开始塑造真正重视与激励创新的企业文化。比如,在1993年IBM内部制定了鼓励发明的制度,规定每项专利可以获得1 200美元,外加3分,如果发明达到4项,积分12分时,会再加1 200美元的奖励。此外,IBM积极鼓励员工在任何领域进行发明,因为你很难知道未来产品到底需要哪种专利。因此,专利覆盖的范围越广越好。

目前,IBM已成为全球多元化专利霸主,并被业界一致公认为技术领先的公司。由于专利分布的多元化,IBM正在成为IT行业内超大规模的"专利孵化器"。由企业拨款做活动经费,有专门人员负责管理。

案例分析

IBM的专利研发成果在过去10年中，平均每年为公司带来超过17亿美元的专利授权收入。这些收益是通过向其他竞争对手进行技术授权，并充分发掘非核心业务的知识产权资产取得的，这些收益绝大部分是现金而且占了IBM税前利润的大部分。实践证明，在专利技术上连续保持领先优势，不仅使IBM生存下来，而且稳居市场领导地位。

为避免"创新"如同互联网一样趋向泡沫化，IBM坚持以技术上高投入来夯实公司的生存基础。更难能可贵的是，IBM的创新并不仅仅痴迷于"纯科学研究"，而是积极地将新的专利技术以最快速度应用到现实的产品或服务中。

作为一个优秀的企业，在研究领域的投入绝对不应该是目标不明确的。以市场对技术的需求为目标，并迅速将技术转化为生产力，这正是一个具有领袖气质的大企业在技术研究方面的策略。对核心技术的掌握，对一个企业在业界的地位以及经济利益，是具有决定作用的。中国的企业应该从战略的高度上更加致力于对专利技术的开发和吸收，制定相应的应对措施，从而使自己不至于在未来的发展中遭遇四处碰壁的困境。

资料来源：http://www.sina.com.cn 2003/07/28/；http://www.ce.cn/cysc/it/xwy/rj/200501/12/

本章小结

本章首先提出了品牌资源的含义及其构成，指出品牌资源是随着品牌的创建逐渐发展起来的，能给产品创造新的价值并影响消费者行为的无形资产的总和。品牌资源包括品牌文化资源、品牌技术资源、品牌关系资源和品牌市场资源等无形的资源形态。接着从资源梳理角度反思了品牌个性文化、品牌理念文化和品牌文化传播三个方面；品牌的成功离不开自身核心技术的支撑，品牌资源梳理还要从技术储备、人才开发和研发投入等方面入手对品牌技术资源进行盘点。品牌关系也是品牌运转发展的重要资源，品牌关系主要包括员工关系、股东关系、顾客关系和社区关系；品牌的关系指标主要包括认知度、美誉度与和谐度。品牌的市场资源将转化成品牌资产，本章最后介绍了品牌资产的含义及特点，品牌资产的构成以及品牌资产的评估方法。

思考练习题

1. 品牌资源的含义是什么？它具体由哪些资源构成？
2. 谈谈你对品牌个性内涵及功能的理解。
3. 谈谈你对技术与品牌之间关系的认识。
4. 品牌关系有哪些？它们应该由哪些指标来衡量？
5. 如果让你对品牌资产进行评估，你将如何进行？

3

品牌目标市场战略

本章学习重点

- 市场细分的概念
- 市场细分的作用
- 市场细分的标准
- 市场细分的方法
- 目标市场的概念
- 选择细分市场的三种战略思路和五种模式
- 市场定位的概念
- 市场定位的意义
- 市场定位的方法

营销大师科特勒说，现代战略营销的中心可定义为 STP 市场营销——即市场细分(segmentation)、目标市场(targeting)和市场定位(positioning)(参见图 3-1)。对此他进一步用图表表示为："第一步是市场细分——把市场分割为具有不同需要、性格或行为的购买者群体，并针对每个购买者群体采取单独的产品或市场组合占领区，选择不同的方式细分市场和勾勒细分市场的轮廓。第二步是选择目标市场——估计每个细分市场的吸引程度，选择进入一个或若干个细分市场。第三步是市场定位——对产品进行竞争性定位并制定详细的营销组合战略。"①

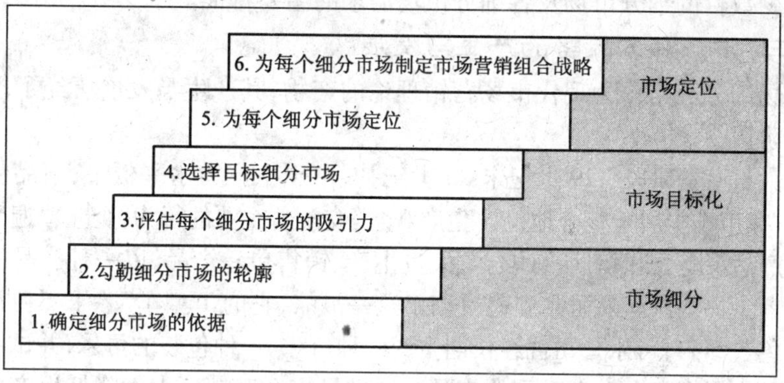

图 3-1　市场细分、目标化和定位的步骤

掌握目标市场战略是制定品牌发展战略的基础，因此，本章主要根据如上目标市场战略的三个步骤逐一展开。

第一节　品牌市场的细分

一、市场细分的概念

(一)市场细分的提出

市场细分是 20 世纪 50 年代中期美国市场营销学家温德尔·史密斯在总结企业市场营销的实践经验基础上首次提出的。这一观念的提出基于市场环境的深刻变化，由于生产力水平的提高，生产与消费的矛盾日益尖锐，消费者的需求日趋多元化，企业认识到，想用同一种方式来吸引住所有的购买者的时代已经一去不复返。因此企业需要转变观念和行为，在研究市场和消费者的基础

① [美]菲利普·科特勒:《市场营销导论》，华夏出版社 2001 年版，第 174 页。

上，进行细分市场，找到属于自己的目标市场。市场细分理论的产生，使传统营销观念发生了根本变革，在理论和实践中都产生了极大的影响，被西方理论家称之为“市场营销革命”。

（二）市场细分的界定

科特勒认为，市场细分（market segment）由一个市场上有相似需求的顾客所组成[2]。也就是说，市场细分是以消费需求的某些特征或变量为依据，区分具有不同需求的顾客群体的过程。目的是使同类产品市场上，同一细分市场的顾客具有更多的共同性，不同细分市场之间需求具有更多的差异性，以使企业明确有多少数目的细分市场及各细分市场需求的主要特征。

（三）市场细分战略的产生与发展

市场细分战略作为现代市场营销理论的产物，其产生与发展历经了以下几个主要阶段：

1. 大量营销阶段。19 世纪末 20 世纪初，由于生产力水平低下，商品供不应求，卖方在市场中居于核心地位，“生产观念”支配着企业的行为，企业普遍采取的是单一产品策略，即面对所有顾客，大量生产、销售单一产品，以一种产品吸引广大消费者。福特汽车公司典型地贯彻了这一战略，它的 T 型车“除了黑色没有其他的颜色”。可口可乐公司曾经长期生产一种口味、一种包装的可乐，并试图使这种饮料成为男女老少人人喜爱的产品。大批量市场营销可大大降低生产成本和费用，便于产品制定较低的价格，从而创造最大的潜在市场，获得丰厚的利润。

2. 产品差异化营销阶段。20 世纪 30 年代，发生了震惊世界的资本主义经济危机，产品严重过剩。市场迫使企业转变经营观念，企业营销方式经历了从大量营销向差异化营销的转变。企业向市场推出了具有不同质量、外观和品种规格等与竞争者不同的产品或产品线。产品差异化营销较大量营销是一种进步。但是，由于该策略的前提仍是以企业现有的能够提供的设计、技术为基础进行的生产，缺乏对市场和顾客需求的研究，因而缺乏明确的目标市场，也没有市场基础。

3. 目标营销阶段。20 世纪 50 年代以后，在科技革命的推动下，生产力水平大幅度提高，市场供求关系发生了新的变化，以产品差异化为中心的推销模式远远不能解决西方企业所面临的市场问题。于是，市场迫使企业再次转变经营观念和经营方式，开始重视研究异质市场消费者的不同需求，实行目标市场营销，以增强企业的竞争能力。即在分清众多消费者需求间差别的基础上，将整体市场分割为若干个子市场，然后选择其中最有吸引力和最能有效为之提供产品和服务的细分市场作为目标市场从事经营，设计与目标市场需求特点相匹配的营销组合等。于是，市场细分战略应运而生。[1]

① ［美］菲利普·科特勒：《营销管理》，上海人民出版社 2003 年版，第 306 页。

（四）市场细分的层次

市场细分由浅入深可以分为如下四个层次。

1. 细分营销。第一个层次，即细分，就是以消费者需求的某些特征或变量为依据，区分具有不同需求的市场，并确认某些子市场为目标市场，提供相应的产品或服务。

2. 补缺营销。第二个层次，即补缺。所谓补缺营销，即通过细分再细分，见缝插针，查漏补缺，更明确地针对某一部分目标市场。营销学者布拉特和戴顿声称，只要营销效率提高，狭小的补缺市场也能让公司生存并赢利。当细分市场足够大时，通常会吸引很多竞争对手，而补缺市场规模不大，市场竞争较弱，有足够的规模、增长空间和潜力。德国市场中有一批中小企业通过补缺迅速成长起来，赫尔曼把这些企业的领导人称为隐蔽的冠军。例如，戴拉特食品公司为带鱼的喂养市场提供 80% 的产品；斯德利公司在世界陆军战地双筒镜市场上提供 80% 的产品；贝奇公司为大型伞具市场提供 50% 的产品。

3. 本地化营销。第三个层次，即本地化，是指目标营销者采取地区和本地化的营销方法，把营销方案转化为适合本地市场消费者需求和满足其欲望的计划。本地化营销已经成为很多跨国企业在当地市场发展的核心指导思想，尤其适用于一些受区域特征影响较大的产品类别。

4. 定制化营销。最后一个层次，即定制化，又称为个人营销或一对一营销。定制化营销是目标市场的最高形式。随着消费者越来越注重个性化消费，顾客在企业经营中的作用与地位日益凸显，市场细分发展到极致就成了定制化，一个人就是一个子市场，企业针对每一个不同消费需求和购买欲望的顾客开展营销活动。戴尔公司一直致力于定制化营销的探索，并实现了定制化成本的优化。戴尔公司每年生产 400 多万台个人电脑，全部是根据客户的具体需求组装的，而成本并没有因此而增加。这种“大规模定制化”成为戴尔公司决胜个人电脑市场的法宝，也为未来定制化营销的大范围推广提供了有益的经验。

资料链接

大众化定制时代已经到来

设想你走进一个房间，一组白光向你投射过来，只用几秒钟，你身体的三围立体曲线就被收集，数字化后存于一张信用卡内，用这张卡你就可以订取专门为你量身定做的服装。当然，这并不是星际飞船上才有的前卫意识，而是在不久的将来做衣服的方式。大约有 100 多家公司，包括李维（Levi）在内，正合作开发人体扫描技术以期这种大众化定制在普通人的身上也能实现。

在人体扫描及智能卡携带人体数据技术正在加紧研发的同时,许多公司正用现有技术为顾客提供定制化产品。

自1998年开始,女孩子们能在马特尔(Mattel)公司的芭比在线上设计自己的芭比伙伴。她们能给自己的芭比娃娃选择肤色、眼球的颜色、头发的颜色、发型、服装和饰品,以及她们的名字。她们甚至可以详细列出她们的芭比娃娃的爱憎。当芭比伙伴邮寄来时,女孩子们可以在它的包装上找到娃娃的名字以及计算机生成的关于娃娃个性的描述。定制皮鞋(Custom Foot)在康涅狄格州西岸的这家公司有五个分店,它们测量女士的脚后得出13个尺寸,并用电子邮件方式送到意大利。在那里,顾客的鞋子会根据顾客的尺寸定制,并考虑到顾客的特殊情况如撞伤和肿块等。

从1994年开始,李维公司便开始根据女士的身材为她们定做牛仔服,现在这种业务又有了新的发展,称作原装定做。这种服务提供更多的风格选择。同时,它也为男士提供这样的服务。目前,在一个李维牛仔服供应全面的店铺,同一腰围及长度的牛仔裤会有130多种款式供选择。如果提供个性化服务,这个数字是430种,如果提供的是原装定做,这个数字将猛增至750种。

在纽约特里布克的光盘廷维(CDueTive)可以让顾客在网上制作自己的光盘。如果有人喜欢梦幻爵士,他可以直击这个目录,接着便可以看到30个标题,每个可以截取45秒,只需敲几下键盘,他便可以订购一张包含了他所选择的所有旋律在内的光盘,价格21美元。

资料来源:[美]菲利普·科特勒:《营销管理》,上海人民出版社2003年版,第309页。

二、市场细分的作用

市场细分被西方企业誉为具有创造性的新概念,对企业营销具有重大意义。

(一)细分市场有助于企业发现市场营销机会

市场细分蕴含着这样一种思路:企业不应只满足于在整体市场上占有一席之地,而应追求在某些细分市场上占有较大的市场份额。通过市场细分,企业能够了解到各个消费群体需求的满足程度和市场上的竞争状态。市场中那些没有被满足、尚未完全满足和竞争较弱的细分市场,就是市场机会。企业可以根据从市场细分中得到的信息,抓住市场机会,确定一个宜于自身发展的目标市场,并设计出相应的营销战略,从而迅速占领新市场。

对于中小企业而言,细分市场尤为重要。因为中小企业资源能力有限,技术水平相对较低,在市场上与实力雄厚的大企业相比,缺乏竞争力。通过市场细分可以见缝插针、拾遗补缺,在大企业不愿顾及的较小的细分市场上求得生存和发展。

日本江崎糖业公司进入泡泡糖市场并获成功就是最好的例证。据统计，当年日本泡泡糖市场年销量740亿日元，其中大部分为“劳特”所垄断。但江崎公司专门研究霸主“劳特”产品的不足和短处，寻找市场的缝隙，结果发现“劳特”的四点不足：第一，以成年人为对象的泡泡糖市场正在扩大，而“劳特”却仍旧把重点放在儿童泡泡糖市场上；第二，“劳特”的产品主要是果味型泡泡糖，而现在消费者的需求正在多样化；第三，“劳特”多年来一直生产单调的条板状泡泡糖，缺乏新型式样；第四，“劳特”产品110日元，顾客购买时需多掏10日元的硬币，往往感到不方便。通过分析，江崎糖业公司决定以成人泡泡糖市场为目标市场并制定了相应的市场营销策略，不久便推出四大功能性泡泡糖：司机用泡泡糖——提神醒脑；交际用泡泡糖——除口臭；体育用泡泡糖——消除疲劳；轻松性泡泡糖——改变人的不良情绪，并精心设计了产品的包装和造型，制定了合理且方便的价格。功能性泡泡糖问世后，像飓风一样席卷全日本。江崎公司不仅挤进了由“劳特”独霸的泡泡糖市场，而且获得了一定的市场份额，当年销售额猛升至175亿日元。

（二）细分市场有助于了解目标市场的需求

不进行市场细分，企业选择目标市场必定是盲目的，不认真地鉴别各个细分市场的需求特点，就不能进行有针对性的市场营销。宝洁公司正是通过细分把一个庞大的市场分成了若干个细分市场，才发现虽然同是洗发，但消费者却有着不同的利益需求。以洗发水为例，有的消费者注重清洁去屑，有的消费者注重营养护发，还有的消费者注重飘逸柔顺，黑发亮发……由此开发出了满足各个细分市场的不同利益需求的品牌，并一举实现了垄断性的占有率，大大超过了仅凭一种品牌能够得到的市场份额。

（三）细分市场是企业制定市场营销组合策略的前提条件

市场营销组合是企业综合考虑产品、价格、促销形式和销售渠道等各种因素而制定的市场营销方案。上述几个因素各自又存在不同的层次，各个因素之间又有多种组合形式。但就每一个企业特定的市场而言，却只有一种最佳的组合形式，而这种最佳组合只能是进行市场细分的结果。

（四）细分市场有利于提高企业的竞争能力

利用市场细分战略是提高企业竞争能力的有效方法。首先，在市场细分的基础上，企业可以集中人力、物力、财力投入目标市场，集中优势资源取得在目标市场上的优势地位，从而取得理想的经济效益。特别是对于处于市场竞争弱势地位的中小企业而言，若能通过市场细分，选好补缺市场，将企业的全部力量集中于某一市场，则可把自己的劣势变为局部市场上的优势，从而提高企业竞争力。其次，市场细分后，每一个细分市场上竞争者的优势和劣势会明显地暴露出来。企业只有看准市场机会，才能利用竞争者的弱点，同时有效地开发本企业的优势资源,用相对较少的资源把竞争者的顾客和潜在顾客变为本企业产品的购买者,从而提高市场占有率。

三、市场细分的理论依据

消费者需求偏好存在差异性是市场细分的客观依据,一般而言,消费者的偏好可以分成三种模式:同质偏好、分散偏好和集群偏好。以我们向冰淇淋的购买者询问奶油和甜度为例,消费者的偏好如图 3-2 所示。

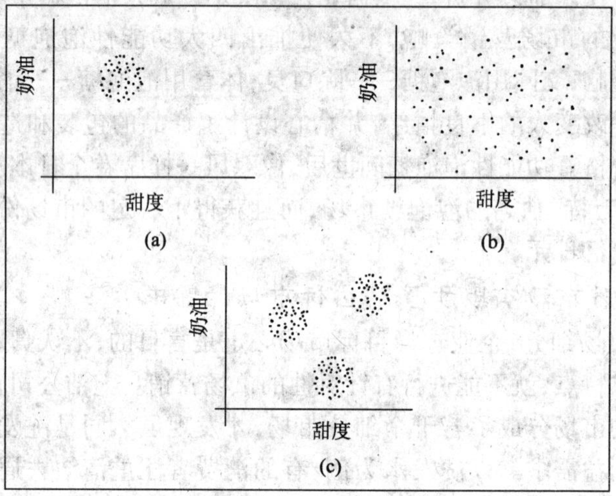

图 3-2 市场偏好模式

(一)同质偏好

如图 3-2(a)所示,市场上所有的消费者有着大致相同的偏好,且相对集中于中央位置。

(二)分散偏好

如图 3-2(b)所示,市场上的消费者对两种属性的偏好偏差较大,进入市场的第一品牌可能定位于中央,以最大限度地迎合更多数量的消费者。第二品牌可能在第一品牌的附近,与其争夺市场份额;也有可能远离第一品牌,形成鲜明的市场定位,满足第一品牌不能满足的群体;如果市场空间较大,也可能同时出现几个竞争品牌。

(三)集群偏好

如图 3-2(c)所示,市场上形成了几个组群的偏好,客观上形成了几个不同的细分市场。这时进入市场就有 3 种选择:定位于中央,尽可能地满足更多的消费者,即无差异化;选择某一个子市场,即集中战略;发展数个品牌分别针对每个子市场,即差异化。

四、市场细分的标准

根据市场类型的不同，市场细分的标准可以分成消费者市场细分标准和产业市场细分标准，这里主要从消费者市场的细分标准出发进行分析。

市场上消费者的需求千差万别，影响因素错综复杂，因此市场细分没有一个固定的模式，营销人员必须尝试各种不同的细分变量或变量组合，以便找到分析市场结构的最佳方法。根据影响个人消费行为主要因素的不同，一般可以按照下列 4 类因素对消费者市场进行细分。

（一）地理因素

地理因素指市场细分的依据是消费者居住的不同地理位置与自然环境，具体包括国家、地区、城市规模、不同地区的气候以及人口密度等因素。采用地理因素作为市场细分依据的原因是不同地区消费者对同一类型的产品的消费需求和消费行为有着明显的差异性。

一些受地理因素影响较大的产品采取地理细分是很有意义的，如化妆品、烟酒、食品（调味品）、电器（空调、热水器）等。羽西公司根据欧洲和亚洲消费者的肤质、生活条件的不同，进而对护肤品、化妆品需求的不同，在中国打出“特别为东方女性研制的化妆品”，得到了中国女性的青睐。五粮液集团根据地理细分，在全国的八个区域推出了八个地方品牌：“江南古坊”（华东）、“老广东”（华南）、“蜀粮醇”（西南）、“华北醇”（华北）、“龙晶玉液”（中原）、“两湖春”（两湖）、“亚克西”（西北）和“玉酒”（东北）。

此外，通过市场地理细分，企业可以采用本地化营销策略，即实行产品、广告、销售地方化，以适应不同地区的需要。由于地理因素比较容易辨别和分析，所以，人们一般首先用地理因素进行细分。但因同一地理位置的消费者之间也存在需求的差异，仅进行地理细分是不够的。

（一）人口因素

人口因素指细分市场的依据是消费者的年龄、性别、家庭人口、家庭生命周期、收入、职业、婚姻、受教育程度、国籍、民族、宗教和社会阶层等因素。人口因素是区分消费者群体时最常用的，因为消费者的偏好、欲望、使用率经常与人口因素有着密切的联系。不同的年龄、文化程度、宗教信仰和民族特点，使不同消费者在生活情趣、消费方式、审美观念和产品价值观等方面产生了千差万别的偏好。年龄、性别和收入是人口细分最常用的指标。

1. 年龄。消费者购买量的大小随着年龄的增长而改变。青年人市场和中老年人市场有着明显的不同，青年人花钱大方，追求时尚和新潮刺激；而中老年人的要求则相对保守和稳健，更追求实用和功效，讲究物美价廉。因此，企业在提供产品或服务、制定营销策略时对这两个市场应有不同的考虑。

2. 性别。性别细分在服装、化妆品、香烟和杂志中使用的较为广泛。男性市场和女性市场的需求特点有很大不同，比如，女士香烟和男士香烟的诉求点截然不同，万宝路男士香烟强调男性的健壮、潇洒，而库尔女士香烟则突出女性的神秘、优雅。

3. 收入。根据收入可以把市场分为高收入层、白领阶层、工薪阶层和低收入群等。高收入阶层和白领阶层更关注商品的质量、品牌、服务以及产品附加值等因素，而低收入者则更关心价格和实用性。比如，轿车企业、房地产公司等都需要针对不同的收入人群提供不同的产品和服务。

在一些通常不以人口因素作为细分标准的行业，采取人口因素进行市场细分，也能起到意想不到的效果。汇源集团推出的“他 + 她 -”被誉为 2004 年新产品营销的经典之作。它在普遍以产品利益（行为细分）作为细分标准的水饮料行业，提出了以性别作为细分市场的标准，首创了“饮料也分性别”的概念（参见图 3 - 3）。

图 3 - 3　以性别细分的饮料

（三）心理因素

心理因素指市场细分的依据是购买者所处的社会阶层、生活方式、个性特点和价值观念等因素。即使地理因素和人口因素雷同，人们的消费行为和消费偏好仍可能表现出较大的差异。这是因为处在同一人口因素、地理因素群体中的人们可能会有不同的心理构成。在市场营销活动中，影响消费者行为的心理因素多种多样，其中，最主要的当属生活方式、个性和价值观。

1. 生活方式。生活方式是人口因素中的某些变量与个人的心理特征结合在一起形成的特定的生活习惯。人们生活方式的不同决定了其消费倾向和消费特征的差异，例如，选择居住万科 townhouse 的群体与选择居住 SOHO 现代城的群体生活方式上有很大差异，前者是事业有成的中年人士，以通过居住高档社区来进一步提升自身和家人的生活质量；后者是正处于创业阶段的年轻人，追求的是“自由办公”，快乐生活、自由工作的生活理念。总的来说，一般家居、旅游、地产行业等越来越倾向于按照人们的生活方式来细分市场。

2. 个性。作为影响消费者行为的另一重要因素，它对市场营销的影响力也日趋被企业所重视。消费者的个性是通过其消费行为来体现的，可以说，消费过程就是消费者自觉或不自觉地展示个性的过程。瑞士SMH集团属下的品牌分别针对的是不同个性和格调品味的消费群体，如“欧米茄”代表着一种成功人士或名人尊贵豪华的选择，而“雷达”表是高科技的象征，“浪琴”意味着优雅、高贵，“斯沃琪”则是前卫和时髦、潮流人士的首选。

3. 价值观。价值观是比生活方式、个性更深层次的影响因素，它从人的内在本性来影响人们的购买需求和选择。越来越多的企业已经开始通过价值观来细分市场。

（四）行为因素

行为因素指市场细分的依据是和消费者购买行为相关的因素。这些因素包括消费者购买产品的时机、频度、进入市场的程度、购买或使用产品的动机、购买的数量以及对品牌的忠诚程度等等。

1. 购买时机。按消费者购买和使用商品的时机来细分市场。如有早晚使用的化妆品、牛奶、感冒药等，考前调整状态的保健品，送礼用的保健品，婚庆用的喜糖等。

2. 购买利益。按消费者对产品追求的不同效用来细分市场。如根据消费者对电脑产品的效用要求，电脑的消费群体可以分成望子成龙型，这类购买者往往是年轻父母，比较注重电脑辅助孩子学习的功能；炫耀型，出于炫耀的消费者更看重产品的品牌和外观；实用型，以学生群体为主，注重配置的性价比；娱乐型，注重电脑的娱乐功能；开发型，注重产品性能的稳定性。企业可以根据消费者购买电脑时所追求的不同效用来推出不同的产品，从而满足不同的细分市场。

3. 使用者状况。按消费者使用的程度，可将消费者区分为经常购买者、初次购买者、潜在购买者等不同群体。通常，大品牌经常购买者较多，因而他们特别注重吸引潜在的购买者，使这些潜在购买者成为初次购买者，进而发展成经常购买者，以不断扩大市场份额。而大多数中小企业，因资源有限，无力开展大规模的营销活动以着重吸引、保持原有的经常购买者为上策。

4. 购买频率。按购买的数量来细分市场，这是行为细分的一种主要方法。对于许多产品的经常购买者，可以根据他们的购买数量，进一步细分为大量用户、中量用户、少量用户等几个不同的消费群体。大量用户的人数不一定很多，

但他们的消费量在已消费的产品中所占比重较大，是大多数企业理想的目标市场。譬如啤酒，有数字显示41%的被调查者家庭购买啤酒，但只占一半的经常使用者消费了87%的啤酒，几乎是偶尔使用者的7倍①。不同的消费者有不同的购买行为：大量饮用者可能有自己偏好的品牌，不注重包装而对价格较敏感；少量饮用者可能较重视口感。因此，企业在价格、包装、销售渠道、广告宣传和公共关系等方面应区别对待各类消费者。

5. 品牌忠诚度。按消费者对品牌的忠诚程度来细分市场。不同的消费者对品牌忠诚的程度不一样。①单一品牌忠诚者，购买模式为A，A，A，A。这类消费者一贯固执地忠诚于某一品牌的商品，根本不愿尝试其他品牌。如有的消费者终身只饮用一种品牌的茶叶，如果商店缺货他们宁愿去其他商店购买或不喝。②中度品牌忠诚者。购买模式为A，B，B，A。这类消费者同时忠诚于某几个品牌的商品并轮流使用它们，但不使用除此之外的其他品牌的商品。如有的消费者在购买冬衣时，可能只选某几个品牌，而在购买夏衣时可能只购买另外几个品牌的服装。③转移的忠诚者，购买模式为A，A，B，B。这类消费者不固定忠诚于某一品牌，而是经常变换品牌偏好，一段时间忠于这种品牌，过段时间又忠于另一种品牌。④无品牌忠诚者，购买模式为A，B，C，D。这类消费者不忠诚于任何品牌，购买时很随意。他们要么是根本无品牌意识，要么是过于追求多样化。

企业可以从品牌的忠诚度中了解到很多东西，比如，市场上对自己构成威胁的竞争对手，影响自身品牌转移的营销薄弱环节等等。

表3－1概括、总结了影响消费者消费行为的主要因素。

表3－1　消费者市场的主要细分变量

地理因素	地区	华东、华中、华南、华北、西北、东北等
	城市规模	小城镇、小城市、中等城市、大城市、特大城市等
	人口密度	都市、郊区、乡村
	气候	南方、北方
人口因素	年龄	6岁以下、6～11岁、12～19岁……50～64岁、65岁以上
	家庭规模	1～2人、3～4人、5人以上
	家庭生命周期	青年，单身；青年，已婚，无子女……已婚，最小子女不到6岁；……较年长，已婚，与子女同住；较年长，已婚，子女超过18岁；较年长，单身；其他……
	收入	少于2000元、2001～4000元、4001～7000元、7000元以上
	职业	科研和专业技术人员；管理人员；公务员；学生；工人；农民；家庭主妇；失业

① ［美］菲利普·科特勒等：《市场营销》，华夏出版社2003年版，第145页。

续表

人口因素	教育	高中以下、大学、研究生以上
	宗教	天主教、基督教、佛教、伊斯兰教、其他
	种族	黑人、白人、亚洲人
	代沟	婴儿潮、X 代
	国籍	中国、美国、英国、法国、南非……
	社会阶层	上上层、上下层、中上层、中中层、中下层、下上层、下下层
心理因素	生活方式	俭朴、追求时髦、嬉皮……
	个性	被动、爱交际、喜命令、野心
行为因素	使用时机	普通时机、特殊时机
	追求的利益	质量、服务、经济
	使用者状况	从未用过、以前用过、第一次使用、经常使用
	使用率	不常用、一般使用、经常使用
	品牌忠诚度	无、一般、强烈、绝对
	准备程度	未知晓、知晓、已知晓、有兴趣、想得到、企图购买
	对产品的态度	热情、积极、不关心、否定、敌视

五、市场细分的方法

任何企业都可以使用上述标准对市场进行细分，但是根据企业经营情况的差异，选择的标准也不尽相同。这些差别主要表现在选取依据的内容、选用依据的数量以及选用标准的组合上，比如，家电市场的营销，区别需求差异的因素主要是家庭收入等，较少受生活方式、社会阶层和地理位置的影响；而日用品市场的营销则受年龄、收入、社会阶层、生活方式和地理位置等诸多因素的影响，因而应结合产品具体情况灵活运用市场细分方法。

（一）单一因素法

依照单一因素对市场进行细分，如按年龄来细分服装市场；按功效用途来细分洗发水市场；按成分来细分饮料市场。以儿童书籍为例，可针对不同年龄的儿童把书籍市场分成 0 ~ 3 周岁、4 ~ 6 周岁、7 ~ 12 周岁和 13 ~ 18 周岁四个子市场。

（二）主导因素法

当一个细分市场中存在多因素时，可以从消费者的特征中确定主导因素，并与其他因素进行有机结合，确定细分目标市场。就电脑市场而言，用途是影响消费者选择的主导因素，而性别、收入、职业和文化水平是从属因素，因而，应以用途为主导因素结合从属因素来细分市场。

（三）综合因素法

运用两个以上的因素，同时从多个角度对整个市场进行细分，如以收入水平、性别、年龄来细分服装市场、化妆品市场、手机市场等等。例如,某服装企业依据消费者年龄、收入水平以及性别将服装市场细分为24(3×2×4)个明显的子市场参见图3－4。

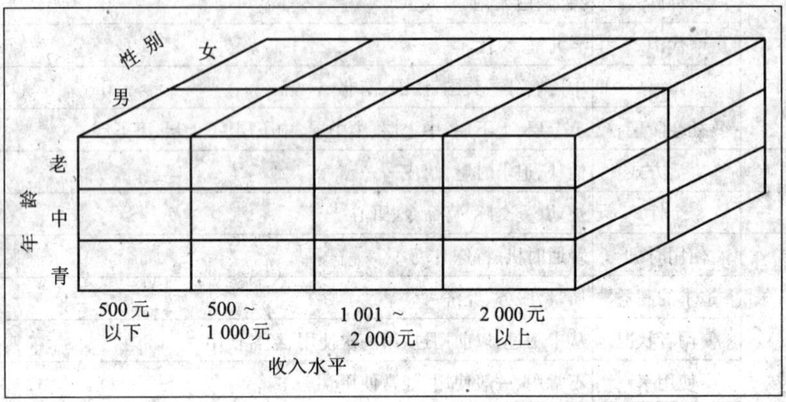

图3－4　综合因素细分市场

(四)系列因素法

运用两个以上的因素,依据一定的顺序来逐步细分市场。细分的过程是一个选择分市场的过程,下一阶段的细分以上一阶段选定的子市场为基础。以手表的销售市场为例,需考虑性别、地域、年龄、收入和职业5个因素,最后选择的子市场为男性、城市、中年和高收入的企业家,参见表3－2。

表3－2　系列因素细分市场

男性	城市	老年	高收入	企业家
		中年	中收入	公务员
女性	农村	青年		教员
		少年	低收入	工人

六、市场细分的原则

市场虽然可以无限细分,但并非所有的市场细分都有效,对某种产品有意义的细分变量可能对于另一些产品毫无意义。例如,以性别来细分服装市场是非常普遍的,但对于空调、电视等家电产品而言,性别因素几乎不起作用。一般来说,有效细分应遵循以下原则。

(一)可衡量性

可衡量性指企业选定的细分市场应具有区别于其他细分市场的明显特征,且这种特征可以观察和衡量。细分市场内的消费者应具有共同的需求特征,表现出类似的购买行为,才能与其他的细分市场相区别。市场细分也是企业创造自己经营特色的一种手段，细分市场的特征越明显，越有利于形成企业的特色。

（二）可进入性

可进入性指企业经过努力，可有效地接近、到达选定的细分市场，并使消费者了解、接受该企业的产品和服务。这主要表现在两个方面：①企业能够通过广告媒体把产品信息传递到该市场的消费者中去；②产品能经过一定的销售渠道进入该市场。考虑细分市场的可进入性，事实上就是考虑企业营销活动的可行性。显然，不能进入或难以进入的市场进行细分是没有意义的。

（三）可赢利性

可赢利性指企业的细分市场必须能给企业带来一定的实际利益。企业作为以营利为目标的经济组织，能否赢利是判断其活动合理性的重要标准。因此，企业选择的目标市场应当能够维持一定的利润水平。如果由于市场细分导致营销成本过高，或细分市场的规模过小，不具有规模经济所需要的市场容量，导致生产成本过高，不能维持一定的利润率，这样的细分市场未必是有效的。

（四）可发展性

可发展性指企业所选择的细分市场，应具有一定的发展潜力。即通过企业的开发有可能发展成一个能给企业带来长远利益的大市场。如果企业选择的是一个已经衰退或即将衰退的成熟市场，那么短期可能给企业带来一定利益，长期则会使企业的发展受到抑制。可见，细分市场的选择实际上是企业经营领域的选择，具有战略意义。因此，细分市场的选择必须与企业的长期发展战略相结合。

资料链接

全球 6 种核心价值观

1997 年，为完成《罗珀全球消费者调查报告》，罗珀在 35 个国家中每个国家抽取 1 000 个人，在他们的家中进行面对面的访谈。调查内容涉及 56 种价值观。结果发现成人有 6 个全球性的价值细分。

1. 进取型：占 12%。男性稍多于女性，他们较之其他人群更重视金钱和事业。在亚洲发展中国家，有 1/3 的人是进取型的人。进取型人群是推动中国经济前进的力量。

2. 传统型：占 22%。传统型中女性多于男性，她们很重视传统和责任。这种类型的人在亚洲发展中国家、中东及非洲较为普遍，在亚洲及西欧发达国家不多见。

3. 利他型：占 18%。女性稍多于男性，她们热衷于社会问题及社会福利，平均年龄为44岁，是一个年纪偏大的人群，在拉美国家及俄罗斯居多。

4. 温情型：占15%。将家庭和人际关系看得比什么都重要，男性、女性都有。在亚洲发展中国家，这样的人只占7%，而在欧洲及美国，这样的人占1/4。

5. 及时行乐型：占12%。在亚洲发达国家中人数分布不均衡。他们都是年轻人，男、女比例为54:46。

6. 创造型：占10%。他们最突出的品质是对教育、知识和技术极热衷。这种人在拉美和西欧较为多见。

以上6种合计占到89%。

罗珀的研究显示出不同类型的人热衷于不同的活动，购买不同的物品，偏好不同的媒体，知道一个国家中哪一类人居多，可以帮助他们制定营销战略，使广告商的广告更有针对性。

资料来源：[美]菲利普·科特勒：《营销管理》，上海人民出版社2003年版，第321页。

第二节　品牌目标市场选择

市场细分并不是最终目的，而是要通过市场细分描绘出对企业具有实际意义的市场轮廓，衡量每个细分市场对企业的吸引力，最后确定目标市场，实施有针对性的市场营销战略。所谓目标市场(targeting)，是指企业决定要进入的市场，也就是企业的目标顾客，是企业市场营销活动所要满足的那部分市场需求。

一、评估细分市场

市场细分的结果是出现多个市场，如何评价这些细分市场并从中做出选择呢？评估细分市场的过程就是选择对企业有吸引力的、有可能成为企业目标市场的细分市场进行分析和评估，然后根据企业的市场营销战略目标和资源条件，选择企业最佳的细分市场的过程。评估细分市场必须考虑3个因素：细分市场规模和增长率、细分市场的结构吸引力、企业目标和资源。

(一)细分市场规模和增长率

作为目标市场的细分市场必须是有适当规模和适当增长率的。因此，必须首先对各个细分市场的规模和潜力进行评估。为此，要在描绘各个细分市场轮廓的基础上，运用市场调查与预测的方法，测算细分市场目前的规模(如购买数量、购买金额)和未来战略规划期内的增长潜力。细分市场的规模不一定大，而要适当，即应当与企业的实力相匹配。大企业可能对小的细分市场不屑一顾，而小企业则不宜进入较大的细分市场，以避免同大企业正面冲突。理想的细分市场应当具有潜力，即它是可以开发的，这样就为选择这一细分市场的企业提供了长远的发展机会，而且其增长最好能同企业对该市场的控制能力同步，这样企业才能在该目标市场上保持长久的竞争力。

（二）细分市场的结构吸引力

细分市场可能具备理想的规模和增长速度，但是在利润方面还缺乏吸引力。企业必须明确考察几个影响细分市场长期吸引力的重要结构因素，如实际或潜在的竞争对手，供应商的能力，消费者的购买能力、替代产品等等（参见图3－5）。一个细分市场中如果有众多的竞争对手，那么其结构吸引力就会降低。因为有潜力的市场会吸引更多的企业，使得竞争加剧。例如，苹果公司意识到个人计算机市场的巨大商机时，其他公司还主要集中在大型机市场上竞争。但很快大多数企业都陆续加入，就连计算机巨人 IBM 公司也加入了这个细分市场的竞争，使得这一市场的开拓者苹果公司蒙受了重大挫折。

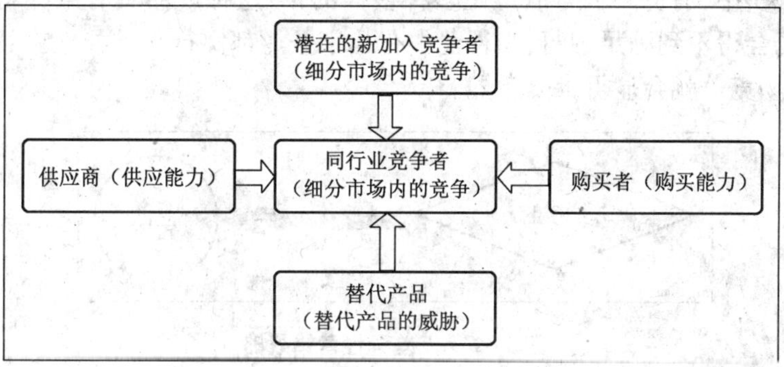

图 3－5　影响细分市场结构吸引力的因素

（三）企业目标和资源

即使某个市场有着合适的规模、潜力，也具备结构吸引力，企业仍需将企业的目标和资源与其所在目标市场的情况结合起来进行一致性检验。企业的目标有长远目标（即战略目标）和短期目标两种，在评估细分市场时，先要看它是否与本企业的长远目标相一致。可能某些细分市场本身很有吸引力，但会分散企业的注意力和精力，使企业无法实现其主要目标，或者从环境、政治、社会责任的角度考虑，选择这些细分市场会违背企业的战略目标。

除了目标一致之外，还要考虑本企业的各种资源（包括人才、技术、资金、营销与管理能力等）是否可以在这个细分市场中建立持久竞争优势。20 世纪 80 年代后期，我国的家电市场极具诱惑力，大批企业在不具备必要资源的情况下蜂拥而至，经过激烈角逐，其结果是以绝大多数企业的转产和破产而告终。

二、选择细分市场

(一)选择细分市场的三种战略思路

1. 无差异性。无差异性是指企业把整个市场看成一个总体,一个大目标市场,不再对市场进行细分,也不按照其中差异之处来设计产品,认为所有消费者或用户对这一产品有着共同需求,因而只开发一种产品,制定单一营销组合策略,以此去应对整个市场(参见图3-6)。例如,20世纪20年代美国福特汽车公司推出福特牌T型轿车时,公司宣布说:本公司的产品可满足所有顾客的要求,只要他想要的是黑色T型轿车;再如,广西金嗓子集团十几年来生产一种产品并以一种价格、一种包装面向全国销售。采取这种策略的好处是,对一些需求没有多大差别的产品,可大量生产并采取同样的推广方式,节约费用开支。但是在现实中,消费需求与欲望是多种多样的,对这种产品具有某些特殊需要的子市场会得不到满足,并且当行业中有几家企业都实行无差异性市场营销策略时,市场竞争就会显得十分激烈。

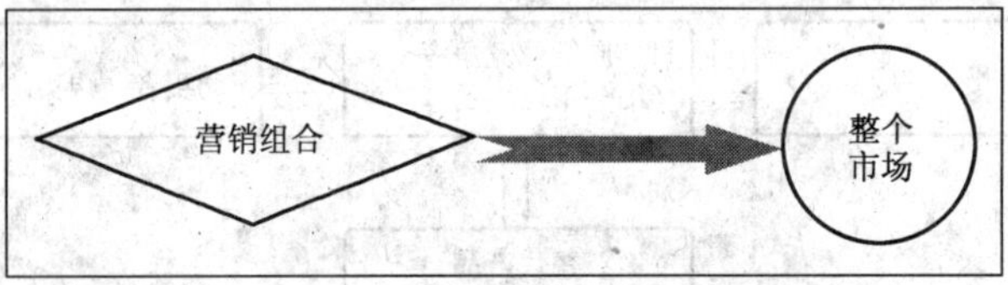

图3-6　无差异性营销战略

2. 差异性。差异性是指企业把大的市场或整体市场划分成若干个细分市场,并选择其中两个或两个以上的细分市场作为企业的目标市场,根据不同目标市场设计和生产不同产品,根据不同产品制定不同的营销组合,用不同的营销组合满足不同细分市场的消费需求(参见图3-7)。差别市场营销策略是消费需求多样化的结果,也是企业之间竞争的产物。例如,"宝洁"、"大众"、"SMH"、"可口可乐"等公司都采用这一策略,实行多种品种、多种规模、多种款式、多种价格、多种分销渠道和多种广告形式等多种营销组合,满足不同细分市

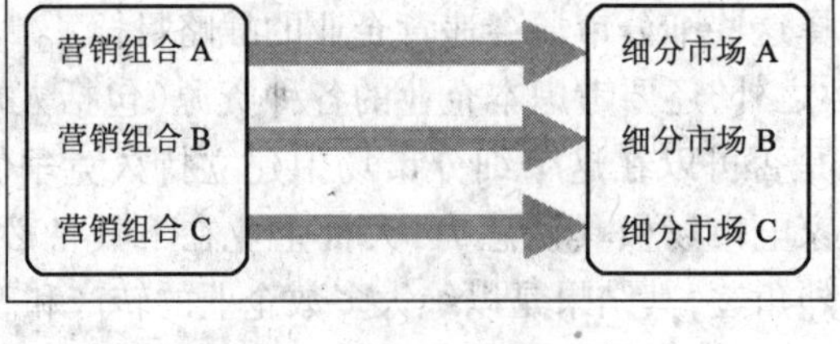

图3-7　差异性营销战略

场的需要。采取这一策略的好处是，可以有针对性地满足不同顾客群体的需求，提高企业的竞争能力，树立起良好的市场形象，吸引更多的购买者，提高市场占有率。但是，由于企业面临的目标市场多而小，每种产品生产又受到资源、设备等限制，容易导致生产成本和营销费用增加，因此要求企业有较强的技术力量、雄厚的财力和较高的经营管理水平。

3. 集中性。企业在市场细分的基础上，根据自身的资源及实力选择某一个细分市场作为目标市场，并为此制定市场营销计划。集中营销策略不是在一个大的市场上占有较小的份额，而是在一个小市场上占有较大的份额。其立足点是：与其在总体上占劣势，还不如在个别市场上居优势（参见图3－8）。代表企业有格力空调、喜之郎果冻、箭牌口香糖、方圆重工等。采用集中市场营销策略的好处是，专业化经营，精耕细作，生产专业化程度高，能满足特定顾客的需求；并可有针对性地进行市场营销组合，集中资源，节省费用。一般说来，资源有限、规模较小的中小企业常使用这种策略。但是，由于企业目标市场较狭窄，过于专门化，一旦市场发生变化，经营者承担风险较大。

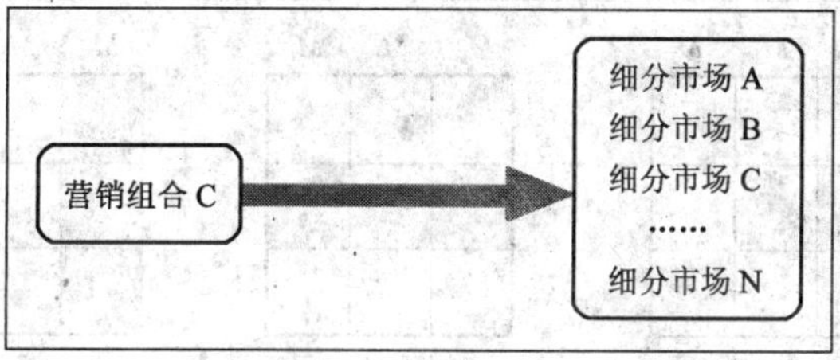

图 3－8 集中性营销战略

（二）选择细分市场的五种模式

1. 市场集中化。这是一种最简单的目标市场模式，即企业只选取一个细分市场，只生产一类产品，针对单一的顾客群，进行集中营销，待在经营成功后再向其他细分市场延伸。这是中小企业在资源有限的情况下进入市场的常见方式。比如，太太集团以“太太口服液”针对年轻女性养颜补血的心理进入市场获得了成功，进而又推出了“静心口服液”进入中年女性市场，也同样取得了成功。集中进入的方式有利于节约成本，以有限的投入突出品牌形象，但风险也比较大。

2. 产品专业化。企业集中资源生产一类产品提供给各类顾客的营销方式。例如，皇明太阳能热水器同时向农村、城市的各类家庭销售；喜之郎果冻既面向儿童群体也面向青年群体。这类模式的优点是有利于企业形成并发展生产和技术上的优势，从而成为某一类产品的制造专家。如格力公司专注于开发空调产品，树立起“好空调格力造”的专业优势。

3. 市场专业化。企业专门经营满足某一类顾客群体需要的所有产品。如山东方圆重工是专门向建筑行业供应建筑机械设备的企业，武汉平安是专门向医院供应医疗器械的公司。

4. 选择专业化。品牌经营者选择若干个具有良好赢利潜力和结构吸引力，且符合企业目标和资源的细分市场作为目标市场，在几个市场上同时进行品牌营销，这些市场之间很少或根本没有联系，但企业在每个市场上都能获利。比如，宝洁公司在洗发水市场、香皂市场、牙膏市场上同时开展营销活动且都取得了成功。这种进入方式有利于分散风险，企业即使在某一市场失利，仍可在其他细分市场取得赢利。

5. 市场全面化。企业生产多种产品去满足各种顾客群体的需求。实力雄厚的大企业一般采取这种模式，例如，IBM 公司在全球计算机市场，达能公司在食品行业，欧莱雅公司在化妆品行业等。

以上五种市场进入方式各有其优缺点，企业在选择时应考虑自身的资源条件，结合产品的特点，选择最适宜的进入方式（参见图 3－9）。

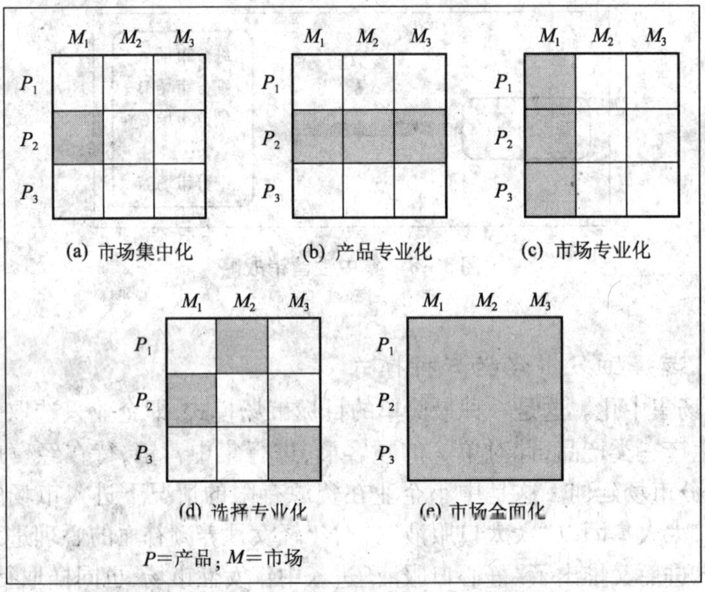

图 3－9　选择细分市场的五种模式

第三节　品牌的市场定位

选择目标市场和进入目标市场的过程同时也是品牌定位的过程。品牌定位的核心是展示其竞争优势，通过一定的策略把竞争优势传达给消费者。因此，对品牌经营者而言，在确定目标市场后最重要的是选择正确的品牌定位策略，建立对该目标市场内大多数消费者有吸引力的竞争优势。

一、市场定位的含义与意义

（一）市场定位理论的提出

“定位”一词是由美国著名营销专家艾尔·里斯和杰克·特劳特在1969年提出而后流行的。在定位理论出现之前，指导营销实践的理论经历了一个从USP到品牌形象论的历程。

1. USP。20世纪50年代初，西方市场处于产品差异化营销阶段，在这一阶段，市场竞争主要通过产品性质特点和功能利益上的差异来体现，罗瑟·瑞夫斯的USP（unique selling prposition）适应了市场的需要，因此成为营销的主流。USP的主要思想是，基于产品的优势，给消费者提供一个独特的购买理由，且该竞争优势应该是竞争对手无法提供的。

2. 品牌形象论。20世纪50年代末，产品的同质化现象越来越严重，仅仅靠产品的差异性已无法吸引消费者，为此著名广告人大卫·奥格威提出了品牌形象论（brand imagine），他认为，只有通过建立起鲜明独特的品牌形象，才能与其他品牌形成区隔，品牌形象建立起来后，消费者购买的往往不是产品的物质利益，而是心理利益或品牌的附加值，企业的广告活动应以树立和维系品牌形象来作为长期投资。

3. 定位论。20世纪60年代末，艾尔·里斯和杰克·特劳特的“定位论”的提出宣告了定位时代的到来。他们认为，在一个传播过度、产品同质的时代，识别自身的优劣势并不是全部，还包括竞争对手的优劣势，第一个发现或发明某个新东西也是不够的，关键是要第一个占据消费者心智，只有控制消费者心智的企业才能最终获胜。

（二）市场定位的含义

艾尔·里斯和杰克·特劳特在《定位》一书中对“定位”论述道：“定位不是你对产品要做的事。定位是你对预期客户要做的事。换句话说，你要在预期客户的头脑里给产品定位。”“定位的基本方法不是创造出信度、不同的东西，而是改变人们头脑里早已存在东西，把那些早已存在的联系重新连接到一起。”“在这个传播过度的丛林里，获得最大成功的唯一希望是要有选择性，缩小目标，分门别类。简言之，就是‘定位’。”①

简言之，所谓市场定位就是企业根据目标市场上同类产品竞争状况，针对

---

① ［美］里斯、特劳特：《定位》，中国财政经济出版社2002年版，第2～6页。

顾客对该类产品某些特征或属性的重视程度，为本企业的品牌塑造强有力的、与众不同的鲜明个性，并将其形象生动地传递给顾客，求得顾客认同。市场定位的实质是使本企业的品牌与其他品牌严格区分开来，使顾客明显感觉和认识到这种差别，从而在顾客心目中占有特殊的位置。

1. 定位不在定位对象本身，而是在消费者心理。定位不是对产品本身作实质性的改变，而是在消费者的心目中占据一个合适的位置，是对市场的发现，这是定位概念的核心观点。

2. 定位的关键在于找到消费者心智坐标上的位置。定位是“攻心之战”，取胜的关键是要在消费者的心理坐标中找到一个恰当的位置。在此，坐标轴变量的选择至关重要。

3. 定位并不一定基于竞争优势，但好的定位却可以形成竞争优势。在竞争优势与定位的关系上，不能简单地将两者等同。一方面，定位不一定要基于企业现有的竞争优势，有时弱点也可以成为定位依据，如汽车出租公司 Avis“行业第二”的定位，德国大众甲壳虫“小”的定位；另一方面，一个好的定位一旦得到消费者的认可，就能使企业形成巨大的竞争优势，而这一优势往往是产品质量、价格优势所难以达到的，如“七喜”非可乐的定位。

4. 定位是一个过程。定位不是一种观念，而是针对目标顾客塑造出独特、鲜明的品牌形象并传递给目标顾客的过程。

5. 定位不应仅仅局限于产品营销，它有着更为广阔的应用领域。

（三）市场定位的意义

英国 NOP 咨询公司对 62 家制造公司的调查研究表明，新产品成功的关键在于产品有独特定位的占到 58%，其性能上优于对手的占到 44%；新产品失败是因为没有独特定位的占到了 37%，因为没有优越性能的占 18%[①]。品牌是否有独特定位是现代企业竞争制胜的关键，是企业实施品牌战略的有利手段。总的看来，市场定位对于品牌发展具有如下重要意义。

1. 市场定位是企业参与市场竞争的有力武器。市场经济条件下，同类产品越来越多，竞争日趋白热化，企业要想在同类产品的竞争中取胜，必须正确运用市场定位策略，为自己的企业和产品找到恰当的市场位置空档。例如，杭州娃哈哈集团在创立之初，面对国内市场上口服液已达 300 多种类型的形势，把企业的产品开发和市场定位于儿童身上，在创牌阶段，推出“喝了娃哈哈，吃饭就是香”的系列广告，将产品成功打入市场，赢得了儿童口服液的霸主地位。

2. 市场定位有利于建立企业及产品的市场特色，形成差异化。让品牌在消费者的心智中占据最有利的位置，使品牌成为某个类别或某种特性的代表品

① 黄静：《品牌管理》，武汉大学出版社 2006 年版，第 25 页。

牌，这样当消费者产生相关需求时，就会将定位品牌作为首选。比如，在炎热的夏天感到口渴时，人们会立刻想起“可口可乐”的清凉爽口；在计划购置一台电脑时，消费者会想到IBM高质量的产品和优质高效的服务等等，这些品牌都以其独特的品牌形象在消费者心目中留下了深刻的印象，使消费者理解和认识了其区别于其他品牌的特征。

3. 市场定位决策是企业制定市场营销组合策略的基础。企业的市场营销组合要受到企业市场定位的制约。例如，某企业决定生产销售优质低价的产品，那么这样的定位就决定了：①产品的质量要高，价格要定得低；②广告宣传的内容要突出强调企业产品质优价廉的特点，要让目标顾客相信货真价实，低价也能买到好产品；③分销储运效率要高，保证低价出售仍能获利。也就是说，企业的市场定位决定了企业必须设计和发展与之相适应的市场营销组合策略。

二、市场定位的方式

（一）避强定位

这是一种避开强有力的竞争对手进行市场定位的方式。企业不与对手直接对抗，而是将自己置定于某个市场“空隙”，发展目前市场上没有的特色产品，拓展新的市场领域。这种定位的优点是：能够迅速地在市场上站稳脚跟，并在消费者心中尽快树立起一定形象。由于这种定位方式市场风险较小，成功率较高，常常为多数企业所采用。例如，“七喜”明确地告诉消费者“我是不含咖啡的饮料”。“非常可乐”是中国人自己的可乐，把目标主要对准可口可乐和百事可乐没有完全触及的广大农村市场。还有美国的Aims牌牙膏，专门对准儿童市场这个空隙，因而能在Crest（克蕾丝，宝洁公司出品）和Colgate（高露洁）两大品牌统霸的世界牙膏市场上占有10%的市场份额。

（二）迎头定位

这是一种与在市场上居支配地位的竞争对手“对着干”的定位方式，即企业选择与竞争对手重合的市场位置，争取同样的目标顾客，彼此在产品、价格、分销、供给等方面少有差别。在世界饮料市场上，作为后起之秀的“百事可乐”进入市场时，就采用过这种方式，“你是可乐，我也是可乐”，与可口可乐展开面对面的较量。实行迎头定位，企业必须做到知己知彼，应该了解市场上是否可以容纳两个或两个以上的竞争者，自己是否拥有比竞争者更多的资源和能力，是不是可以比竞争对手做得更好。否则，迎头定位可能会成为一种非常危险的战术，将企业引入歧途。当然，也有些企业认为，这是一种更能激发自己奋发向上的定位尝试，一旦成功就能取得巨大的市场份额。

（三）比附定位

比附定位又称借势定位，即以竞争者品牌为参照物，使自己的品牌与领先品牌发生一定的比附性关系，提升自身品牌的价值与知名度的定位方式。20世纪60年代美国DDB广告公司为艾维斯租赁汽车创作的“老二宣言”便是运用比附定位取得成功的经典。因为巧妙地与市场领导者建立了联系，艾维斯公司的市场份额大幅上升了28个百分点。大大拉开了与行业中排行老三的国民租车公司的差距。“蒙牛”的成功也是源于比附定位，从“蒙牛”的广告和宣传册上可以解读出，它一开始就有意识地把自己同内蒙古的乳品业领跑者“伊利”联系在一起，如“蒙牛”的第一块广告牌子上写的是“做内蒙古第二品牌”；宣传册上写着“千里草原腾起伊利集团、蒙牛乳业……我们为内蒙古喝彩”；在冰淇淋的包装上，“蒙牛”打出了“为民族工业争气，向伊利学习”的字样，这与艾维斯出租汽车公司强调“我们是老二，所以我们更努力”的定位策略是一致的。

比附定位适合在以下3种情况下使用：①竞争对手是市场领导者，实力雄厚，无法正面与之竞争。②竞争对手已树立了稳固的形象，依附竞争者，可以传递与之相关的信息。③当消费者无法定量感知某些产品的价值和质量的时候，他们则关心这个产品同某一特定竞争者相比会怎么样。

（四）领导者定位

领导者定位又称首席定位，是通过强调品牌在同行业或同类中的领导性、专业性地位来形成定位的方式。在当今信息爆炸的社会里，消费者对大多数信息毫无记忆，但对领导性、专业性的品牌印象较为深刻。如“格兰仕”是“微波炉制造专家”，“格力”是“空调制造专家”，“雅戈尔”是“衬衫专家”，这些都是首席定位策略的运用。

艾尔·里斯强调，市场领导品牌必须不断地提供依据来支持自己“第一”的位置。如可口可乐公司强调“只有可口可乐，才是真正可乐”，IBM公司说自己“一直被模仿，从未被超越”，百威啤酒宣称是“全世界最大，最有名的美国啤酒”；双汇打出“开创中国肉类品牌”的口号；波导手机宣称“连续三年全国销量第一”，致使其他的竞争品牌不能采用相同的定位策略。

（五）USP定位

USP是产品时代的经典主张，在定位时代则只是众多定位方式中的一种而已。它是根据品牌或产品向消费者提供的利益和功效来进行定位的方法。一般而言，这一利益点是其他品牌或产品无法提供或者没有诉求过的。在同类品牌或产品太多、竞争激烈的情形下运用USP定位，可以突出品牌的特点和优势，让消费者按自身偏好和对某一品牌利益的重视程度，将不同品牌在头脑中排序，在有相关需求时，更迅速地选择商品。

“摩托罗拉”和“诺基亚”都是手机市场高知名度的品牌，但它们强调的品牌利益点不同。“摩托罗拉”向目标消费者提供的利益点是小、薄、轻等；而“诺基亚”则声称无辐射。在汽车市场，“宝马”宣扬驾驶的乐趣；“富豪”强调耐久安全;"马自达"是可靠;"丰田"是跑车外形;"菲亚特"则精力充沛;而"奔驰"是高贵、王者、显赫、至尊的象征。在水饮料市场上,"农夫山泉"是"有点甜"的天然弱碱性水;"乐百氏"是"27 层净化"的纯净水;"康师傅"是"富含多种矿物质"的矿泉水。

实力雄厚的领头企业可以利用 USP 定位在同一类产品中推出众多品牌,覆盖多个细分市场,提高其总体市场占有率。宝洁公司运用 USP 品牌定位相当成功。以洗衣粉为例,宝洁公司相继推出了汰渍(Tide)、快乐(Cheer)、波尔德(Bold)、德莱夫特(Dreft)、象牙雪(Lvory Snow)、伊拉(Era)等品牌,每个品牌都有它独特的 USP。"汰渍"去污彻底;"快乐"是洗涤并保护颜色;"波尔德"使衣物柔软;"德莱夫"适于洗涤婴儿衣物;"象牙雪"去污快;"伊拉"则声称去油漆等顽污,如此等等。通过 USP 定位,宝洁公司发展了多种品牌,使自己的货架空间不断扩张。

(六)使用时机定位

使用时机是细分市场常用的行为变量,基于产品的使用时机也可以形成鲜明的区隔。如"红桃"K 是考生考前调整状态的专用补品;"脑白金"是"送礼"时的首选;"蒙牛"的早餐奶、晚餐奶是分早晚补充营养的牛奶;"诗蒂"是婚庆的专用喜糖。南京花嫁喜铺婚庆公司在糖果市场上通过行为细分,发现了专业喜糖领域的空白点,适时而动,迅速推出了"诗蒂"牌喜糖,和"金丝猴"、"雅客"、"阿尔卑斯"相比,该品牌虽是后起之秀,但已成为婚庆喜糖的代名词,占据了婚庆糖果市场的头把交椅。

(七)形象定位

如果产品没有独特的利益或功效,可以考虑从品牌某种独特的个性或者品牌代表的某种观念的角度来建立鲜明的形象,形成定位。比如,"耐克"的"Just do it";"李宁"的"一切皆有可能";"美特斯邦威"的"不走寻常路";"安踏"的"我选择,我喜欢"。"耐克"以喜好运动的人,尤其是乔丹的热爱者为目标消费者,并选择乔丹为广告模特,在广告中淋漓尽致地展现乔丹的风貌,将其拼搏进取的精神、积极乐观的个性融入"耐克"之中,成功地树立了"耐克"经久不衰的品牌形象。"百事可乐"定位于"新一代的选择",抓住了新生代崇拜影视偶像的心理特征,邀请迈克·杰克逊担任广告代言人。在杰克逊掀起的阵阵狂潮中,新生代成了百事的"俘虏",而"百事"也成了"年轻、活泼、时代"的象征。以年轻人为目标消费群体的商品,如时尚手机、时尚视听产品、时尚饮料和时尚服饰等,通过形象定位,可以较其他方式更能获得诉求对象的内心认同和共鸣。

(八)价值定位

这是以品牌带给消费者的附加值或心理体验来进行定位,形成同其他品牌相区隔的方式。心理学研究表明,人们总是希望获得更高的社会地位和更理想

的社会角色,尤其是男性,这种心理体验,并非利益或形象能够解决,因此,为了打动某些特别关注社会地位和社会角色的消费者,可以采取价值定位。以"劳斯莱斯"为例,它不仅是一种交通工具,而且是世界上最贵的轿车,是英国富豪式生活方式的一种标志,是身份地位的象征。"派克"钢笔是世界上最贵的钢笔;"快乐"香水的广告语是"世界上最贵的香水,只有快乐牌"。女性认为只有拥有了"路易·威登"的樱桃包,她们的人生才完整;男性认为,穿"鳄鱼"服装代表着一种成熟、稳重与成功,是一种追求品味和体现身份的表现,上述这些品牌都是以价值为导向的。

(九)情感定位

如果产品的利益或者品牌的形象都不是很鲜明,可以采取以某种情感唤起消费者的肯定与支持的定位方式。菲利普·科特勒认为,人们的消费行为变化分为三个阶段:第一是量的消费阶段;第二是质的消费阶段;第三是感情消费阶段。在第三个阶段,消费者所看重的已不是产品的数量和质量,而是品牌与自身关系的密切程度,或是为了得到某种情感上的满足,或是追求与理想自我概念的某种吻合。显然,情感定位是品牌诉求的重要支点。

情感定位可以基于爱情、亲情、乡情、朋友之情或民族之情。譬如,"戴比尔斯"钻石的"钻石恒久远,一颗永流传",改变了中国几千年来以"玉石"、"黄金"作为定情信物的传统,让每一对年轻人转而将钻石作为恒久与坚贞的爱情象征,作为对美好婚姻的永久纪念。再如,"铁达时"表"不在乎天长地久,只在乎曾经拥有","石头记"的"世上仅此一件,今生与你结缘"都是基于爱情;"孔府家酒"的"叫人想家","椰岛鹿龟酒"的"父亲的补酒"是基于亲情;重庆"奥妮"的"黑头发,中国货","长虹"的"以产业报国,振兴民族经济为已任","中华"牙膏的"四十年风尘岁月,中华永在我心中"则是基于民族之情。

(十)历史定位

这是一种以产品悠久的历史建立品牌识别的定位方式。消费者都有这样一种惯性思维,对于历史悠久的产品容易产生信任感,一个历史悠久的企业,其产品品质,服务质量应该是可靠的,而且给人神秘感,让人向往,因而历史定位具有"无言的说服力"。云南香格里拉酒业公司推出的香格里拉·藏秘青稞干红,近年在红酒行业异军突起,这与其历史定位显然是分不开的,"来自天籁,始于1848年,跨越三个世纪,傲然独立"的品牌渲染给人以凝重、悠远的历史品味和神往的心情。泸州老窖公司拥有始建于明代万历年间(公元1573年)的老窖池群,所以总是用"您品味的历史,430年,国窖1573"的历史定位来突出品牌传承的历史与文明。

(十一)文化定位

即将文化内涵融入品牌,形成文化上的品牌识别的定位方式。文化定位能大大提高品牌的品味，使品牌形象更加独具特色。中国文化源远流长，国内企业要予以更多的关注和运用，目前已有不少成功的案例。珠江云峰酒业推出的“小糊涂仙”酒，就成功地实施了文化定位战略，他们借“聪明”与“糊涂”反衬，将郑板桥的“难得糊涂”的名言溶入酒中，由于把握了消费者的心理，将一个没什么历史渊源的品牌运作得风生水起；金六福酒实现了“酒品牌”与“酒文化”的信息对称，把在中国具有亲和力与广泛群众基础的“福”文化作为品牌内涵，使“金六福”品牌迅速崛起，从最初的“好日子离不开它”，到“运气就是这么好”、“为幸福干杯”，再到“中国人的福酒”，从赞助中国奥委会、中国奥运代表团，到庆祝“国足出线”，再到厦门—金门“小三通”首次通航的公关活动，“金六福”完成了从个人之福到民族之福、国家之福的转变和提升，使品牌文化定位完全深入人心。

（十二）重新定位

重新定位是指对那些销路小、市场反应差的品牌进行再定位。例如，万宝路从女性香烟市场失败后转而重塑为“富有男子气概”、“西部牛仔”的形象。初次定位后，随着时间的推移，新的竞争者进入市场，选择与本企业相近的定位，致使本企业原来的市场占有率下降；或者由于顾客需求偏好发生转移，原来喜欢本企业品牌的人转而喜欢其他企业的品牌，销量下滑，市场份额减少。在这些情况下，企业就需要对其品牌进行重新定位。所以，一般来讲，重新定位是企业为了摆脱经营困境，寻求重新获得竞争力和增长的手段。不过，重新定位也可作为一种战术策略，并不一定是因为陷入了困境，相反，可能是由于发现新的市场机会引起的。例如，某些专门为青年人设计的产品在中老年人中也开始流行后，该产品就需要重新定位。

三、市场定位的实施步骤

“正确的市场定位＋强有力的执行＝成功”。很多情况下，两个或更多的企业会选择同一个市场定位，但有的企业获得了成功，有的企业却不成功。实际上，企业实施一个市场定位战略比制定一个市场定位战略要困难得多，而实施市场定位的关键在于传播，企业所有的营销组合策略，也就是4P都必须支持这一市场定位，通过建立一套完整而系统的市场营销组合策略，将市场定位传播出去，让消费者能够据以识别企业的市场定位。

艾尔·里斯和杰克·特劳特在其《定位》中提出了定位的6个步骤[①]，即：

（1）你处在什么位置上？

（2）你想拥有什么样的位置？

① ［美］里斯、特劳特：《定位》，中国财政经济出版社2002年版，第243～252页。

(3)谁是你必须超过的?

(4)你有足够的资金吗?

(5)你能坚持下去吗?

(6)你与你自己的地位相称吗?

而我们这里则将品牌的市场定位实施概括为四个步骤,如图3-10所示。

图3-10 市场定位的步骤图

(一)分析行业环境和竞争对手

企业首先必须进行规范的市场研究,切实了解目标市场需求以及这些需求被满足的程度。一个企业能否比竞争者更深入、更全面地了解顾客,是能否取得竞争优势、实现产品差别化的关键。

首先,企业要了解行业的整体环境,判断推出定位概念的时机是否合适。特劳特说,定位就像是冲浪,太早或太迟都可能葬身大海。特劳特战略咨询公司协助莲花公司(lotus)第一个推出网络使用的"群组软件(groupware software)"notes时,全美国的企业正在赶赴电脑联网的热潮(此案例曾使濒临倒闭的莲花公司起死回生,并卖出35亿美元),时机把握好,定位就成功了一半。

其次,企业还要研究主要竞争者的优势和劣势。周围的竞争者们都有着各自的概念,企业需要弄清竞争对手在消费者心中的大概位置,以及他们的优势和劣势,知己知彼,方能战而胜之。特劳特咨询公司常用的一种调查模式是,拟定某一个品类的基本属性,让消费者从1~10给竞争品牌打分,最后整理出调查结果,制作知觉图,以便了解消费者是如何定位各产品和品牌的。这样可以弄清不同品牌在人们心中的位置,了解建立定位的行业环境。

图3-11为汽车行业市场定位知觉图。

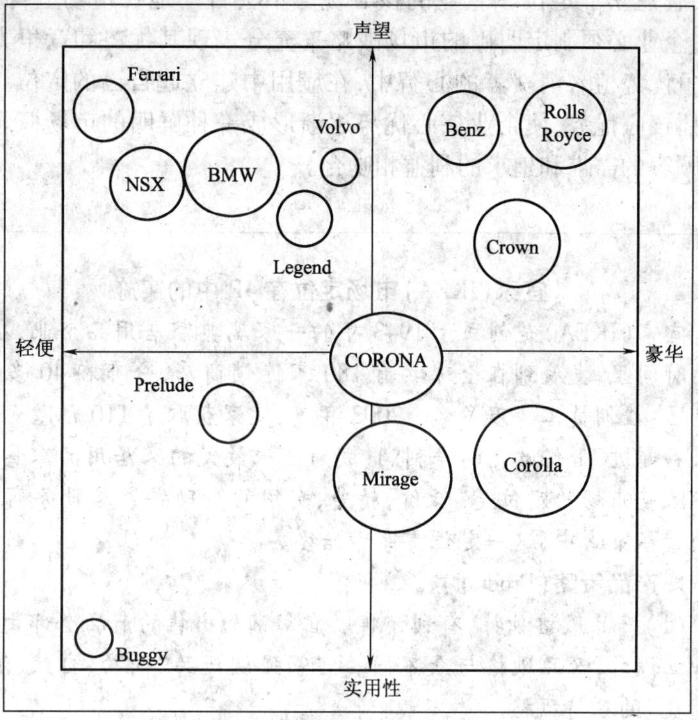

图 3-11　汽车行业市场定位知觉图

(二)选择企业的核心竞争优势

环境分析之后,就要选择企业的核心竞争优势。所谓核心竞争优势是与主要竞争对手相比(如在产品开发、服务质量、销售渠道、品牌知名度等方面),在市场上可获取明显的差别利益的优势。显然,这些优势的获取与企业营销管理过程密切相关。所以选择企业核心优势时,应把企业的全部营销活动加以分类,并对各主要环节在成本和经营方面与竞争者进行比较分析,最终定位和形成企业的核心优势。

(三)寻找核心竞争优势的支持点

有了核心竞争优势,还要找到支持点。定位不是空中楼阁,消费者需要企业提供依据以说服他们,企业必须结合与企业营销管理过程密切相关的各个环节,寻找能支撑起自己定位的支持点。当 IBM 公司的定位为"集成电脑"的时候,就是以 IBM 公司的规模和多领域的技术优势为基础的,这是 IBM 公司的天然支持点。

(四)制定发挥核心优势的战略并加以传播

特劳特说:"定位是真正的行动指南,当你的定位被别人接受,而且在企业的销售、产品开发、设备工程,以及任何可以着力的地方都得到贯彻,你才可以

说,你为品牌建立了定位。"企业的核心优势不会自动地在市场上得到充分表现。对此,企业必须制定明确的市场战略来充分表现其优势和竞争力,并通过传播将竞争优势植入消费者的心智中,在应用中建立起自己的定位。譬如,通过广告传播核心优势,使企业核心优势逐渐形成一种鲜明的市场概念,并使这种概念与顾客的需求和追求的利益相吻合。

案例分析

宜家(IKEA)市场定位在4P中的实施

宜家(IKEA)是创立于1943年的一家瑞典家居用品企业,在60多年的时间里,发展到在全球共有180家连锁商店,分布在40多个国家和地区,雇佣员工7万多名。2003年度,宜家获取了110亿欧元的销售收入和超过11亿欧元的净利润,成为全球最大的家居用品零售商。宜家在欧美市场的定位是"低价、精美、耐用的自助式家居服务商",在宜家的营销策略中,这一定位贯穿于始终。

1. 产品策略(Product)

(1)产品风格独特,有利销售。宜家家居出售的产品全部由宜家公司独立设计,产品风格与众不同。宜家强调产品"简约、自然、清新、设计精良"的独特风格。

宜家源于北欧瑞典(森林国家),其产品风格中的"简约、清新、自然"亦秉承北欧风格。大自然和家都在人们的生活中占据了重要的位置。走进宜家卖场仔细品味,宜家的家居产品无论从单件产品还是从家居整体展示;从罗宾床、比斯克桌子到邦格杯子,无不是简约、自然、匠心独具,既设计精良而又美观实用。

宜家的这种风格贯穿在产品设计、生产、展示销售的全过程。为了贯彻实现这种风格,保证自己的品牌以及自己的专利产品能够最终覆盖全球,宜家一直坚持由自己亲自设计所有产品并拥有其专利,每年有100多名设计师在夜以继日地疯狂工作以保证"全部的产品、全部的专利"。另外,宜家这种简约自然的产品风格还有助于形成宜家的另一个优势,那就是低价格。

(2)产品设计精美、耐用。宜家一贯强调产品设计精美、实用、耐用,比如说宜家的一种"四季被",属三被合一,一层是温凉舒适的夏季被,一层是中暖度的春秋被,你也可以把两层放在一起,那就是温暖的冬季被。另一个例子是MTP书柜。这种书柜是1963年由宜家的顾问兼设计师Marian Grabinski设计的,这种书柜风格既现代又经典,美观实用，为宜家带来了滚滚利润，堪称宜家设计的典范，多年来引得众多厂家纷纷模仿。

宜家家居用品的耐用也是一大特点：如沙发接受压力挤压的次数可以达到几十万次、橱柜的门不停地接受开关的次数可以达到几十年等。

(3)产品系列广泛。宜家产品系列广泛，共有10 000多种产品供顾客选择。基本上，任何品味的顾客都可以在宜家买到家居所需的家居产品。首先，是广泛的功能。顾客无须往返于不同的专卖店去购买家居用品，在宜家可以找到从客厅家具、玩具、煎锅到餐具刀叉；从办公家具到绿色植物的所有物品。一句话，在宜家可以找到所有实用的家居用品。其次，风格范围广泛。不同品位的人在这里都能找到自己的所爱。但宜家的产品也不是无所不包，宜家没有过于极端或过于夸张的产品，提供的是为创造舒适的家居环境所需要的产品。另外，通过适当协调，可同时实现广泛的功能和风格。无论顾客喜欢哪种风格，都会有一款扶手椅与书柜相配，有一款书柜与新的折叠桌相配，有一款新的折叠桌与扶手椅相配。因此，宜家的“系列广泛”有着多层含义。

2. 价格策略(Price)

宜家的经营理念是“提供种类繁多、美观实用、老百姓买得起的家居用品”。这就决定了宜家在追求产品美观实用的基础上要保持低价格，实际上宜家也是这么做的，即一直强调低价格策略。

(1)低价格思想贯穿于产品设计始终。宜家的研发体制非常独特，能够把低成本与高效率结为一体。

第一，宜家的低成本设计理念及模块式设计方法。宜家的设计理念是“同样价格的产品，比谁的设计成本更低”，因而设计师在设计中竞争焦点常常集中在是否少用一个螺钉或能否更经济地利用一根铁棍上，这样不仅能有降低成本的好处，而且往往会产生杰出的创意。

宜家发明了“模块”式家具设计方法(宜家的家具都是拆分的组装货，产品分成不同模块，分块设计。不同的模块可根据成本在不同地区生产；同时，有些模块在不同家具间也可通用)，这样不仅使设计的成本得以降低，而且产品的总成本也能得到降低。

第二，先确定成本再设计产品。在宜家有一种说法：“我们最先设计的是价签”。即设计师在设计产品之前，宜家就已经为该产品设定了比较低的销售价格及成本，然后在这个成本之内，尽一切可能做到精美、实用。例如：邦格杯子的设计者，产品开发员Pia Eldin Lindsten在接

到设计任务，同时还被告知这种杯子在商场应该卖到多少钱。就邦格杯子而言，价格必须低得惊人——只有5个瑞典克朗。也就是说，在设计之前，宜家就确定这种杯子的价格必须能够真正击倒所有竞争对手。

第三，产品设计过程中重视团队合作。单纯靠设计师自己是很难在设定的很低价格内完成高难度的精美设计、选材并估计出厂家生产成本。设计师背后是一个研发团队，包括设计师、产品开发人员、采购人员等。这些人密切合作才能够在确定的成本范围内做出各种性能变量的最优解。他们在一起讨论产品设计、所用的材料，并选择合适的供应商。每个人都利用自己的专门知识在这一过程中发挥作用。例如，采购人员的作用是与世界范围内的供应商保持着良好的联系，因此，他们更了解哪家供应商能够在适当的时间，以适当的价格，并且保证以最高的质量来生产这种产品。

第四，能够为了节省成本而考虑得面面俱到。设计是一个关键环节，它直接影响了产品的选材、工艺、储运等环节，对价格的影响很大。所以宜家的设计团队必须充分考虑产品从生产到销售的各个环节。还是以邦格杯子设计为例，为了以低价格生产出符合要求的杯子，设计师Pia及其同事必须充分考虑材料、颜色和设计等因素，如杯子的颜色选为绿色、蓝色、黄色或者白色，因为这些色料与其他颜色（如红色）的色料相比，成本更低。为了在储运、生产等方面降低成本，设计师Pia最后把邦格杯子设计成了一种特殊的锥形，因为这种形状使邦格杯子能够在尽可能短的时间内通过机器，从而达到节省成本的效果。此外，邦格杯子的尺寸使得生产厂家一次能在烘箱中放入杯子的数量最大，这样既节省了生产时间，又节约了成本。

(2)不断创新以降低成本。宜家不断采用新材料、新技术来提高产品性能并降低价格。以奥格拉椅子为例，在宜家人眼中，奥格拉（椅子）是近乎完美的一种椅子，很漂亮、结实，重量轻而且很实用。起初，奥格拉椅子用木材生产，随着市场变化，其价格变得太高，遂采用平板包装降低成本。当平板包装也不能满足低成本要求时，宜家的设计师采用复合塑料替代木材。后来，为了进一步降低成本，宜家将一种新技术引入了家具行业——通过将气体注入复合塑料，节省材料并降低重量，并且能够更快地生产产品。

(3)为了降低成本与OEM厂商密切合作。与OEM厂商的通力合作表现在两个方面：一是在产品设计过程中；二是在产品生产中。

在产品开发设计过程中，设计团队与供应商进行密切合作。在厂家

的协助下，宜家有可能找到更便宜的替代材料、更容易降低成本的形状、尺寸等。就邦格杯子而言，设计师在OEM厂家的建议下，对其形状和尺寸进行了重新设计，可以在烧制过程中更好地利用空间，使生产更加合理化，降低了一定的成本。

产品设计完成之后，为了说服OEM厂商对必须的设备进行投资，宜家向他们承诺一定数量的订单。这样厂家就愿意为了生产宜家的产品而购置设备。就宜家而言，则节省了投资。

(4)宜家与顾客合作打造低价格。宜家把顾客也看做合作伙伴：顾客翻看产品目录，光顾宜家自选商场，挑选家具并自己在自选仓库提货。由于大多数货品采用平板包装，顾客可方便将其运送回家并独立进行组装。这样，顾客节省了部分费用（提货、组装、运输），享受了低价格；宜家则节省了成本，保持了产品的低价格优势。

(5)全球生产管理及物流体系有利于降低成本。为了进一步降低价格，宜家在全球范围内调整其生产布局——宜家在全球拥有近2 000家供货商（其中包括宜家自有工厂），供应商将各种产品由世界各地运抵宜家全球的各中央仓库，然后从中央仓库运往各个商场进行销售。由于各地不同产品的销量不断变化，宜家也就不断调整其生产订单在全球的分布。

例如，宜家亚太地区的中央仓库设在马来西亚，所有前往中国商场的产品必须先运往马来西亚。这种采购方式使宜家总体的成本降低。但是对于中国来说，成本较高，特别是对于家具这类体积较大的商品来说，运费在整个成本中会达到30%，直接影响到最终定价。随着亚洲市场特别是中国市场所占的比重不断扩大，宜家开始把越来越多的产品或者是产品的部分数量放在亚洲地区生产，这将大大降低运费对成本的影响。目前，宜家正在实施零售选择计划，即由中国商场选择几个品种，然后由中国的供货商进行生产，然后直接运往商店。事实证明，这种计划非常成功。

再如，尼克折叠椅原先由泰国生产，运往马来西亚后再转运中国。采购价相当于人民币34元1把，但运抵中国后成本已达到66元1把。再加上商场的运营成本，最后定价为99元1把，年销售额仅为每年1万多把。实施这项计划后，中国的采购价为人民币30元1把，运抵商店的成本增至34元1把，商场的零售价定为59元1把，比以前低了40元，年销售量猛增至12万把。

(6)平板包装策略降低成本。在储运方面，宜家采用平板包装，消费

者采购回家后自行组装，以降低家具在储运过程中的损坏率及占用仓库的空间。更重要的是，平板包装大大降低了产品的运输成本，进一步降低了产品的价格，使得在全世界范围内进行规模化布局生产成为可能。

3. **渠道策略**(Place)

(1)自设卖场控制渠道。宜家的渠道策略是独立在世界各地开设卖场，专卖宜家自行设计生产的产品，直接面向消费者，控制产品的终端销售渠道。宜家在全球共有180多家连锁商店，分布在40多个国家和地区。

(2)DIY(Do It Yourself)。宜家最为人所津津乐道的特点还有DIY，宜家的所有家具都需要顾客自行组装。宜家为所有家具都配有十分具体的安装说明书，顾客可以根据说明书轻松地把家具组装起来，在节省搬运费的同时，也增加了动手的乐趣。另外，平板包装对于宜家来说节省了成本，对于顾客来说则方便了购买运输和搬家时的搬运。

4. **促销策略**(Promotion)

(1)目录展示的促销策略。目录展示是宜家促销策略的重要组成部分，大大促进了宜家的产品销售。在1951年，宜家发行了第一本商品目录。此后，每年9月初，在其新的财政年度开始时，宜家都要向广大消费者免费派送制作精美的目录。这些目录上不仅仅列出产品的照片和价格，而且经过设计师的精心设计，从功能性、美观性等方面综合表现宜家产品的特点，顾客可以从中发现家居布置的灵感和实用的解决方案。很多人都把宜家的目录当做装修指导来使用。

(2)卖场的人性化关怀。轻松、自在的购物氛围是全球180多家宜家商场的共同特征。宜家鼓励顾客在卖场"拉开抽屉，打开柜门，在地毯上走走，或者试一试床和沙发是否坚固。这样，你会发现在宜家沙发上休息有多么舒服。"如果你需要帮助，可以向店员说一声，但除非你要求店员帮助，否则宜家店员不会打扰你，以便让你静心浏览，轻松、自在地逛商场和做出购物决定。

跟国内家具店动辄在沙发、席梦思床上标出"样品勿坐"的警告相反，在宜家，所有能坐的商品，顾客无一不可坐上去试试感觉。周末客流量大的时候，宜家沙发区的长沙发上几乎坐满了人。宜家出售的"桑德伯"沙发、"高利可斯达"餐椅的展示处还特意提示顾客："请坐上去！感觉一下它是多么的舒服！"

宜家总是提醒顾客："多看一眼标签：在标签上您会看到购买指南、

案例分析

保养方法、价格。”如宜家出售的“四季被”的标签上，就这样写着：“四季被，三被合一，一层是温凉舒适的夏季被，一层是中暖度的春秋被，你也可以把两层放在一起，那就是温暖的冬季被。被芯填料：65%鸭绒，35%鸭毛，被芯外套为100%棉。四季被可在60度温水中清洗，也可以用干衣机甩干。”

宜家的《商场指南》里写着：“请放心，您有14天的时间可以考虑是否退换。”14天以内，如果你对已购货品不满意，还可以到宜家办理更换等值货品或退款手续。

(3)配合产品定位的企业形象定位及宣传。宜家宣扬其代表着“简约、自然、时尚”的生活方式。宜家的经营理念是“提供种类繁多、美观实用、老百姓买得起的家居用品”。其他家居商场提供广泛系列的产品，或设计精美、实用的产品，或低价格的产品，而宜家提供的产品包括了上述所有这些特点。这就是宜家的经营理念。宜家的家居风格完美再现了大自然——充满了阳光和清新气息，同时又朴实无华。这些都形成了宜家无可替代的品牌魅力。

(4)企业形象宣传。宜家集团的营销策略之一是通过对于环保的重视来提升企业形象。大约10年前，宜家集团开始有计划地参与环境保护事宜，涉及的方面包括：材料和产品、森林、供货商、运输和商场环境等。1990年，宜家制定了第一个环境保护政策；1991年始履行关于热带林木使用的严格规定；1992年禁止在宜家产品及其生产过程中使用对高空大气中的臭氧层有害的CFCs和HCFCs；1995年采用严格标准，控制偶氮染料的使用；1998年宜家按照环境标准评审宜家在欧洲的所有运载设备……2000年为了推动林业的可持续发展，宜家在瑞典出资支持了一项林业专业研究……以上这些措施为宜家赢得了良好的社会声誉和品牌形象。

正是通过4P对定位的贯彻执行，以及4P之间的完美配合，宜家的定位成功地传播了出去。在人们心中宜家已不单单是一个购买家居用品的场所，它代表了一种生活方式，用宜家家具已经像吃麦当劳汉堡、喝星巴克咖啡一样，成为一种生活方式的象征。

本章小结

本章主要根据目标市场战略的三个步骤来逐一展开：第一部分介绍了市场

细分的概念、作用、理论依据以及市场细分的标准、方法和原则。要重点掌握市场细分的四大因素：地理因素、人口因素、心理因素和行为因素；市场细分之后就要通过目标市场评估、细分市场选择确定企业将要进入的市场。第二部分主要介绍目标市场评估的方法以及选择细分市场的三种战略思路和五种模式；第三个部分介绍了目标市场战略的最后一个步骤，也是最关键的一个步骤——市场定位，包括市场定位的含义及意义，市场定位的方法及其实施，要重点掌握市场定位的方法。

思考练习题

1. 市场细分的内涵是什么？由浅入深分为哪几个层次？
2. 评估细分市场必须考虑的三个因素是什么？请予以简述。
3. 选择细分市场的三种战略思路及五种模式分别是什么？
4. 品牌市场定位的含义是什么？具有哪些意义？
5. 品牌市场定位有哪些具体方式？
6. 品牌市场定位的实施包括哪些步骤？

4

品牌发展战略制定

本章学习重点

- 品牌不同阶段的对策要点
- 品牌命名的原则
- 品牌标识设计的要求
- 品牌的保护性注册的内容
- 品牌发展战略的十种选择

战略，原指军事上对战争全局的把握及对策谋划。现其概念被广泛借用，内涵外延均被重新定义，即指对一个实践对象进行总体把握、并有针对性地进行宏观谋划，从而提出具有全局指导性的对策。战略一般具有前瞻性、全局性、应对性、创新性、可行性和稳定性等特点。而一个企业或组织的品牌，其发展总是具有如上诸特性的，需从战略层面来予以审视。这里主要从品牌战略阶段与目标、品牌创意与注册和发展战略选择等三方面来阐述品牌发展战略的制定。

第一节 品牌的发展阶段与目标

品牌如同人一样，有相似的成长规律，要经历一个从孕育到诞生，从成长到成熟，最后衰退、死亡的过程。所不同的是，一个优秀的品牌，其生命周期可以长达几百年，甚至有超越时空的神奇生命力量，如120多岁却依然年轻的“可口可乐”仍旧是“我愿教会世界唱歌，歌声完美和谐；我愿永远与世界同在，请他来上一杯可乐”；走过了110多个年头的“米其林”也仍旧是那个肌肉发达、健步如飞的轮胎人；而经历70多年岁月的“万宝路”还是那个粗犷野性、男子气十足的西部牛仔。而一个不成功品牌很可能是昙花一现，短短几个月，就像流星般拖着美丽的弧光消失在天际，被市场竞争淘汰得无影无踪。因此品牌管理者要清醒地认识到品牌处在不同的生命周期的状态，并采取相应的对策。

品牌管理者应在其品牌生命周期的不同阶段采用不同的市场策略，开发新的市场，制定新的竞争对策。他们必须经常对企业各类产品的市场状况进行分析，用新的品牌逐步代替老的品牌，使企业总能在任何时候在市场上保留自己的品牌。品牌发展阶段有不同的表述，如余明阳认为，“可以将品牌分为新品牌、上升品牌、领导品牌和衰退品牌”四个阶段①，但这种分类具有浓厚的产品周期特点。本书则进行如下四阶段的划分，即品牌初创期、品牌成长期、品牌成熟期和品牌老化期。

一、品牌初创期及其策略制定

品牌初创阶段，品牌呼之欲出，此阶段的主要工作是做好市场调研和全盘规划，并做好登场亮相的准备工作。为了保证品牌日后能够茁壮成长，降低品牌成长的风险，经营者必须在初创阶段做好细致的调研工作，并依据调研的结论做好品牌规划。品牌规划对未来品牌的发展具有重大的意义，对品牌未来发展有着更为具体的控制和引导作用。品牌首次在市场亮相，品牌产品尚处于被

---

① 余明阳等：《品牌学》，安徽人民出版社2002年版，第15页。

消费者认识和接受的阶段,品牌的市场表现不明显,比如市场增长缓慢、市场占有率不高、品牌尚未真正形成。因此,在该阶段需要逐步加大投入来促使其渐渐发育壮大,尤其是要通过品牌传播同步提高品牌认知度、美誉度和和谐度,让更多的消费者认识和接受该品牌,其次要在品牌传播中明确品牌的核心价值。

(一)坚定创建品牌意识

建立品牌的一个基本要求是企业自身实力较强,有发展潜力,产品的可替代性很高,即竞争产品之间的差异性非常小,理性的利益驱动不足以改变顾客的购买行为。如果企业选择建立自己的品牌,那就要在创业一开始就树立极强的品牌意识,对品牌进行全面的规划,在企业的经营、管理、销售、服务和维护等多方面都以创立品牌为目标,不仅仅是依赖传统的战术性的方法,如标志设计和传播、媒体广告、促销等,而是侧重于品牌的长远发展。许多国内企业总想一蹴而就,把品牌战略简化成如何尽快打响品牌知名度的问题,利用知名的商业媒体在短时间内造就一个又一个知名度很高的品牌,但大多数品牌却是昙花一现,究其原因在于这些企业没有形成科学的品牌创建意识。

(二)提高品牌认知度

这一阶段的主要目标是使消费者认识该品牌,因此需要对品牌进行广泛的宣传,以提高产品的认知度。此阶段广告宣传以及促销活动很重要,各种促销手段可以综合使用,其目的旨在在市场中发出声音,告知消费者"我是谁"、"我有什么特点"、"为什么要购买我",以此引发消费者中的"观众",甚至是部分喜欢"猎奇"的消费者的初次购买欲望。

(三)诉求品牌的核心价值

企业在导入期除了要尽快打响品牌的认知度以外,关键的问题是要确立品牌的核心价值,给顾客提供一个独特的购买理由,并力争通过有效的传播与沟通让顾客知晓。消费者靠什么在众多的同类品牌中识别某品牌,品牌又靠什么占据消费者心目中的位置,靠的就是品牌的核心价值,如"迪斯尼"的"欢乐"、"长城"润滑油的"活力"、"强生"的"爱"、"海尔"的"真诚"、"黑松"的"亲和"、"椰岛鹿龟"的"孝心"等等。品牌的核心价值越清晰、明确、独特,就越能更快地获得消费者的接受和认同,就越能在品牌的导入期形成强有力的竞争力,更快地打开市场。

二、品牌成长期及其策略制定

当产品在初创期的销售取得成功之后,便进入了成长期。此阶段销量迅速爬升,市场增长率和市场占有率稳步提高。这时消费者对品牌已经比较熟悉,品牌已有一定的认知度、美誉度和和谐度,品牌的影响力在逐渐加强,早期的消费者将继续购买,一批新的消费者也将开始进入。由于品牌逐步实现了规模

化，成本降低，销售额上升，利润增长迅速。但与此同时，在利润的吸引下，新的竞争者将会逐渐进入市场，竞争也愈来愈激烈，同类品牌增多，价格下降，利润率下降。

这个阶段企业要抵御市场竞争，同时继续培育市场。提高品牌的认知度，强化顾客对品牌核心价值和品牌个性的理解是企业努力的重点。

（一）强化品牌认知度

建立、提高和维护品牌认知度是企业争取潜在顾客、提高市场占有率的重要步骤。品牌认知度不等同于品牌知名度。品牌知名度只是反映了顾客对品牌的知晓程度，但并不代表顾客对品牌的理解。顾客通过看、听，并通过对产品感觉和思维来认识品牌。建立品牌认知，不仅仅是让顾客熟悉其品牌名称、品牌术语、标记、符号或设计，更是要使顾客理解品牌的特性。我国目前的众多品牌虽然有一定知名度，但品牌认知度却不容乐观，即顾客对国内品牌的整体印象远不如对国外品牌的认知度高，很重要的原因是企业没有传递给顾客一个清晰的、能满足顾客需求的核心价值和品牌个性。要提高品牌认知度，最重要的途径是加强与顾客的沟通。顾客是通过各种接触方式获取信息的，既有通过各种媒体的广告、产品的包装和商店内的促销活动，也有产品接触、售后服务和亲朋好友的口碑，因此，企业要综合协调运用各种形式的传播手段，建立品牌认知，为今后步入成熟期打下良好基础。

（二）强化品牌定位和品牌核心价值

导入期业形成的品牌定位和核心价值，到了品牌成长阶段已经越来越清晰和稳固，但并非就可以放弃努力。这一阶段要继续强化品牌定位和品牌核心价值。通过锁定目标顾客，并在目标顾客心目中确立一个与众不同的差异化竞争优势和位置，连接品牌自身的优势特征与目标顾客的心理需求。在当今这个信息过度膨胀的社会里，只有有效地运用定位这种传播方式和营销策略，才能使品牌在激烈的竞争中脱颖而出。这样，一旦顾客有了相关需求，就会开启大脑的记忆和联想之门，自然而然地想到该品牌，并实施相应的购买行为。

（三）为品牌注入感情

这一阶段还需要和消费者进行情感沟通，培育和谐度与美誉度，为下一阶段品牌进入成熟期，建立稳定的品牌忠诚度打好基础。没有任何一名消费者是完全理性地处在市场环境之中的，非理性化时刻影响着消费者。因此，一个品牌在树立过程中或者在树立之后，能否在感情上与消费者建立某种关系，就显得十分重要。消费者对一个品牌的反应与感情有密切的关系，中国台湾地区的“黑松”汽水是当地唯一能够与可口可乐、百事可乐抗衡的饮料品牌，消费者对“黑松”的忠诚源自于“黑松”数十年如一日同消费者的情感沟通，它的广告总是以励志和温情为格调，如“我的未来不是梦”、“耐心让你更顺心”、“划去心中那条线”和“用心帮别人想一想”等优秀的电视广告作品，慢慢地在消费者心目中塑造起一个“亲切、热情、热心和积极向上”的本土品牌形象，这种感受同可口可乐、百事可乐带给消费者的感受形成了鲜明的区隔，培养了一大批忠实的消费者。因此，品牌管理者在成长期就应该思考一系列的问题：品牌是否富有感情；如何给品牌注入情感；消费者在购买该品牌时，会产生什么样的感情；如何与消费者进行感情交流等等。

三、品牌成熟期及其策略制定

当品牌进入成熟期时，品牌的市场地位已经确立，消费者的需求亦趋于稳定。但由于竞争者的大量加入和产品的普及，竞争变得尤为激烈。这一时期的策略重心，应该是尽量使品牌的影响力维持在现有的地位，亦即尽量使成熟期得到延长。成熟期是品牌影响力最大的时期，品牌在这个阶段具有很高的认知度和忠诚度，消费者一旦认可这种品牌就很少发生改变。同时，本行业里的进入壁垒很高，因为现有品牌已经形成了相当强大的影响力，新进入者要在这种情况下建立自己的知名度相当困难。因此，企业应该根据成熟期的市场、产品、竞争特点，强化消费者与品牌的情感关联，提高企业品牌的忠诚度，并进行适当的品牌延伸或实施个品牌战略。

（一）保持品牌忠诚度

品牌忠诚度是顾客对品牌情感的量度，反映出一个顾客转向另一个品牌的可能程度，是企业重要的竞争优势。它为品牌产品提供了稳定的、不易转移的顾客，从而保证了该品牌的基本市场占有率。因此，培育品牌忠诚度对逐渐进入成熟期的品牌来说至关重要。“最好的广告就是满意的顾客”，如果企业能在创建期和成长期注意宣传该品牌，并提供给顾客一个从选择原材料，到提供售后服务的一系列责任的价值体系，在企业和顾客之间建立融洽的关系，甚至建立某种情感，那么，在成熟期企业可运用顾客对该品牌的忠诚来影响顾客的行为。顾客的品牌忠诚一旦形成就很难会受到竞争产品的影响。忠诚度是品牌资产中的最重要部分，品牌资产最终体现在品牌忠诚上，这是企业实施品牌战略的根本目标。然而，消费者的品牌忠诚绝不是无条件的，它根源于企业对该品牌严格的技术要求，即该品牌有卓越的品质保证。

（二）适度的品牌延伸

品牌延伸是将现有成功的品牌用于新产品或经改进的产品上的一种策略。本书第 11 章将对此做专门的探讨。品牌延伸并非只借用表面上的品牌名称，而是对整个品牌资产的策略性使用，是企业实现品牌无形资产转移、发展的有效路径。采用品牌延伸，企业不仅可以保证新产品投资决策的快捷准确，而且有助于减少新产品的市场风险，节省新产品推广的费用，有效地降低新产品的成本。通过品牌延伸,企业可以强化品牌效应,增加品牌这一无形资产的经济价值,提高整体品牌组合的投资效益。尤其在新技术环境条件下新延伸的品牌,不仅在时间上可以根据市场变化迅速推出与之相适应的产品,而且改变了传统品牌以往单纯依靠自我力量发展和延伸品牌的策略,与其他行业在技术应用、市场推广和新产品开发方面共同寻求产品创新联合发展的道路,以图摆脱单纯价格竞争的桎梏,适应新经济环境下市场的变化。

(三)实施多品牌战略

企业在成熟期面临竞争者的大量涌入,因此,通过建立品牌组合,实施多品牌战略,可以尽可能多地抢占市场,避免风险。实行多品牌,可以使每个品牌在顾客心里占据独特的、适当的位置,迎合不同顾客的口味,吸引更多的顾客,使企业有机会最大限度地覆盖市场,使得竞争者感到每一个细分市场的现有品牌都是进入的障碍,从而限制竞争者的扩展机会,有效地保证企业维持较高的市场占有率。但是企业实施多品牌战略,有可能会面临跟自己竞争的危险,抢占了原有品牌的市场份额。因此,最有成效的多品牌策略是使新品牌进入市场细分后的各个细分市场中。

四、品牌老化期及其策略制定

品牌的出生、成长、成熟和老化的过程也在顺应自然规律。单纯就品牌本身的生命周期而言,无论多么强大的品牌也必然会进入老化期。只不过这个时期的到来会因不同品牌生命力强弱而或早或晚。在老化期,品牌会出现产品需求下降,销量下降甚至滞销的现象,市场增长率也开始下降,利润会越来越小,一部分竞争者已经处境艰难甚至不得不退出市场;品牌影响力逐步降低直至从消费者心目中消失,消费者的注意力被其他的新品牌所吸引。

在品牌的老化期,大多数情况下广告一般不会起太大的作用,此时广告意在获取后期利润以期在产品退出前实现最大价值。此时企业应当重新设计广告或是进行新一轮的营销及公关活动,如果不明显,就应该考虑推出新的产品以塑造新的品牌了。这个阶段,企业还应着眼于未来,退出老化期产品的竞争,把精力投入到二次创业上,企业可实施品牌重新定位、品牌更新等策略重新进入市场。

(一)品牌重新定位

一种品牌在市场上最初的定位可能是适宜的、成功的,但是到后来企业可能不得不对其重新定位。品牌需要重新定位的原因是多方面的,如竞争者可能推出类似定位的品牌,抢夺企业的市场份额;顾客偏好发生转移,企业品牌代表的产品需求减少;或者企业决定进入新的细分市场。在这一时期,企业的原有产品技术走下坡路,销售额下降。在做出品牌再定位决策时,企业首先应考虑将品牌转移到另一个细分市场所需要的成本,包括产品品质改变费、包装费和广告费。一般来说,再定位的跨度越大,所需成本越高。其次,要考虑品牌重新定位后可能产生的收益。收益大小是由以下因素决定的:①某一目标市场的顾客人数;②顾客的平均购买力;③在同一细分市场竞争者的数量和实力,以及在该细分市场中为品牌再定位要付出的代价。

（二）品牌更新

随着市场环境的变化和顾客需求的变化。品牌的内涵和表现形式也要不断变化发展,以适度顺应消费者不断变化的消费心理。品牌在进入老化期后,由于内部和外部原因,企业品牌在市场竞争中必然出现美誉度与和谐度下降,销量、市场占有率降低等现象,因此只有不断设计出符合时代需求的品牌产品,品牌才有生命力。品牌更新是品牌自我发展的必然要求,是克服品牌老化的唯一途径。现代社会,技术进步愈来愈快,一些行业的产品生命周期也越来越短,同时,社会消费意识、消费观念的变化频率也逐步加快,这些都会影响到产品的市场寿命。因此,必须不断更新品牌的内涵、保持品牌的生命力。如可口可乐从 1886 年创立至今已有 100 多年历史,它之所以能够基业常青,一个很重要的原因就是它不断地给自己的品牌注入新的内涵。它至今已采用过 30 多个广告主题,90 多句广告语,目的就是一个,不断适应和满足新的需求。

资料链接

零售商自有品牌的兴起

零售商销售的是其他厂商的品牌。这个事实常常使人们忽略有些零售商本身就是非常成功的品牌。在一些大型产品品牌经理们看来:生产厂商可以支配零售商,认为零售商只是他们产品的渠道而已。可是,零售商开始推出自有品牌产品;并且开始减少货架上的产品种类,把空间留给冠军品牌以及自有品牌。对于供应商来说,能否成为冠军品牌就成了最最重要的事情。

自有品牌逐渐发展成为一股强大的力量,却仍然没有引起供应商们的足够重视。在零售商"双品牌"政策影响下,原先的亚军品牌纷纷被排挤出市场。随着自有品牌逐渐成为专有品牌最大的竞争对手,供应商们开始陷入一种新的两难困境——最大的客户同时也是最大的竞争者。

随后的很多年里,零售商的自有品牌不断提升质量与稳定性,并且模仿供应商的包装设计,以至于很多专有品牌供应商不得不一边和客户打交道,一边向自己的律师寻求法律帮助。但结果却是供应商不再允许在商店摆放自己的促销资料,只有零售商才可以根据销售环境设计自己的品牌。而且,零售商会把自有品牌的产品放在主要位置，而把冠军品牌产品放在边缘位置。零售商还会解释：如果消费者是冲着冠军品牌而来的，那么他们肯定会把它们找出来的。同时，消费者对于零售商自有品牌产品的打折行为会更加宽容；但他们认为供应商的专有品牌就应该有更高的质量、更稳定的价格。

在腹背受敌的情况下，到20世纪90年代，专有品牌供应商最终被迫接受了零售商的游戏规则。而品类管理成了最热门的话题，而专有品牌被告知，他们只能在零售商为其圈定的环境内竞争，否则就请自便。这就意味着专有品牌必须和零售商自有品牌和平共处，而不能干戈相向。于是，零售商自有品牌得以摆脱其原有的价格低廉、质量平庸的形象，走上自主创新、平等竞争的全新发展道路。

资料来源：[英]彼得·切维顿：《品牌实施要点》，北京大学出版社2005年版，第51～54页。

第二节　品牌的创意与注册

名正则言顺，好的品牌创意往往具有事半功倍的效果。因此，就需要将品牌创意注册，以获得市场与法律上的名片与通行证，为品牌的发展奠定基础。有专家甚至专门撰写了《品牌命名攻略》，并写道："品牌名称是现代企业品牌行销战略中一个最为重要的组成部分。由于国内企业对此战略不重视，导致有88%的企业因命名不慎，商品最终退出市场。"[①]而战略层面的品牌创意包含名称创意与标志设计创意，同时还需与注册紧密联系，否则再好的创意也是一场过眼云烟。

一、品牌名称的创意

如果品牌是一个人，那么品牌的名称就像一个人的名字，是品牌最直接，最原始的符号，对品牌的影响终其始终。好的品牌名称可以成就一个品牌，比如，国内如"娃哈哈"、"旺旺"、"农夫果园"等；国外如"Cocacola"、"BMW"、"Sony"等，同样一个不理想的品牌名称可能会影响到品牌的发展。当然，品牌名称的创意要远远复杂于人名字的命名，人名只是一个人的代码，生僻一些、独特一些，甚至奇怪一些都无大碍，但是，品牌名称不仅仅是产品的代码，它是消费者同企业理念、企业文化的一种沟通，我们要考虑：它容易记住吗？能不能够吸引消费者？消费者会产生何种联想？在消费者心目中能否留下深刻的印象？

① 张冰：《品牌命名攻略》，南方日报出版社2004年版，第3页。

总而言之，品牌名称的命名面向的是品牌所对应的消费者，因此命名最重要的就是取得消费者的认同。那么如何取得消费者认同呢，首先品牌名称的创意应该符合以下的原则。

（一）利于传播的原则

1. 简单易记。如今的“IBM”是全球十大品牌之一，作为世界上最著名的电脑制造商，它被业界誉为蓝色巨人。殊不知当年的IBM全称是“International Business Machines”（国际商用机器公司），这样的名称显然不易读写，不易记忆，给品牌的传播带来了诸多障碍，后来国际商用机器公司想出了一个折中的办法，取三个英文单词的大写字母，设计出了字体简洁流畅、简单易识别的“IBM”，因此成就了“IBM”今日的辉煌。

殊途同归的还有著名的“BMW”。“BMW”原是慕尼黑的一家汽车厂，德文全称是“Bayerische Motoren Werke”后改为“BMW”。可见品牌名称的简洁性是保证品牌传播力的首要因素。要做到品牌名称的简洁性，可以把握这样一个“四简法”：字数越简短越好、笔画越简洁越好、文字越简单越好、音节越简明越好。一个品牌名称首先应该具有简洁、易认、易记、直观和一目了然的特点，只有这样才有助于提高消费者对品牌的识别和认知能力，拿国内的品牌来讲，诸如“海尔”、“海信”、“双星”、“白沙”、“999”、“万科”、“统一”、“美的”等品牌名称的命名都遵循了简单、易于记忆的原则；再如国外的“Sony”，“LG”，“GE”，“Intel”，“Kodak”，“Dell”和“Ikea”等也无一例外。

2. 流畅易读。品牌的传播力不仅取决于视觉上的易于识别、易于记忆，还取决于听觉上的流畅悦耳、清脆有力。所以在品牌名称的命名上，我们还要注意品牌名称的发音，易读、易说、流畅顺口、朗朗上口的品牌名称可以加速品牌传播。典型的如台湾品牌“旺旺”，该品牌之所以能迅速打开市场、童叟皆知，与该品牌名称的响亮、流畅、易发音以及吉祥的品牌联想分不开。再比如“娃哈哈”，创业之初木是一家校办工厂，凭借一个好名字成就了一个全国妇孺皆知的知名品牌。

再如联合后的索尼爱立信，虽说两个品牌都鼎鼎大名，但捆绑到一块，无论中文名称还是英文名称的音节都过长，难以发音。为此索尼爱立信苦恼不已，放弃品牌资产重新命名太可惜，不换名称又面临品牌传播的尴尬境域，于是“索爱”的名称应运而生。摩托罗拉的问题似乎好解决些，被中国人瘪着嘴叫了数十年的摩托罗拉终于意识到品牌发音的问题，于是删繁就简，将原有的四个音节简化为两个音节，现在的“MOTO”不仅发音更为简洁，而且生机焕发，年轻了不少。

3. 启发联想。视觉和听觉对品牌的传播大有帮助，但感观上的心理体验也会加速品牌传播的效率。一个好的品牌尤其不能忽略它给消费者带来的心理联想和意境体验。到过武汉的外地人不一定知道“小蓝鲸”、“三五醇”、“太子轩”,但可能会记住有一家餐饮店名叫“艳阳天”,倒不一定是因为“艳阳天”的服务和美食吸引了他们,而很有可能是因为听到这个名字,消费者心里会涌现出与“明媚而灿烂的阳光”、“风和日丽的日子”等有关的美好事物,甚至会进一步联想到酒店金碧辉煌的装饰环境、服务生灿烂而亲切的笑容,这些心理联想会在消费者脑海中形成一个具象的画面,甚至是一种体验,从而帮助品牌在消费者脑海中形成深刻的记忆。再比如,南方地区的超市品牌“好又多”和北方地区的超市品牌“美特好”,堪称超市品牌名称创意的经典制作。这些品牌名称不仅易读、易记、易识别,更重要的是它可以在第一时间刺激消费者对超市产生美好的印象,而这种美好的印象会最终转化为实际的消费行动。这样的品牌名称正是创意人和经营者所力图追求的。

品牌联想是一种心理体验,所以必然有积极的也有消极的,消极、负面的品牌联想对品牌的传播有百害而无一益。影视新秀张静初曾为某保健品拍过一则广告,片子的调性温馨,意境很美,文案也非常到位,但当广告片最后以标版的形式打出品牌名称时,所有的感觉都被破坏了,该品牌叫做“铁骨晶”,从字面上理解,厂家是想强调保健品的强身健体、强壮骨骼的功效,但联想是丰富的、是天马行空的,你实在无法阻止有些消费者会从“铁骨晶”联想到“白骨精”。就像摩托罗拉的中文译名长久以来都摆脱不了“卖拖拉机”、“卖摩托车”之类联想的阴影,不得已只有取消中文名称。而 Google 大张旗鼓、大费周章地进行“汉名选秀”,最后选定的“谷歌”竟被反对者以一个“土”字给“否决”了,在这些反对者看来,洋派、年轻、富有朝气的 Google“莫非要进军中国农村……”可见,启发联想一定要是正面的、积极的,符合消费者心理。

(二)强化定位的原则

20 世纪 70 年代,里斯和特劳特提出的“定位”理论让营销学界和广告学界都兴奋不已,在现阶段的品牌竞争中,只有具有鲜明定位的品牌才能控制消费者的心智,既然定位如此重要,那么如果能够在品牌名称中有效传达定位,一方面可以让品牌迅速抢占消费者心智,一方面也可以让品牌定位与品牌名称的传播双管齐下,一箭双雕,节省了另外推广品牌定位的费用。

1. 反映品牌定位。在品牌名称中反映品牌定位,特别适合一些有独特性、独占性的产品,比如“白加黑”,它的品牌名称就鲜明地传达出这种药片“白天吃白片不瞌睡、晚上吃黑片睡得香”的定位;“满婷”则意指“螨停”,顾名思义是一款定位“去除螨虫”的护肤品;“立白”和“汰渍”则分别在名称中从“迅速亮白”、“去除污渍”来反映品牌的独特性和差异性;再如“飘柔”,强调洗发后的飘逸柔顺,“舒肤佳”诉求于对皮肤、对健康的呵护,“农夫山泉”望文生义,一定是矿泉水而非一般的纯净水,“他 + 她 -”则暗示这是一款基于性别细分市场的产品;

"动感地带"这一品牌名称则明确地把年轻群体独立分开,宣言自己是专为年轻群体服务的通信服务品牌。

2. 暗示产品/行业属性。有一些产品,人们可以从它的名字一眼看出来是什么类别的产品。这是因为品牌命名时以适当的命名暗示出了产品或行业的属性,比如,"谭木匠"、"阿香婆"、"老干妈"、"小护士"、"商务通"、"创可贴"、"金嗓子"和"背背佳"等等。"谭木匠",一定是以手工艺著称的木制产品;"阿香婆"、"老干妈"则是同传统工艺有关的调味品;"创可贴"是专门针对较小的伤口用的包扎药贴;"金嗓子"是保护嗓子用的药品或保健品。它们中的一些品牌甚至已经成为同类产品的代名词,让后来者难以超越。例如,"商务通"俨然成为掌上电脑的代名词,消费者购买掌上电脑时会直接指明购买商务通,甚至认为掌上电脑即商务通。但此类品牌名称因为意义比较狭窄,不宜做品牌延伸,日后如果需要实施多元化战略,则需从长计议。因此,一般只宜作为旗下的子品牌,而不能作为主品牌。

(三)蕴含远景的原则

2003 年,联想公司在全球范围内更改了英文名称和商标,如图 4-1。将原来的英文名称"Legend"更改为"Lenovo",而究其原因是原有的英文名称"Legend"在很多国家都无法注册,此次换标花费了大量的推广费用,但也势在必行,因为联想的国际化发展战略需要联想具有一张国际化的面孔。但反思其举措,联想公司也承认,"人无远虑,必有近忧",如果一开始就考虑品牌发展的前景,一定不会发生英文名称"Legend"被抢注的情形。因此,品牌名称在命名上还需高瞻远瞩,高屋建瓴,考虑品牌日后的多元化发展战略和国际化发展战略,才不至于浪费辛辛苦苦积累下来的品牌资产。

lenovo

图 4-1 联想的英文新名称

1. 利于品牌延伸。如果基于日后品牌延伸的考虑,一般比较中性、意义比较宽泛的名称当属首选。比如,"海尔"的中文名称没有特别的含义,所以可以毫无顾忌地实施一牌多品的品牌战略模式,海尔集团涉及的行业从最初的白色家电到黑色家电,再扩展到医药、保险和房地产等等。再如"Sony",由于当年"Sony"的灵魂人物盛田昭夫的深谋远虑,该品牌的命名用了一个没有特定意义、自创的词汇,正是这一考虑使得"Sony"也可以尽情地施展自身的品牌魅力,无论什么产品、无论何种领域,在全球的任何地区,一律使用"Sony"一个品牌。

按照这种规律,显然有些品牌没有这么幸运,比如,"春兰"。春兰这一品牌用在家用电器上，能给人舒适温馨的感觉，但后来春兰空调向其他领域延伸，春兰摩托车、春兰轻卡、春兰压缩机，经营都不算成功。再比如，童叟皆知的“娃哈哈”，如果娃哈哈向童装领域进军是预料之中，涉足纯净水领域还不足为怪，但生产酒的话，消费者恐怕就不能接受了。因为娃哈哈企业的名称、企业的形象已经深入人心，即便这个时候启用一个子品牌“关帝酒”，大家仍然感觉有些难以适应。

因此，企业如果准备日后进行品牌延伸或采取单一品牌策略的话，那么更适合采用中性、宽意的品牌名称；反之，则采用窄意的品牌名称也无妨。

2. 具有全球视野。2003 年的联想换标事件引起了国内著名品牌的普遍反思。我国的绝大多数品牌在注册之初，只是关注于中文名称，对英文名称并不在意，但随着企业的发展壮大，当企业走出国门之时，才发现自己根本没有或相当于没有英文名字。因为大多数品牌的英文名字就是中文名称的拼音，例如，国内一些著名品牌，如“长虹”、“春兰”、“夏新”都是如此。字母虽大体相同，但外国人根本不懂汉语拼音所代表的含义，更重要的是不知道如何发音，如此品牌又如何去传播呢？如长虹的英文品牌是“ChangHong”，但“ChangHong”在外国人眼里没有任何含义。但同属家电品牌的“海信”，则具备了全球视野，注册了“Hisense”的英文商标，“Hisense”来自于 High sense，是“高灵敏、高清晰”的意思，体现了海信主打产品的特质，同时 High sense 还可以理解为“远见卓识”，体现了品牌的文化理念。

全球发展战略不仅是英文名称问题，既然走出国门，就不能回避区域文化的差异性。由于世界各地的消费者，在历史文化、风俗习惯、价值观念上存在一定的差异性，使得他们对同一品牌的看法会有所不同。在一个地区是非常美好的意思，到了另一个地区其意义可能会完全相反。比如，“蝙蝠”电扇，蝙蝠在我国因为蝠与福同音，有美好的联想，但在英语世界里，“Bat”却有吸血鬼的意思；“芳芳”牌化妆品，其英文名称即拼音“FangFang”，而“Fang”在英语中指“有毒的毒牙”，这样的化妆品有谁敢用；我国出口的“白象”电池，在东南亚地区十分受欢迎，因为白象在东南亚地区是吉祥之物，但到了欧美市场却无人问津，因为“White Elephant”有“累赘无用，令人生厌”的意思；还有“蓝天”牙膏，其译名为“Blue Sky”，意思是企业回收不来的债券，这样的名字肯定会影响产品的品牌和推广。

当然，国际品牌也无法回避区域文化的问题，尤其是在历史文化源远流长的中国，一些国际品牌通常会为他们的中文名称十分头痛。大多数的国际品牌的中文译名都是根据发音得来，比如，“Sony”译为“索尼”，“Intel”译为“英特尔”，“Dell”译为“戴尔”。这其中不乏上乘之作，再比如，“可口可乐”、“百事可乐”、“奔驰”、“宝马”、“宜家”、“爱立信”和“家乐福”等。但也有一部分译名不尽如人意,甚至会让人产生完全不相干的联想,如“摩托罗拉”、“雀巢”和“京瓷”等。“京瓷”会让人联想到这可能是京城一家生产瓷器的老字号,或者是生产陶瓷产品的品牌,殊不知这是日本一家通信公司的中文译名。像这样的译名不仅同产品毫不相干,甚至会造成误解,相信没有谁会愿意用感觉像是陶瓷做的手机。

3. 符合时代精神。品牌的命名还要考虑时代的因素,用一句时髦的说法,就是要与时俱进。一些带有浓厚时代色彩、有深深的时代烙印的名称虽会一时流行,但风险也大,从长远来看,迟早会落伍,被时代所抛弃。比如当年风靡一时的品牌“解放”、“凤凰”、“北京”、“牡丹”和“胜利”等,现在来看有些与社会的发展脱节,有些“土”气。这倒不是提倡“崇洋”,只是因为品牌面对的是消费者,消费者在更新换代,消费的心理发生了很大的变化,如果品牌无法迎合他们的口味,是无法打开市场的。

最近市场上新推出一个服装品牌“申奥”,很明显是搭了奥运的顺风车,青岛的报刊报道说,连“帆船之都”的奥运宣传口号都被企业抢注。这些企业有审时度势的市场观察力和敏锐的反应力固然是好事,但如果立志要做百年品牌的话,这些名称肯定是无法与时俱进的。到头来,还得面临改还是不改的尴尬境地。所以品牌名称一定要经得住时间的考验,要考虑它的永久性和可持续发展,即使不能保证永久不变,也起码要在相当长的一段时间内不要落伍。

二、品牌标志的创意

品牌不仅需要好听的名字,还需要一张让人过目不忘的面孔。如果说名称是品牌的名字,那品牌标志就是品牌的面孔。在企业识别系统中,品牌标志是企业视觉识别的重要元素。美国标志专家、曾经担任美国设计师学会(AIGA)董事的艾丽娜·惠勒(Alina Wheeler)在谈到“投资品牌标志的重要原因”时说道:“一个强大的品牌标志可以通过日益增加的识别度、认知度和客户忠诚度来帮助品牌资产的建立,反过来有助于企业获得更大的成功。”品牌标志创意要注意以下问题。

(一)独特性

在这个“眼球经济”的时代,一切的视觉表现都是在争夺消费者的眼球,如果品牌的标志毫无个性,不能形成和其他品牌标志的区隔,如何能吸引消费者的眼球,又如何能引起消费者对品牌的兴趣和好感?反之,如果品牌的标志新颖而出众、个性鲜明、造型独特,消费者往往能在最短的时间内辨认出该品牌,品牌的传播力将大大增强。独特性是标志设计的最基本要求。标志的形式法则和特殊性就是要使其具备独特的个性,不允许有丝毫的雷同,这使得标志的设计必须做到独特别致、简明突出,追求创造与众不同的视觉感受,给人留下深刻的印象。因此,一个新的标志设计方案最基本的要求就是要能区别于现有的标志,应尽量避免与各种各样已经注册的、已经使用的现有标志在名称和图形上相雷同。只有富于创造性、具备自身特色的标志,才是具有生命力的标志。个性特色越鲜明的标志,视觉表现的感染力就越强(参见图4-2)。

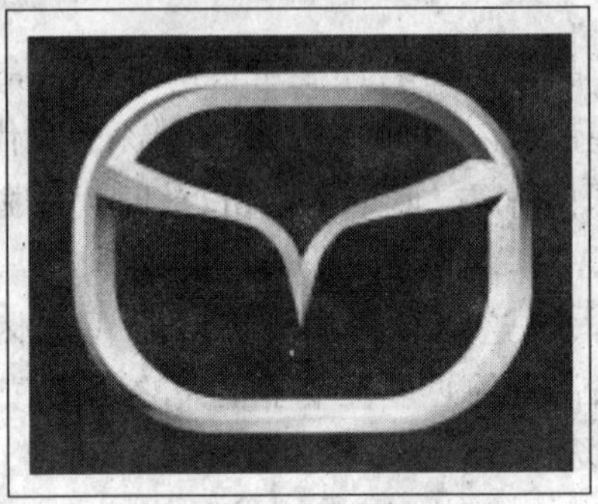

图4-2 马自达汽车标志

(二)简约性

追求独特并不意味着要把图形设计得有多么纷繁复杂,简洁明了是标志设计的第一要义。再出众的设计,一旦复杂花俏,难以识别,就失去了原有的价值。造型"简约而不简单",这才是标志设计的最高境界。在简约性方面做得最好的,莫过于"耐克"。消费者总是能够在任何场合,任何场地分辨出"耐克"。那个寥寥一笔,却充满力量与动感的钩形符号,堪称"简约而不简单"的经典代表作(参见图4-3)。殊不知,"耐克"的设计也是几经修改、逐步完善,才有了今天的版本。如果没有这个醒目的钩形符号,也没有今天全球家喻户晓的"耐克"。

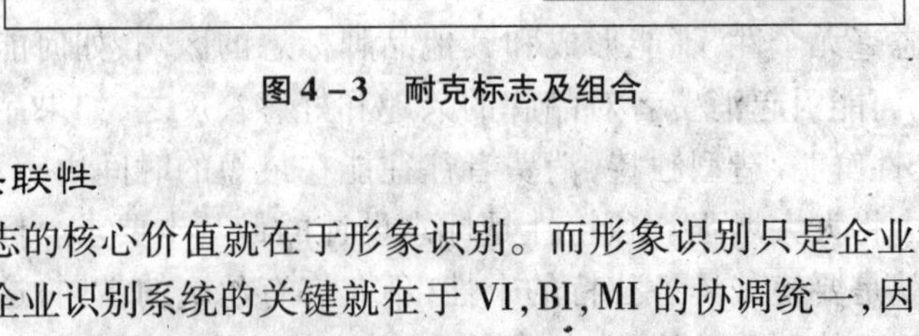

图4-3 耐克标志及组合

(三)关联性

品牌标志的核心价值就在于形象识别。而形象识别只是企业识别系统中的VI部分,企业识别系统的关键就在于VI,BI,MI的协调统一,因此一个好的品牌标志一定要具备关联性,要与品牌价值和产品价值保持一致性,至少要能暗示出产品属性或行业属性。

例如,2008 北京奥运会的标志设计,被国际奥委会主席评价为“最完美的奥运会徽章”,其原因就在于它具有浓厚的中国特色,京韵色彩。这枚“中国印”以印章为主体表现形式,将中国传统的印章、书法等艺术元素结合起来,创意出一个向前奔跑、舞动着迎接胜利的运动人形,而“人”的造型又是汉字“京”的一个抽象表现,鲜明地体现了 2008 北京奥运会的地域文化特征,在众多奥运会会徽中识别性很强(参见图 4 –4)。

图 4 –4　北京奥运会标志

再比如,更标后中国联通的新标志,同心结由传统的电信蓝变为明亮的中国红,红色代表着热情、奔放和有活力,与中国联通“创新、活力、时尚”的品牌定位相吻合。而英文字母改成小写,显得更加活跃和亲切,使得品牌更具亲和力(参见图 4 –5)。

图 4 –5　中国联通的标志及组合

(四)时代性

时代性是标志在企业形象树立中的核心。品牌标志既是产品质量的保证,又是识别商品的依据。品牌标志代表着一种信誉,这种信誉是企业几年、几十年,甚至上百年才培育出来的。经济的繁荣,竞争的加剧,生活方式的改变,流行时尚的趋势导向等,要求品牌标志必须适应时代①。那么,在现代社会里,面对时代性较弱的品牌标志将如何改进呢? 一种方式是抛弃旧标志,重新设计,以全新的面貌出现。这种重新设计,在经济上可能要付出较大的代价,通过广告媒介反复宣传,才能重新树立形象。另一种方式是对老牌并享有信誉的标志,在原基础上通过一个长期的策略,用渐变的手法,随着时间的推移,逐步改造和完善,使其既具有连续性,易识别,又富于时代感,让人在不知不觉中接受

① 苏克:《标志设计》,陕西人民出版社 2001 年版,第 79 ~82 页。

新标志。这一演进的规律，是由具象到抽象，由复杂到简洁，使之具备现代化、国际化的特征（参见图 4－6）。

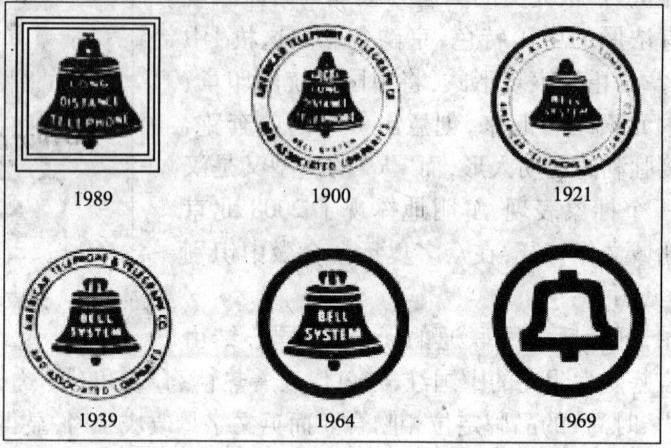

图 4－6　美国贝尔电报电话公司标志的演变

总之，设计成功的标志有良好的识别性与记忆度，不论是图形的还是文字的，不论是具象的还是抽象的，均应一目了然，便于记忆。标志作为一种特殊的符号，是某一事物、人或组织的代号。标志的基本功能就是将某一事物、人或组织的特征、精神传递给社会公众，以便社会公众辨别、辨认和认同。如美国心理学家鲁道夫·阿恩海姆曾经说过的那样：任何一种作品的内容都必须超出作品所含的那个表象。

三、品牌的注册

“南极人”本是一个非常不错的保暖产品品牌，但在 2000 年的保暖内衣大战中却成了众多厂家的共用品牌。各大厂家都在疯狂地掠夺“南极人”的品牌资源，明明是一个厂家投放的广告费用，却成了保暖内衣大战中大家共享的资源；“红梅”本是云南玉溪卷烟厂的香烟品牌，到后来却不得不以 180 万元的高价向成都卷烟厂赎回；“红双喜”也本是沈阳双喜压力锅厂的品牌，其产品远销海外，投入的广告费用上千万元，最后却落得个不得不将产品改名，将“红双喜”拱手让人。类似的例子不胜枚举，其惨痛的教训就在于企业缺乏品牌注册的意识。

品牌的命名和标志设计固然重要，但品牌的商标名称和图形只有经过注册才能受到法律的保护。我国的《商标法》是注册优先，也就是说以谁先注册为标准，而不是以谁先使用为标准的。因此，要想得到法律的保护，到商标局注册是第一步。

（一）经营范围的保护性注册

经营范围的保护性注册也叫“占位”式注册，就是一开始即把商标的34大类商品和8大类服务商标都进行注册，这样自己的商标便拥有了国内所有商品种类的独家专用权，其他任何产品都不能使用这个名字了。这种注册方法主要是防止其他行业的企业借用自己的商标，所以不管自己的生产范围是否齐全，先把“位子”占好，即使有些产品不生产，也要防止别人借用自己的商标，损害了品牌的形象。例如，国内某生产油漆的企业就注册下来了“Levi's”用做英文品牌名，中文为“来威”漆，如果国际知名的牛仔裤品牌“Levi's”没有在我国实行占位注册的话，这家油漆企业的注册就是合法的。因此不注意此类问题的话，很有可能生产马桶的企业会注册“美的”，卖农药的会注册“康师傅”，这样必然会影响到原有知名品牌的企业形象和核心价值，因此应该引起品牌经营者的重视。为了防止类似情况的发生，现在很多有实力的企业都采取这种“占位”的品牌注册战略。

（二）名称的保护性注册

有一段时间，武汉曾经有一种土家烧饼——“掉渣烧饼”特别受欢迎，创始人是一位土家女孩，她的烧饼店红火起来后，立刻就有很多商家跟风而上，什么“掉渣渣”、“掉渣儿”、“土掉渣”、“掉渣子”等充斥于市面，消费者搞不清楚谁才是正宗的“掉渣烧饼”。如果“掉渣烧饼”在注册的时候实行名称保护性注册的话，就可以运用法律的手段捍卫自己的权益了。其具体操作就是把与自己商标名称形似音近的文字及文字组合都进行注册，防止别人移花接木。比如“飘柔”，若市场上再出现一个“柔飘”，而且包装、颜色都大同小异，则很容易让人混淆，那么把这种很容易让人混淆的名称也注册了，实际上就是对商标的一种保护，如果还有人敢偷梁换柱的话，那么就要负法律责任。像娃哈哈集团在完成占位注册后，又申请注册了“娃娃哈”、“娃哈娃”、“哈哈娃”、“哈娃娃”等一系列的保护性商标，使侵权者无计可施。

（三）图案的保护性注册

图案的保护性注册就是把与品牌标志、品牌包装类似的图案进行注册，以防别人乘虚而入。在一些城市，有些当地的纯净水制造商会把自己的纯净水贴上和知名品牌相似的图案和标签，处理成和知名品牌一样的外包装，远远地看上去，难以分辨真伪。实际上图案、标签也是品牌认知的一部分，也构成消费者对品牌的印象。因此为保护自身的品牌，很有必要对图案和包装也进行保护性注册。此外，为了防止别人把文字和图案组合的商标分拆后另作组合使用，有的企业便把文字、图案分拆开来单独申请在34大类商品和8大类服务中注册。海尔公司甚至把“Haier”、“海尔”及图形三件商标分别注册在全部的类别上。

（四）区域性注册

随着经济全球化进程的加剧，国内企业品牌开始走出国门，实施品牌全球化战略，因此区域性注册就势在必行。因为商标的注册是受地域限制的，在哪个国家、哪个地区注册，就受哪个国家、哪国政府的保护。如果要成为一个国际化的品牌，就必须要考虑区域性注册的问题。当年联想公司之所以要换标，就是因为没有考虑英文名称“Legend”的全球注册问题，实际上在“联想”走出国门之前，“Legend”已经被很多企业在十多个国家和地区注册了，如果使用原有的英文名称“Legend”就无法进入这些国家和地区的市场，这势必会阻碍联想公司的全球化进程。

近年来，这类国内知名品牌在海外被抢注的例子频频发生。2004 年，世界品牌实验室公布的“中国 500 个最具价值的品牌”中，46% 未在美国注册，50% 未在澳大利亚注册，54% 未在加拿大注册，而在欧盟的未注册比例则高达 76%[1]。因此，国外企业都纷纷对中国商标动起了心思，尤其是知名商标，成了境外抢注的热门。

其中比较有名的例子当数海信与西门子的商标之争，海信集团的英文标志为“Hisense”，被西门子及其所属子公司在德国和欧盟有关机构于 1999 年抢先注册成“HiSense”，两者仅有一个字母的大小写的差别。2002 年底，西门子公司还以商标侵权为由将海信告上法庭，对海信集团的要价曾一度达到 4 000 万欧元。双方就此事僵持很久，对海信产品进入欧盟市场造成巨大的阻力，直到 2005 年 3 月才达成和解。博世—西门子家电同意将其依据当地法律在德国及欧盟等所有地区注册的“HiSense”商标一并转给海信集团，同时撤销针对海信的商标诉讼。

海信事件过去不到几个月，又传出“新科”（Sinco）、“康佳”（Konka）、“德赛”（Desay）、“上广电”（SVA）和“步步高”等知名企业的商标在俄罗斯同时被一家企业抢注的事件，后来新科、康佳、德赛、上广电四家企业协商，共同聘请律师打这场跨国官司。2005 年 7 月，中国又有多个白酒品牌如“东方红”、“剑南春”、“诸葛酿”、“浏阳河”、“红太阳”、“江口醇”在香港被恶意抢注，这类事件的频频发生，应该引起所有中国企业的重视，尤其是知名企业更应该引以为戒。

（五）企业名称的注册

在我们为产品注册时，也不应该忽略企业名称的注册。很多企业的名称和产品名称不一样，例如，“斯达舒”等药品的生产企业是“修正药业”；“乐百氏”的生产企业原来叫做“今日集团”；“采乐”的生产企业是“西安杨森”。如果注册时只注册了品牌名称，而没有注册企业名称的话，就有可能给人以可乘之机，别人可以把企业名称注册成品牌名称，进行剽窃，明智之举就是把企业名称也作为品牌进行注册。

---

① 丁邦清：《品牌成功链——成功品牌的成长规律》，机械工业出版社 2007 年版，第 35 页。

另外,企业名称的注册还要注意一个问题,因为品牌的注册是全国性的,而企业名称的注册是地区性的,只要当地没有重名,便可以登记,因此知名企业可以考虑跨地区注册,以防止企业名称在别的地区"撞车"。

第三节 品牌发展的战略选择

品牌战略是在消费者心目中的一种投资战略,即一个消费者比较能接受与产品结构(组合)有关的品牌投资和管理框架;是关系到一个企业兴衰成败、长治久安的根本性决策;是企业品牌经营的提纲和总领,也是实现企业可持续发展的前提和保证。当企业的规模扩大,产品种类增加,企业就要考虑品牌覆盖产品的范围大小。根据品牌覆盖产品范围的大小,以及产品品牌与企业品牌之间的关系、品牌和产品关系的疏密,可以选择如下品牌战略。

一、单一品牌战略

采取单一品牌战略的企业往往只拥有一个相对单纯的品牌,其品牌只对应一个种类的产品。一般专注于某一个领域,只提供某一个种类产品的企业多采取这一战略。比如,"格力"、"万科"、"金嗓子"、"红蜻蜓"和"TOTO"等。实行单一品牌战略的最大优势就是有助于树立产品的专业化形象,万科几乎是房地产的代名词;格力是制造空调的权威专家;TOTO 是高品质卫浴产品的象征。

"好空调,格力造"。这句简单明了的广告口号,在消费者心目中树立起了格力空调第一品牌的概念。在众多竞争对手竞相品牌延伸的浪潮下,格力公司反其道而行之,专注于空调领域,形成了自己无可匹敌的专业壁垒和品牌壁垒。格力公司的专业化道路越来越获得市场的认同,格力标准俨然成为行业的标杆。格力公司这样描述自己的专业化经营:企业可以倾其所有的力量,在生产领域内向"高、精、深"进军,成为这个行业的权威和巨人。而只有"专",才能保证"精"、"深"、"高"。

二、多品牌战略

一个企业同时经营两个以上相互独立、彼此没有联系的品牌就是多品牌战略。世界上大多数大型企业尤其是跨国公司都实行多品牌战略,因此,多品牌战略又被称为强者的游戏。美国通用汽车是多品牌战略的首创者,通用旗下有多个品牌:"凯迪拉克"、"别克"、"雪佛莱"和"庞迪雅克"等。瑞士 SMH 是全球规模最大的制表集团,旗下拥有"欧米茄"、"雷达"、"天梭"、"浪琴"和"斯沃琪"等品牌。美国的宝洁公司堪称世界上开展多品牌战略最成功的企业之一,旗下独立的大品牌就有 80 多个。以中国市场为例，在洗发用品领域有“海飞丝”、“飘柔”、“潘婷”和“沙宣”等品牌，在洗涤用品领域有“汰渍”和“碧浪”，沐浴乳用品有“舒肤佳”、“玉兰油”和“激爽”等品牌。这些品牌与宝洁之间以及品牌与品牌之间没有太多联系，以至于很多消费者都不知道原来自己所用的大多数日用品都出自于同一个企业。

根据品牌与产品类别的关系，多品牌战略又可以分成一品多牌战略和分类品牌战略。同一产品类别采用相同的品牌称之为分类品牌战略，反之，称之为一品多牌战略。

（一）分类品牌战略

分类品牌战略即对同一企业的不同产品品类或同一品类的不同品种采用不同的品牌。联合利华就属于典型的分类品牌战略的采用者。同一企业的不同品类，香皂、洗发水、护肤品、冰淇淋、牙膏和茶等，采用不同的品牌。如旗下有“力士”香皂、“夏士莲”洗发水、“旁氏”护肤品、“和路雪”冰淇淋、“洁诺”牙膏和“立顿”茶等品牌。上海家化也采用这种战略，“六神”主打沐浴类产品，“美加净”主推护肤品，“清妃”则是彩装品牌。这类战略的着眼点是产品品类或品种的差异性，用不同的品牌代表不同的品类或不同品种的产品。品类或品种较多的行业，如日用品、药品、食品和服装等行业，容易倾向于分类品牌战略。

分类品牌战略参见图 4－7。

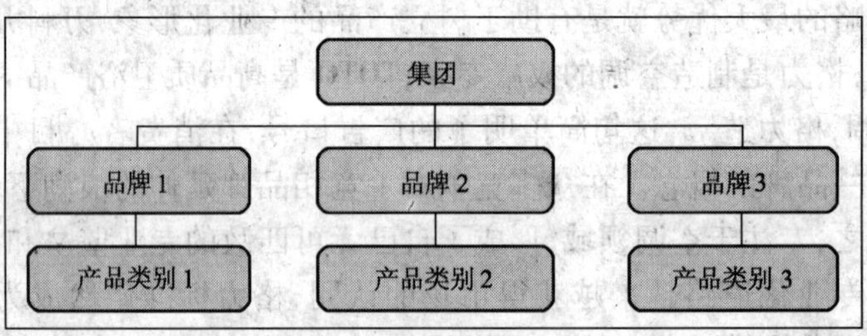

图 4－7　分类品牌战略图示

（二）一品多牌战略

一品多牌是品牌与产品关系最密切、品牌覆盖产品范围最小的战略。与分类品牌战略不同，他们并不以产品差异性为着眼点，而以市场的多样化为导向，同一产品品类在不同的市场上细分出不同的品牌。如上面提到的通用集团、SMH 集团都实行一品多牌战略，这种战略主要着眼于市场的差异化或多样性，用不同的品牌去适应不同细分市场的特殊性，例如，“欧米茄”寓示“追求卓越、完美”；“雷达”代表“高度精准”；“斯沃琪”象征“年轻、时尚”；“浪琴”代表“高贵典雅”。品类较少的行业，如汽车、家电比较容易倾向于一品多牌战略。大众集团旗下就拥有“布加迪”、“宾利”、“兰博基尼”、“奥迪”、“斯柯达”、“桑塔纳”、“帕萨特”、“宝来”、“高尔夫”、“高尔”、“甲壳虫”、“途安”、“途锐”、“夏朗”、“捷达”、“辉腾”和“POLO”等众多品牌。

一品多牌战略参见图4-8。

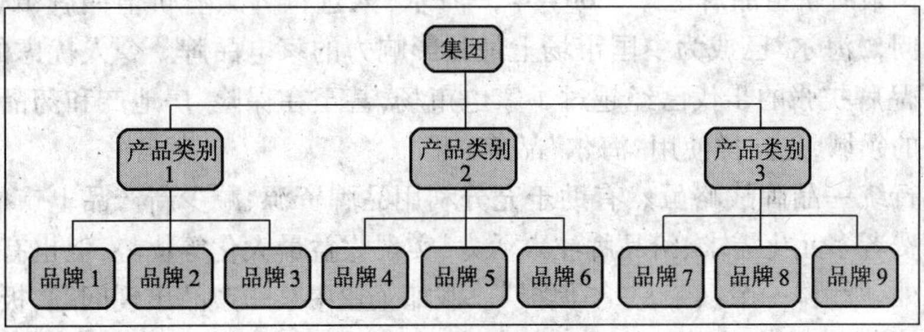

图4-8 一品多牌战略图示

一个产品品种繁多的企业，一般不会纯粹采用一品多牌或者分类品牌战略，而是会有所交叉，例如，宝洁公司就是两者兼而有之，我们只能笼统地说它采用多品牌战略。

三、统一品牌战略

统一品牌是相对于多品牌战略而言的，是指企业所生产的所有产品都同时使用一个品牌的情况。采用统一品牌战略，既有门类很近的产品用一个品牌的情形，如海信、TCL和美的等所属家电产品都共用一个品牌，康师傅、统一、娃哈哈和乐百氏所生产的饮料产品也共用一个品牌；也有门类相去甚远甚至风马牛不相及的产品共用一个品牌，比如“强生”，从婴儿用品到药品均使用强生品牌，再如维珍集团，小到饮品大到航空公司都使用“维珍”品牌。

统一品牌战略参见图4-9。

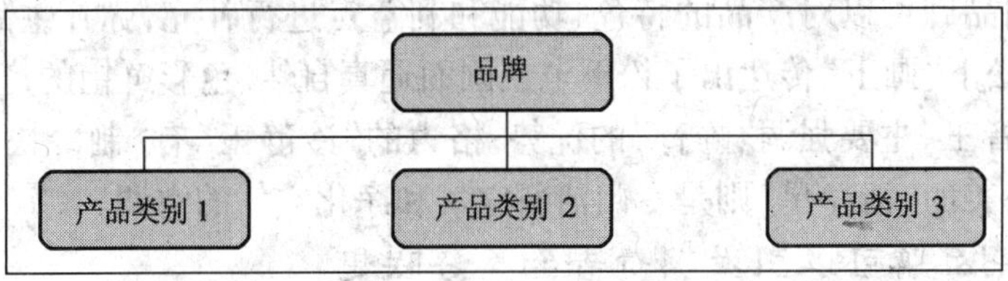

图4-9 统一品牌战略图示

统一品牌战略是品牌延伸经营的结果。与国外跨国公司普遍采取多品牌战略的情形有所不同的是，国内企业多偏爱统一品牌战略，这是由国内企业的现状、市场环境所决定的，中国企业普遍规模不大，资金实力不雄厚，品牌管理经验不足，在这种情况下，实行低成本扩张的统一品牌战略，是大多数企业的现实选择。

在国内,海尔集团已经成为实施统一品牌战略的成功典范,旗下所生产的白色家电、黑色家电、电脑和手机等产品都使用“海尔”品牌。2001 年,“海尔”当选中国最有价值品牌之一,2004 年,“海尔”入选世界最有价值品牌 100 强。毫无疑问,“海尔”已成为中国市场上最具影响力的家电品牌。令人忧虑的是,“海尔”品牌扩张的步伐已经越过了家电市场,甚至在保险、房地产和药品等毫无关联的领域,也同样使用“海尔”品牌。

实行统一品牌战略虽然有助于充分利用品牌资源、减少新产品上市成本、满足消费者多元化需求、给品牌注入活力、实现收益最大化等优势,但也有明显不足之处,所谓“一荣俱荣,一损俱损”。假如企业中某一产品出现问题,极有可能产生连锁反应,会波及其他产品的信誉,甚至会导致消费者对品牌家族的所有产品的“否定”,“株连九族”。因此在实施统一品牌战略之前要弄清楚,企业是否适于实行统一品牌战略,应该在多大范围内实行统一品牌战略。

四、副品牌战略

一般来说,企业在实行统一品牌的同时,也实行了副品牌战略,也就是说副品牌战略是不可能独立存在的。这里出于研究的需要,将副品牌战略单独拿出来讨论。所谓副品牌战略就是企业在为自己的多种产品冠以统一品牌的同时,再为每种产品取一个符合其特点的名字。家电是国内副品牌战略运作最集中的行业。如海尔冰箱、洗衣机中的“小王子”、“大王子”、“金王子”、“双王子”和“小小神童”等;长虹彩电中的“红太阳”、“红双喜”等;美的空调中的“冷静星”、“超静星”、“智灵星”和“健康星”等。运用副品牌战略,其作用主要有以下几个方面。

(一)副品牌是对主品牌的补充和递进

运用副品牌可以对产品的特色、功能和利益点进行补充,弥补主品牌的不足。例如,松下“画王”传达出了松下电视画面逼真自然、色彩鲜艳的产品特点。奥克斯“静音王”主要强调“静音”的优势;格力的“冷静王”有“制冷快”、“超静音”的特点;美的“清净星”则是专门清新空气和净化空气的空调。

(二)副品牌可以引发消费者的美好联想

主品牌因为考虑到品牌的包容性,所以意义一般比较中性,但副品牌应用面比较集中,主要针对某一种产品系列,因此品牌内涵十分丰富。例如,海尔推出的滚筒洗衣机,命名为“玫瑰丽人”、“阳光丽人”等,带有浓郁的情感色彩,而更具有代表性的是喜之郎的“水晶之恋”。喜之郎的果冻主要针对儿童,但考虑到一部分年轻人也喜爱果冻这种零食,所以创建了一个副品牌“水晶之恋”。这一副品牌成功地把喜之郎打造成了年轻人表达爱情的一种礼品和信物,其中重要的原因，是该品牌与产品特征巧妙结合后所产生的“纯情、浪漫和梦幻”的意境。

（三）副品牌有利于提升主品牌的价值

副品牌并不只限于成功推广某一新产品，副品牌对主品牌也有辅助作用，可以提高主品牌的知名度，强化主品牌的核心价值，丰富主品牌的形象。如乐百氏“健康快车”对青少年健康的关注，强化了乐百氏的品牌核心价值。长虹推出“精显”彩电，使消费者认识到长虹是有能力研发、生产尖端彩电的品牌，不仅是规模生产，价格低廉，而且也拥有先进的生产技术，从而提升了长虹的品牌形象，使长虹迅速地打开了高端彩电市场。

（四）副品牌是企业规避统一品牌战略风险的一种有效的途径

企业实行统一品牌战略后，如果产品较多就会造成识别困难。例如，海尔集团的家电产品有69个大类、10 800个品种，如果所有的家电都只用“海尔”作标志，就会为识别和区分带来很大困难。运用副品牌可以把不同的产品区别开来，从这个意义上说，主品牌就像是人的姓，副品牌就是名，产品有名有姓了就不会造成识别困难。此外，副品牌比较灵活，可以根据品牌管理和营销的需要作相应的调整，为品牌延伸留下余地和空间。

五、担保品牌战略

宝洁公司在推出旗下的许多产品时，往往会给它打上宝洁的印记，例如，在产品包装的最下端，或在电视广告的标版中出现“宝洁公司优质产品”的企业口号以及宝洁的星月标志。再比如，GE下属的多个品牌“别克”、“欧宝”和“雪佛莱”等，车体尾部会出现“通用（GE）”字样。在广告宣传上，电视广告中会用标版打出字幕“来自上海通用”；报纸杂志、户外等平面广告上一般在右下角用小字标明“通用制造”。这些现象的背后便是担保品牌战略的实施。

所谓担保品牌战略，是指企业品牌对产品品牌的一种支持、烘托的关系，虽然在宣传上仍以产品品牌为主，但会暗示消费者，产品背后有一个强大集团的支持，这个集团是该品牌的生产商、供应商或投资商，以加强产品的权威感，提高消费者的信任度。“浏阳河”、“京酒”和“金六福”等品牌在短短几年里，成为中国酒市新贵，探究它们成功的背后，人们会发现它们都是由五粮液酒厂出品的。企业在传播品牌时，有意识地将这一信息传达给了消费者。“五粮液”中国白酒第一企业、第一品牌的特殊身份无形中提高了“浏阳河”、“京酒”和“金六福”的身价，降低了它们入市的门槛，而消费者也会更倾向于选择这些“系出名门”的品牌。

对担保品牌而言，其主要角色是向消费者再次确定，这个品牌的背后是一个已经成功的组织，这个组织只可能生产优秀的产品。担保品牌在某一个特定的领域里可能会具有特别的可信度,例如,“五粮液”在白酒方面;“P&G”在日化方面;“康师傅”在食品方面。当然,担保品牌也具有伞状的影响力。尤其当一种产品是全新的且消费者从未尝试过的时候,担保品牌的这种保证就显得更有意义。因为这种保证,消费者会觉得与这个产品之间有了某种联系而不再陌生。但是,对于担保品牌而言,有时在提供这种保证之后就会褪色。就像一个人为另一个人作担保,如果有一天被担保的人违背了承诺,那么担保人的信用也将受到损伤。

而对于被担保品牌而言,担保品牌既是支持,同时也是约制。担保品牌的形象可能会制约被担保品牌走出一条属于自己的路。因此,当被担保品牌变得较为强大之后,就有可能从担保中走出来。从这个意义上说,“金六福”走出五粮液集团的担保存在可能,因为“金六福”已经羽翼丰满。2001 年 12 月,北京金六福酒业有限公司出资 3 100 余万元,收购了云天化旗下云南香格里拉酒业股份有限公司 55.97% 的股份,成为“香格里拉·藏秘”的新主人,这预示着金六福的独立行动拉开了序幕。①

六、影子托权战略

欧莱雅集团在全球一共拥有 500 多个品牌,也是全球知名的实施多品牌战略的集团,但同宝洁公司的担保型多品牌战略管理有所不同,它在一部分品牌中实行了影子托权战略。顾名思义,影子托权是企业品牌与产品品牌之间保持一种若即若离的关系,例如,“兰蔻”、“碧欧泉”、“赫莲娜”和“薇姿”等其实都是欧莱雅集团下属的品牌,但是我们很少能在广告、产品包装和标签中看到欧莱雅的名字,几乎很少人知道它们是欧莱雅集团下属的品牌。还有“金帝”、“福临门”和“长城”都是中粮集团的品牌,但也很少有人知道它们之间的这种关系。再比如,“丰田”与“凌志”,“大众”与“宾利”、“奥迪”的关系都是如此,在凌志的车身上看不到丰田的标志,在宾利和奥迪的车上也看不到大众的标志。

影子托权战略最大的特点就在于企业托权品牌与产品品牌的联系不明显,大多数消费者并不清楚它们的关系。该优势在于有知名企业在背后支持,给顾客提供了一定程度的信誉和保障,但又尽量减少联想物的干扰。即使暴露了相互之间的关系,各品牌联系不甚明显的事实也给产品品牌以充分发展的空间。

影子托权战略一般适用于企业品牌的联想对于产品品牌的推广没什么帮助,甚至不利于产品品牌的推广时,以此割裂产品品牌与企业品牌的关系。“假日酒店”代表着舒适的家庭酒店,但是当被用在定位于高端市场的“皇冠假日酒店”品牌名称上时,它实际上就成了一个障碍。于是,该公司取消了皇冠酒店与

---

① 曾朝辉:《中国式品牌——管理篇》,东方出版社 2005 年版,第 28 页。

假日酒店的这种联系，让皇冠酒店独立参与市场竞争。

“玛利洛特”品牌在市区溢价酒店市场中拥有稳固的经销网络。尽管是溢价品牌，但它还未达到酒店的顶级。由于豪华酒店市场涉及顾客的声望和酒店所体现的自我表现型利益，因此要提高“玛利洛特”的层次非常困难。就算“玛利洛特”升位成功了，原有的消费群体可能会由于价格因素被迫放弃玛利洛特酒店。因此，玛利洛特酒店选择了收购丽嘉酒店来进入豪华酒店市场的策略。特别值得注意的是，玛利洛特决定割断丽嘉品牌与玛利洛特品牌的联系。①

七、共同驱动品牌战略

共同驱动品牌战略指产品同时使用公司品牌和产品品牌两个品牌，二者在企业宣传和消费者识别的重心上难分伯仲，公司品牌和产品品牌共同驱动消费者作出购买决策。企业品牌主要起到让消费者对新产品认同、接受、信任的作用，产品品牌则起张扬产品个性、突出新产品的作用。如“雀巢·美禄”高能运动饮料、“雀巢·美极”酱油、“雀巢·宝路”薄荷糖、“吉列佳信”抛弃型刀片等产品，既有企业品牌又有产品品牌，使消费者在购买时能够产生双重认同。

吉列公司在剃须产品上遵循的一贯标准是“男人获得的最好刀片”。但抛弃型刀片与高档次的刀片，如“Sensor”和“Atm”这类吉列公司一直在技术上保持领先的品牌，在质量上是不同的。吉列公司可以为抛弃型刀片品牌提供一种合理的解释，即称其在抛弃型刀片类产品中是最好的。另外，“佳信”使用者的个性与吉列高档次品牌使用者的个性是不同的，后者是成熟的、具有男子气概的，“佳信”则更年轻、更富创意。“佳信”品牌的使用在区别抛弃型刀片与其他系列刀片的过程中起到了主要作用。“吉列”和“佳信”两个品牌都对消费者购买产品的决定产生了影响。

此外，还有一些品牌发展战略的决策，可以从品牌与产品关系远近的角度来审视，如品牌许可授权战略和品牌虚拟经营战略和联合品牌战略。

八、品牌许可授权战略

品牌许可授权又叫品牌特许经营或品牌授权战略，在这里是指公司使用他人品牌的名称、图案、特性或其他要素来促进本公司品牌的销售并支付给品牌拥有者授权费用的一种战略方式。

许可授权的做法日益普遍，目前在美国，各种品牌授权的产品已占零售市场的1/3，而且是增长最为迅速的一股销售力量。在新加坡，大力发展品牌授权

① 黄江松：《品牌战略》，中国金融出版社2004年版，第78页。

甚至被列为政府的主要商业政策。日本和韩国的许可授权也蓬勃发展起来[①]。根据调查,全球许可授权的产品的销售额已从1977年的40亿美元上升到1994年的700亿美元。[②]

从本质上讲,这种做法是公司“租借”他人品牌帮助自己的产品建立品牌资产的一种方法。对于被授权人而言,可以做到“背靠大树好乘凉”、“借船出海”,借鉴别人的品牌快速打开市场。对于授权人而言,可以实现品牌的快速扩张,短时间内使自己的销售网络遍及全球。

“麦当劳”、“肯德基”作为全球快餐连锁企业,也是全球实施品牌许可授权最成功的两大企业。以“麦当劳”为例,麦当劳公司目前在全球有10万多家分店,大约每隔15个小时,开一家新的分店。在119个国家和地区里,每天都有4 700多万人光顾麦当劳。很多中层美国人都成了麦当劳的加盟者,并因此而成为富翁。麦当劳一直认为,特许经营在麦当劳业务中起着主导的作用。在全球的麦当劳餐厅中有70%的餐厅是由特许经营者经营管理的,美国麦当劳的1.3万家门店中,特许经营比例高达86%。

娱乐业的许可授权近年来也越做越红火。成功的授权品牌有电影名称,如《星球大战》、《侏罗纪公园》和《狮子王》等;连环画人物如加菲猫、花生明星等;影视人物,如哈里·波特、蜡笔小新和樱桃小丸子等;卡通明星,如华纳兄弟公司“魔笛”的主人公和“燧石”等。还有一些经典的特征道具,包括“卷心菜园”、“欢喜熊”和“草莓酥饼”等。许可授权的冠军当属沃特·迪斯尼公司,授权商品从玩具、服饰、日常用品,再到数码产品应有尽有。

许可授权很早就是服装、饰品设计师重要的业务策略,也是奢侈品行业的一个潜规则,如唐娜·卡伦、卡尔文·克来因、皮尔·卡丹、范思哲和纪梵希等,都将他们的名字授权许可用在服装、腰带、领带和皮包等各种商品上,并收取昂贵的授权使用费。

授权许可固然可以获得最为明显的品牌收益,但却存在一个潜在危机:一个品牌也许一时很火,但实际上仅是“一股风”,只能带来短期的旺销。由于多重许可,使用的品牌会被过度使用而很快衰退。例如,“忍者神龟”的授权产品销量在1991年达到高峰后,在1993年跌至1亿美元。“Barney”授权产品销售额在1993年达到5亿美元的骄人成绩后,在次年迅速衰退。“Lacoste”被广泛授权后销售额1982年达到4.5亿美元的顶峰,但在品牌被掠夺性的开发使用之后已经风光不再,1990年它的衬衫销售额缩减至1.5亿美元左右[③]。皮尔·卡丹、华伦天奴也面临同样的问题。许多厂商在许可协议中采取各种措施保护

① 曾朝辉:《中国式品牌管理》,东方出版社2005年版,第29页。

② [美]凯文·莱恩·凯勒:《战略品牌管理》,中国人民大学出版社2003年版,第244页。

③ [美]凯文·莱恩·凯勒:《战略品牌管理》,中国人民大学出版社2003年版,第246页。

自身权益，尤其是那些本身品牌资产弱、对许可方形象依赖程度高的公司更是如此。例如，厂商可使用大范围的授权许可实体，以便分散风险；致力于开发独特的新产品和进行别具一格的营销活动，努力使自己的销售不仅仅取决于授权品牌的影响力；开展营销调研，以确认产品与许可实体是否相符，或者为有效地控制存货提供准确的预测等等。

九、品牌虚拟经营战略

同品牌许可授权战略的经营者专注于生产的情形截然相反，虚拟经营者把更多的精力放在经营自身品牌之上，而将生产环节交给他人。作为普通的消费者，很多人并不知道，他们穿的耐克、阿迪达斯鞋，抽的七匹狼香烟，喝的浏阳河酒并非真正由这些企业所生产，而是委托他人加工而成。品牌虚拟经营实现了品牌与生产的分离，它使生产者更专注于生产，而使品牌持有者从烦琐的生产事务中解脱出来，而专注于技术、服务与品牌推广。

耐克公司是全球品牌虚拟经营战略最为成功的企业之一。由于运动鞋市场需求类型繁多，许多品种型号特殊而需求量较小，如果均由自己生产，公司的生产成本必然居高不下。从 20 世纪 70 年代初开始，耐克公司决定把主要精力放在设计与营销上，具体生产则承包给劳动力成本低廉的国家和地区的厂家——大多数是远东地区的工厂，以此降低生产成本，清除一般企业都可能遇到的经济障碍。因此，现在美国市场上出售的“耐克”运动鞋，基本上都是在海外工厂生产，然后返销回美国的。正是这种虚拟经营，使“耐克”在国际市场获得了强大的成本竞争优势。

为了加强其手机业务，世界领先的通信设备生产商爱立信与总部位于新加坡的 Flextronlcs 公司达成战略伙伴关系。双方决定，爱立信将集中力量进行手机的技术研发、设计、品牌推广、市场营销和售后服务等经营领域，生产和供应则由 Flextronics 公司负责，即国际通行的“代工外包”方式。这表明在手机这一领域，爱立信正在尝试虚拟经营。

有需求，就有市场。伴随着大量虚拟经营企业的不断出现，一些大规模的 OEM 生产基地应运而生。长三角、珠三角地区活跃着一批靠给国际、国内知名品牌做代工制衣、制鞋的企业。被誉为国内“代工之王”的当数深圳富士康。2007 年 4 月 2 日，年产 3 000 多万部数码相机和 1 500 万台电脑的富士康武汉科技工业园在湖北武汉高新技术开发区奠基开工，首期投资 10 亿美元，一期占地 300 公顷。到 2010 年一期项目建成后，富士康武汉科技园将成为全球最大的数码相机和液晶显示器的制造基地，为全球各大品牌提供代工服务，年产值将达 1 000 亿元。这种“借船出海”的营销策略似乎不错，但从长远来看，并非万全之策，因为企业从根本上要依赖别人的品牌而生存。在这方面，索尼公司给了我们很好的启示。当20世纪60年代初索尼公司的产品刚开始打入美国市场时，美国一家公司便许诺代销10年，每年包销10万台，条件是使用美方商标。决心走品牌之路的索尼公司拒绝了美方的“好意”，坚持打造自己的品牌，虽然刚开始遇到不少挫折，但“Sony”品牌因此得以屹立于世界。

十、联合品牌战略

联合品牌，又称为品牌束或品牌联盟，是指两个或两个以上现有品牌合并为一个联合产品或以某种方式共同销售。通俗地说，就是品牌相互联合，相互借势，共同出现在同一个产品中，实现1+1>2。联合品牌战略与上述品牌战略最大的区别是与他人的品牌联合，借助他人品牌的知名度、美誉度和权威性提升自身品牌的形象。联合品牌已出现了多年，1961年，Betty Crocker和Sunkist Growers即一起成功地销售了一种柠檬松软蛋糕配料。近年来，联合品牌作为一种建立品牌资产的方法，已引起越来越多企业的兴趣。联合品牌战略的使用又可以具体分成以下几种情况。

（一）产品品牌与要素品牌的联合

要素品牌是与产品品牌相对应的概念，指生产产品所必需的原料、成分和部件拥有的品牌。一般而言，只有要素的品质的确不凡，产品厂商才会协助推广和采用要素品牌，如电脑中的“Intel”处理器、“金士顿”内存条。使用要素品牌有助于提升产品品牌的品质认知度。尽管目前许多最终用户对要素的品质和功能还不甚了解，但当越来越多的产品厂商对要素品牌表示认同，联合使用时，用户慢慢会认识到只有使用了该要素的产品才可能造出品质超群的产品。例如，索尼通过与杜比（Dollby）联合，在顾客心目中产生了“更高的声音品质”的效果。Intel的品牌“奔腾”几乎成为电脑处理器的代名词（参见图4－10），如果哪个品牌的电脑还未使用Intel的处理器，很难让消费者对该品牌的品质放心。

图4－10　Intel处理器的品牌标志

（二）产品品牌与证明标志的联合

证明标志（参见图 4 – 11）是由对某种商品或者服务具有监测和监督能力的组织注册、掌握的证明性标志，它比普通品牌更具有权威性。如“莱卡标志”、“纯羊毛标志”、“国家免检产品标志”、“绿色食品标志”、“中国驰名商标标志”等。与证明标志联合，可以证明商品或服务具有某种特定的品质。

图 4 – 11　证明标志

（三）产品品牌与竞争品牌联合

联合品牌战略最主要、最核心的一种形式就是产品品牌与竞争品牌的联合，越来越多的企业意识到，市场竞争的最终结果不是哪一方的胜出，而是共赢。如果能够强强联合、优势互补的话，可以在短时间内提高市场竞争力，抵御更为强大的竞争对手。国内的家电行业、汽车行业是联合品牌比较集中的行业，它们在与外资合作中，借助品牌与技术、管理资源，逐步走向独立品牌的开拓与经营，如“海尔·阿里斯顿”电器、“长岭·阿里斯顿”、“长安·奥拓”、“东风·雪铁龙”、“长安·福特”、“东风·本田”、“海南·马自达”和“上海·大众”汽车等。2001 年，爱立信与索尼各出资 50% 成立了新公司——SEMC（索尼·爱立信），从事“索尼·爱立信”品牌手机的设计、开发和销售。“索尼·爱立信”很好地结合了爱立信的传统通信优势和索尼的消费娱乐设备领域的优势，具有在未来最被看好的领域中最强有力的竞争优势。据此，索尼·爱立信雄心勃勃地宣称，在未来 5 年内要成为移动多媒体产业业界的老大。

（四）产品品牌与合作品牌的联合

联合品牌还有一种情况就是产品品牌和合作品牌之间的联合，如“壳牌万事达卡”。这种联合往往基于两个品牌能达到某种逻辑上的一致，联合后的品牌和销售活动能够使各自品牌的有利因素最大化，不利因素最小化。如 Fisher – Price 与康柏联手，推出了一系列联合品牌的“神奇工具”软件及计算机附件。为了反映两者的互补性，它们在广告中强调：“没有人比 Fisher – Price 更了解乐趣，也没有人比康柏更了解电脑。”

案例分析

迪斯尼许可授权的妙用

沃特·迪斯尼公司一贯被认为拥有世界上最强大的品牌。它在许多方面都获得了成功,如电视、电影、主题公园及其他娱乐项目。这些不同的产业造就了一批受欢迎的明星及高质量娱乐的声誉。迪斯尼的消费品经过精心设计,试图在如下7个行业中保持迪斯尼名称和人物在消费者心中的新鲜感:

(1)授权商品。有选择地允许一些高质量商品使用迪斯尼动画形象。

(2)出版。在图书、杂志、戏剧、美术中讲述迪斯尼童话故事。

(3)音乐、音像。发行录有流行的迪斯尼音乐、故事的音带和CD。

(4)计算机软件。将迪斯尼的"乐趣"编成软件供家庭电脑或计算机游戏系统使用。

(5)教育产品。为学校和图书馆铸造获奖影片中的动画人物。

(6)迪斯尼商店。将迪斯尼的魔力带到国内外的高档购物中心。

(7)目录营销。由迪斯尼公司的子公司"儿童工艺"公司用最高级目录提供迪斯尼产品和有迪斯尼质量认可的产品。

这些产品的流行程度令人吃惊——仅每年儿童购买的米老鼠娱乐读物就达30亿册,相当于每天印刷1 000万册。

迪斯尼公司坚信,它的动画人物多年来在高质量产品上的亮相将极大地提高公司的声誉。公司创始人沃特·迪斯尼的经营哲学是,他的动画人物可用在真正具有游戏价值的玩具中或高质量的产品上,从而使影片中的乐趣得以延续并加强公司优秀的形象。第一个人工制作的米老鼠出现在1930年。而今天,迪斯尼已同世界上顶级企业达成3 000项16 000种产品的授权许可协议,授权内容有标准动画人物(米奇、米妮、唐纳德、古菲、普洛托)和影视(《阿拉丁》、《狮子王》和电视片《家庭进步》等)。

为了有效地利用这些动画形象的声望,迪斯尼公司为授权产品开发了一组品牌,其中有米奇鼠、米妮鼠和其他著名迪斯尼人物。每一品牌针对一个年龄层次,并有专门的销售渠道。宝宝米奇公司针对婴幼儿;米奇则针对儿童和成人。这些产品都通过商场和专卖店销售。"迪斯尼宝宝"面向婴幼儿;"米奇儿童玩具"面向男孩、女孩;"米奇无限"则针对青少年及成人。这些产品通过大型超市销售。每一品牌都将名称和人物结合成一个独特设计的图标,每个图标都应用于许多产品种类,如服装、饰品、玩具、家具、新奇饰物、运动产品和礼物等(参见图4-12)。

案例分析

图 4－12　迪斯尼许可授权的丰富多彩的产品

授权资源开发部的艺术家和生产商在设计、样品制作、生产、包装、广告等产品营销的各个方面密切合作，每一个阶段都注意使产品与所用动画形象的外观、个性相符。为了保护并增加其品牌价值，迪斯尼公司还印发了厚厚一本迪斯尼授权品牌认证标准，详细规定图标的着色，在包装、零售标记及其他传播媒体中的使用方法；在图标外品牌名称的使用以及迪斯尼版权通告等等。迪斯尼有一批雇员，专门负责解释这些标准，并全力维护迪斯尼人物的形象。

资料来源：[美]凯文·莱恩·凯勒：《战略品牌管理》，中国人民大学出版社 2003 年版，第 245 页。

本章小结

本章主要从品牌战略阶段与目标、品牌创意与注册、发展战略选择三方面来阐述品牌发展战略的制定。品牌如同其他事物一样是具有一定生命周期的，可以分成品牌初创期、成长期、成熟期和老化期，处于不同阶段的品牌应采取不同的市场策略；品牌必须有一个响亮的名字，而且要通过商标注册，以获得市场与法律上的名片与通行证，为品牌的发展奠定基础。品牌命名要遵循利于传播、强化定位、蕴涵远景的原则。品牌标志的创意要符合独特性、简约性、关联性和时代性。品牌的保护性注册包括:经营范围、名称、图案、区域、企业名称等内容。品牌的发展战略多种多样,本章主要介绍了10种主要的战略模式:单一品牌战略、多品牌战略、统一品牌战略、副品牌战略、担保品牌战略、影子托权战略、共同驱动战略、许可授权战略、虚拟经营战略和联合品牌战略。

思考练习题

1. 品牌发展一般分为哪几个阶段?各阶段制定战略的要点分别是什么?
2. 品牌名称的创意应遵循哪些原则?
3. 品牌标志设计应具有哪些特性?
4. 品牌注册应注意哪些事项?
5. 请结合案例对品牌发展战略的10种选择进行简述。

品牌传播与管理

5

品牌营销渠道传播

本章学习重点

- 营销渠道的含义、结构、类型
- 电子商务的主要模式
- 电子商务对传统营销的变革
- 营销渠道在品牌建设中的作用
- 营销渠道的决策过程及操作
- 渠道推广策略及其内容
- 渠道管理的三个方面：渠道的整合管理、渠道的绩效管理和渠道的关系管理

大多数的企业发现，在产品、价格乃至广告形式都日趋相同的今天，单凭产品的独立优势或者促销的拉动已经很难在市场竞争中胜出。正如整合营销传播之父舒尔茨所言：在产品同质化的背景下，唯有“渠道”和“传播”能产生差异化的竞争优势。“渠道为王，终端制胜”，营销渠道已成为当今企业关注的重点，是企业克敌制胜的有力武器。本章将从渠道建设、管理的角度探讨如何通过渠道来加快品牌传播，增强品牌势能。

第一节　品牌与营销渠道决策

一、营销渠道及其相关概念

（一）营销渠道的含义

菲利普·科特勒这样定义营销渠道：“大多数生产商并不是直接把产品或服务直接出售给最终用户的，在生产者和最终用户之间有一系列的营销中间机构执行不同的功能，这些中间机构组成了营销渠道，也称为贸易渠道或分销渠道。”①事实上，市场营销学中，有关渠道的两个术语经常在不加区分的交替使用，这就是市场营销渠道和营销渠道。市场营销渠道（marketing channels）是指配合生产、分销和消费某一生产者的商品和服务的所有企业和个人。也就是说，市场营销渠道包括某种产品供、产、销过程中的所有有关企业和个人。营销渠道又称分销渠道（distribution channels），是指某种产品和服务从生产者向消费者转移的过程中，取得这种商品和服务的所有权或帮助所有权转移的所有机构和个人。营销渠道只包括生产产品或服务及其销售过程有关的机构和个人，不包括供与产的关系。所以，市场营销渠道包含营销渠道，营销渠道是市场营销渠道的一部分，如图5－1所示。本章讨论的渠道即指营销渠道，也就是产品从制造商到终端消费者的流通路径。

为了便于叙述，本章中将营销与分销等同使用，将中间商与分销商、渠道成员等同使用。

（二）营销渠道的结构

1. 直接渠道和间接渠道。直接渠道又称零级渠道，指没有中间商参与、产品由企业直接销售给终端消费者的渠道类型。市场上大约有20%的消费品和80%的工业品采用直接渠道。直接渠道可以直面消费者，及时了解他们的消费需求与偏好，为消费者提供良好的服务，而且通过减少中间环节，降低了销售成

① ［美］菲利普·科特勒：《营销管理》，上海人民出版社2003年版，第569页。

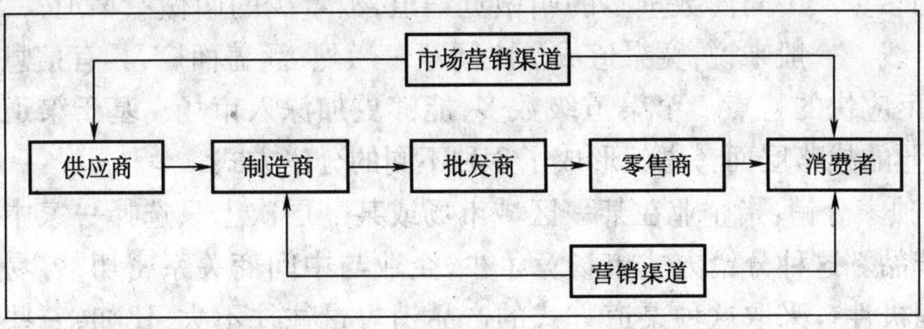

图 5－1　市场营销渠道与营销渠道（分销渠道）的区别

本。其不足之处在于市场覆盖面有限。工业品采取直销形式比较多，由于工业品技术复杂，难度系数大，需要企业按照客户的具体要求进行服务，而且用户比较集中，购买量大，因而选择直销形式比较有利。快速消费品也有采用直接销售形式的，比如，“安利”、“玫琳凯”的直销模式，它的优势在于稳定客户源和不断开发壮大消费市场。

间接渠道是相对直接渠道而言的，指产品从制造商流向消费者的过程中有中间商参与的渠道类型。间接渠道是消费品分销的主要方式，它能发挥中间商在广泛提高产品和进入目标市场方面的最高效率，而且利用中间商的销售网络、商务关系以及市场推广经验通常会比生产商直接销售更为节约和获得更多赢利。绝大部分消费品都是选择间接渠道进行分销的。

直接渠道与间接渠道的比较见图 5－2。

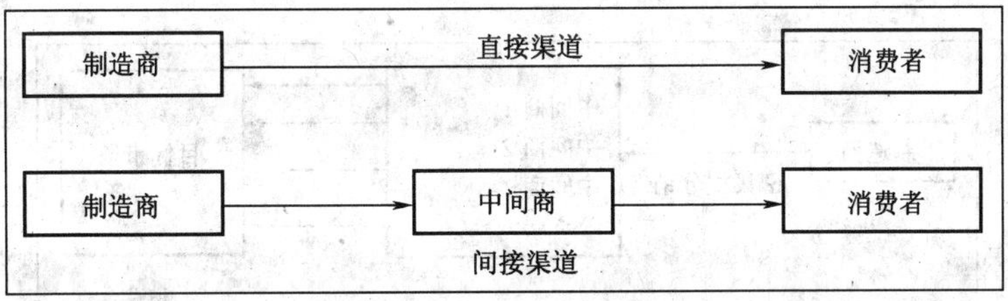

图 5－2　直接渠道与间接渠道的比较

2. 长渠道与短渠道。通常，我们根据营销渠道级数将渠道分为长渠道和短渠道。根据中间商数量的多少还可以将渠道分为零级渠道、一级渠道、二级渠道、三级渠道。零级渠道是指从制造商直接到消费者的渠道，即直销，如制造商——消费者；一级渠道是只有一个中间商的营销渠道，如制造商——零售商——消费者；二级渠道是有两个中间商环节的营销渠道，如制造商——批发商——零售商——消费者。三级渠道是产品经由 3 个中间商传送到消费者手中，如制造商——批发商——中转商——零售商——消费者。

3. 宽渠道与窄渠道。宽渠道和窄渠道的划分依据是同一渠道层次中中间商数量的多少。中间商数量多的叫做宽渠道,数量少的叫做窄渠道,二者没有严格的界线。一般来说,宽渠道成员之间竞争激烈,涵盖面广,具有信息流通及时、市场反应快的特点。窄渠道级数多,能够更加深入市场。基于渠道的宽和窄,从企业的战略层面考虑就形成了3种不同的分销方式。

(1)独家分销:指企业在某一区域市场或某一层次上只选择一家中间商来销售其产品。这种分销方式市场竞争少,企业与中间商关系密切,容易调动中间商的积极性。采取这种渠道方式的产品销售量往往不大,比如,一些高档奢侈品往往采用独家分销渠道。为了保证市场利益,采取独家分销的企业一般都与中间商签订排他性协议,如独家经销合同。

(2)密集型分销:指企业建立密集型渠道来销售自己的产品。这种密集型渠道中往往既有代理商、批发商又有零售商。其特点是能够最大范围地铺货,获得较高的市场覆盖率,让消费者和用户随时随地买到自己的产品。快速消费品一般采用这种分销方式,例如,"宝洁"、"可口可乐"和"娃哈哈"等。其不足之处是渠道成员之间竞争激烈,容易造成市场混乱,发生窜货等现象,导致高额的管理成本。

(3)选择型分销:指制造商在销售区域内选择几个合适的中间商来销售自己的产品。它是介于密集型分销和独家分销之间的一种形式。这种分销方式适合所有产品,但更适合消费品中选择性较强的商品和特殊性商品,如家居、家电、建材和数码产品等。

图5-3为渠道宽窄与3种分销方式的示意。

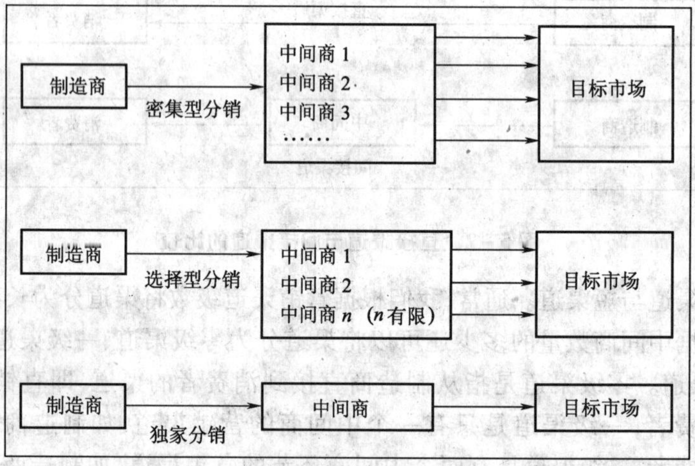

图5-3 渠道的宽窄与3种分销方式

(三)营销渠道的类别

按照营销渠道中各成员与企业之间的经济关系,营销渠道还可以分为独立中间商渠道和整合渠道两类(参见图 5 - 4)。①

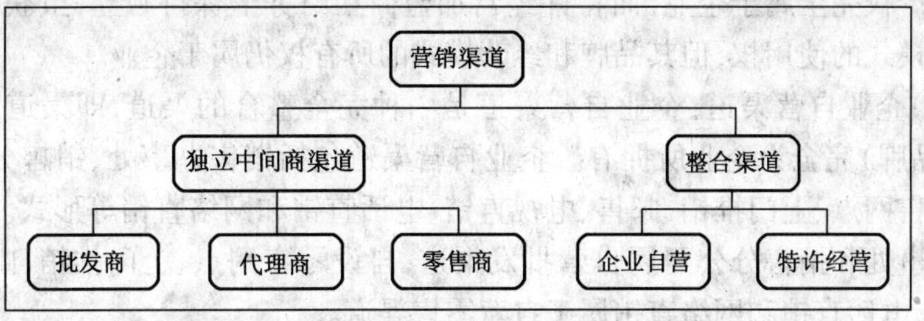

图 5 - 4 营销渠道的类别

1. 独立中间商渠道。独立中间商渠道中的成员与企业在经济关系上是完全独立的,它们从企业买入产品转售或受企业委托为企业代理产品销售。独立中间商渠道中的成员一般包括批发商、代理商和零售商等。批发商和零售商与企业之间是买卖关系,而代理商与企业之间是委托代理关系。

(1)批发商:又称经销商、分销商,它从企业手中买入产品转售给零售商或小级别的批发商。它并不直接面对终端消费者,而是面对零售商或更小级别的批发商,是大众消费品企业和拥有全国市场或国际市场的企业开拓市场的一个主要渠道。

(2)代理商:代理商是接受企业委托为企业代理产品销售的中间商。代理商并不拥有产品的所有权,只是帮助其所有权转移。随着行业的分工越来越细,各行各业都涌现出了一批代理公司,如房地产销售代理、汽车销售代理、IT产品销售代理等等。他们主要面向零售商和部分终端消费者。

(3)零售商:零售商是直接把产品卖给终端消费者的中间商,因为面向的是终端消费者,因此其业态比较多元化(图 5 - 5),比如,购物中心、中小型超市、仓储型超市、仓储型商场、专卖店、便利店、百货店和专业店等。

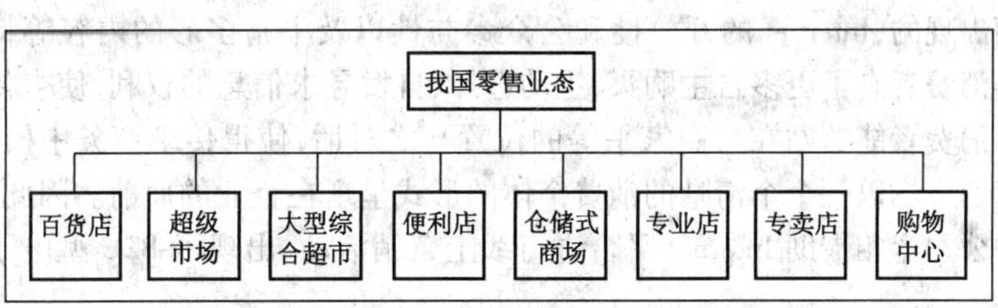

图 5 - 5 零售商的多元业态

2. 整合渠道。整合渠道与企业在经济上的关系不是完全脱离的,而是从属

① 陈祝平:《品牌管理》,中国发展出版社 2005 年版,第 139 页。

或半从属关系。整合渠道有企业自营渠道、特许经营渠道两种形式。企业自营渠道的产权完全属于企业，而特许经营加盟商在财务上保持独立，虽获得品牌和经营模式的使用权，但其品牌和经营模式的所有权仍属于企业。

(1)企业自营渠道：企业自营渠道是一种完全整合的渠道，即渠道的产权(包括品牌)完全为企业所拥有。企业自营渠道包括销售办事处、销售分公司、自设零售网点、上门推销、邮售、电视直销、电话直销和网络直销等形式。其中，销售办事处和销售分公司属自营批发渠道；自设零售网点、上门推销、邮售、电视直销、电话直销和网络直销属于自营零售渠道。

(2)特许经营渠道：企业通过转让品牌使用权和经营模式让加盟商加入自己的销售网络，帮助其拓展市场、销售产品或服务的一种渠道。特许经营是一种速度最快、成本最低的渠道建设方式，比较适合于一些品牌发展较为成熟，经营模式容易复制的企业。

二、营销渠道的变革——电子商务

随着传统渠道竞争的白热化、网上购物环境的成熟、网上购物市场规模的飞速增长，电子商务作为新兴渠道面临着广阔的市场前景，正日益受到传统企业的高度重视，已经成为众多传统企业整体营销渠道战略部署中的一枚重要的棋子，而不少企业已经从中获得极大的收益。

(一)电子商务的模式

电子商务可以分为：企业对终端客户的电子商务(B2C)、企业对企业的电子商务(B2B)和个人对个人的电子商务(C2C)3 种主要模式。

1. 当前电子商务发展的主流：B2C。从当前来看，B2C 型电子商务在电子商务领域占据着重要地位，成为电子商务发展的主流。为何 B2C 型电子商务会成为电子商务的发展主流呢？这是因为 B2C 型电子商务本身就是随着 Internet 的出现而出现的，Internet 的开放性和公众参与性以及丰富多彩的内容等特点正好使得消费者有了更多自主购买、主动选择、自发寻求信息的权利，使得传统商务中的消费者能够站在与商家平等的位置与之对话，使得传统商务中模糊、浩如烟海的市场以一个个清晰的消费个体的形式呈现在企业的面前。因此，越来越多的公司竞相借助 Internet 平台进行线上营销活动，出现了 B2C 型电子商务热潮。

B2C 型电子商务的特点就是最大限度地发挥网络互动的优势，双向、互动信息供需模式在 B2C 中得到集中体现：企业更多地直接面对消费者，双方通过网络直接进行商品交易。不仅企业在积极地向用户展示自己的产品，同时用户也在积极主动的搜寻自己所需的信息。企业千方百计地在网上营造自己的营销模式来吸引消费者，而消费者面对信息有了更多自主选择的权利。B2C 型电子商务实现了企业与消费者之间的互动，把一个个零散的消费者聚在了网络平台上，给商家开拓出了一个广阔的市场空间。

2. 未来电子商务发展的趋势：B2B。企业与企业之间的电子交易模式被称作 B2B，企业通过内部信息系统平台和外部网站将面向上游的供应商的采购业务和下游代理商的销售业务都有机地联系在一起，从而降低彼此之间的交易成本，提高满意度。实际上面向企业间交易的 B2B，无论在交易额和交易领域的覆盖上，其规模比起 B2C 来都更为可观。

3. 新兴电子商务模式：C2C。所谓 C2C 模式，就是消费者与消费者之间的电子商务。通俗地讲就是个人与个人之间通过网络进行交易的电子商务类型。从理论上来说，C2C 模式是最能够体现互联网的精神和优势的，数量巨大、地域不同、时间不一的买方和卖方通过一个平台找到合适的对象进行交易，在传统领域要实现这样大的工程几乎是不可想象的。C2C 模式同传统的二手市场相比，它不再受到时间和空间限制，节约了大量的市场沟通成本，其价值是显而易见的。

从实际操作来说，C2C 具有两大优越性：首先，C2C 能够为消费者带来真正的实惠。C2C 电子商务不同于传统的消费交易方式。过去，卖方往往具有决定商品价格的绝对权力，而消费者的议价空间非常有限。拍卖网站的出现，则使得消费者也拥有了决定产品价格的权力，并且可以通过消费者相互之间的竞价，让价格更有弹性，消费者也获得了更多的实惠。其次，C2C 能够通过打折和新鲜的购物方式吸引消费者。打折永远是吸引消费者的一剂良方。对于有明确目标的消费者，他们会受利益的驱动而频繁光顾 C2C 网站；而那些没有明确目标的消费者，他们会为了享受购物过程中的乐趣而流连于 C2C 网站。对于这些人而言，这是一种很特别的休闲方式。因此，从吸引"注意力"的能力来说，C2C 的确是一种能吸引"眼球"的商务模式。

（二）电子商务对传统营销的变革

网络强大的通信能力改变了市场营销理论的根基，给电子商务系统创造了全新的交易环境。在这种全新的环境下，时空概念、市场性质、消费者的概念和行为等等都将发生深刻的变化，并由此引发市场概念、营销策略，甚至是整个商品流通领域的变革。

1. 时空观念的重组。在现实社会中，人们正在受到两种时空观的影响，精确的物理时空观与超越物理时空观的网络时空观。时空的重组对于营销策略的制定和商业竞争是十分重要的。网络营销的范围大大突破了商品销售范围和消费者群体、地理位置等有限模式，取而代之的是一个网址和客户所希望的任何时间与任何地点。

2. 信息传播模式的变化。在信息经济时代的今天，信息的传播模式有了很大的变化，其中商业信息传播模式的变化更大，这些变化的主要表现为：①双向的信息传播模式。信息的传播模式不再保持以往的单向传播模式，而是逐步演变成双向的信息需求和传播模式，企业在积极向用户展示自己产品的同时，用户也在积极的索要自己所需的信息。Internet 从技术上保证了信息双向传播的实现。②推动互动的信息供需模式。用户信息需求模式的变化主要表现在：其一，主动上网搜寻所需要的信息，变“推”为“拉”；其二，个性化的信息需求，即越来越多的根据个人的需要来接受信息。对于传播者而言，企业则需要按照用户的需求“推”出信息，主导型的传播将被推拉互动的传播方式所取代。③多媒体的信息传播模式。在 Internet 技术的保证下，网络使得多种信息元素得到统一。

3. 市场性质的变化。通过电子商务的手段，企业会更多的直接面对消费者，从而引起市场性质的变化。①直接网上交易。在电子商务环境下，生产商和消费者通过网络直接进行商品交易。这种交易避开了传统的流通环节，更加直接和自由化。②市场的多样化、个性化。在电子商务中，不同的企业、系统、产品将千方百计的通过自己的营销模式来吸引客户，市场会更显个性化和多样化。③市场细分的彻底化。传统商务中，无论市场如何细分，其最终结果还是针对某一特定消费群体，但在网络环境下，市场细分趋向极致，演变成一场针对每一个消费者的营销，即一对一营销。

4. 实时互动带来消费者行为、需求和愿望的新变化。网络环境下，电子商务拉近了人与人之间的距离，扩大了商业领域和人们选择商品的范围，它不仅带来了商业流通领域和商业实务运作模式的革命性变化，而且给消费者的购买行为带来了重大变化。①需求导向的消费者行为。电子商务环境中，传统广告、宣传的传播方式和内容以多媒体形式出现在网络上，以联想、智能搜索、组合查询的方式传播，在网页上分类展示商品。在这些形式吸引人、数量巨大的广告信息的诱发之下，人们的需求越来越多，并开始主动表达购买商品的欲望，而且消费者会把上网作为了解信息和购买商品的主要途径，在网上挑选、订货并支付购买。②理性的消费行为。信息时代的消费者概念和消费者行为发生了很大的变化，在电子商务环境下，消费者面对的是网络系统，大量的信息资讯可供查询了解，大量的商品可供比较选择，这使得消费者完全可以理性地规范自身的消费行为。首先是主动地表达对商品的欲望。电子商务使消费者不会再在被动的方式下接受信息，而会根据自己的需要主动地上网寻找合适的商品，消费者还会向企业主动表达购买某种产品的欲望。其次是大量收集信息。大量的信息资讯给消费者的购买提供了更多的有价值的参考，消费者在做出购买决策前，往往会收集大量信息，甚至会向有关论坛、咨询栏目发出请求，以期帮助自己做出理智的购买决策。其三是大范围地选择比较。网络和电子商务系统为消费者提供了空前规模的选择余地，无论是个体消费者还是团体采购

者，购物都会“货比千家”，精心挑选，在这种环境下消费者会更加聪明。

总之，与传统渠道相比，电子商务有着巨大优势，但是如果没有传统渠道，电子商务也势单力薄。因此企业面临的最大挑战是，实现传统渠道与新兴渠道的整合，新旧共存、优势互补，共同服务于企业营销。

三、营销渠道在品牌建设中的作用

渠道虽然直接服务于销售，但渠道对企业品牌的建设也有着十分重要的作用。首先，渠道是企业产品和服务流通的途径，它直接影响着消费者获取产品和服务的便利，而便利是消费者感知企业品牌形象的一个重要纬度。其次，渠道中的成员代表企业同消费者打交道，是消费者感知企业的服务态度和销售环境的重要场所。越来越多的企业意识到，是否有利于品牌的发展是评估渠道的一个重要尺度。因此了解营销渠道在品牌建设中的作用，有助于考核渠道、评估渠道、调整和改进渠道建设。

（一）营销渠道对品牌的影响

营销渠道对企业品牌的影响是多方面的，主要表现在品牌认知、品牌联想和品牌态度 3 个层面。

1. 影响消费者对品牌的认知度。品牌价值的创立过程就是市场的培育过程。消费者对品牌从感知到认知再到认同，需要得到售前的引导、售中的承诺和售后的跟进等系列的互动式服务才能形成。中间商在这个认知形成过程中扮演着重要的角色。

终端消费者对品牌的总体感知很大一部分来源于对营销渠道内中间商服务质量的感知，以及中间商在市场中提供有关品牌信息的感知，包括终端的营业推广、人员促销、终端氛围的营造以及终端的配套服务。例如，很多中间商会参与到产品的运送和安装、使用和维修的过程中，特别是家电、家居类产品的中间商，消费者会直接根据中间商提供配套服务的好坏来评判企业的产品质量、品牌形象的好坏。如果中间商提供的服务到位，就会增强和促进消费者对品牌正面的品牌认知，反之，则会带来负面的认知。

服务类中间商更是完全承担服务的全过程，因为服务类产品的中间转移只能是代理，不能买卖，而代理就意味着承担服务的全过程。因此，与产品中间商对产品生产商品牌的影响相比，服务中间商对服务委托商品牌的影响更大、更直接，后果严重的话会直接损害服务委托商的品牌形象。

中间商在交易中提供的信息多少也直接影响消费者对品牌产品的感知，如中间商通过支持性广告、营业推广和人员推销等方式对品牌提供的品牌信息越多，消费者获得的品牌信息越多，对品牌的感知就越深入。

2. 影响消费者对品牌的联想度。中间商本身的品牌形象会影响到消费者对企业品牌的联想，中间商的品牌优势可以带动所经营产品的品牌形象的提升。一般来说，中间商的品牌越强势，消费者对中间商所经营的产品品牌的联想就越积极。随着一些知名中间商品牌的崛起，强势渠道逐渐成为一种质量和信誉的象征。对于很多缺乏知名度的企业品牌而言，只要能够与这些中间商品牌结成战略伙伴关系，就可以迅速启动市场；而对于一些已经有一定知名度的品牌而言，与强势渠道强强联合，可以相互利用品牌优势，进一步扩大市场影响力。2007 年 5 月，海尔公司与国美公司签订战略合作协议，订单总额高达 100 亿元，其合作模式备受业界瞩目。

3. 影响消费者对品牌的态度。中间商对企业品牌的态度也影响消费者对品牌的态度。由于企业并不直接同消费者进行交易，而是通过中间商这个桥梁和纽带，因此终端消费者对企业品牌的判断在相当程度上会参考中间商的看法。中间商对品牌的选择意向、偏好结构和购买态度，对终端消费者有很大的影响。尤其是中间商连锁经营业态的出现，将进一步增强中间商在品牌选择上对终端消费者的影响力。因为连锁经营发展必然增加中间商对采购市场的垄断程度，中间商对企业品牌的选择权会越来越大，而这种选择将进一步左右终端消费者对品牌的选择。

虽然在产品严重过剩的市场中，渠道已经显得越来越重要，拥有渠道就意味着拥有市场，但营销渠道与品牌仍然是一组辩证关系，渠道可以造就品牌，也可以扼杀品牌，两者相互依存、相辅相成。企业应把品牌纳入渠道建设的系统，把是否有利于品牌发展作为评估渠道的重要指标，不可让渠道阻碍了品牌的发展。

（二）不同渠道成员对品牌建设的作用

不同渠道成员对品牌的影响程度是不一样的，在整合渠道中企业自营渠道的影响最大，其次是特许经营；独立渠道中零售商对企业品牌影响最大，其次是代理商和批发商。不同渠道成员在促进品牌建设中发挥的功能也各不相同。

1. 自营渠道与品牌形象树立。由于企业自营渠道的产权完全属于企业，企业可以完全自主的对渠道进行管理和调整，利用自营渠道拉近与终端消费者的距离，并通过组织定期的品牌活动、训练有素的销售人员和营造整齐划一的终端销售环境，在消费者心目中树立起个性鲜明、差异化的品牌形象。

企业通过自营渠道可以自主设计网点的营销环境，使营销环境完全为企业的品牌服务，如各大企业都通过开设“品牌旗舰店”，完成对品牌形象的展示、烘托与提升，这在非自营渠道是难以实现的。自营渠道还可以利用人员促销深化与消费者之间进行的互动交流。企业自营渠道的一线销售人员都是由企业自己进行培训、管理，他们对企业品牌理念、企业文化的理解比一般网点的销售人员要透彻，因此，企业还可以有效利用服务人员深化与消费者之间的交流和沟通。企业还可以通过自营渠道定期组织各种品牌宣传活动，这也是自营渠道在品牌形象建设方面最突出的优势。宣传活动还可以加深消费者对品牌价值的体验，加强消费者同品牌之间的互动和联动。自营渠道的企业可以利用自身场地、人员以及管理和协调优势，定期举办各种各样的活动，如中国移动“动感地带”就经常在旗舰店举办客户联谊会、歌迷见面会、游戏竞技赛等各种公关活动，对树立“动感地带”“年轻、自主、独立、自信”的品牌形象起到了重要的作用。

2. 批发商与品牌区域扩张。批发商是企业进行品牌区域扩张的重要渠道。由于批发商主要面对的是大宗客户，以零售商和次级批发商为主，因此企业只要找到为数不多的批发商就可以找到重要的大宗客户，快速进入市场。尤其是对于中小企业，可以避免渠道建设资金不足的问题。此外，由于批发商主要是跨区域进行交易，客观上促进了企业品牌的区域扩张，对那些制定了品牌区域扩展战略的企业而言，想要更快地开拓全国市场和国际市场，批发商渠道是关键。青岛啤酒进入美国啤酒市场时，选择了美国莫纳克公司作为批发商，该公司负责批发青岛啤酒以来，成绩斐然，为青岛啤酒在强手如林的美国进口啤酒市场销量上升到第9位起到了举足轻重的作用。但选择批发商也有不足之处，由于批发商并不直接接触终端用户，因而对终端用户的影响较小，很少进行促销，不太重视销售环境，这在一定程度上影响了企业品牌的传播。

3. 特许经营与品牌资源整合。特许经营也是企业低成本高速度扩张的重要商业模式，通过品牌使用权和经营模式的转让，特许商可以一夜之间在各个区域铺建起渠道网络。特许经营在推进企业品牌扩张的同时，对特许品牌的资源也起到整合的效用。通过转让品牌和经营模式，收取加盟费、品牌转让费和管理服务费等，特许商使品牌的无形资产最大效用地运作起来，降低了渠道运营成本；同时通过一个个加盟分店在标志、格调、布局、服务和人员方面的整齐划一、协调一致，有效整合了企业形象识别系统。例如，麦当劳公司在全世界120个国家和地区已开办了超过3万多家餐厅，其中加盟店已占到70%。这些加盟商多年来一直认真贯彻麦当劳的经营准则，帮助其在全球市场形成了统一的“Q. S. C. V”理念，即“服务、优质、清洁、品质”，并每年上缴营业额的5%作为加盟费。这些加盟费是麦当劳企业利润的重要来源。

4. 零售商与品牌体验传播。1998年，约瑟夫·派因二世（B. Joseph Pine II）与詹姆斯·吉尔摩（James H. Gilmore）在美国《哈佛商业评论》发表的《欢迎体验经济》一文中指出：体验经济（experience economy）时代已来临。零售商作为企业接触消费者的重要终端，也是加速品牌体验传播的重要舞台。它不再是“一个固化的交易场所，而是一种开放的、生活的、舞台的、个性的、情景的、与顾客建立难忘经历和人文沟通的情感场所”。①

① 赵龙：《情景终端》，中国发展出版社2005年版，前言。

零售商中的业态纷繁复杂,不同业态对加深品牌体验的程度不同,方式也不同,企业尤其要重视零售业态中的百货公司、大型专业卖场、仓储型超市和网络零售商。百货公司购物环境比较好,主要通过商品的陈列、店堂的装饰、氛围的营造、POP广告来强化品牌体验;大型专业卖场和仓储型超市主要是通过商品的琳琅满目,一站式购齐,轻松自在的自助服务来促进消费者对品牌的满意度;而网络零售商的"体验"主要表现在便捷的支付、配送服务,低廉的价格,以及新奇、个性化的服务。

资料链接

海尔、国美签署战略合作协议

2007年5月,海尔公司与国美集团签署了2007年战略合作协议,订单总金额高达100亿元。这种合作模式被视为新型厂商关系的转变,更加透明化的交易模式将有利于行业的发展,因此被业界称为创新性的厂商战略合作新模式。

国美、海尔签订的100亿元战略合作协议,创造了中国家电发展史上最大规模的厂商一次性合作项目。在残酷的家电市场竞争中,100亿元已成为很多家电企业难以逾越的门槛,海尔一个品牌在国美一个渠道竟然达到100亿元,这意味着中国家电业的成熟,也意味着厂商间的合作进入到一个全新的历史阶段,厂商双方不再是简单的交易关系,而是如何共同服务目标消费者,同时实现双方共同承担行业责任,给行业的发展树立了榜样。

此次国美、海尔100亿元的战略合作协议中,国美承诺,将不再向海尔收取合同外的费用以及进场费,双方交易透明化,而海尔将给国美提供更具市场竞争力和高性价比的商品。

同时,海尔将在年内于国美集团渠道中设立100个"海尔旗舰商品展销中心"和200个展示海尔整套家电的"海尔电器园"形象店。这些"店中店"将有效地推动海尔、国美与消费者三者之间的零距离,开创体验式消费之先河。

另外,除100亿元的销售合同外,国美、海尔将建立更深层次的合作关系。据介绍,双方已成立国美海尔事业部,该事业部将由双方采购、销售、研发、服务以及财务人员共同组成。双方将通过开放式的信息化无缝对接,专门针对目标消费群体来开发个性化和人性化的产品,并通过双方物流体系的整合,实现B2B,B2C业务,提高供应链效率。

国美与海尔的合作,标志着厂商之间的关系将由原来相互关注各自资源和利益,调整为共同关注消费者,这种从对抗到对接的转变,将实现合作双方的共赢。

资料来源:http://tech.tom.com/2007-04-30/04BM/34987997.html

四、营销渠道的决策

明确了各种营销渠道在品牌建设中的作用后，企业就要对营销渠道进行设计，营销渠道的决策过程分为四步：第一步：明确渠道选择的影响因素；第二步：确定渠道目标及限制因素；第三步：制定渠道方案；第四步：评估渠道方案。

（一）影响渠道选择的因素

影响分销渠道选择的因素很多，生产企业在选择分销渠道时，必须对下列几方面的因素进行系统的分析和判断，才能做出合理的选择。

1. 产品因素。产品的价格、体积和重量，产品的属性、技术性以及产品的生命周期都会影响到渠道的选择。一般来说，产品单价越高，越应注意减少流通环节，否则会造成销售价格的提高，从而影响销路。而单价较低、市场较广的产品，则通常采用多环节的间接营销渠道；产品的体积大小和轻重，直接影响运输和储存等销售费用，过重或体积大的产品，应尽可能选择最短的分销渠道。对于那些按运输部门规定的起限（超高、超宽、超长、集重）的产品，应由组织直达供应；小而轻且数量大的产品，则可考虑采取间接分销渠道；产品有效期短，储存条件要求高或不易多次搬运者，应采取较短的分销途径，以便尽快送到消费者手中，如鲜活品、危险品；产品技术含量高，或需要经常的技术服务与维修，应由企业直接销售给用户，这样，可以保证向用户提供及时良好的销售技术服务；定制品一般由产需双方直接商讨规格、质量、式样等技术条件，不宜经由中间商销售；标准品具有明确的质量标准、规格和式样，营销渠道可长可短，有的用户分散，宜由中间商间接销售，有的则可按产品目录直接销售；上市之际的新产品，为尽快进入市场，扩大销路，可以考虑自建营销渠道或组织自己的推销队伍，直接与消费者见面，推介新产品和收集用户意见。如能取得中间商的良好合作，也可考虑采用间接销售形式。

2. 消费者因素。渠道的选择还会受到终端消费者的顾客人数、地理分布、购买频率、平均购买数量以及对促销方式的敏感性等因素的影响。当消费者人数较多，且较为分散时，则可以考虑密集分销；当消费者购买批量较小时，则需考虑较长的渠道为其供货；当消费者的潜在需求多，市场范围大，需要中间商提供服务来满足消费者的需求时，宜选择间接分销渠道；当消费者对产品需求较为个性化，宜采取直销模式；当消费者对促销敏感，受终端影响较大，则宜采取以零售业态为主的模式。

3. 企业因素。企业的总体规模、财力、销售能力、服务水平、发货限额、渠道经验、经营战略也会影响到企业的渠道选择。企业总体规模决定了企业的市场范围、客户规模和控制中间商的能力，企业规模大可以采取多渠道的混合营销渠道，企业规模较小则可以简化渠道，以降低渠道维护的成本；企业本身资本雄厚,则可以考虑自营渠道。例如,资本雄厚的中国移动于2003年启动了向自营网点的转型,针对不同客户的需求建设不同类型的网点。以中国移动上海分公司为例,截至2004年底,2年时间内建立了2家旗舰店、8家全球通品牌店、3家动感地带品牌店、25个体验站和55家营业厅。但并不是所有的企业都拥有中国移动的实力,如果企业资金薄弱则必须依赖中间商进行销售和提供服务;企业在销售力量、储存能力和销售经验等方面具备较好的条件,也可以选择自营或者直销;企业如果没有太多的精力投入产品的售前、售中、售后的配套服务,也可以考虑选择有丰富经验和专业水平的中间商;企业为了合理安排生产,会对某些产品规定发货限额。发货限额高,有利于直接销售;发货限额低,则有利于间接销售。企业的经营战略不同,对渠道的要求不同,如果企业急于拓展市场或者进行品牌延伸,可以考虑特许经营,如娃哈哈集团从饮料行业延伸到童装行业,就是采取的特许经营渠道,迅速拥有了一批熟悉童装市场的加盟商,从而使品牌延伸获得了成功。

4. 政策规定。企业选择分销渠道必须符合国家有关政策和法令的规定。某些按国家政策应严格管理的商品或计划分配的商品,企业无权自销和自行委托销售;某些商品在完成国家指令性计划任务后,企业可按规定比例自销,如专卖制度(如烟草)、专控商品(控制社会集团购买力的少数商品)。另外,如税收政策、价格政策、出口法、商品检验规定等,也都会影响分销渠道的选择。

5. 经济收益。不同营销渠道的经济收益的大小也是影响选择分销渠道的一个重要因素。对于经济收益的分析,主要考虑成本、利润和销售量3个方面的因素。每个渠道的运作成本是不一样的,有的与企业的销售成本底线大致持平,有的则远远低于或高于企业的销售成本。以某一品牌的厨房用具为例,企业在一次交易过程中的成本底线为400美元,则任何超过400美元才能达成的交易渠道都不会为企业带来赢利。渠道的最终方案应该既做到节约销售费用,又有利于生产发展和体现经济合理的要求(参见表5-1)。

表5-1 某企业各渠道的运作成本比较

渠道选择	每笔交易成本(美元)
因特网	40
直销/传真回复	180
电话销售	320
分销商	410
区域销售代表	760

资料来源:[英]劳伦斯·G.弗里德曼:《创建销售渠道优势》,中国标准出版社2000年版,第244页。

6. 中间商特性。中间商的特性也会影响到渠道的设计,企业必须找到愿意并且能够履行职责的中间商,或与自身品牌相得益彰的中间商。例如,海尔集团在和苏宁牵手后,又和国美集团高调合作,这是基于国美对海尔的一些"政策倾斜",如免收进场费、帮助海尔建设"店中店"等。再如,苹果电脑选择联想集团作为其在中国市场的销售代理,是因为联想集团是中国最有实力的电脑公司之一,在全国拥有数以百计的销售网点和几十个维修中心,委托联想集团销售苹果电脑,有利于苹果电脑迅速进入中国市场。

7. 竞争者因素。企业的渠道设计还必须考虑竞争对手的渠道,在某些情况下,企业的渠道设计可能要尽量避免与竞争对手重合,例如,"薇姿"决定不同其他化妆品企业争夺百货公司内的稀缺空间,而采取"全球药店专售"的营销渠道;再如,戴尔"消灭中间商",采取直销模式。但也有一些企业尽量的和竞争对手的渠道保持一致,采取比附的渠道方式,例如,"高露洁"的渠道总是和"佳洁士"保持一致,有"佳洁士"的地方就一定有"高露洁";麦当劳和肯德基的渠道模式一直以来也是保持着惊人的相似性。

(二)确定渠道目标及限制因素

明确了渠道选择的限制因素之后,应结合这些限制条件确定渠道目标。渠道目标是在企业营销目标的总体要求下,营销渠道应该达到的服务产出目标。这种目标一般要求所建立的营销渠道达到总体营销规定的水平,同时使整个渠道成本减少到最低程度。

(三)制定渠道方案

企业在明确了渠道目标之后,便可以选定几个主要的渠道方案。渠道选择方案一般涉及 3 个方面的因素:中间商类型、中间商数目和各个渠道成员的职责。

1. 中间商类型。企业首先要选择可以完成其渠道任务的中间商类型。然后根据企业自身的市场目标和中间商的状况来选择自己的营销渠道方案。若在市场上很难找到符合自己要求的中间商,企业可以考虑自建渠道,也可以考虑直销。近年来,直销的方式不仅在工业品市场,而且在消费品市场也得到了快速发展。信息沟通的日益便利已经使直销具备了良好的发展前景。当然,选择专业的渠道中间商还是占据市场主流。市场竞争越激烈,中间商的作用越重要。多数情况下,中间商能够为渠道带来活力,提供资金、整合资源以及分担市场风险。如果进入传统渠道成本过高、压力太大,企业也可以选择一些新兴渠道,如网络营销、电视直销等,这样做,往往会取得意想不到的效果。

2. 中间商数目。分销渠道中中间商的数目是由渠道宽窄程度决定的。分销渠道的宽度选择与生产商的分销战略息息相关。分销战略通常有以下 3 种类型:密集分销、独家分销和选择分销。密集分销一般为多数日化用品、饮料和食品企业所采用,独家分销多用于奢侈品、特色产品的分销,选择分销适用于消费品中选择性较强的商品和特殊性商品。

3. 规定渠道成员的条件与责任。企业必须确定渠道参与者的条件和应负的责任。企业必须与渠道成员在价格策略、销售条件、区域权利和各方职责等方面达成一致。每个渠道成员所享有的权利和职责是不同的，只有渠道成员各司其职，各尽其能，才能为整个营销渠道创造更多的利润，同时也为产品品牌的推广和传播贡献综合价值。企业规定渠道成员的条件与责任，既符合责权利的对等原则，同时又能让渠道成员真正地参与到对品牌的建设中来。从某种意义上讲，这种参与性加大了渠道成员对品牌的认识度和忠诚度。

资料链接

上海移动——渠道转型 提升服务执行力

近年来，上海移动以品牌建设为主线，积极推进销售网点和渠道的转型。通过渠道整合，上海移动的服务在外延上得到了扩展，继续强化了客户导向，发挥了差异化营销的优势。

2003 年，上海移动启动营销网点转型项目，针对不同客户需求建立不同类型的网点，提供个性化服务，以满足市场需求。至今，上海移动已完成两家旗舰店、3 家动感地带品牌店、25 个体验站和 55 个营业厅共计 85 个营业网点的转型、建设工作，给客户提供了全方位的服务。

2003 年 7 月，上海移动首个“大客户室”在圆明园路营业厅落成开放，自此，全球通大客户办理手机业务再也不需在营业厅里排队等候。进入大客户室后，全球通大客户可以轻松地免费喝茶看书，或者收发传真，处理公务，专门的客户经理会替客户代办有关的手机业务。

2003 年 10 月 7 日，位于淮海路的上海首家“中国移动 M－ZONE 品牌店”诞生，在这家体验站内，年轻的动感地带客户不仅可以得到营销体验，观看新业务数据演示，还可以在“电玩娱乐区”、“网络游戏区”、“音像娱乐区”、“运动冒险区”和“观演中心”，体验各种时尚的娱乐项目。“会员沙龙”还为动感地带客户举办各种时尚话题讲座以及召开歌友会等。

2004 年 5 月 17 日，作为中国移动第一家以对集团通信业务集中演示、互动体验为主要目的的站点，在上海浦东移动通信大楼隆重落成开张。

随着上海市场移动客户普及率的不断提高，多样化的移动通信业务不断出现，客户希望在满足基本功能的基础上，进一步看到现场演示，得到切身体验。同时，国际运营商的先进经验显示，旗舰店对移动运营商而言，将是最重要的战略网点；对客户而言，是获得业务与服务的“万能”网点。以集中演示、互动体验个人业务为主要目的,中国移动长寿路旗舰店便在此基础上应运而生。长寿路旗舰店拥有13个功能区,分别提供不同的服务,其中包括中国移动所属的全球通、动感地带、神州行三大品牌的客户服务专区、手机展示区、业务演示体验区以及24小时不间断的自助式服务。

在上海移动的规划中,一个主打企业市场的浦东旗舰店和一个主打个人市场的长寿路旗舰店,集成了最全最新的业务和服务。除了市区的全球通品牌店之外,上海移动还将在机场再建两个旗舰店;在占据了绝对主导地位的校园学生市场,上海移动继续加强攻势,目前已经将第三个动感地带品牌店建在松江大学城;同时与社会渠道结合在一起的中国移动体验站也在逐步拓展。

点评:从高柜台的封闭式营业厅服务模式转变为现在的多品牌、多层面的服务网点和渠道,上海移动根据客户导向的需要,实现了渠道的成功转型以及服务和销售的有效结合。

资料来源:http://www.cnii.com.cn/20040423/ca272724.htm

(四)评估渠道方案

通过对渠道环境的分析以及各种渠道类型的考量,企业最终会从自身的实际情况做出渠道选择。在选择好渠道之后,需要对渠道的可行性进行分析和风险评估,以此来减少企业的市场风险。评估营销渠道方案有如下标准:经济性、可控性和适应性。

1. 经济性。经济性考虑的要点是渠道策略在符合企业市场营销战略的前提下尽可能减少开支,节省成本。从长远角度来看,不同的渠道模式的投入成本会有很大的差异。所以企业对营销渠道进行评估时,应考虑到自身资金的投入与回笼问题。比如,某项产品和服务的推广既可以由本企业推销人员直接推销或自建渠道销售,也可以交由第三方渠道商代理销售。这就需要考虑直销或自建渠道和代理销售哪种渠道方式更经济实惠。

2. 可控性。企业对渠道的掌控能力很大程度上反映了企业自身的运营能力。中间商越多,企业对市场的可控性就越弱;中间商越少,企业对市场的可控性就越强。直销模式的可控性是最大的。渠道可控性的选择很大程度上依赖于企业的类型和所销售的产品类型。像房产、汽车、电脑和大型工业品等行业都采取短渠道甚至直销渠道进行销售,而快速消费品行业则喜欢采用多渠道和长渠道进行分销。总之,企业在对渠道的可控性进行评估时,必须进行全面比较和权衡,选择最优渠道方案。

3. 适应性。企业评估渠道的适应性事实上就是对渠道成员的服从程度以及对市场的适应程度进行评估。一般来说,企业采用什么样的渠道模式很大程度上影响了该渠道在市场上的适应能力。渠道经常要对企业负有责任,因此很难适应不断变化的市场营销环境,企业应想办法尽可能地灵活。比如,如果企业与某中间商签订了长期合约，而在此期间，其他销售方法如直接邮购更有效，可企业又不能随便解除合同，这样企业营销渠道的选择便受到了牵制。因此，企业必须考虑选择策略的灵活性，不签订时间过长的合约，除非在经济或控制方面具有十分优越的条件。

第二节　品牌渠道推广策略

渠道推广是渠道传播中非常重要的一个环节，其运作好坏直接关系到产品在市场上的流通是否顺畅，以及在整体策略上是否能策应对消费者的拉动，本质上则是品牌能否通过产品流通而得到传播。根据推广时机、推广目的的不同，渠道的推广策略可以分为产品铺货的渠道策略、新产品上市的渠道策略、销售淡旺季的渠道策略、竞争性渠道策略、消化库存的渠道策略和多产品推广的渠道策略等等。

一、产品铺货的渠道策略

产品铺货有 3 种渠道战术：高强度、密集型的渗透式铺货，分阶段的选择性铺货和刺激型的广告造势铺货。

（一）渗透式铺货

渗透式铺货是一种高强度的铺货方式，可以迅速打通代理商、批发商和零售商之间的渠道通路，使产品在最短的时间内布满渠道的各个层面，为随后的大力推广打下坚实基础。渗透式铺货能在很大程度上避免竞争对手的干扰，抢占渠道资源。渗透式铺货在实力强劲的公司或企业推广新产品时运用得比较多。因为这样的铺货方式需要和各级中间商做好充分的沟通，以及建立回馈中间商的各种返利形式。渗透式铺货为产品的大量销售提供了必要条件，但不是充分条件，还需要企业大量的广告宣传和促销来进行产品推广，从而拉动销售。

渗透式铺货最适合的方式是针对中间商开展返利，以利益刺激中间商积极进货，并配合企业大力铺货。返利主要是通过返产品实物来实现，因为中间商进货越多，压力就会越大，有压力就会更加积极地推广产品，这样有利于产品流通到更广的范围。渗透式铺货后，企业和中间商共同承担市场风险，只有通力合作才能获得更多的利润。除了大量铺货之外，企业还需要为渠道造势来宣传自己的政策，为中间商打气，同时还要将返利的影响迅速传遍渠道以吸引批发商。如果返利比例不能吸引批发商，就会大大延迟产品铺到终端的进度。

渗透式铺货的适用条件，除了需要企业有足够的实力之外，还需要有充足的资金做铺垫，因为渠道返利的费用比较大，如果在某个层面返利不够，就会削弱整体返利的效果。此外，渗透式铺货一般适用于品种单一、流通性强以及随机消费性强的产品，企业可以在较短的时间内进行大范围地铺货。

（二）选择性铺货

选择性铺货方式是分阶段性的。首先要有选择地进入对产品影响大的重点渠道，然后通过重点中间商的示范作用来调动其他中间商的积极性。与渗透式铺货相比，选择性铺货方式需要投入的费用较少，适应性比较强。选择性铺货方式一般适合于实力弱小的企业，或者在产品上市初期或市场开拓阶段以及资金紧张时期采用。因为在实力不够强、资金不充足的情况下贸然进行渗透式铺货是很不明智的选择，市场风险会大大增加。企业和人一样，都有规避风险的本能，只有选择适合自己的渠道铺货策略，才能降低市场风险。

选择不同的重点渠道，促销政策也会不同，如果将批发商作为重点铺货渠道，则适合采取实物返利的方式；如果直接将零售终端作为铺货重点渠道，则可采取样品赠送、安排商品陈列等推广形式。选择性铺货需要企业能够掌握好市场节奏，对于应该首先进入批发渠道还是零售渠道，何时进入以及何时扩大铺货的渠道范围，都要根据市场的变化情况做出恰当的安排。

（三）广告造势铺货

前面两种战术都属于推动式的铺货方式，而广告造势铺货是一种拉动式的铺货方式，即在产品铺货前先投放广告，一段时间后再进行产品铺货。这种方式的重点是先刺激需求，然后以市场需求带动产品的流通。一方面先打广告可以使消费者产生认知，因为广告具有滞后性和累计性，消费者在接受广告一段时间后才会产生购买行为，这段时间企业可以和中间商进行充分的沟通与谈判。其次，广告的投放利于对渠道的控制，因为中间商往往也会受到广告的影响。在广告后铺货，可以顺利地使中间商接受产品，缩短铺货的时间。此外，广告造势铺货还可以增加企业与中间商谈判的砝码。中间商是以追逐利益为前提的，当广告已经刺激需求后，中间商往往更愿意与企业合作。香港金利来集团就是采取这种铺货方式，在产品上市之前，不惜重金进行长达一年的广告攻势，等市场处于一种期待状态时，一举推出产品，从而大获成功。

采用广告造势铺货最关键的是，首先要对市场进行充分的调查和了解，掌握消费者及渠道对广告的态度，同时也要做好相关的准备工作，在投放广告的同时完成铺货的所有前期工作。其次是铺货时机要把握好，最理想的情况是当广告在消费群体中造成期待心理后再铺货，但时间不宜拖得太长，以免降低消费者的兴趣。

二、新产品上市的渠道策略

新产品上市的渠道策略一般分为以下三步。

（一）品牌造势与渠道构建

市场营销如同一场战争，兵书云“善战者求势”，对于一个新上市的品牌来说大力宣传造势，营造有利的市场氛围，达到先声夺人的目的显得尤其重要。一个新产品上市如果没有宣传造势，不投入广告，或不采用多途径的媒体整合宣传则难以实现品牌信息的全面覆盖。品牌传播不仅可以提高产品在消费者心中的知名度，而且还可以给各级分销中间商提供信心和期望的支持。现在的中间商很看重企业的广告投放力度。尽管新产品最终面对大众消费者，但其首先必须面对的是中间商。除了投放广告给中间商增加信心之外，企业还必须用新产品的差异化定位和独特的 USP 去说服中间商愿意为企业的产品铺货。同时，要给各级中间商提供合理的价差和激励政策以及利益承诺，要明确告诉中间商产品具有怎样的市场价值，能够为中间商带来怎样的利益。企业的产品最好还能给中间商带来诸如独家经销权、品牌地位等其他额外的利益需求。打通渠道是开展产品销售和品牌推广的第一步，接着企业可以实施渠道推广策略的第二步。

（二）市场突破与稳固渠道

有了部分分销中间商加盟后产品开始进入市场，这时的消费者对新产品并没有信任度，甚至还不够了解，分销中间商也很难真正用心去做企业的产品。这时营销的重点应该是通过有效的终端促销活动来拉动消费，形成市场的成功突破。即使是局部的，这种由浅入深、从认识到现实的利益，也能真正树立起中间商对企业产品的信心。这时候，企业也可以在促销活动中检验中间商的忠诚度以及进一步合作的意向等，为稳固渠道和今后的渠道管理做好铺垫。

（三）营销渠道跟进策略

营销渠道跟进包括进一步建立、健全分销网络，将点上的突破尽快扩张到面上，通过多元化的渠道整合进一步提高产品的铺货率并增加销售量。因为市场突破与稳固渠道之后，企业和大部分中间商看到了新产品的市场价值，这时是进一步开展营销渠道跟进策略的大好机会，分销跟进既是一个全程服务，也是一个全程掌握市场动态和竞争对手信息的过程。在分销跟进中，网络得到加强，销量得到巩固，信息得到反馈，销售系统在分销跟进中得到健康发展，完成了新产品的成功上市。

在新产品的上市过程中，有时也会遇到一些与上面截然相反的渠道策略——不造势或很少宣传品牌。这种策略往往适用于实力较弱、资源有限、市场基础较差的企业，或者是一些创新性不够但需求量很大的产品。除了资金的不足之外，他们对自身的定位和 USP 往往不够自信，如果大力造势宣传反而容易引起竞争对手的注意。这种策略的目的在于低调进入市场，避开竞争者的注意力，不与竞争者发生直接的冲突，争取足够的时间做好市场基础工作，积蓄力量，形成局部优势，逐渐蚕食市场份额。具体实施时只是选择重点渠道进行铺货,并着重于零售终端的管理,做好终端陈列,与渠道建立良好的关系。另一方面,依靠批发商的批发网络对市场进行自然渗透,建立局部优势,包括市场基础和渠道关系,这样即便是以后竞争者发动攻击也不至于无力抵挡。

三、销售淡、旺季的渠道策略

(一)旺季的渠道策略

由于性质、属性的不同,不同的产品销售时期会有很大的差异。但对于大多数快速消费品来说,春节和黄金周是它们永恒的销售旺季。在销售旺季为了取得更大的市场利润,促销成为必不可少的利器。

1. 抓住机会,以利套利。销售旺季是促进销售增长的最好时机,此时的推广重点除了提高产品销量之外,还需要在扩展市场空间、拓宽销售网络和强化渠道关系等方面下足工夫。销售旺季必然会带来产品的快速流通,此时是考验企业销售网络和营销渠道的关键时刻。要想取得更多的销售利润,企业必须加强与中间商的沟通与联系,加大返利力度,保证渠道畅通。通过对返利实施的各个阶段进行跟踪观察,在销售旺季前实施返利政策的效果是最佳的。

这个阶段的返利形式可以通过采取实物返利或现金返利两种方式来完成。实物返利可以使流入渠道的产品更多,促进产品更广泛的渗透。实物返利将中间商与企业牢牢地捆绑在一起,能占据中间商的资金和货架,从而更大程度上控制中间商的市场行为;现金返利则是以实际的利润刺激零销商、批发商大量进货,趁势扩展市场规模,同时抢占更多的市场份额。现金返利对企业自身的要求比较高,要求企业有充足的现金流和出色的财务掌控能力。

在销售旺季,每类产品的销量都会获得较大的增长,但并非所有的产品都适合运用返利促销的方式。运用返利手段促进销售的做法比较适合流通性较强的一些快速消费品和有一定品牌基础的产品。因为当大量的产品进入渠道后,必须要能够顺畅地流通到终端并最终到达消费者手中,以实现利润价值。流通性不强的产品如果采用返利手段,容易引起产品积压,带来渠道问题,最终难以通过零售终端消化库存。另外,不具有一定品牌基础的产品往往很难或者需要很长时间才能得到消费者的认可,因此这类产品采用返利政策的时间都不能太长,而应更多地将重点放在零售终端上。

2. 强化终端建设,促进销售自然增长。除了上面的返利形式,还有一种方式就是在销售旺季期间将推广重点放在市场终端工作的建设上,通过加强市场根基来促进销售自然地增长。这就好比将渠道形象地看成一条抽水管,不再加大水管中的水量,而将渠道的端口加粗或分化,使水流更加顺畅地通过。市场基础建设主要包括扩大铺货率,建立立体化的销售网络,活化零售终端,加强终端包装,完善产品终端陈列,增加终端的促销活动等。这样做可以借销售旺季之机较高地提升产品销量，而且投入的费用并不多，对实力不太强的企业是一个不错的选择。

在销售旺季开展渠道促销是提高销量的有效手段之一，而市场基础的建设却是每个企业都应该加以重视的，无论是在销售旺季还是淡季。尤其是实力较弱的企业，这是企业推广品牌，进行品牌营销，有效增加市场份额的策略之一。

(二)销售淡季的渠道策略

销售淡季要加强市场基础的建设，趁此时有充足的时间，弥补市场推广中的薄弱部分，加强自身的竞争力。主要工作是维持一定的市场铺货率，使产品保持较高的注意力，以巩固品牌记忆；继续巩固零售终端的陈列和包装，维持与客户的关系；培训销售人员，为旺季打好基础。巩固市场基础相当于战争中的防守策略，只有懂得防守才能组织更好的进攻。此外，此时也是竞争对手最弱的时节，是超越竞争对手的最好时机。

1. 蚕食竞争对手，挤占市场份额。此策略的目的是以不明显的手段逐步侵占竞争者的市场，因为淡季是企业最容易松懈的时期，市场比较平淡，经销商或批发商都将注意力放在了寻找其他投资机会上，因此是最容易实施蚕食策略的时候。另一方面，在市场淡季时如能挤占更多的份额，就可以大大提升整体的销售业绩。虽然如此，推广的动静不能太大，重点在于加强与中间商的沟通和联系，策反竞争对手的中间商，以完善自己的销售网络。方式是多种多样的，可以采取赠送礼品、少量试销、个人公关等沟通手段，最终与其建立合作关系。这种策略特别适合竞争者的销售网络与企业的销售网络构成互补的情况，如能争取到竞争者的中间商，无疑将会大大完善企业的销售网络，利于市场的渗透和规模的扩大。

2. 主动进攻，淡季不淡。此策略重点在于抓住竞争者对市场松懈、资源预算少的时机，在淡季中抢占渠道市场，建立销售网络，为旺季奠定基础。可采取的方式有正常比例的返利、抽奖和强化铺货等，使中间商在利益的刺激下持续进货，有效利用渠道的资金；同时开展终端消费者促销，以协助渠道中产品的顺畅流通。但是，淡季的促销力度不能太大，一是市场需求量会有一定限度；二是防止渠道中积压大量的产品，阻碍后期的推广，重点还在于市场基础建设和客户关系巩固。

除了主动抢占渠道市场外，也可以在品牌营销方面下工夫，比如，推出全新产品或者是改良后的产品。在销售淡季，市场积极性往往不够，如果企业能够在这时主动出击，往往可以取得出其不意的效果。

四、竞争性渠道策略

“兵贵神速，欲速可达”，竞争性渠道策略的关键点在于正确把握竞争对手的市场信息，在竞争对手开始行动之前抢先行动。另外还要掌握各个时期整个渠道中的产品周转量，以及不同品牌所占有的市场份额，如此才能制订出针对性较强的竞争政策。

（一）抢先占满批发渠道

在渠道竞争中，批发商是一个非常重要的环节，是竞争双方可以共用的资源，那么谁能争取更多的批发商资源，谁就能抢占市场先机。因此，竞争性渠道的策略之一就是堵住竞争对手的铺货渠道。可以采取高于竞争者的现金返利或者其他激励方式对批发商开展促销，刺激批发商大量进货，挤占批发商的流动资金，使竞争者无处下手。

（二）零售终端全面铺货

如果说抢先占满批发渠道是从中间环节入手的竞争策略，那么零售终端全面铺货则是从根源上堵截竞争对手的策略。即便竞争者通过了批发渠道这一中间环节，也会在零售终端受阻，使其遭受更大的损失。当竞争对手开展渠道促销时，我们可以将重点放到零售终端上，要求零售商能够全力配合，对整个市场的零售终端发动大规模的铺货。可以采取赠送产品、现金返利和提供奖励等措施，使产品铺满终端货架，同时抢占零售商的流动资金，从而堵住竞争者。企业采取这种策略时速度要快，政策要有吸引力。

五、消化库存的渠道策略

对于企业和中间商而言，库存是不得不面对的问题，过多的库存造成积压，现金难以回笼，资金链条断裂，就会带来性命之忧。

（一）加强终端推广

只要产品在终端开始流动了，就自然会拉动中间渠道中的积压产品。此时促销的重点要放在零售商，一是要求批发商配合对零售终端进行广泛地铺货，最大限度地提高终端铺货率，增加产品的销售额；二是给予零售商较大力度的返利，使其加强终端的推广力度，促进消费者的购买，从而反过来带动批发渠道产品的周转；三是企业选择大型的超市和卖场，直接开展卖场的堆头陈列和各类促销活动，提高品牌的影响力。

（二）开拓新战场

如果站在整个市场的高度来看待库存消化，那么比较好的方法就是开拓新市场或填补市场的空白点。这要求中间商在规定的销售区域内尽量扩展产品的销售网络，扩大产品的销售面。企业可以给中间商提供一定的支持，比如，提供送货车，要求中间商必须用于产品的铺货，在完成任务后作为奖励赠送给中间商。

（三）产品的调换及搭配

不同的市场各有其特点，而产品在不同的市场中表现也是不同的。在产品出现积压的情况下，可以协调各个市场之间的关系，由好市场承担差市场部分积压产品的消化，或者将滞销品种调换到基础好的市场进行销售。另外，还可以将畅销品种与滞销品种搭配在一起，形成捆绑销售，以畅销品种带动滞销品

种，同时制订优惠的价格，使捆绑产品得以售出。

（四）将库存产品转化为费用

这是灵活处理库存产品的一种方式，在一定程度上对企业是有利的，但要加以控制。一是将库存产品用于针对消费者的派送或免费体验，使消费者直接接触到产品，以促进消费者的试用；二是将畅销产品作为实物奖励，承诺当批发商或零售商销售一定量的滞销产品，就按一定比例赠送畅销产品。这种方式不宜多用，可能会影响到企业的品牌形象。

六、多产品推广的渠道策略

（一）捆绑式推广

这是一种组合营销策略，将不同产品组合起来，以畅销产品带动滞销产品或者畅销产品互相带动，目的是向同一消费群体销售尽可能多的产品。组合式推广有 3 种方式：①强制规定批发商在购进畅销产品或者老产品时，必须同时再购进一定比例的滞销产品或新产品；②吸引批发商，规定只要购进滞销产品或新产品，就可以按一定比例获赠畅销产品；③积分，规定购进畅销产品或老产品可以积一定分数，购进滞销产品或新产品又可以积一定分数，最后将不同的分数累积起来就可以获得相应的奖励。第一种方式不宜常用，仅限于知名品牌，而且一定要注意协调渠道的关系，否则将引发渠道的不满。

（二）分品类推广

此策略是通过给每类产品都按照其特点来选择合适的经销商的方式，一类产品设置一个独家经销商，来集中中间商的推广精力。目的在于使企业的每个产品都能得到充分的重视，将不同产品分给不同的中间商经营，以集中中间商对产品的推广资源，同时对中间商也造成压力，促使其提升业绩。分品类推广的重点在于局部分，整体合。对每类产品而言是分了，而对于整个渠道而言，这些产品都体现出整体的品牌形象或企业形象。

分品类推广方式只适合于中等规模的市场。如果市场太大，一个中间商根本没有能力独立推广一类产品，分品类推广的难度就会加大；而如果市场太小，一个中间商就能经营所有的产品，分品类就会造成资源浪费，引发不必要的市场纠纷，而且会分散中间商的销售额，不利于提高其积极性。

第三节　品牌渠道传播管理

一、营销渠道的整合管理

如同品牌的整合营销传播一样，渠道整合管理也越来越受到企业的热衷与关注。企业在实施渠道整合管理过程中必须深刻明白一个道理，任何高效率、高效益的渠道整合都是以为渠道成员创造更多的价值为前提的，就像市场需求必须以消费者为导向一样。否则渠道整合非但不能带来绩效，反而会破坏原来的渠道平衡。

（一）渠道整合的价值

渠道整合的价值是为渠道成员创造更多价值。从战略管理层面的要求来看，从原料供应商到终端零售商，这条价值链上的所有成员都是一个有机整体的重要组成部分，都应该属于企业内部营销资源，被视为企业的合作伙伴，这才是渠道整合的关键所在。

现代企业管理一再教导企业要以市场为导向，以消费者为中心，但企业在制定具体策略时又经常忘记这一点。市场导向的核心内涵是为客户创造更多的价值，当客户是员工时，就为员工创造更多价值；当客户是供应商时，就为供应商创造更多价值；而当客户是渠道成员时，就应该为渠道成员创造更大价值；当客户是最终消费者时，就应该为消费者创造更多价值。在渠道整合中，企业主要应该综合考虑如何使批发商、代理商、零售商和消费者四大渠道成员的价值增值。事实上，企业在渠道整合时往往容易忽视渠道其他成员的利益，而单方面强调和强化企业自身的利益和价值增加，从而造成与其他渠道成员间的激烈冲突，破坏了渠道的平衡，最终导致渠道整合失败或夭折。

既然渠道整合的关键是为渠道成员创造价值，那么我们就首先应该了解渠道成员的价值需求。不同性质的渠道成员所期望的价值需求会有所不同，比如，代理商注重增加利润额和销售量，而零售商较注重服务价值和品牌形象，但都期望企业能够在产品、品牌、利润、推广方面给予支持，从而来实现市场综合价值的全面提升。而终端消费者则更多地要求产品物美价廉，良好的售后服务以及购买、使用的便捷与安全等。

企业在了解成员的价值需求之后，还应充分考虑到渠道各成员对企业自身价值增值的期望。只有当企业与其他所有渠道成员的价值期望取得良好平衡时，企业的渠道整合才可能创造综合的市场价值，从而促使自己获得更加长期稳定的销售回报。

渠道整合成功的前提是为渠道成员创造更多的价值，但目的是为了创造企业与渠道成员的共赢。理想的渠道整合措施，其实是对包括企业自身在内的渠道各成员之间总体利益和单个利益之间的一次提升与整合。凡是不能给渠道成员带来价值的措施，企业都应该毫不犹豫地摒弃。

（二）渠道整合管理的策略

1. 渠道整合必须具有战略性。渠道整合关系到所有渠道成员的利益。对于企业本身而言，渠道政策是联系市场和企业本身最重要的一根中枢神经，牵一发而动全身,其地位是战略性的,哪怕微小的渠道整合动作,都有可能对企业的渠道体系产生潜在或深远的影响。所以渠道整合必须谨慎细致,要从大局着眼反复考虑,以免产生负面影响。渠道整合措施必须考察以下几个重要方面:①是否有利于企业渠道体系的稳固;②是否有利于企业的长期利益;③是否有利于企业与渠道成员的共赢;④是否导致渠道成员关系的改变;⑤是否与企业的战略目标和企业文化相一致;⑥对渠道成员会产生什么样的心理影响。企业只有从战略层面上,认真考察了以上问题之后,才能制定出一个和谐共赢的战略性渠道整合方案,从而调动起渠道所有成员整合的积极性和参与性。

2. 渠道整合必须创造综合价值。渠道成员追求利润的欲望是没有止境的。单一的价格让利很难长时间满足渠道成员对市场价值的追求,而且企业的让利能力总是有限度的。市场实践证明,对于大多数渠道成员来说,直接经济上的利益虽然重要,但也应当通过多种形式来增加渠道成员的综合价值,从而创造一种有利于企业长期发展的渠道模式。企业可为渠道成员提供的其他增值措施有:价格让利、数量折扣、奖金、促销活动支持、人员协助、营销指导、加大品牌推广力度、经营管理培训、管理模式输出等个性化服务。企业在帮助渠道成员提升经营管理能力上的投入所产生的效益,有时远远高过直接价格折扣所达到的效果。当企业像培育自己的孩子一样培训渠道成员时,企业必然获取渠道成员更多忠诚度和更多销售额。

3. 渠道整合必须有配套措施。企业进行渠道整合时往往容易忽视一个问题,渠道整合必须有策划执行和相应的配套措施。如渠道整合必须制定完整的整合日程计划,尤其是详细的各区域执行方案以及危机处理预案。换句话说,为了降低市场风险,渠道必须在平稳的条件下进行整合。渠道整合的配套措施有:渠道整合方案大纲,区域执行方案细则和日程表,企业内部组织结构方案,新老渠道政策冲突或变更处理政策,各渠道合作协议书修订本,渠道整合行动前的宣传推广方案,个案和危机处理预案,后续渠道政策说明等。渠道成员只有在充分理解企业的渠道整合意图之后,才会愿意执行和落实企业的渠道整合措施。

二、营销渠道的绩效管理

(一)选择渠道成员

选择渠道成员是指企业从众多的相同类型的渠道成员中选择出适合企业自身渠道结构,并且能够与企业一道有效地完成企业制订的营销目标的渠道合作伙伴的过程。选择怎样的营销渠道成员作为企业的合作伙伴直接影响到企业生产的产品是否能够及时地、准确地转移到消费者手中;影响到企业分销的成本和企业的服务质量;影响到企业制订的营销目标的顺利实现;影响到产品及企业在消费者心目中的形象。因此，对于企业来说，营销渠道成员的选择必须严格、谨慎，必须与企业自身的渠道设计一脉相承。优秀的渠道成员可以为厂商今后的渠道管理打下坚实的基础，而由优秀渠道成员所构建起来的强大的销售网络则可以为企业出色地完成分销任务。

在挑选渠道成员时，企业应该明确用什么样的特性来区分中间商。比如应该考察每个渠道成员的实力（人员素质、仓储、运输能力、资金状况）、从业年限、利润纪录、协作性和声誉和经营的其他产品。如果中间商是代理商，企业还应该考察它经营其他产品的利润和性质，以及销售人员的规模和素质。如果中间商是一家要求独立分销或精选分销的零售商，企业还应该评估其有效吸引前来购买的顾客分布范围或数量、商圈大小与其地理位置以及将来的发展潜质。例如，宝洁公司除了对分销商的资金实力和信誉进行严格的考察外，最为看重的是中间商在该区域的销售网络覆盖面，以及货物的物流配送能力。①

内蒙古蒙牛乳业股份有限公司成立于1999年，从一个“无奶源、无工厂、无市场”的“三无”企业发展成为全国知名的乳品企业仅用了3年多时间。成功的选择渠道成员，对其发展起到了不可磨灭的作用。“蒙牛”在渠道成员的选择上采用的原则就是选择适合蒙牛发展的中型中间商，即具备一定的实力（资金实力、网络、配送能力），具备开发、控制市场能力，能全面推广蒙牛系列产品，并紧跟公司发展步伐长期协作的客户。事实证明，它的选择是成功的。

选择渠道成员的标准如表5－2所示。

表5－2　选择渠道成员的标准

1. 财务能力	7. 培训计划
2. 市场覆盖率和销售能力	8. 营业场所设备、工具
3. 商誉	9. 订购和支付历史
4. 管理能力	10. 提供的服务
5. 产品线	11. 合作意愿
6. 广告和销售促进	12. 分享资源的意愿

资料来源：张广玲：《分销渠道管理》，武汉大学出版社2005年版，第82页。

（二）培训渠道成员

渠道成员的培训可以有效提高渠道的运行效率。尤其是主要依靠零售商进行密集分销的企业，渠道成员的培训和改造可以提升品牌在终端的形象。

营销渠道的运行效率在很大程度上取决于渠道成员的经营管理水平。渠道成员的经营管理水平直接影响到它的资源利用效率和人员士气，进而影响每

① ［美］克莱夫·巴德：《宝洁品牌攻略》，哈尔滨出版社2003年版，第83页。

一项工作的效率；同时也取决于渠道成员能否全力以赴地配合企业推广产品。很多企业发现，自己制定的策略在中间商那里执行不下去，谁的广告多、谁的促销投入多、谁的产品赚钱，中间商就卖谁的产品。

依靠零售商进行密集分销的企业，各种业态的服务水平、对企业品牌、文化的理解和贯彻程度良莠不齐，在一定程度上影响了消费者对品牌的正确认知。这些情况都需要通过培训加以改造和完善。宝洁公司在选定渠道成员后，所做的第一件事，就是改造和培训渠道成员。其基本思路是：改造终端成员的组织架构和运作方式，使其类似或者更接近宝洁的组织架构和运作方式，便于宝洁的渠道政策的有效贯彻和实施①。宝洁通过派遣跨职能的企划小组与中间商一起将其现行的运作方式改造为符合或接近宝洁公司的标准模式，使之有利于渠道政策的贯彻实施、渠道成员的沟通以及处理异议和争端。对于改造困难的渠道成员，宝洁会选择在系统内单独建立一套宝洁专营销售体系。此外，宝洁还通过培训使其渠道成员提高对宝洁各品牌的理解和认识，使其经营水平更加具有专业化的水准。福特汽车公司通过它的以卫星为基础的福特之星网络，向其6 000多个经销点发送训练程序和技术信息，以提高渠道成员的服务水平。每一个中间商的服务工程人员都要认真学习这些课程，福特还会组织各种考试以考核服务工程人员对这些内容的理解和贯彻。

更多企业逐步认识到通过培训提高渠道成员整体素质的重要意义，开始邀请专家为渠道成员进行实战培训，一方面作为企业对渠道成员的一种福利，另一方面通过培训使企业的营销理念在整个渠道中更好的贯彻，使渠道更顺畅。

（三）激励渠道成员

美国哈佛大学心理学教授威廉·詹姆士在《行为管理学》一书中认为，合同关系仅仅能使人的潜力发挥到20%～30%，而如果受到充分激励，其潜能可发挥至80%～90%，这是因为激励活动可以调动人的积极性的缘故。渠道激励的根本原因在于，大多数情况下，构成营销渠道系统的各个渠道成员与企业属于完全独立的不同经济实体。这种渠道系统的构成决定了企业与渠道成员之间的关系不是严格意义上的上下级关系，而是一种合作关系。维系这种渠道成员之间、渠道成员与企业之间关系的纽带则是双方对利益的一致追求。渠道激励的分类方法有多种，但在营销实践中，企业大多同时采用两种或两种以上的激励方式配合使用，这样可以根据企业设计的渠道激励目标组合成各种各样的激励方案，以达到最大的激励效果。下面我们从激励对象和激励手段两方面来分析。

1. 依据激励对象分类。

① [美]克莱夫·巴德：《宝洁品牌攻略》，哈尔滨出版社2003年版，第84页。

(1)针对总代理、总经销的激励有两种方式:①年终奖励。企业事先设定一个销售目标,如果总代理商或总经销商在规定的时间内达到了这个目标,则按照事先约定给予奖励。若为区域总代理制或总经销制,为兼顾不同地区的差异,则可以分别设立不同等级的销售目标,其奖励额度也随不同的销售目标而不同。这样做一方面是为了体现公平,另一方面则为不同地区的总代理商或总经销商描绘出一个需要其不断努力发展才能达到的愿景。②阶段性奖励。企业根据不同的特定阶段,为总代理商或总经销商制定销售目标,如果在这个特定阶段内,总代理商或总经销商完成销售目标,则给予阶段性奖励。比如,在中国 IT 市场上,很多厂商都对总代理商或总经销商设定了特别的暑假销售奖励和寒假销售奖励等。已经有更多的企业采取阶段性奖励,并有意将年终奖励分解为 4 个季度的阶段性奖励来执行。因为年终奖励对企业来说不容易控制、风险很大,而分解为 4 个季度的阶段性奖励之后,不仅易于控制,而且能够更大地发挥激励的作用。

(2)对二级代理商或经销商的激励。它不仅可以加速产品的流通和分销能力,而且还能够起到培养渠道成员忠诚度的作用。不过在执行对二级代理商或经销商的激励政策时,应该把握好一个度的问题,着重将奖励的考核依据放在实际的价格控制、销售增长率、销售的利润方面,否则可能造成短期的"销售繁荣",实则形成"窜货",这将直接导致价格体系混乱,影响市场的正常发展。

(3)对零售终端的激励。激励零售商可以增加他们进货、销货的积极性。常见的激励方法有:提供一定数额的产品进场费、货架费、堆头陈列费、POP 张贴费、人员促销费、店庆赞助、年终返利和商店 DM 的赞助等。

2. 依据激励手段分类。

(1)直接激励。直接激励是指通过给予渠道成员物质或金钱的奖励来激发其积极性,从而实现公司的销售目标。在营销实践中,企业多采用返利的形式奖励渠道成员的业绩。①过程返利。这是一种直接管理销售过程的激励方式,其目的是通过考察市场运作的规范性以确保市场的健康发展。通常情况下,过程激励包括以下内容:铺货率、价格规范、售点气氛(即商品陈列生动化)、安全库存、指定区域销售、专销(即不销售竞争对手的商品)、守约付款等。②销量返利。这是为直接刺激渠道成员的进货力度而设立的一种奖励,其目的在于提高销售量和利润。销量返利可以提高渠道成员的利润,促进渠道成员的销售热情。但事实上,销量返利大多只能创造即时销售,从某种意义上讲,这种销量只是对明日市场需求的提前支取,是一种库存的转移。销量返利的优点是可以挤占渠道成员的资金,为竞争对手的市场开发设置路障。但缺点是若处理不好,可能造成渠道成员越区销售,导致"窜货"横行,扰乱市场。

(2)间接激励。间接激励是指通过帮助渠道成员进行销售管理以提高销售的效率和效果来激发渠道成员的积极性和销售热情的一种激励手段。间接激励的方法很多,比如,帮助渠道成员进行客户管理;帮助渠道成员建立进销存报表;帮助渠道成员确定合理的安全库存数以及帮助渠道成员进行客户开发、加强对渠道成员的广告和促销支持等。

(四)评估渠道成员

企业除了对渠道进行激励外,还需要定期评估渠道成员的工作绩效。评估的标准一般包括:销售定额完成情况、平均存货水平、送货时间、损坏和遗失货物处理、货款回收、促销与培训中合作情况以及对顾客的服务等等。测量中间商的绩效,主要有三种办法可供使用。

1. 定期销售额评估。定期完成销售额是评估渠道成员的重要指标之一,一定时期内,企业可以将各个渠道成员的销售业绩进行分期列表,让渠道成员明白自己的销售业绩的排名情况。这样能够加强渠道成员之间的良性竞争,带动渠道销售。

2. 对比前期的渠道绩效。由于渠道成员各自所处的环境、自身规模以及经营实力有很大的差异,硬性的数据排名不能准确反映渠道绩效。所以还需要企业对各渠道成员进行纵向比较,即与其前一阶段的渠道绩效做出对比分析。此外,企业在进行渠道绩效评估时还需要对渠道成员的市场环境和销售实力进行量化分析,根据不同的渠道能力设定不同的渠道目标,只有这样,对渠道成员的评估才具有可比性和实际意义。

3. 对比潜在销售额。第三种测量方法是将各渠道成员的绩效与该地区的销售测量分析所设立的配额相比较。即在销售期过后,根据渠道成员实际销售额与其潜在销售额的比率,将各渠道成员按先后名次进行排序。这种方法可以对那些未达既定比率的中间商形成激励。

三、营销渠道的关系管理

美国学者舒尔茨提出了新的"4R"营销组合理论,即市场营销应包含以下四个要素:关联、反应、关系和回报。关系营销,强调企业应当与顾客建立长期、稳定且密切的关系,降低顾客流失率,建立顾客数据库,开展数据库营销,从而降低营销费用。关系营销理论的提出是营销学界的重大突破,事实上关系管理不仅可以运用在企业对终端消费者的关系维护方面,也可以运用在与中间商的关系维护方面,从而建立更加稳定的合作伙伴关系和关系同盟。传统的渠道关系是"我"和"你"的关系,即每一个渠道成员都是一个独立的经营实体,以追求个体利益最大化为目标,甚至不惜牺牲渠道和厂商的整体利益。而合作伙伴关系及战略联盟是一种新型的渠道关系,合作伙伴式销售渠道强调的是企业与渠道成员之间持续和相互的支持关系,将企业与渠道成员的"你我"关系变为"我们"的关系，油水关系变为鱼水关系。企业与渠道成员一体化经营，实现渠道的集团控制，使分散的渠道成员形成一个有机体系，各渠道成员为实现自己或大家的目标共同努力。

除了前面讲到的对中间商进行培训、对中间商采取一定的激励措施之外，通常情况下，企业实施关系型渠道管理还有如下几种方式。

（一）建立渠道信息共享机制

通过建立渠道信息共享机制，加强企业与中间商之间的有效沟通。在竞争如此激烈的市场中，信息对于企业和中间商都非常重要，而市场瞬息万变，常常导致企业和中间商掌握的信息不对称，从而产生合作中的摩擦，进而影响到已经建立起来的营销关系。防止这种现象产生的关键就是要在合作中建立渠道信息共享机制。

日本花王公司通过一个高效的渠道信息系统，将公司的主要部门与批发商和零售商联结，能够在24小时内向28万家商店发送产品。公司的品牌经理可以同时看到每天的销售、库存和生产数据，以便随时调整。另外，公司运用一套称为回音系统的营销检测程序，与重点调查组、消费者反馈以及从216个零售商那里获得的POS数据一起收集新产品发售的快速信息，及时掌握产品的销售情况和追踪消费者需求的变化，保持渠道的良好弹性。可见，在信息共享的机制下，企业不仅可以保持对市场变化的良好适应性，而且能够比竞争对手更快地对市场变化做出反应，获得竞争优势。

当然绝大多数企业都不具备像花王这样与其中间商建立即时沟通的信息系统的能力，但要努力在公司与中间商之间建立一种信息共享机制。例如，西门子公司注重的是与中间商之间信息上的双向互动，即注重的不是信息的单向传递，而是"自上而下，自下而上"的双向沟通。在自上而下的沟通方面，西门子除了在私人关系沟通方面取得良好的效果外，在新产品信息提供、存货信息提供、各型号销售情况、企业经营动向等方面都会定期地主动与中间商沟通，并宣传西门子的企业文化，使中间商感到我就是西门子的一员。在自下而上的沟通方面，西门子为实现终端信息的快速反馈，在区域分公司设有监督热线，专门用来解答零售商的询问并及时了解市场销售情况。

可见，在企业与中间商之间建立这种信息共享机制，不仅可以保持渠道系统的灵活性，而且通畅的信息传递也是避免企业组织僵化，保持销售网络对市场变化灵敏反应能力的重要手段。

（二）均衡渠道权利

传统渠道中一直存在控制与反控制问题，根源于渠道权力在企业与中间商之间的不均衡分布。伙伴型营销渠道通过与中间商建立长期的战略合作关系，渠道成员之间一致的发展目标和高度的相互信任，使渠道权力在渠道系统中均衡分布，这种均衡有相对的稳定性和长期性，可以使企业以较少的管理成本获得对渠道系统的良好掌控。

格力电器的某一区域销售公司脱胎于原来的大户制市场模式，为了实现渠道的长期稳定均衡和良好的控制性，格力电器采取了一种折中的变革办法：格力与该省的几家大户以资金为纽带组建联合股份制销售公司，由这个区域销售公司作为一个特殊的商家来承担一个省的销售工作。格力的这种做法实际上是把企业与商家这个“矛盾的统一体”变成了一个纯粹的“利益统一体”，使渠道权力在渠道系统中实现长期稳定的均衡分布，从而实现了对渠道的良好控制。这正是伙伴型营销渠道对渠道可控性的贡献。

（三）对中间商予以必要支持

从传统的渠道关系向伙伴型渠道过渡，首先需要发展双方的相互信任，使中间商觉得企业是一个可以信赖和依赖的合作伙伴。所以，企业应该首先表现出合作的诚意，支持分销商与企业共同发展，针对企业和中间商的关系进行必要的投资，在支持的过程中逐步建立与中间商之间的“双边锁定”。如宝洁中国公司投资1亿元人民币用于其经销商信息系统和运输车辆的配置，给分销商配备专用的送货车，并承担司机的工资、加班费和奖金；帮助分销商安装“分销商业务系统/高效分销商补货系统”（DBS/EDR）来帮助分销商优化订货、收款和库存管理的流程。

国内企业通过人力资源和销售制度建设，对中间商的支持一样可以取得良好的效果。“娃哈哈”的分销系统走的是一条“联销体”路线。每年年初，特约一级批发商会根据各自经销额的大小打一笔预付款给娃哈哈集团，娃哈哈集团支付与银行相当的利息。然后，每次提货前结清上一次的货款，娃哈哈集团保证在一定区域内只发展一家一级批发商。同时，公司还常年派出若干位销售经理和理货员帮助中间商开展铺货、理货和促销等工作。在某些县区，甚至出现这样的情况：当地的一些批发商仅仅提供了资金、仓库和一些搬运工，其余的所有营销工作都由娃哈哈集团派出的人员具体完成。二者明确的分工与协作体现了长期共同发展的思想。相对于企业自己招聘人才、自营编织市场网络而言，娃哈哈的联销体模式似乎更为经济和高效。各级大大小小的中间商一方面可以使“娃哈哈”迅速地进入一个陌生的市场，大大降低市场的导入成本，另一方面保证了这些中间商团队与公司血肉相连，成为一体。

（四）人性化的策略

宝洁公司认为，商学即人学，要想同渠道成员建立“亲密”的伙伴关系，无论如何也离不开人性化的策略和情感交流。渠道关系营销的目的是要完成或超越公司的营销目标，企业与渠道中间商紧密合作、携手共进、同舟共济。要做到这一点，与渠道成员之间加深情感交流是必不可少的，例如，宝洁公司会经常分派客户关系管理专员拜访零售商(通常每月一次),给他们传授销售技巧和POP陈列技巧,及时了解他们的需求,进行反馈。一些大批发商和代理商则由专门的客户关系经理进行维护,定期请他们旅游休闲、培训考察,甚至与他们的家人搞好关系,这些人性化的策略对提高分销商的积极性和忠诚度是相当有帮助的。

案例分析

致中和三年三步棋　构筑渠道战略联盟

致中和,始创于1763年,已经历了三个时代的变迁,从清朝到现在。从乾隆年间一个小小的酒坊,通过连锁经营、各地加盟专卖,渗透到了全东南亚,一直发展到现在的市场经济营销联合,致中和深知稳定渠道伙伴的至关重要。

1998年,一个现代的致中和酒业公司成立,从此致中和开始了现代意义的市场营销和策划,市场份额一路飙升。然而致中和真正意义上的渠道革命,还是源自2001年之后。

致中和通过农村乡镇的精耕细作,然后逐步包围城镇,最后在一级城市实现生根发芽。而渠道伙伴也从开始的“多而小”逐步整合到现在的“少而精”。2001年可算作是一个分水岭。

2001年前的致中和,还是一个五加皮酒的代名词,虽然五加皮有系列的品项,如从瓶装到礼盒装等等,然而单一产品的局限性很大,中间商显得多而密,实力却多不强。那时候单单一个浙江就有将近150家一级中间商,渠道的混乱和松散程度可想而知。

从2001年开始,致中和开始了大刀阔斧的渠道变革,采取区域特约中间商制,与中间商建立长期而紧密的战略伙伴关系,产品结构上也从单一的五加皮酒扩大到相关渠道产品多元化。而原来“一个门面坐到晚”的副食市场内的中间商因不适应发展逐渐被淘汰,取而代之的是具有区域终端紧密关系的革新型中间商。目前,仍以浙江省为例,在产品从1个增加到5个的前提下,致中和的一级中间商也不过70来家。

从2004年开始,致中和制订了一个3年规划,期望建立一个覆盖华东、华南、大西部、环渤海区域,进而渗透全国的特色快销品战略渠道联盟。2004、2005年的央视广告为致中和这一渠道规划提供了空中支援。

3年规划,3步举措,为致中和构筑全国渠道战略联盟提供了强力保障。

第一步:建立长期战略合作,厂商各献优势。

致中和认为,厂商资源的优劣不同和互补性,决定着厂商合作的权

案例分析

利和义务，任何以单方的厂家操作市场或全部以中间商操作市场都将会浪费太多的现有资源。中间商的最大优势是区域的渠道关系和本地的市场经验，而厂家的优势在于产品、品牌与市场的整合能力。这两种优势的合作才是市场营销的最大杀伤力，而且这种合作会随时间延长而更加熟练和紧密。

2005 年，致中和的招商广告提出“开朝元老级”中间商，所谓开朝元老，其意即是在全国新市场区域，致中和所有合作的中间商都是建立在一种长期的战略关系基础之上（除非主观意愿或出现重大过失），这种关系一旦确立，则意味着中间商有更优越的保障和稳定性进行区域开发，这一区域相当于中间商经销致中和产品的自留田，致中和的新品在与中间商渠道资源相一致的情况下，将源源不断地优先与战略伙伴建立关系。致中和把这种合作关系称之为“结婚”，“执子之手，与子偕老”。

而这样的中间商必须在营销理念、优势资源、渠道关系上与致中和十分匹配，新市场真正符合这种要求的中间商并也不是十分的多。在这一点上，致中和坚持宁缺毋滥，如果在某些地区未能物色到优秀的中间商，致中和不会仓促进入，而宁愿选择放弃，就算前期浪费大量开发费用也在所不惜。

一段时间以来，关于中间商的未来角色及发展趋势，行内讨论很多，一种主流的看法是这种处于中间状态的中间商由于受到厂家和终端的压力，将趋于分化和消亡，这种观点一度十分流行，特别是常常被厂家利用于恐吓中间商。致中和认为，在目前中国的特殊国情下，中间商在中国还将会长期地发挥重要作用，特别是在商品过度的今天，具有市场策划能力和优秀渠道操作能力的中间商还会发挥越来越主导的作用。未来的中国市场竞争，谁拥有良好的渠道资源和品牌能力，谁将会在竞争中趋于主动，而厂商的关系也将回归到各自原有的本色，各自发挥其优势范围内的主导作用。

第二步：特色产品套餐组合，构筑合理的产品结构（略，此内容与渠道策略关系不大）。

第三步：贴身式营销服务，全程扶持经销伙伴。

致中和的营销模式，是一种贴身式的营销服务模式。所谓贴身式，就是全程的渠道协助开拓与市场拉动支持。致中和认为，在品牌和产品建设上，厂家的作用无可厚非地处于主导地位，在渠道和市场拉动建设中，作为厂家也应该发挥重要的作用，只有厂家的全程参与，才能设计出一个符合产品特色的渠道和对应产品的市场拉动模式。

案例分析

致中和历来注重品牌建设，近年来每年投入到广告上的资源就达几千万，7 年来在广告的投入上已经达到了 2 亿多元。央视 2005 年 9 月开始的《新闻联播》前后黄金广告段位投放就达近 5 000 万元。除了中标段外，根据突发事件还可追加配套广告投入，进行事件营销传播。致中和龟苓膏在湖南卫视“超级女声”投入广告就是致中和参与全国性事件营销传播的一个案例。

地面上，致中和根据区域规划，基本上每导入一个重要地区，就会在当地配套建立营销服务机构，组织优秀的业务团队，配合战略经销伙伴作渠道指导、制定市场启动方案、进行市场拉动、组织促销活动，共同操作市场、启动市场，避免中间商单打独斗。待市场趋于成熟，然后把市场的主要维护工作交给中间商，而当地办事机构转变为以市场管理和协调维护为主，所谓“扶一程、送一程”。

事实上，致中和自 1998 年以来一直以此模式开发市场，获得了巨大成功，就是在长三角致中和最成熟的地区，致中和的各地区营销服务办事处一直到今天都在发挥巨大的作用。全程贴身式的营销服务、当地中间商的优势互补，加上致中和产品线的不断丰富，这种模式已经越来越显示出它强大的市场开拓力和生命力。特别是在新产品导入阶段更显优势。

242 年的品牌文化，正在释放无穷张力。致中和，中正和谐之境界，不偏不倚，亦即和谐。

现在，致中和“百年草本调养专家”的定位，为致中和各色渠道产品的包融打开一扇宽广的窗户。据悉，在稳步拓展长三角区域的前提下，致中和渠道联盟目前在珠三角、两湖、华中等地已形成较紧密的覆盖。相信致中和的“全国特色产品渠道战略联盟”必定会获得成功。

案例来源：http://finance. sina. com. cn/leadership/case/20051103/17072091737. shtml

本章小结

渠道虽然直接服务于销售，但对品牌的作用和影响越来越大。本章第一节，首先分析了营销渠道的概念、结构、类别，并探讨了新兴渠道的出现——电子商务，以及对传统渠道的影响，并重点分析了营销渠道在品牌建设中的作用；营销渠道的决策过程分四步走：第一步，明确渠道选择的影响因素；第二步，确定渠道目标及限制因素；第三步，制定渠道方案；第四步，评估渠道方案。渠道推广是渠道传播中非常重要的一个环节，本章第二节主要分析了渠道推广策略，根据推广时机、推广目的的不同，渠道的推广策略可以分为产品铺货的渠道策略、新产品上市的渠道策略、销售淡旺季的渠道策略、竞争性渠道策略、消化库存的渠道策略和多产品推广的渠道策略。本章第三节提出了渠道管理的三个方面：渠道的整合管理、渠道的绩效管理和渠道的关系管理。

思考练习题

1. 营销渠道的含义是什么？它在品牌建设中有哪些作用？
2. 营销渠道决策的四个步骤是什么？每个步骤如何操作？
3. 请分别阐述常见的渠道推广策略及其内容。
4. 请分别举例谈谈品牌营销渠道的整合管理、绩效管理和关系管理。
5. 如果你是某个品牌的营销总监，那么请选择一个品牌推广策略，并制定出一份简明扼要的营销渠道传播计划书。

品牌传播与管理

6

品牌终端体验传播

本章学习重点

- 体验式终端的含义
- 体验式终端对品牌建设的意义
- 体验式终端的发展趋势
- 体验式终端的三大传播策略
- 体验式终端传播管理的主要内容

渠道建设并不等于终端建设，畅通的渠道只能保证产品顺利地到达终端消费者手中，但产品到达终端并不意味着品牌也到达了终端，品牌到达了终端并不意味着品牌价值也到达了终端。由于终端竞争越来越激烈，对于企业而言，把产品通过渠道占满货架的同时，务必让品牌形象和品牌价值覆盖到终端，更为重要是通过终端平台，让品牌形象和价值增值。体验式终端是体验经济时代对终端建设的必然要求，卓越的体验式终端，不仅是对品牌的对接与推动，更是对品牌的深化与丰富。本章将介绍体验式终端对于品牌传播的意义，并从传播策略和传播管理的角度探讨体验式终端的建设问题。

第一节　体验式终端中的品牌传播

一、体验式终端的内涵

（一）体验式终端的提出

体验营销是体验经济的产物和重要组成部分，而体验式终端则是开展体验营销的重要手段，是体验营销在营销实践中的实施。体验式终端的提出经历了从体验经济到体验营销，逐渐清晰明确的过程。

1. 体验经济的提出。1971 年，"体验经济"最早的倡导者，世界知名的未来学家托夫勒在《未来的冲击》一书中这样写道：在传统经济中，我们去购物中心，就是为了买东西，可是现在，这些购物中心都在有意识地给消费者创造一个让你难以忘怀、非常愉快的经历。同样，迪斯尼乐园也是给你提供各种各样的体验。服务经济的下一步是走向体验经济，人们会创造越来越多的跟体验有关的经济活动，商家将靠提供体验服务取胜。①

全球最大的未来学研究机构之一哥本哈根未来研究所所长罗尔夫·詹森在《梦想社会》中指出：未来的产品必须取悦我们的心，而不是大脑。当这一点成为现实的时候，富裕国家的主导社会模式将不再是信息社会，而是梦想社会。现在是为产品和服务加入情感价值的时候了。

市场营销学权威菲利普·科特勒也有相似的观点，他把人们的消费行为分为三个阶段：量的满足、质的满足和感性的满足。在感性满足阶段，消费者更看重的是产品和自身的密切程度，他们购买产品是为了一种情感上的渴望，或是追求商品和理想自我角色的吻合。产品和服务成了"感觉组合"。②

---

① ［美］B. 约瑟夫·派恩、詹姆斯·H. 吉尔摩：《体验经济》，机械工业出版社 2002 年版，第 36 页。

② ［美］B. 约瑟夫·派恩、詹姆斯·H. 吉尔摩：《体验经济》，机械工业出版社 2002 年版，第 36 页。

尽管托夫勒并没有直接地指出这种“难以忘怀、非常愉快”的经历跟体验终端有关，罗尔夫和科特勒也没有明确指出如何“为产品和服务加入情感价值”，但他们已朦胧地察觉到了一种全新的营销思维即将诞生，一种新型的终端形式即将出现。

2. 体验营销的提出。此后，伯德·施密特博士（Bernd H. Schmitt）在他所写的《体验式营销》一书中正式提出“体验营销”的概念：企业以服务为重心，以商品为素材，为消费者创造出值得回忆的感受，从生活与情境出发，塑造感官体验及思维认同，从消费者的感官、情感、思考、行动和关系五个方面重新定义、设计营销理念，以此抓住消费者的注意力，改变消费行为，并为产品找到新的生存价值与空间。这种思考方式突破传统上“理性消费者”的假设，认为消费者消费时是理性与感性兼具的，消费者在消费前、消费时、消费后的体验，才是研究消费者行为与企业品牌经营的关键。伯德·施密特对“体验营销”观念的倡导和推广直接促进了体验终端在营销实践中的应运而生。

3. 体验式终端的提出。重视情感、强调感观体验、注重心理认同，消费者需求的这种重大转变正是体验经济和体验营销提出的前提和背景，而体验式终端就在市场环境的这种变化中破茧而出。终端作为商品同消费者直接沟通的平台，作为离消费者最近的场所，必然会在“体验”的耳濡目染和熏陶下，逐渐进化成一种新的终端形式——体验终端——一种满足消费者的感观体验和情感需求，并为产品和品牌注入情感价值的最佳途径。

体验式终端并非停留在理论层面，它已广泛应用于商业之中，比如，星巴克咖啡厅、耐克运动城、宜家家居、全聚德老店、淑女屋、谭木匠等各种主题终端层出不穷，它们以其新奇、个性的情景设计，独特、生动的氛围营造刺激消费者的感官，带给消费者与众不同的情感和心理体验，产生着巨大的终端吸引力和消费力。

（二）体验式终端的界定

体验式终端是体验经济和体验营销的产物，要进一步明确地认识体验终端的含义，首先要讨究什么是终端，什么是体验。

终端，顾名思义即末端，它是产品经过其他各环节后到达消费者之前的最后一站。终端通常指处在渠道链中最末尾的中间商，也就是零售商，是日常生活中提供商品销售的地方，比如，商场、超市、专卖店和便利店等。这里我们把终端的内涵再扩大一点，商品与消费者直接接触的场所都可以视做终端，比如，卖场、人员推销、促销活动等。终端的内容包括：终端设计、产品陈列、终端服务、终端广告、终端促销、终端活动和氛围元素（灯光、音响、色彩、气味）等。终端有百货商店、大型超市、便利仓储和专卖店等有形形式，还有直销、网上购物

等非卖场零售的无形形式……[1]

终端建设对于企业的营销活动来说至关重要，它直接影响着终端销售。现代营销心理学表明：消费者在到达终端售点前就想好了要购买的产品只占30%，70%的消费者的购买决策是在购买现场做出的，而且在有购买计划的30%的消费者，又有13.4%的人会因为终端的影响而改变原来的购买计划[2]。因此，营销界有人把终端形象地比喻成“产品营销的临门一脚”。

什么是体验呢？按照《体验经济》的作者派恩的观点，“体验是使每个人以个性化的方式参与其中的事件”，是客户“意识中产生的美好感觉”。心理学认为，所谓体验就是人们响应某些刺激的个别事件，也就是人们以很个性化的方式来度过一段时间，并从中获得过程中呈现出的一系列可记忆事件[3]。体验通常是由事件中的直接观察或是参与造成的，不论事件是真实的、如梦般的还是虚拟的。体验涉及顾客的感官、情感和情绪等感性因素，也会包括知识、智力和思考等理性因素。

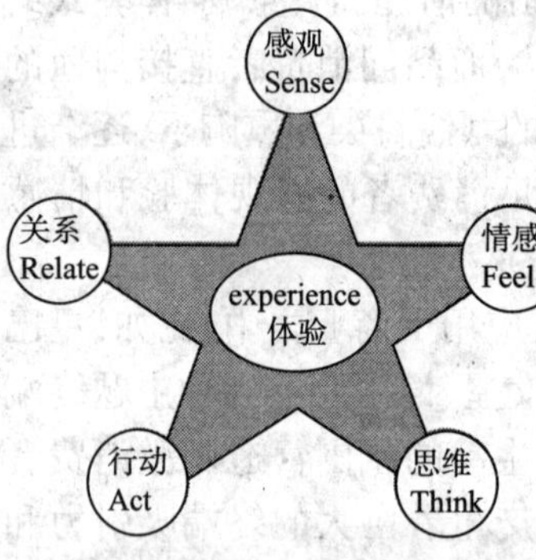

图6-1　体验产生的诱因

体验通常不是自发的而是受外界的诱因诱发的，这也就给了营销人员操作空间，说明营销人员可以采取体验媒介，来诱使消费者产生体验的共鸣。伯德·施密特博士在《体验式营销》一书中提出了SEMS（战略体验模块）。他认为，可以通过感官（Sense）、情感（Feel）、思考（Think）、行动（Act）和关系（Relate）五个方面来诱发消费者产生体验，如图6-1所示。感官享受是生理体验，情感情绪是心理体验，思维和行动带来的是态度和行为的体验，关系引发身份认同和社会环境体验。

有了对体验和终端的初步认识，现在让我们来对体验式终端作如下界定：体验式终端是体验营销的一种具体做法，是指在销售的终端，运用终端陈列设计、行为设计和氛围营造等传播策略在终端营造一种与产品个性、品牌定位相符合的情境，它将产品、品牌价值、企业文化等因素有效整合，使消费者通过主客观体验产生体验消费，促进终端销售。

① 江宁、朱悔松：《终端拦截》，广东经济出版社2003年版，第4页。
② 丁邦清：《品牌成功链》，机械工业出版社2007年版，第228页。
③ 赵龙等：《情景终端》，中国发展出版社2005年版，第56页。

二、终端体验化与品牌传播

体验式终端在品牌的传播中起着重要的作用，体验式终端不仅是对品牌的对接与推动，更是对品牌的深化与丰富。它综合地运用货架、专柜、堆头、店中店、促销人员、灯箱、POP、宣传物料、视频演示、价格、颜色、灯光、音响和气味等各种终端要素，将品牌的信息、品牌的特征与特色、品牌的调性、品牌个性、品牌核心价值和品牌精神等完整、立体、生动地展现在消费者面前，以获得消费者更深层次的认同。

（一）深化品牌价值，增强品牌识别度和认知度

1. 增强品牌识别度。体验式终端可以综合运用各种独特的终端元素在琳琅满目的卖场造成强烈的视觉识别，与其他品牌形成差异，迅速地在消费者心目中形成品牌记忆，成为品牌的识别力量。品牌识别的关键在于品牌的信息要到达终端，品牌的信息包括品牌名称、品牌标志、品牌标准色、品牌象征图案和品牌吉祥物等，体验式终端可以通过产品陈列、堆头陈列、POP 陈列和辅助品陈列等一系列方式的运用，最大限度地传达品牌信息，放大品牌的标志、标准色和图案等一切品牌符号，引起消费者的注意并形成记忆，造成“未见其品、先睹其牌”的效应。比如，“可口可乐”红色流线型的字体、人形的瓶子等特征在任何一个终端都是非常醒目的。

基于体验式终端有利于增强品牌识别度的优势，企业可以考虑在品牌上市之初通过建立有特色的体验式终端，例如，专卖店，在短期内提升品牌知名度。“谭木匠”是通过此举获得成功的典型案例。“谭木匠”成立于 1993 年，目前已是中国木制品行业中最有影响力的品牌之一。它在终端设计和传播方面尤其强调体验化、情景化，通过建设与“谭木匠”品牌品味相一致的购物环境和终端调性，与同类品牌形成了鲜明的区别。“谭木匠”目前在全国已有 300 多家连锁店，每一家连锁店都采取统一的装修风格，以红檀木色为标准色，强调品牌古朴、传统、自然的风格。门外牌匾“千年木梳　万丝情缘”、“我善治木”传达出“谭木匠”的核心价值和悠久的历史感，消费者一踏入店内就立即进入了“好木沉香”的购物情景。这些连锁店的店头设计和店内装潢不仅在同类品牌中很抢眼；就是在众星云集的商铺里也是非常醒目、独特的，常常吸引很多行人驻足流连（参见图 6－2）。

2. 增强品牌认知度。消费者不仅需要识别品牌，还需要进一步了解、认识品牌。消费者只有在终端被吸引住，然后通过望闻问切、互动交流等等终端体验和感受才可能进一步了解和认识品牌。体验式终端不仅可以通过摆场、堆头、陈列、设计强化品牌的识别，还可以通过 4S 店、专卖店、店中店、专柜、样板间和样板房等终端形式，给消费者提供深入了解、认识品牌的时间和空间。在

图6-2　谭木匠店面门头

卖场经常会看到有些神色匆匆的消费者在某个专柜或体验店前慢了下来，被该品牌独特的展示、演示或是模型、堆头吸引了过去，从驻足观看到进入店中开始慢慢浏览，最后和促销员攀谈起来，整个过程，体验式终端起着重要的推动作用。

（二）丰富品牌价值，增加品牌的生动性和感染力

品牌的价值在于消费者可以切身感受、亲身体验。体验式终端可以生动、立体、具象地对品牌进行传播，增强品牌的感染力，使品牌形象在消费者的面前鲜活起来，使品牌价值得以生动、丰富的体现。只有这样，消费者体验得到的品牌才是具体而不是抽象的，是积极而不是被动的，是深刻而不是浮浅的，是长期而不是短暂的。

北京全聚德是历史悠久的餐饮老字号，以弘扬老北京饮食文化、京城文化而闻名中外。1999年，位于北京前门全聚德店内的“店中店”——“北京全聚德老店”对外营业。“店中店”的设计是为了深入挖掘全聚德的历史文化，再现百年老店的历史风貌，展现老北京的风俗。这是继全聚德推出展现民俗文化——“燕京八景宴会厅”、宫廷文化——“帝王厅”、观看烤鸭全过程——“明堂亮灶”之后的又一次体验营销之举（参见图6-3，图6-4）。

燕京八景厅的设计借鉴了老北京四合院的格局，中心小厅看似一个院落，四周配以回廊造型，雕廊彩绘，风格独特。天花板配以葡萄架作为装饰，俨然一幅夏日四合院的风景图画。

图 6－3　燕京八景宴会厅

帝王厅是前门全聚德最具特色的宫廷宴会厅，仿故宫“乾清宫”修建，既保留了皇家的气度，又显得吉祥平易，是举力国宴与高档宴会的主要场所。

图 6－4　仁寿殿宴会厅

老店的布置完全按照百年前的样子：建筑风格古色古香，柜台上摆着被列为文物的瓷坛子、琉璃算盘，墙上挂着样式古朴的时钟，日历也是百年前的泛黄的老皇历（参见图 6－5）。老店中还珍藏着许多历史照片：全聚德创始人杨全仁、1864 年开业第一天的古钱、20 世纪 30 年代的宴会菜单等等。当消费者走进店内，头戴瓜皮小黑帽、身穿长袖大褂、手上搭一条白毛巾的跑堂小伙儿就会用正宗的京腔殷勤地招呼：“您几位，里边请！”历史情境的再现使消费者在老店用餐的过程成为一次难以忘怀的经历。2005 年 4 月，北京前门全聚德烤鸭店推出“老北京风情文化节”，传统叫卖、传统小吃与全聚德烤鸭一同亮相，让顾客在浓郁的京味儿氛围中又一次体味了老店饮食文化的魅力（参见图 6－6）。

生动、形象的体验式终端不仅使全聚德的生意分外红火，也使得消费者得以身临其境的感受全聚德“弘扬中华民族传统饮食文化”的经营理念，对全聚德的品牌价值“在现代氛围中展现传统的精华”有了更加感性的认识，从而形成了全聚德独有的、竞争对手难以复制的优势。

图6－5　老店内景布置

在北京前门全聚德烤鸭店老铺前，“老掌柜”请一位来自上海的女顾客体验做老北京货郎的感受。

图6－6　老店体验

(三)体验品牌价值，增强品牌的满意度和忠诚度

体验式终端有利于增强品牌的满意度和忠诚度。满意度是消费者使用产品或服务之后对其总的态度。这是一个由特定的购买选择以及使用和消费体验所带来的选择后的评价。忠诚度是消费者对某品牌持肯定态度的程度、承诺的程度以及愿意在未来继续购买的程度。根据营销学者弗雷德里克·雷奇赫尔德(Frederick Reicheld)的“满意度陷阱”理论，满意度并不一定就能顺利地转化为忠诚度，有65%～85%自称满意或非常满意的消费者会背叛原有品牌，无法形成品牌忠诚。从体验的角度而言，这是因为从满意度提升到忠诚度还需要消费者产生超越“满意”的“兴奋”的情感反应。体验式终端可以帮助品牌制造“兴奋”，让消费者在购物或者享受服务的过程中，收获远远超越期望值的感受，形成强烈的品牌吸引力，使“满意”更快地上升为“忠诚”(参见图6－7)。

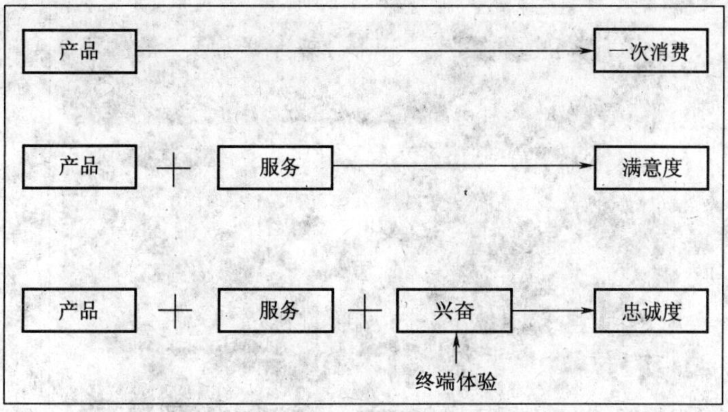

图6-7　体验式终端与品牌满意度和忠诚度的关系

资料来源:赵龙等:《情景终端》,中国发展出版社2005年版,第26页。

三、体验式终端的发展趋势

随着消费者购物需求的升级和市场竞争的日益激烈,简单的商品陈列早已不能满足消费者。消费者追求的是全方位的消费体验:环境要温馨、舒适和生活化;氛围要轻松、生动和舞台化,因此,企业不断追求终端设计的创新,终端呈现出生活化、个性化、戏剧化、情境化、体验化和虚拟化的发展趋势。

(一)生活化

生活场景是最贴近消费者的"第一现场"。消费者最熟悉生活化的场景,也最容易对生活化的场景产生放松、自在的心理体验。将终端做生活化的处理,可以拉近消费者与产品、品牌的距离,营造温馨、惬意的感觉,给消费者创造轻松、随意的购物氛围。

家居和房产是最适合将终端做生活化处理的行业。他们本身售卖的就是生活情景和生活情趣,因此能否巧妙地对终端作生活化的描绘,就成为销售的关键。比如,宜家家居,尤其注重将生活的细节注入终端,在宜家的大卖场内有客厅、餐厅、儿童房、卧室、书房和厨房等各种功能分区的样板间,每间样板间就是一个温馨家庭的再现。甚至有很多细节做了人性化的处理,例如,餐桌上摆放着水果、沙发上摆放着未织完的毛衣,书桌上摊开的书本、床头恋人的合影……每一间房里都有一个我们想象中的主人。这些温馨的细节处理使终端更加具有生活化的气息,也使得消费者能够在轻松、随意的氛围中进行消费(参见图6-8)。

(二)个性化

在消费趋同的影响下,消费者越来越追求个性,企业为了迎合消费者的心理,也围绕其差异化的品牌定位,进一步营造突出差异、独特、个性的终端形式。

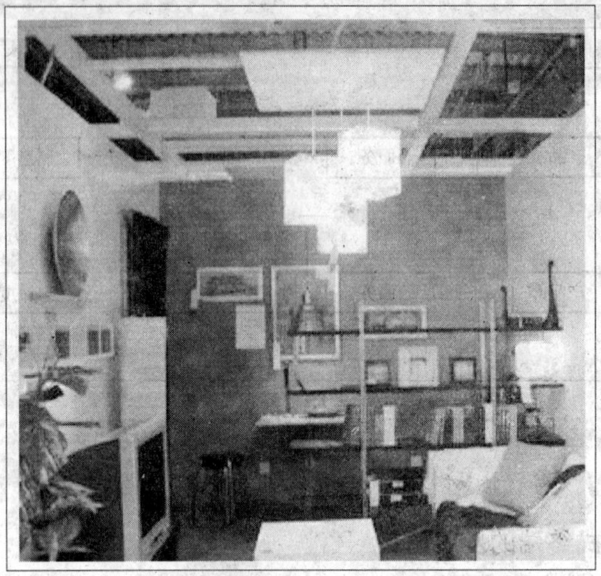

图 6-8　宜家的样板间

IT 界红色阵营的领跑者之一台湾明基 BenQ 一直以来强调“Bringing Enjoyment and Quality to Life(享受快乐科技)”的品牌理念,做 IT 界的时尚品牌。它紧紧围绕这一品牌定位,进行其 CIS 识别系统的创新,尤其是其终端设计的创新,使消费者眼前一亮,在冷冰冰、缺乏色彩的 IT 卖场显得相当抢眼(参见图 6-9)。

图 6-9　明基的卖场

（三）戏剧化

伯德·施密特博士在《体验式营销》中提出了“体验剧场模式”，“企业就是表演者，职场就是剧场，体验剧场模式拥有同舞台一样的构成要素”①。美国服务营销学家格鲁夫和菲恩克也认为：体验消费的过程可以视作是一场戏剧。消费者是观众，终端就是品牌表演的舞台，产品和品牌是主角，终端陈列是舞台的背景和表演区，服务、促销活动构成了戏剧的表演部分。戏剧理论在终端的运用直接带来了终端的舞台化和戏剧化。首先，灯光、色彩、音响、道具和装饰等舞台因素已经被越来越多地应用于终端。终端的艺术性不断加强，终端的美学研究被提上了日程；其次，企业不再孤立地去看待产品和品牌，而是将其置身于一场戏剧之中，主角的表演需要多方面的配合才能成功，需要通过终端陈列、行为设计、氛围营造等多种手段创造综合效应，烘托产品和品牌的英雄气质和非凡魅力（参见图6－10）。

图6－10　香奈儿的橱窗展示

（四）情景化

情景化包含了生活化、个性化和戏剧化趋势的特点，追求与产品、品牌定位和谐一致的情境。以另类、时尚方式展示潮流、前卫的产品，以温馨、自然的方式展示生活、居家的产品，这就是情景化。情景可以将产品、品牌信息、品牌的核心价值整合起来，融为一体，使这些能量在终端最大限度地迸发出来，营造一种“磁场效应”，使终端充满吸引力。

① 伯德·施密特：《体验营销》，广西人民出版社2003年版，第12页。

（五）体验化

终端已开始从生活化、个性化、戏剧化和情景化向体验化的方向发展。生活化、个性化、戏剧化和情景化更多的是从企业的角度出发，力图使自己的品牌与产品吸引消费者的注意，体验化则完全从消费者的角度出发，更多地考虑消费者的感受。当前，许多品牌纷纷建立消费者体验中心，推出消费者体验之旅，吸引消费者通过参与获得更好的体验。

（六）虚拟化

随着新媒体技术的逐渐成熟，体验式终端不仅存在于现实世界，也广泛存在于虚拟世界，一个个设计新奇精美、声像兼备、美轮美奂的形象网站构成了一个个虚拟化的体验式终端，给消费者创造了现实世界无法实现的难忘体验。这种体验主要来自于建立在 Internet 技术上的互动与娱乐功能（参见图 6－11）。

图 6－11　美轮美奂的虚拟终端

1. 互动。广告专家认为，网络引发并实现了一次媒体革命，作为这次革命的核心就是互动。互动被认为是网络媒体与传统媒体相比最重要的优势。企业通过在互联网空间建立虚拟终端，并通过在虚拟终端中设计千变万化的互动形式，如广告、游戏、搜索、论坛、调查和定制等，带给参与者丰富的互动体验。

亚马逊网络书店的创始人贝佐斯曾说："对我来说，最大的挑战之一就是如何让网络购物的每一个小细节都带有乐趣，以及像传统书店一样真实。而其中有许多重要点都是围绕与'客户的互动'打转。"亚马逊电子商务网站中为消费者创造"互动体验"的形式主要有：

(1)读者书评。这个栏目用于登载顾客对书籍的反映，任何一位消费者都可以自由地把自己的评论加在网页上，帮助推荐好题材的书籍。"读者书评"一直被看做是一个"透明化的自助系统"，设计达到了"即时性互动"的效果。对于作者而言可以知道读者的反映，对于消费者而言有导购的作用，对于书商而言不仅有利于书籍的销售，而且还可以借此了解到消费市场以及舆论的反映，因此,创造了三赢的局面。贝佐斯表示:特别自豪于这个栏目。

(2)接力写故事。在读者书评的功能设计下,亚马逊公司还想出了一个极为经典的点子,就是提供一种“互动式小说”的服务。公司的构想是,先将故事起个头,接下来由上网的访客来完成它。为此,公司专门找来了曾两度获普利策新闻奖的约翰·厄普代克以“谋杀造就杂志”为题目起草了小说的开头。1998 年 7 月 29 日将这段开头放在了公司的网站上,在接下来的 44 天里,上网的人都可以接续这个故事的发展。然后从中挑选一位最优秀的作者。直到 9 月 22 日,再由厄普代克写完最后一段,整个故事才算画上了完美的句号。这个创意受到了网民及媒体的回应。据统计,大约有 40 万人参与了投稿,此举不仅打响了亚马逊互动服务的名号,也吸引了众人聚焦的目光。

(3)猎眼服务。这也是极具亚马逊特色的个人化服务。在这项服务里,顾客可以登记自己的兴趣、关注的主题、关注的作者等找书信息。如果有某一新书出版或到货,电子邮件便会根据顾客留下的信息及时通知顾客。

(4)编辑家。这是一项免费咨询服务。在亚马逊搜集的 46 大类或书籍种类的每一种,都会有一位所谓的“自由撰稿编辑”。这位自由撰稿编辑每个月会送上最及时的书摘,上面还附有注解。

(5)一点通服务。“一点通”是亚马逊公司的一项重要革新。凡是在亚马逊网络书店买过一次商品的顾客,亚马逊公司就会记住他的相关资料,下次再购物时,只要用鼠标点一下所需的货物,网络系统就会自动完成以后的各种手续,包括消费者的收件资料,甚至刷卡付费也可以由网络代劳。

2. 娱乐。虚拟终端不仅可以创造互动体验,还可以通过网络游戏、Flash 动画、网络视频创造丰富的娱乐体验,借助多媒体技术、网络视频等表现手法,实现了美妙绝伦的视听效果。尤其是网络游戏,已经从单纯的 MUD 型发展到声像具备的图形界面型,它能创造出一个美丽的近乎残酷的虚拟世界,使得人们能在游戏世界中尝试在现实世界中无法奢望的极端视觉体验。

“阳光奇缘”是中海地产为推广“阳光棕榈园”项目专门开发的网络游戏,也是国内首部大型地产实景爱情童话网络游戏。中海地产是深圳最大的地产商之一,它开发的“阳光棕榈园”是一个地理位置相对偏僻的项目,为了吸引潜在买家的广泛关注,商家利用网络游戏这种轻松且颇具黏性的形式,吸引大家参与而且是持续参与。故事是这样的,一对两小无猜的情侣,从小共同生活在海边的这片土地上,男主角要随父母移民美国,出国之际,他们约定学成之后来这片土地上相聚,多年后男主角回国,来兑现他们当初的诺言。

当男主角来到他们当年盟誓的那片土地上的时候,一切已经变得陌生,这里已经是一个美丽的家园,寻找女主角的故事就这样发生了。

以男主角为履行儿时的诺言回国寻找女主角的爱情故事为背景,游戏设计成6关:初闯商业街、寻缘棕榈岛、探密棕榈社区、寻踪阳光小学、拜访棕榈人家和相逢棕榈园。每周一关,一个主题,保持了持续的吸引力。近千张优美的实景照片与游戏相结合,既增强了游戏的生动性又把广告的信息和内容巧妙地融入其中。"阳光奇缘"作为国内首部大型地产实景 Flash 动漫游戏,利用 Flash 动漫形象生动、时尚、个性和互动的特点,人性化、趣味式地展示楼盘项目,不仅使潜在买家通过游戏对地产项目有了深入的了解,更使人产生到实地一探究竟的强烈冲动。这一游戏的开发,将单纯的形象网站变成了体验产品的情景终端,将传统的售楼方式变成了参与性极强的网上看房活动。更为重要的是,这一形式不仅给消费者带来了审美体验,而且实现了对销售的有力拉动,"阳光棕榈园"开盘前夕,网络点击率是5 000次,到了开盘期间,就达到了8 000次,深圳房地产信息网也因此增加了3 000次的点击率(参见图6-12)。

图6-12　阳光奇缘网络游戏界面

第二节 品牌终端体验的传播策略

体验式终端需要结合体验营销的传播策略进行全面的终端建设，策略主要包括终端的陈列设计、服务设计和氛围营造。终端陈列是体验式终端建设的基础，产品和品牌表演首先需要一个亮丽的舞台背景；终端的服务设计是对体验式终端建设的支持，标准化、人性化的服务本身就是体验式终端的重要组成部分；终端氛围营造是体验式终端的关键，生动、精彩的氛围营造可以为体验式终端增值。

一、体验式终端的陈列设计

许多人认为，陈列就是摆放产品，把产品摆上货架即可，这是对陈列的片面理解。陈列英文称为 Display，Showing，Visual Presentation 或 Visual merchandising Presentation，这说明，陈列涵盖了营销学、心理学和视觉艺术等多门学科知识，是一门综合性的学科。

世界知名的服装设计师乔治·阿玛尼早期就在意大利的一个百货公司里从事陈列工作，他对卖场的陈列有着深刻的理解：我们要通过陈列为顾客创造一种激动人心而且出乎意料的体验，同时又在整体上维持清晰一致的识别。商店的每一个部分都在表达我的美学理念，我希望能在一个空间和一种氛围中展示我的设计，为顾客提供一种深刻的体验。

陈列也是体验式终端建设最基本的营销手段，通过对产品、橱窗、货架、堆头、灯光、音乐、POP 和通道的科学规划，达到促进产品销售、提升品牌形象的目的。下面主要介绍展示陈列、布局陈列和 POP 陈列。

（一）展示陈列

1. 产品陈列。法国零售业有一句经典的商品陈列名言："即使是水果蔬菜，也要像一幅静物写生画那样艺术地排列，因为商品的美感能撩起顾客的购买欲望。"良好的商品陈列不仅可以方便、刺激顾客购买，也可以借此提高企业产品和品牌的形象。

人的注意力是有规律可循的，产品的陈列要尊重人的注意力规律，例如，事物面积越大，色彩越鲜艳，越能引起注意；人在瞬间注意的广度一般为 7～8 个单位；人的有效视野是 80～130cm；排列有规律比无规律能够使人注意到更多的事物等。结合上述规律，产品陈列要注意以下原则：

（1）协调统一的原则。产品陈列要与产品性质和档次协调一致，如封闭型陈列让消费者感觉产品珍贵、价值高；开放型陈列让消费者觉得产品方便、实惠。产品陈列的整体风格和基调要统一，所有陈列在货架上的产品必须统一将商标一面朝向消费者，达到整齐划一、美观醒目的展示效果（参见图6－13）。

封闭式陈列　　开放式陈列

半开放式陈列

图6－13　商品陈列方式

（2）显而易见的原则。“聚集眼球”是产品取胜的关键。产品陈列要让消费者显而易见，这是达成销售的首要条件，只有让消费者看清楚并引起注意，才能激起冲动性的购买心理。所以要求产品陈列要醒目、大方，力求生动美观。

（3）层次分明的原则。根据人的有效视野的规律，产品陈列的黄金地段在80～130cm这个范围，在同一个陈列架上，可以利用这个区域突出重点产品和主打产品。其他区域从上到下，也应该做到层次分明，让顾客一目了然。产品陈列的层次还要照顾主要消费者不同的年龄、身高特点，做到伸手可取（参见图6－14）。

（4）集中展示的原则。尽可能多地把公司产品的全品项分类陈列在一个货架上，排面越大，越能引起消费者的注意，既可以增加产品展示的饱满度和可见度，又可以满足不同消费者的需求，增加销量，还可以防止陈列位置被竞争品挤占。只有比竞争品牌占据更多的陈列空间，顾客才有更多机会购买本公司的产品。

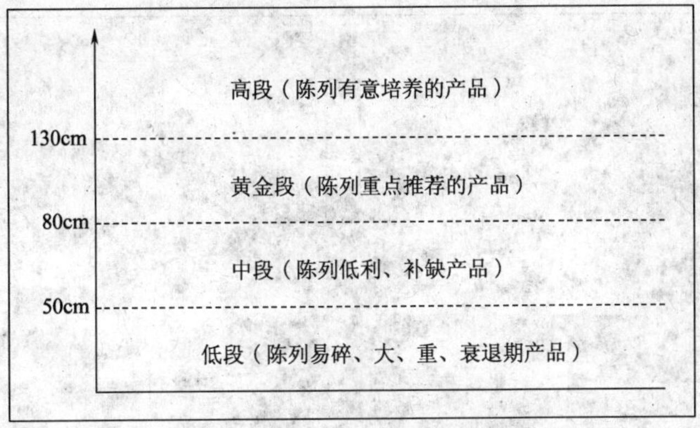

图 6－14 产品陈列的层次性

(5)比附关联的原则。产品陈列也可以通过比附方法,例如,将弱势品牌陈列在大品牌旁边或者周转迅速的产品周围,增加产品销售的机会;还可以将不同种类但效应互补的产品陈列在一起,刺激消费者的连带消费。例如,电器与插座、食品与调味品等。日本有一种名为“丘比”的调料品,配合菠菜陈列后,原本 1 星期只销售 658 把的蔬菜增至 1 650 把,业绩成长 161%,该调料品原本 1 星期只销售 19 瓶,因此也增长到 300 瓶,足见此种陈列方法对商品销售有一定的帮助。

(6)先进先出原则。消费者对商品的生产日期,特别是对于食品的日期十分注意。按出厂日期将先出厂的产品摆放在最外一层,最近出厂的产品放在里面,避免产品滞留过期。

(7)美观大方的原则。好的陈列可以通过色彩、图案等有机的组合,使其相得益彰。例如,将产品陈列为一幅动人图画,让消费者感受到产品所要表达的意境。尤其是时尚用品,就更加讲究产品陈列的个性与品味。图 6 - 14 是国际名牌 Diesel 专卖店的眼镜区域,其独到之处体现在商品的陈列技巧上,如为展示眼镜而设计的汽车后视镜,高雅的壁纸与汽车后视镜的组合等,另类新鲜。

2. 堆头陈列。堆头,又称卖场堆码,是企业在卖场内外用大量产品精心布置、摆放以吸引消费者的注意,或展示产品、品牌形象,或促进购买的一种特殊陈列方法。实践证明,堆头陈列已经成为企业在卖场争夺战中行之有效的手段。设计新颖、独特的堆头不仅可以堆出品牌形象、堆出注意力,还可以堆出销售力。堆头的陈列设计也是一门学问,如何才能使自己的堆头推陈出新、与众不同,发挥堆头的最大效应呢?

(1)堆头选址的科学性。堆头陈列的位置很关键,它决定了消费者能不能在琳琅满目的卖场更快地接触到企业的产品。堆头可以放置在卖场通道中,也可以放置在卖场出入口的专业促销平台,还可以放置在某类产品的专区内,不

图 6－15　Diesel 店眼镜区域的产品陈列

同位置的堆头其作用的发挥不一样。专区堆头的促销作用较强，充分展示产品的价格优势。通道堆头的覆盖面大，因为通道堆头一般在卖场的中部，堆头四面可以走人，充分照顾了各种层次的消费者视线，在每一个角度，都可以接触品牌。例如，雀巢在家乐福超市的堆头就由几个组团构成，中间被几条通道分割开，顾客可以穿梭其中，感受无处不在的咖啡氛围。卖场出入口的专用平台有利于展示品牌形象，由于专用平台空间大，陈列更为灵活，通常是企业展示新产品或新品牌的最佳选择。

(2)堆头陈列的创造性。优秀的堆头，既可以堆出美感，也能堆出品牌形象；可以在最短的时间内吸引住消费者的眼球，产生强烈的视觉识别；可以生动、具象地对品牌进行传播，使品牌形象在消费者的面前鲜活起来，增强品牌的感染力。图 6－16 是百事可乐的堆头设计，产品组合加明星围挡，尤其是代言人蔡依林的立牌设计与产品融为一体，成为卖场一道难忘的风景线，充满诱惑。

此外，堆头设计必须要同产品特色和品牌个性相一致，如索芙特利用“植物”做堆头造型是为了突出产品“天然氧吧”的特色。节假日陈列的堆头还应适当加入节日色彩，如“金帝”的圣诞节堆头设计就很有节日气氛(参见图 6－17)。

(3)堆头陈列的便利性。堆头陈列还应该具有便利性，触手可及，方便消费者的浏览、尝试和选购。比如儿童产品，堆头底部如果超过 120cm，很多孩子就无法伸手拿到产品；而有些产品，例如，饮料、罐头堆上去看似摇摇晃晃，没人敢碰；还有些产品在选购中被人拉得支离破碎，如水瓶，盖子、带子、瓶身和吸管等，找不到一个产品是完整的，这些堆头显然会对产品销售带来阻碍。

图 6－16　百事可乐堆头设计

图 6－17　堆头设计的一致性

（4）堆头陈列的规范性。堆头陈列还必须做到规范性。如堆头上层陈列与下层围挡的一致性，不能上层陈列 A 产品，下层围挡却用 B 产品。围挡一般采用 PVC 板或者 KT 板或者贴宣传海报，一方面有效地弥补外部美观的不足，使整体形象完美统一，另一方面借此向消费者传播促销活动的内容；隔箱陈列应该注意保留 1/8 的外箱面，其目的一是充分展现包装主体，二是防止产品跌落；

堆头上应该放些促销信息和品牌传播的宣传页，增进消费者对品牌或促销活动的进一步了解；理货员应定期“清理”堆头，造成有大量消费者购买的现场效果。

(5)堆头陈列的相关性。堆头陈列也可以通过不同类别产品之间的相关性、新老产品间的相关性，加大产品的宣传面和销售量。跨区域的堆头现已在卖场中被企业广为应用，这种将不同类别的商品以交叉的方式来进行的陈列，可以使消费者产生联想，顺道购买，以求获得相乘效果。如高露洁牙膏在卖毛巾的货架前端进行堆头，将同属于一种需求的关联性产品统合起来，改变了以往堆头只在本区域展示的思路，给消费者提供便利，达到“顺手牵羊”的购物效果。

（二）布局陈列

如果说展示陈列只是从局部为顾客创造体验，那么布局陈列就是从空间的整体性、营造氛围的角度来表达产品和品牌的美学理念，为顾客创造一种更为深刻的体验，终端的布局陈列包括终端各个功能区域的划分以及合理的利用，应该做到以下几点。

1. 布局的功能化。不同卖场对区域划分的功能要求不同，比如，药店卖场要增加医疗服务区；服装专卖店要有宽敞、自在的换衣间；百货公司要有便利、舒适的休息区；超市要有专用促销区等。但一般而言，卖场的布局要注意区域划分的功能化，要根据自身卖场的特点设计合理的区域，每个部分的区域都承载各自的功能。以医药超市为例，卖场内应该设置售货区、服务区、休息区、促销区和辅助区：售货区是顾客选购商品、缴款的区域；服务区是由专业医师和执业药师提供专业服务的区域，还包括顾客咨询、用药咨询、存包、缺药登记、顾客意见反馈等功能；休息区是顾客暂时停留休息的地方；促销区是企业对产品推广宣传的区域；辅助区是卖场办公室、放置库存的区域。

2. 布局的主题化。除了从功能的角度来划分空间之外，还可以从内容、主题的角度对卖场的主要区域进行再划分，尤其适用于大型仓储型超市或大型专业卖场。例如，家居卖场一般就是根据主题进行划分，有欧陆风情区、古典情韵区、简约自然区、摩登时尚区和温馨浪漫区等，每一区域都根据主题来设置样板间，区域与区域之间相互独立又融为一体，构成了一个精湛家居艺术的展览馆，有效提升了卖场的文化品位和审美情趣。超市一般根据产品系列、消费者的购买习惯、购买心理来划分区域。例如，大型超市通常划分为休闲食品区、蔬果区、生鲜区、日化区、家居用品区、婴幼用品区、服装区、服饰区和家电区等，各个区域的分布又要参考消费者的消费行为和心理，便于消费者浏览和选购(参见图6－18)。

3. 布局的人性化。消费者越来越注重细节，看重企业的便民化、人性化服务，因此终端的布局也要做到人性化。人性化布局可以拉近企业与消费者之间的距离，使企业更有亲和力和人情味。布局的人性化往往体现在细节方面，例

图 6-18 布局的主题化

如,休闲区的茶水供应、液晶电视的设置;随处可见的导购牌和指示牌;越来越宽敞的通道和试衣间;越来越"温柔"的提示语等,使得整个卖场弥漫着浓浓的人情味。以宜家为例,其卖场尤其重视人性化布局:进入商场后,地板上有箭头指引顾客按最佳顺序逛完整个商场;主通道旁边为展示区,展示区的纵深不会超过 4 米,以保证顾客不会因走太久而感到疲惫。展示区按照客厅、饭厅、工作室、卧室、厨房、儿童用品和餐厅的顺序排列。这种顺序是从顾客习惯出发制定的,客厅最为重要,饭厅是人们处理日常事务的地方,家庭办公室紧随其后,卧室是最后一个大型家具区。这种方法有利于提供装饰效果的整体展示,同时还有利于连带消费。

4. 布局的美学化。从审美的角度来看,布局的美学化最有利于消费者在短时间内产生积极体验,甚至可以短到"一见钟情"、"一见倾心"。通过布局的美学化,企业可以给消费者创造一个他所期望的购物空间,可以是"家",也可以是"展览馆"或者是"工作室"、"清吧"、"个性小铺"……每一种空间形态带给消费者的体验和感受是不一样的,也就形成了不可取代的消费选择。图 6-19 是 Diesel 专卖店的局部图,Diesel 的 CEO 在接受美国《PAPER》杂志采访时表示:"我们不是在卖东西,我们在贩卖一种生活方式。Diesel 这个词已经蕴含所有,它是一种穿着的方式、生活的方式、行事的方式,更是一种思维的方式。"Diesel 正是以生活空间的方式来展示其产品。

(三) POP 陈列

POP,是英文 Point of Purchase 的缩写,顾名思义,就是购买据点的意思,现在人们习惯称之为"店头广告"或"终端广告"。作为一种媒体形式,POP 很难有一个统一归纳,简单地说,POP 广告即是卖场周围的促销宣传品。它的形式多种多样,表现手法层出不穷。因此 POP 广告和其他媒体广告相比,更具灵活

380平方米的店面由Diesel室内设计组操刀，讲求空间感与美感的平衡。店铺的设计中加入了欧洲独特的怀旧风格，其中包括了灯饰、装饰细节以及后现代的家具和摆设。店内的墙壁以及木质地板大多采用干净、舒适的乳白色，在增大了空间感的同时，使整体环境显得轻松而随意。摆放在店堂中央的一对红色沙发椅，既是整个店内颜色的凸显，又是品牌文化的体现。

图6-19　Diesel店的布局陈列

多变性。同时，POP广告在唤起消费者的潜在购买欲望、诱发购买冲动以及展示品牌形象方面具有不可替代的作用。基于POP的特性与功能，POP陈列也要把握一定的陈列技巧，才能有效、准确地发挥POP的最佳诉求目的。

1. 营造卖场的氛围。POP的陈列布置，要能给卖场带来焕然一新的感觉。一般的商家，在空间或装潢上不经常改动，然而利用POP却能给消费者耳目一新的感觉，会给卖场带来更多的商机。前提是要了解卖场的空间位置和卖场的整体色调及卖场所展现的氛围气息，做到心中有数，再依特定的空间确定POP的位置、大小尺寸，然后确定POP本身的色彩及表现手法。例如，吊旗是悬挂在顶棚的气氛POP，因为它直接对氛围进行渲染，所以色彩十分重要，一年四季中要用不同颜色进行更换，春天以淡绿为主，让人感到生机盎然；夏季以冰块的透色或海的蓝绿为主，给人以清凉的感觉；秋季适宜选择金黄色，象征收获；冬天以红色或白色为主，红色代表喜庆和火热，而白色则是雪的颜色；在有大型促销活动时，可以更换为活动主题的POP，但内容不要过多，起到渲染气氛的作用即可。

2. 多元组合。POP广告的类型很多，大到店外巨型画面或实物模型，小到店内几厘米的小卡片；既有平面的，也有立体的；可以是静态的，也可以是动态的；既可置于商品旁边，也可悬挂在卖场内外。制作材质灵活多变，有手绘、雕刻、印刷、喷绘和模型等，因此POP广告的陈列还要注意综合运用多种形式，譬如，静态与动态组合，平面与立体组合，感性与理性组合，室内与室外组合，全方位、多角度的诱发消费者产生体验。

二、体验式终端的服务设计

观众（消费者）体验的产生是演员（员工或产品）与观众（消费者）以及舞台（创造体验的场地）之间互动的结果。前述的陈列设计是体验式终端建设的基础，目的是提供一个创造体验的展示场所。接下来要讨论“表演”的问题，终端所提供的标准化、人性化服务是表演的一部分，表演如何发挥才能最大限度地博得观众的掌声呢？企业会发现员工的服务水平，甚至他们的言行举止、服装、服饰、风度都会影响到消费者对体验的感觉，对体验的评价。因此企业要像不断修改和完善戏剧剧本一样，精心设计、不断完善终端为消费者所提供的服务。服务设计包括服务的标准化设计和服务的策略化设计。

（一）服务的标准化

说到服务的标准化，不得不提到全球知名的食品连锁企业麦当劳。麦当劳公司在终端的服务设计对其体验式终端的建设至关重要，尽管卖出了无数份薯条、汉堡和冰淇淋，但公司从来认为“首先出售的是服务”。公司要求每一位员工的表现都必须体现麦当劳的服务水平，为顾客提供无微不至的服务，为了保证消费者在任何一家麦当劳餐厅都能享受到相同的服务，麦当劳规定了详细的服务标准或达到服务工作标准化的目标。

基于服务与服务人员的不可分割性，以及服务质量取决于服务人员、服务地点、时间和方式的多变性，对服务进行标准化的设计是十分有必要的。服务的标准化包括的内容很多，例如，麦当劳公司的服务标准化就细致到“与顾客应对的6个步骤”、“如何举办生日派对”等具体事务上。各个行业的标准化要求会因行业的特殊性而有所不同，下面主要讨论具有普遍意义的服务人员的仪表、仪态的标准化问题，以及服务流程的标准化问题。

服务人员的仪表、仪态以及服务的流程既要符合一般行业的标准化和职业标准，又要体现特殊情景的特殊之处。

1. 服务人员仪表。仪表包括服装和修饰。终端服务人员一般都有统一的服装，也就是制服。制服的作用不可忽视，它既是企业识别系统的一部分，同时也是体验式终端构成的重要元素。服装有着特定的情景含义，如色彩、质地和款式等都能向消费者传达一些约定俗成的含义。正因为服装具有某种符号化的意义，已经有越来越多的企业利用服装来营造特定的氛围和情景。一些围绕“人民公社”做文章的特色餐饮店要求自己的服务员穿着清一色的绿色军装，女服务还要留齐额头的刘海，梳辫子。这样的服装再配上店内装饰环境，仿佛把消费者带回到人民公社时期。南方航空公司云南公司的空中小姐的制服是绚丽多彩的民族服饰，美丽的“少数民族”姑娘在机舱里流动的身影让前往云南的乘客还未下飞机就领略到了“彩云之南”的民族风情。

修饰还包括对妆容的修饰以及服饰的佩戴。普遍的原则就是既要美观，又不能拉开和消费者之间的距离。妆容要与情景相适应，要与职业相适应；服饰要同服装搭配，最好的修饰是特定情景下给人“自然”、与环境协调的感觉。

2. 服务人员仪态。仪态体现在站立和行走姿态中。

(1)站姿。服务中的四种主要站姿:身体直立,双手置于身体两侧,双腿自然并拢,脚跟靠紧,脚掌分开呈 v 字形;身体直立,右手搭在左手上,贴在腹部,双腿自然并拢,脚跟靠紧,脚掌分开呈 v 字形;身体直立,右手搭在左手上,贴在腹部,双腿分开,两脚平行比肩宽略窄;身体直立,右手搭在左手上,贴在臀部,双腿分开,两脚平行比肩宽略窄。但是,对于特殊情境,站姿没有统一标准,例如,风情酒吧里,服务人员的站姿不必整齐划一,而大可婀娜多姿、风情万种,尤其是女性服务人员。这时候规范化的站姿只会让消费者觉得生硬、古板,否则会让人感觉少了很多的“风情”。

(2)走姿。规范的走姿:双目向前平视,微收下颚,面带微笑;上身挺直,头正、挺胸、收腹、立腰,重心稍前倾;双肩平稳,双臂前后自然摆动,摆幅以 3 至 45 度为宜;注意步位,双脚内侧应在一条直线上;步幅适当,一般前脚跟与后脚尖相距为一脚长。走姿也会因为情境不同而发生变化,如业务繁忙时,步幅应该加大,步频应该加快。又如酒店里的房务人员,遇到宾客时应侧身避让,低头含胸,以突出对宾客的尊敬和重视,给宾客一种被尊重的优越感。

服务人员的仪态还包括“微笑”、“眼神”、“鞠躬”等言行举止的方方面面。总之既要符合职业标准,又要体现特定情景对服务人员仪态的特殊要求。比如,像全聚德这类仿古餐饮店,要求服务人员模仿过去跑堂伙计的言行举止,模仿得越像越能带给消费者“回到过去”的体验。

3. 服务流程的标准化。服务流程的标准化可以提高服务的专业水平和工作效率。作为体验式终端的管理者,可以借鉴麦当劳等企业的成功经验,制定体验式终端服务流程手册,将服务分解化、模式化,建立一个标准的形态,按照标准实施服务。比如,麦当劳公司整理出了包括“标准化服务的 6 个环节”、“与顾客应对的 6 个步骤”、“59 秒快速服务”、“如何举办生日派对”、“微笑服务”等诸多细节在内的《麦当劳服务手册》。当服务需要改进时,可以自上而下,由管理者根据终端个性和要求修改服务手册;也可以自下而上,由服务人员总结工作经验、提出合理化建议,不断完善和补充服务方案。

资料链接

麦当劳应对顾客的6个步骤

一、与顾客打招呼

麦当劳要求每一位服务人员都必须在正确的时机以正确的用语招呼问候顾客,而且必须精神抖擞,面带微笑,大声地向顾客打招呼问好。当顾客一进店就听到服务人员热情、真诚的问候,会立即对麦当劳产生好感。因此麦当劳在工作手册中明确规定了打招呼的问候用语:“欢迎光临”、“请到这里来”、“早上好”、“晚上好”等充满温情的语句。

二、询问或建议点餐

顾客准备点餐,服务员须保持一套惯常的礼貌用语,诸如“您要点什么”、“请问您需要些什么”等。若顾客询问新推出的产品或促销活动,服务人员必须以适当的速度、亲切的语气,简单而清晰地为顾客解说,以增加顾客购买的兴趣。顾客点餐完毕,服务人员必须复诵一遍顾客所点购的食品与数量,若发现错误须立即更正。另外服务人员应该抓住机会向顾客推销食品,但建议的食品不要超过一项,以免引起顾客反感,例如,“今天天气这么热,您需要增加一个甜筒吗?”全部点购完毕,服务人员必须清晰地告诉顾客:“您所点的食物总共××元”,以便顾客在服务人员拿取食品时掏出钱来准备付账。

三、准备顾客所点的食品

服务人员应先对顾客说“请稍等”,然后默记顾客所点的食品内容与数量。另外服务人员对拿取食品的先后顺序与放置在餐盘上的方式必须特别留意,因为这关系到食品的品质及食用的时间。为此,麦当劳制定了标准化的食品准备顺序:奶昔——冷饮——热饮——汉堡——派——薯条——圣代,而且服务人员在摆放商品时要注意将标志朝向顾客。

四、收款

当服务人员从顾客手中接收支付的金额以及找回零钱时,必须大声将各项金额复诵清楚。例如,“谢谢您,总共45元,收您50元,找回您5元。”当找回的零钱较多时,服务人员应将零钱放在托盘内,以方便顾客拿取。

五、将顾客点的食物交到顾客手中

服务人员将顾客点购的食品全部拿齐后,用双手将托盘轻轻抬起送到顾客面前,并礼貌地向顾客说明,例如,“让您久等了,请看一下是否都齐了”“请小心拿好”等。

六、感谢顾客光临

当顾客拿好食品离开柜台时,服务人员应真诚地说:“谢谢惠顾”、“欢迎再度光临”、“谢谢光临”、“祝您愉快”等祝颂之语,使顾客对麦当劳留下较好的印象,以致今后可能再来。

在这种标准的服务顾客的6个步骤背后,麦当劳公司要求服务员做到“用心待客”,服务礼貌周到、迅速准确、亲切,欢迎热情自然,音量的大小适当。

需要说明的是,虽然麦当劳以严格的统一说辞,来统一服务工作,但却并非一成不变,而是将需要情感的互动部分,交由员工去自行处理。尽管服务标准整齐划一,但他们不会像机器人一样重复同一个口令或动作,而是用心去工作。

资料来源:肖建中:《麦当劳大学》,经济科学出版社2004年版,第73~75页。

（二）服务的策略化

麦当劳的服务标准化并没有让顾客觉得服务生硬、呆板，这是因为在追求标准化的同时也加入了策略的成分，不断对服务内容进行创新。体验式终端服务中，除了要实施标准化，还要讲究其服务的策略和技巧。只有服务的策略化才能使专业化的终端服务更加具有个性，更能体现体验式终端的特点。

1. 提供差异化服务。每一个令消费者难忘的体验式终端都有其可圈可点的个性服务，这些个性服务不仅形成了与竞争对手的差别化，而且是提供给消费者情感体验和心理体验的重要内容，是消费者对企业、品牌印象的一部分。因此企业在体验式终端的建设中，必须寻找自身的特色和优势、确立差异化的服务策略。比如，前面提到的全聚德推出的“明堂亮灶”就是一种个性化的服务，烤鸭是全聚德最有特色的产品，如果能够以烤鸭为主题延伸出服务，自然会成为竞争对手无法模仿的最有特色的服务。以此为思路，“明堂亮灶”设置透明烤鸭间，给宾客提供欣赏烤鸭全过程的表演服务，以及宾客邀请名厨为自己现场烤鸭的定制服务。

2. 把握“关键时刻”。“关键时刻”是服务的关键点，在服务中把握好“关键时刻”，可以起到事半功倍的效果。美国 sAs 公司的总裁简·卡尔文在公司陷入困境的时候曾用“关键时刻”鼓励员工，他让员工们相信与客户的每一次接触都是一个关键时刻。抓住每一个“关键时刻”，让卡尔文的公司在不到 2 年的时间里实现了从濒临破产到赢利的飞跃。

运用于体验式终端，“关键时刻”就是指体验式终端中服务人员与顾客接触的关键点。顾客从进入终端到走出终端会遇到无数关键点，在这些关键时刻的体验共同组成顾客对体验式终端的印象。比如，消费者在大型仓储式超市购物，一方面，他可能对超市的购物环境、低廉的价格、服务人员的谦和微笑等给予较高评价；而另一方面停车难、付账时的等待，又会使消费者的情绪大受影响。

以消费者到超市购物为例，我们可以用一个服务圈将每一个关键时刻标出（见图 6 - 20）。这个服务圈基本标出了体验式终端中服务人员服务的关键时刻。众多的“关键时刻”共同决定体验式终端的作用效果，因此把握关键时刻至关重要。

3. 强化培训管理。服务的质量、水平同人员的个体差异息息相关，尤其是一线的服务人员。企业必须为服务人员创造各种培训的机会，帮助服务人员提高自身文化素质和业务素质，比如，迪斯尼公司对一线服务人员的培训力度要远远大于管理人员，他们认为，这些随时同游客打交道的人对迪斯尼来说意义重大，正是他们在处理着服务过程中的“关键时刻”。基于此，迪斯尼培训的内容着眼于细节，例如，“如何给游客指路”、“如何扫地”、“如何帮助游客拍照”、

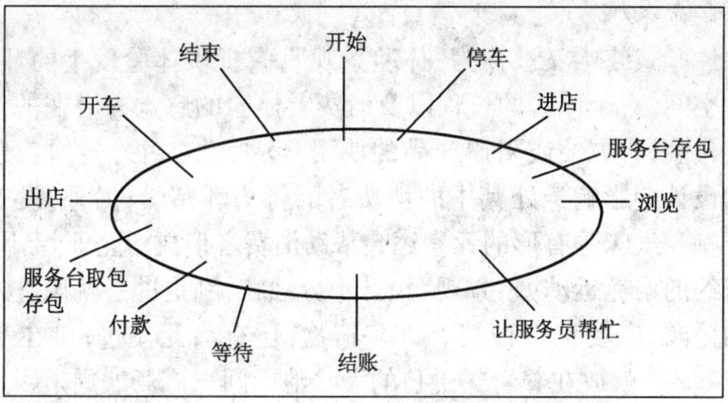

图6-20 体验式终端中的"关键时刻"

资料来源:伯德·施密特:《体验营销》,广西人民出版社 **2003** 年版,第 **29** 页。

"如何帮助游客带小孩"等。正是对这些细节服务的培训和指导,让世界各地的游客感受到了一种积极的体验:"每一个迪斯尼职员都很能干,而且礼貌友好","迪斯尼是快乐的天堂。"

三、体验式终端的氛围营造

资料显示,强有力的终端氛围会对消费者的购买决策产生重大影响。一家商店的气氛会影响购物者的心情和参观逗留的愿望,也会影响消费者对该商店商品质量的判断和对该商店的印象。更重要的是,正面的心情会增加消费者对该商店的满意感,从而导致顾客的重复购买和提高对店铺的忠诚度。

正如美国营销学家韦勒索所说:"不但要卖牛排,更要卖牛排的'嗞嗞声'",体验式终端就是要利用各种手段给产品制造这种"嗞嗞声"——氛围,并用这种氛围去卖产品。

体验式终端的氛围营造是体验式终端的三大设计元素之一,如果说终端陈列设计是静态的元素,服务设计是动态的元素,那么氛围营造就是有效地整合动、静两大设计元素,让它们在和谐的氛围中融合,给消费者一个完整的感受。体验式终端的氛围可以通过设施、广告和活动来营造(参见图6-21)。

图6-21 体验式终端氛围营造的三个方面

（一）终端设施

设施在体验式终端又被称为“体验景观”，它提供体验发生的环境，是体验产生的物理空间，对于体验的过程以及消费者体验的感觉有潜在的作用。它就像是产品的包装，会方便或阻碍产品的使用，也承担着对外传递信息的重要功能。设施的设计会影响身处其中的消费者的行为和感受；另外，设施的装饰风格、灯光、音响和气味等有形的元素还会帮助消费者形成对企业、品牌的印象。

位于纽约的耐克运动城“景观”设计十分独特：刚走进去就像进入了一个超级体育运动公园，广场正中种植着许多植物，还有鸟儿飞过；可在水里行走的Nike Aqua Gear鞋就放在养着热带鱼的大水池中间。广场四周是耐克的购物大楼，走进购物大楼，仿佛进入了体育运动博物馆和体育赛场，顾客不仅可以浏览各个楼层的耐克服装和鞋子，而且可以看到珍贵的历史照片和纪念物品，观看体育比赛，获得最新的体育赛事结果，甚至索取著名体育人物的录音、录像信息。为了不让商品库存破坏良好的购物环境，购物城通过传输带传输产品，当销售人员向计算机发出指令时，传输带就会把产品自动运到服务台。很多消费者对耐克城的环境十分感兴趣，即便不购物也愿意到这里来逛逛。

值得强调的是，设施往往决定消费者的第一印象。当消费者走进一家情景终端时，对这家情景终端的产品和品牌可能并不了解，但设施已经为消费者的体验设定了调性，比如，优雅的、浪漫的、清丽脱俗的、简单自在的和稀奇古怪的等。这种调性会影响体验提供的全过程。

与耐克把终端搬到大自然中有所不同，索尼把终端设在了“家”中。索尼在日本向公众开放的产品陈列室与其说是产品陈列室，不如说是体验中心。陈列室是一栋设计时尚的6层楼房，内建电影院和餐厅，室内展出的产品包括数码相机、等离子电视、DVD播放器、音箱、立体音箱等索尼最新的产品。索尼产品陈列室的室内装置全部以“家庭”装饰为基调。消费者一走进体验中心，就感受到了无处不在的轻松、自在、随意，而这种设计也传达出了索尼科技产品贴近生活、改变生活的“人性化”（参见图6-22）。

终端设施必须有特色，有特色的设施才能形成同其他品牌的差别化。美国有好几处海底酒店和游乐场，而最著名的应该是加里·古堡设计的朱丽海底酒店。它利用一艘长达50米的旧船改建而成。酒店宁静而舒适，房间里有密封的大玻璃窗，旅客就像住在龙宫一样，可以看到窗外千奇百怪的各类海洋生物和海中景色。酒店还备有潜水设备，供旅客在附近海底游览和获取海洋生物。独具特色的海底酒店，从动工修建的那天起就有大批旅客前来预约，企盼着那奇特的住店体验。

设施并不意味着高昂的投入，有创意的终端设施甚至可以起到“花小钱办大事”的效果。譬如，一些农家餐馆就专门选择僻静的农家小院，无需大笔的装

图 6－22 索尼体验中心

修费用，就地选材，却有“天然去雕饰”的效果。美国得克萨斯州的一家餐厅就是采取这种省钱省力的办法，它在自己的餐厅中设计了个果园——一座菜、果、花合一的综合园。园中种植蔬菜、果树、花草，既可以食用又可以观赏，四周是果树，而园中有土豆、南瓜、菠菜、洋葱和韭菜等，还有百里香、万寿菊等花卉。消费者来到这里，可以到菜园散步，看看平日蔬菜是怎样生长的；还可以自己采摘果蔬来品尝。边看、边摘、边吃，既美化了环境，又提供了体验，一举两得。

此外，没有太多预算或者无法对设施做太多创新的企业，可以考虑对设施中颜色、气味、音乐、灯光做一些改动。调查研究表明，背景音乐对餐厅的消费有一定的影响，表 6－1 显示慢节奏音乐较快节奏音乐为餐馆增加了 15% 的毛利。然而，并不一定所有餐馆都应播放慢节奏音乐，依赖顾客周转的餐馆播放快节奏音乐可能更好。

表 6－1 背景音乐对餐馆顾客的影响

变量	慢节奏音乐	快节奏音乐
服务时间(分)	29	27
消费者用餐时间(分)	56	45
没落座就离开的顾客(%)	10.5	12.0
购买的食物数量(美元)	55.81	55.12
在酒吧购买的数量(美元)	30.47	21.62
估计毛利(美元)	55.82	48.62

资料来源：R. E. Milliman，“The Influence of Background Music on the Behavior of Restaurant Patrons.”in the Journal of Consumer Research，September 1986，p. 289.

(二)终端活动

消费者的体验除了可以被动诱发外,还可以通过主动参与获得。根据莫温、迈纳对消费者行为的研究,消费者在购物中的参与度越高,投入的注意力就必定越多,也就能更深入地了解产品、品牌和终端。也就是说,体验式终端除了可以被动诱发外,还可以通过鼓励或刺激消费者主动参与,来增强其感受,体会到这种体验式终端与其他终端的不同。终端活动就是强化终端参与性的最好方法。这里的终端活动,包括体验式促销和体验式公关,旨在通过特定活动的开展帮助消费者体验终端、更好感知产品和品牌。

1. 体验式促销。促销活动因为与产品和品牌联系紧密,在演示产品功能、展示产品形象方面有一定的优势。一般来说,促销活动包括赠送样品(派发)、赠送代金券、包装兑现、提供赠品、商品展销、有奖销售、有奖问答、降价销售、积分、产品演示、路演、Show 和竞技比赛等。但对于体验式终端来说,消费者参与度比较高、有利于消费情景化的活动主要有以下四种:产品演示、路演、Show 和竞技比赛。

(1)产品演示。在销售终端的体验式促销活动中,产品功能演示是一项重要的内容。产品功能演示能让消费者更直观地了解产品性能,通过一些情境化的表现手法,抓住消费者的注意力,促使消费者了解产品特点和差异,有效地促进销售。海尔公司在实践中积累了大量生动的案例:海尔氧吧空调上市之初,在终端摆上了很多金鱼缸,缸内的氧气在不断冒泡,金鱼自由自在地游来游去,漂亮的金鱼缸引起了很多消费者的好奇心,同时也生动地向消费者传达了海尔氧吧空调可以向室内提供充足的氧气,保持室内的空气清新,提高人体舒适度的信息。海尔负离子空调上市时,在终端做了一个很漂亮的密封玻璃屋,里面放上一支点燃的香烟,等烟雾弥漫的时候,只需将负离子发生器一按,玻璃屋内马上就恢复了干净清洁。在玻璃屋上还有一句广告语"海尔负离子空调在瞬间之内为你创造奇迹",通过这种方式突出了负离子空调的特点。海尔冰柜在终端的演示更令人难忘,为了突出海尔冰柜在－18℃的低温中依然能保持鱼的鲜活,海尔用了一个扬声器道具,每隔十秒钟就说一遍:"我还活着",通过鱼的"自述",和消费者直接进行沟通,深刻影响着消费者的购买决策。

(2)路演。路演一般指在广场、卖场门口等人流量比较多的地方通过搭台进行文艺表演的活动方式。路演可以通过音乐、灯光、舞台和表演人员在短时间内聚集人气,还可以通过有奖问答、有奖游戏的方式来调动消费者参与的积极性,增强活动的互动性。它是目前实践中运用比较广泛的一种促销方式。在"超级女声"举办期间,蒙牛酸酸乳适时推出了许多大型路演活动。尤其在大型广场及卖场的门口附近,蒙牛推出了"青春女生大比拼"、"品蒙牛酸酸乳,看超级女声"等活动,热辣的歌舞加上互动参与,使现场的气氛热闹非凡,有效地锻造了品牌的高端形象，使蒙牛酸酸乳在人们心中烙下了印记(图 6－23)。

图 6－23　蒙牛酸酸乳路演现场

(3) Show。Show 又称“秀”。与路演不同，Show 以产品和品牌展示为主题，更侧重于活动的观赏性。消费者参与性较弱，但活动本身的观赏性会带给消费者更多的感官体验。例如，时装秀、内衣秀、车展秀、婚纱秀，在 Show 成风的影响下，越来越多的行业开始运用这一方式来吸引消费者的眼球(图 6－24)。

图 6－24　婚纱秀表演现场

(4)竞技比赛。这一类活动的参与度最高，主要是通过组织一些有一定比赛规则和奖励办法的比赛，以调动消费者的参与性，使消费者在激烈、兴奋的比赛过程中获得行动体验。例如，娃哈哈集团在高校针对大学生群体策划的“奇趣总动员”趣味运动比赛，动感地带举办的街舞赛、户外运动赛，百事可乐“校园音乐新人选拔赛”等。

2. 体验式公关。公关活动与促销活动相比，商业性较弱，无法即时刺激终端销售，但有助于品牌的形象展示，增强与消费者之间的情感沟通，拉近与消费者之间的距离，培育美誉度和和谐度。一般来说，常规的公关活动有庆典仪式、赞助、冠名、新闻发布会、晚会和特别主题活动等。作为体验式公关应该更加强调活动的参与性和体验性。

安利公司策划的“纽崔莱健康跑”活动是体验式公关中的经典案例。为建立纽崔莱的品牌形象，在都市人越来越崇尚运动健身的热潮中，安利“纽崔莱健康跑”应运而生。借助此次策划，安利把一次企业的公关活动成功地发展成了一项长期、广泛的群众体育运动，又借此融入了纽崔莱主张的“健康生活方式”，让消费者真实地体验到了纽崔莱“营养、运动、健康”的生活理念（图 6－25）。

图 6－25　“纽崔莱健康跑”的欢乐场面

（三）终端广告

终端广告是指终端的 POP 广告。终端广告可通过整体划一的陈列、突出的造型、强烈的色彩、动态的信息传播营造出强烈的终端氛围。前面我们谈到了终端广告陈列的技巧性问题，为了强化氛围的营造，终端广告还要在创造性和生动化方面做一些考虑。

1. 化静态为动态。目前的终端广告以静态形式居多，例如，吊旗、易拉宝、海报招贴。这些广告形式成本较低，易于制作，比较受终端零售商的欢迎。但与此同时，广告的形式也缺乏生动性、形象性，在营造氛围方面较弱。可以考虑引入一些新兴的动态 POP 广告，譬如，灯光广告、激光广告、立体展示牌、充气模型、终端电视和触摸式电脑等，这些广告的形式更加新颖、生动、动感十足，可以从视觉、听觉、触觉、味觉多个层面制造体验。

2. 与环境融为一体。终端广告的价值就在于与终端环境的和谐统一,要想提升终端广告对氛围营造的作用,还要考虑创造性地使终端广告与环境融为一体。巴黎香榭丽舍大道上的LV专卖店的外墙是一面巨大的户外广告牌,但与其他广告牌不同的是,它既是户外广告牌又是LV箱包的产品模型,将产品宣传与终端环境融为了一体(参见图6-26)。

图6-26 LV专卖店的终端广告

第三节 品牌终端体验的传播管理

体验式终端的建设不仅需要策略作为指导,更为关键的是要保证实践中的贯彻落实,由于终端业态多元化、情况复杂,以及终端建设大多涉及细节,因此终端建设的难度很大,需要结合传播策略进行传播管理,具体包括终端的标准化、整合化和执行力。

一、体验式终端的标准化

终端的类型众多,从超级商业广场、Shopping Mall到大中型超市、仓储型卖场、百货公司、专业卖场,到街头的电话亭、报亭、杂货店,再到小超市、便利店、专卖店等都可以成为商品的销售终端。对许多商品而言,还有自己特殊的终端，例如，啤酒除了有一般的商场、超市终端外，还有餐馆、酒楼、酒店、酒吧和夜总会等终端，十分复杂。这些不同级别、不同类型、不同层面、不同环境的终端会给终端建设带来难度，其中最重要的一点是要保证它们的一致性和标准化。终端基础工程建设的标准化是体验式终端成功的基本前提与保障，否则消费者即便有体验，这种体验也是杂乱无章、支离破碎的。终端基础建设的标准化，一般包括以下几个方面。

（一）终端广告的标准化

1. 内容标准化。POP广告直接面对消费者，并向消费者传达有关商品的资讯和促销方案等，具有即时性。大部分POP广告都是服务于某一次特定主题的销售活动，因此POP广告的陈列要与销售同步，及时更换，不能在下一次促销活动仍然使用上一次的POP广告；还要注意各个售点的POP广告内容也要保持一致，不要彼此矛盾，影响消费者对信息的认知。

2. 设计标准化。POP的设计要同品牌VI系统保持一致，做到色彩统一、规格统一；不同终端的POP设计的颜色、规格、类型也要保持大体一致。

3. 陈列标准化。由于POP广告形式多样，形态各异，陈列不当就会给人杂乱无章、凌乱无序的印象，破坏了卖场的整体氛围。POP除了要做到色彩统一，主题统一，同时还要在陈列上做到整齐划一、重点突出、层次分明，醒目大方。比如，价格POP最主要的功能是宣传产品定价及促销信息，要求主次分明，醒目大方，内容和颜色越简洁越好，最忌眼花缭乱、纷繁错杂。

（二）终端陈列的标准化

前面谈到了终端展示陈列，包括产品陈列、堆头陈列的技巧问题，在掌握技巧进行创造性的终端陈列的同时，还要严格执行终端陈列的标准化。比如，产品陈列的横向排列标准化、纵向排列标准化、陈列高度的标准化、组合的标准化、陈列区域标准化等，尤其要注意不同卖场的终端陈列，同一卖场不同类别产品的陈列。

1. 不同级别的终端陈列应标准化。企业一般都会对所有的终端进行分类，比如，A级终端、B级终端、C级终端和D级终端等，或者是销量贡献终端和利润贡献终端和品牌形象终端等。不同级别的终端如何陈列，达到什么样的标准都应该有非常明确的规定。

2. 不同类别产品终端的陈列应标准化。同一卖场内来自于同一个企业、同一品牌的产品不止一种，它们的陈列既要体现品牌的一致性、关联性，又要体现出彼此间的区别，一般来说，占据最大陈列空间的应该是对销售或者利润贡献最大的产品；或者是企业准备大力推广的、有发展潜力的产品；也有的为了展示品牌形象，将形象产品摆放在最佳的位置。总之，不同类别产品终端的陈列应标准化。

终端陈列涉及的因素很多，这里仅仅列举了其中的两个方面。由于各场地环境与中间商的要求都不尽相同，因此标准化是非常必要的，否则就会引起混乱。在标准化的基础上，可以提倡因地制宜，具体问题具体分析，利用一切积极因素突出自己的品牌与产品。

（三）终端人员的标准化

从终端人员自身出发，要做到服务仪表、仪态、服务流程的标准化，从企业角度出发，要做到对终端人员招聘、培训和管理的标准化。

1. 终端人员招聘标准化。终端人员流动频繁的招聘标准要尽量量化，人力资源专家提出招聘人员可以参考以下标准：以购买决策为导向，以结果为导向，以人为导向，以兴趣为导向，甚至以激情为导向。①

2. 终端人员培训标准化。终端人员流动频繁，素质参差不齐，而且人数众多，例如，安利公司的促销人员就高达上万人，为了保证终端人员执行的标准化，就必须首先做到培训标准化。为此，有的企业专门设立了终端人员培训师，制定培训手册。化妆品顶级品牌“雅诗兰黛”为了将每一个终端人员培训成消费者的美容顾问，制定了长达150页的雅诗兰黛培训手册，培训时间超过100小时。

3. 终端人员管理标准化。终端人员一般在一线的销售现场，属于企业控制最薄弱的环节，对企业的归属感、认同感较低，而且每个区域的管理人员也存在管理水平的差异，所以特别需要制定明确的管理制度，如考核制度、激励制度、奖惩制度和监督制度等。

靠体验营销获得成功的星巴克公司，同时也是《财富》杂志评选出的最佳雇主，在人力资源管理方面他们见解独到，认为员工是星巴克的名片，是星巴克体验的创造者，他们开不开心、快不快乐会传达给顾客。星巴克的所有员工包括工作一年以上的兼职员工都能拥有星巴克的股票期权，而这在其他公司却是只有高层管理者才拥有的特权。同时，中国星巴克有“自选式”的福利，员工可根据自身需求和家庭状况自由搭配薪酬结构，有旅游、交通、子女教育、进修、出国交流等福利和补贴，并按照员工的不同状况给予补助。在星巴克，员工不是下属，而是合作伙伴。

（四）终端设施的标准化

连锁模式的核心就在于标准化，尽可能多地使其经营链中所涉及的各个节点，以及每个节点的各个方面都做到竭尽所能的标准化，终端设施的标准化就是其中的一个节点。对于发展连锁经营的体验式终端来说，要做到终端设施的标准化，每一家连锁店，都要做到装修、装饰风格的统一、一致。

部分连锁店要求终端设施的标准化，例如，谭木匠目前在全国有300多家

---

① 丁邦清：《品牌成功链》，机械工业出版社2007年版，第238页。

连锁店，从外观、门头到店内的装潢全部采取统一的风格，所以无论是在湖北还是在四川，消费者所认识的谭木匠几乎是完全一致的。但也有的连锁店只追求内部装修的标准化，例如，星巴克连锁店的外观并不要求一致，但是其内部装修却要严格地配合连锁店统一的装饰风格。由美国的设计室专门为每一家店创造丰富的视觉元素和统一的风格，从而使顾客赏心悦目，达到推广品牌的目的。这种推广方式被称为 Tie-in，就是把咖啡馆形象和顾客紧密联系起来。比如，星巴克的桌椅皆采用原木，试图呈现出大自然的氛围，店内的天花板采取挑高设计，减轻了压迫感；在设计风格方面，店内的装饰画带有现代艺术的画风，而灯具和天花板的设计也具有现代感，具有美式的大都会格调和雅痞气息。

终端设施的标准化并不意味着一成不变，有的时候因地制宜、就地取材更能与当地的环境融为一体。例如，位于北京 CBD 中央商务区的星巴克和位于故宫的星巴克的外部风格完全不同，前者主要面对商务人士和白领，店的外部设计有露天平台和室外座位区；后者主要面对故宫游客，店外不做修饰，以免破坏故宫的整体风格。

二、体验式终端的整合化

体验式终端的建设也必须以整合营销传播为指导，综合协调地使用各种形式的传播方式，终端陈列、终端广告、终端人员、终端服务和终端活动，以统一的目标和统一的传播形象，传递一致的品牌信息，多种渠道一个声音，实现终端力量的整合，让自己的品牌更有竞争力。

（一）终端陈列——体现品牌影响力

终端陈列包含着丰富的品牌信息，它绝对不是简单的产品堆砌，而是对品牌信息、品牌价值的集中展示。企业要充分地利用终端陈列，体现品牌的影响力。首先，可以通过占据同类产品中最大的排面、最佳的陈列位置、最佳的区位、货架上的黄金高度，在气势上盖过竞争对手，给消费者“第一”品牌的印象；其次，利用堆头陈列辅助产品陈列，生动、具象的展示品牌形象，使品牌价值得以生动、丰富的体现，增强品牌的感染力。

（二）终端广告——发挥品牌传播力

终端广告地面战要结合高空战，营造出无孔不入的“信息流”，发挥品牌传播力。无论是终端内部的吊旗、易拉宝、海报招贴，还是终端外部的广告牌、店头广告、灯箱广告等都必须与品牌的空中诉求协调一致。在品牌价值、推广主题、诉求重点、代言人、吉祥物和标准色上，终端广告必须向高空广告看齐，多种渠道一个声音，将信息整合成一条直接针对顾客的“无缝隙”信息流，为企业赢得“一个形象，一个声音”的效果。如果品牌在高空所传播的内容，在终端得不到体现，或者体现甚少，那么空中的传播就不能在终端落地。如果高空说东，终端道西，地空就会互为矛盾，产生内耗。只有把高空的品牌力量全部吸纳下来，终端才能获得巨大的力量。

（三）终端人员——传达品牌说服力

联合利华公司的测试表明：如果在大卖场安排促销人员，销量可以比不安排促销人员提升约30%。优秀的终端促销人员不仅可以拉动终端的销量，更重要的是，他们站在离消费者最近的位置，利用人际传播的互动性，生动、灵活、口语化、生活化地向消费者传达关于产品和品牌的信息，是品牌的解说员。企业应通过终端人员促销配合终端广告等其他传播方式，使品牌更有说服力。譬如，星巴克很少投放广告或做促销活动，他们的品牌传播主要是通过店内员工与消费者的沟通来完成。星巴克通过严格的培训，让每一位员工都拥有专业知识，犹如咖啡制作专家一般，可以对顾客详细解说每一种咖啡产品的特性，透过一对一的方式，赢得信任与口碑。实践证明，合格的终端人员是品牌的传教士，是产品功能演示的操作员，是顾客的消费顾问。

（四）终端服务——展示品牌亲和力

企业可以通过终端服务展示品牌情感性、人性化、亲和力的一面。品牌需要同消费者进行情感沟通，感性的成分越多越能引起消费者的偏好和忠诚。终端服务就是这种情感沟通的最好方式。首先，终端服务是由人来完成的，一个微笑、一声问候、一个眼神就将品牌最感性的一面传递给了消费者；其次，终端服务的执行也是兑现品牌对消费者的一种承诺，服务执行是否兑现以及兑现的程度，将直接影响消费者对该品牌的态度；再次，终端服务也是消费者感受品牌价值及其附加值的过程。企业的服务方式、服务规范、服务态度、服务承诺、服务人员等都会让消费者对品牌形象有更为直接的认识和体验。

（五）终端活动——增强品牌生命力

品牌的生命在于运动，品牌长期不动，就会失去活力与生气，企业可以通过特定活动的开展，增强品牌的生命力和感染力，实时进行品牌更新，不断带给消费者全新的体验。终端活动的开展也要注意创新，实践中，终端活动几乎每天都在进行，但单纯的打折、抽奖已经使消费者到了熟视无睹的状态，甚至开始稀释品牌的价值，因此终端活动要开始围绕增强品牌的生命力、强化消费者的体验进行创新。此外，终端活动也要实现与品牌推广传播主题诉求重点的无缝对接，互为补充，相得益彰。

三、体验式终端的执行力

体验式终端的建设工作要落实到位，不能缺乏执行力。

（一）终端执行有制度

终端的执行首先依靠制度化。因为终端的复杂性、多样性与企业的低可控性，特别需要明确严格的制度，尽量减少不确定性和人为因素。制定各项制度和规范操作手册是非常有必要的，如《终端陈列手册》、《终端促销手册》、《终端服务手册》和《终端装修手册》等各类手册，制定绩效考核、激励制度、奖惩制度和监督制度等。

（二）终端执行重细节

终端问题事无巨细，要保证终端建设在执行中不走样，就必须重视细节，从细节入手，检查落实。细节决定成败，消费者也常常容易被细节打动，销售过程中很多是细节决定了消费者的购买，只要现场有一个细节触动了消费者，就可能使消费者的情感天平倾斜，如新颖的POP、服务人员的微笑、人性化的购物环境等都有可能成为触动消费者的细节。

（三）终端执行重操作

终端建设的执行必须有可操作性，要尽量通过各种手册把每一项工作分解、量化、细化，增加其可操作性，这样执行起来才有章可循，有据可依。如果过于笼统、抽象，缺乏明确的标准，每个人理解有差异，最后的执行效果就会千差万别。

案例分析

资生堂5s体验式终端

在纽约新潮流派的中心地带soho艺术区，资生堂正在演绎着化妆品的概念艺术。从外面看，这家5s专卖店根本不像一家零售商店，倒更像是一家艺术展廊。专卖店有着很高的天花板，大大的窗户可以透入自然的光线，白色的木制地板以及非常宽敞的空间，酷似一间当代艺术博览馆。步入正门，映入你眼帘的是一块嵌板，讲述本店的整体宗旨："一个女人的美丽是她的思维方式、生活方式，以及她在分分秒秒的感受。每一个女人的美都像天上的浮云一样，瞬息万变。美丽比年龄、国籍和社会地位都更为深刻。每一个女人都有她独特的美——也正是5s专卖店想要丰富的那种美。5s专卖店为一个完整的女人提供皮肤护理和化妆，包括她的思想和她的身体。我们运用香气、颜色、植物和天然提取物来增强每一位女士独特的美——既要美化她的思想，又要美化她的身体。"

在这间宽敞的专卖店里四处走走，你会发现商品的陈列方式会让人把它们都被视为艺术品。桌面上放着一些玻璃瓶，旁边立着一块被灯光打亮的嵌板，描述产品天然草本成分的功效。而在这些桌子后面的墙上则悬挂着一些漂亮女人照片，她们来自不同的种族，姿态优美而自然。在背景音乐的伴奏下，各个监控器都在播放同一主题的录像节目。整个环境非常舒适、随和，各种各样的信息丰富多彩，但绝不冲突，

案例分析

独立设置的触摸屏幕式电脑可以解答有关皮肤护理的问题，各种宣传小手册更是免费提供给客人的。一个木制的架子上陈列着最新的美容及时装杂志，还有关于天然食品和草本茶叶的系统书籍，电脑旁边还摆着一本供出售的《soho 指南》，提供有关这一地区的各种信息。沏好的草本药茶供客人品尝，销售人员也总是安安静静的，不会在客人当中跳来跳去——你可能细细浏览完整个专卖店都没有人跟你搭话，但又绝对不会有受冷落、被忽视的感觉。5s 专卖店处处渗透着对环保和生态学的关注。一份用再生纸印制的宣传手册是这样解释的："当我们给这家 5s 专卖店赋予生命的时候，就制订了关注生态的原则：倡导环境保护，关爱全球的人类。"只要可能，用于包装的材料要求达到最少，并且可以循环使用。甚至在专卖店本身的建筑和设计中，都用到了可以再生的材料。只要具备可能性，产品都是由天然成分物质或草本植物构成的。你听到的音乐是 5s 专卖店的音乐。"它唤醒了整个世界。它所表现的是女性。它非常具有挑战性，但它很优美。它是水、是风、是小鸟；是大海、是笛子、是吉他；是女人在歌唱、在说话、在呢喃低语。它在用 10 种不同的语言朗读诗句，给人的感觉是全新的，我无法用语言来形容。"这一席话是作曲家 Mark Badger 说的。手册继续写道："接下来就是你倾听这段音乐的方式：在 DVD 上播放，环绕混响效果包围在 5s 专卖店的香气里，还伴有录像机播放的色彩丰富的影像……5s 专卖店的这段音乐给人一种全新的感受和体验，其创作目的是让你的身心做一次奇异的旅行——像资生堂产品本身一样独特，一样激动人心。"

同百货公司里那些千篇一律的化妆品柜台相比，资生堂 5s 专卖店出色地完成了它的整体策划：从化妆品、香水，到产品的设计和陈列，全都把现代女性的意识形态同价值理念、生活方式紧紧地联系在一起。在"美丽女人殿堂"这个概念被充实的同时，资生堂情境终端也营造出了无与伦比的"美丽"氛围。

资料来源：赵龙：《情景终端》，中国发展出版社 2005 年版，第 153 页。

本章小结

体验式终端是体验经济时代、体验营销背景下对终端建设的必然要求，本章提出了体验式终端的概念，并分析了体验式终端对品牌建设的意义，以及体验式终端在实践中的发展趋势：生活化、个性化、戏剧化、情景化、体验化和虚拟化；体验式终端需要结合体验营销的传播策略进行全面的终端建设，策略主要包括终端的陈列设计、服务设计和氛围营造。体验式终端的建设不仅需要策略作为指导，更关键的是要保证实践中的贯彻落实，如何执行到位就需要结合传播策略进行传播管理，具体包括终端的标准化、整合化和执行力。

思考练习题

1. 请谈谈你对品牌体验终端的理解。
2. 终端体验化与品牌传播的关系如何？
3. 体验式终端的发展有哪些趋势？
4. 终端陈列主要有哪几类？其各自的要点有哪些？
5. 体验式终端的服务设计应如何进行？
6. 体验式终端的氛围可以通过哪三个方面营造？
7. 体验终端的传播管理应如何进行？
8. 回忆你印象最深的一次品牌终端体验，并进行完善与提升的设计。

品牌传播与管理

7

品牌的广告传播

本章学习重点

- 广告的内涵
- 数字媒体广告的主要形式
- 广告在品牌建设中的作用
- 广告创意的策略
- 广告创意的过程
- 广告创意表现的原则与形态
- 广告媒体的选择与整合
- 广告刊播的计划与执行

品牌绝不是靠广告垒起来的，从来没有哪一个品牌的销售量会随着广告投入的增加而永远增长，借助广告传播，不一定能塑造出一个世界名牌。但广告仍然是与品牌塑造关系最为密切的一种大众传播方式。可以说，广告书写着品牌的历史，已日渐成为品牌的生命线。一个品牌能否实现最初的品牌定位，进而在消费者心目中树立起预期的品牌形象，以及这一形象能否达到品牌增值的目的，都取决于有效的广告传播。若没有广告，任何品牌要在多媒体时代的今天成为世界名牌，都无异于登天。所以说，广告不是万能的，没有广告则是万万不能的。本章将从广告传播的角度探讨如何塑造品牌，提升品牌影响力，助推品牌的发展。

第一节　品牌与广告传播

一、广告的内涵

广告是商品经济发展的产物。自从人类有了商品与商品间的交换，有了顾客与市场，就有了广告活动。从广告的起源来看，我国先秦时代出现的实物广告、叫卖广告和幌子广告，就是广告的一种早期形式，是人们为了以合适的价格卖出自己的商品而采取的各种宣传手段。

世界各国的广告最初都是用最直接和原始的方式，向人们宣传着自己的买卖信息。早在古希腊、古罗马时期，一些沿海城市的商业比较发达，广告已有叫卖、陈列、音响、文图、诗歌和商店招牌等多种形式。我国的印刷术传入西方后，西方的广告传播进入到印刷广告的时代。20 世纪中期，市场营销学和大众传播学形成，并被引入广告实践活动中，把广告活动置于科学化的基础之上，极大地增强了广告活动的时效性，又使广告业有了一个突飞猛进的发展。

自从广告学成为一门专门的学问之后，对于揭示广告含义的定义就层出不穷，不同的专家、学者都提出了对于广告的认识。我们认为，广告是由特定的组织或个人，通过付费的方式获得各种媒介载具上的时间和空间，旨在引导受众的情感态度与响应互动的、有关商品和观点的信息传播。该定义强调如下内涵[①]：①广告具有明确的广告主，这就是特定的组织和个人，而"组织"可以是企事业单位，也可以是政府和团体；②广告是通过有偿付费的方式，来获得媒体载具上发布信息的特定时间与空间，简明地说，载具即细分市场后成为具体产品的媒体单位，是应传播小众化、市场细分后以及广告经营精细化趋势而相应提

---

① 舒咏平：《广告传播学》，武汉大学出版社 2006 年版，第 5～6 页。

出的新概念；③广告的宗旨是为了引导受众的情感态度，获得好感和认可，并期望获得受众行为上的响应与互动；④广告是一种信息传播的行为和活动，与全球一体化的现代市场以及视野国际化的社会生活密切相关，也是一种现代人们生活须臾难离的传播现象。

二、现代广告的特点

（一）广告是一种有目的、有组织的信息传播手段

第一，广告是一种有目的的信息传播手段，以说服消费者购买所宣传的商品或享用所宣传的服务为最终目的。广告向目标消费者传达商品的质量、功用、优点等信息，打动和说服消费者，消费者做出记忆、购买等反馈行为，最后达到做广告的传播目的——购买和记忆、理解、口碑。

第二，广告是一种有组织的信息传播手段。从图 7－1 可以看到：广告是市场营销组合之一——促销中的一个环节，但广告这一环节必须与其他三种促销手段有机配合，在广告向消费者跨地域大范围地传达产品信息的同时，以人员推销、销售促进与消费者面对面的沟通交流，以公共关系塑造品牌形象，增强品牌美誉度，在每个消费者接触的地方传达一致的产品和品牌的信息（即整合营销传播中的接触点），才能取得 1＋1＞2 的效果。

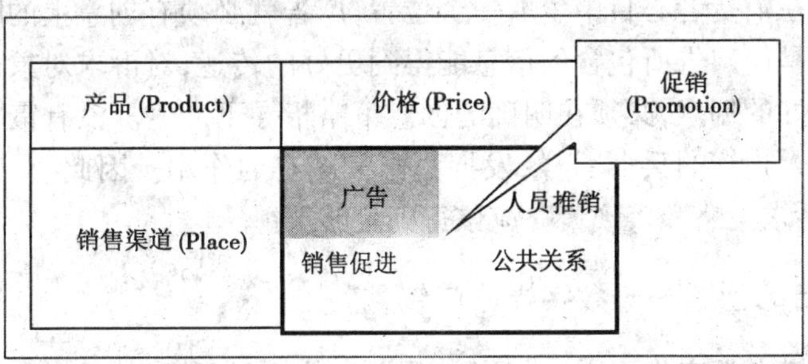

图 7－1　广告在营销组合 4P 中的位置

（二）广告是一种投资活动

广告作为一种有目的、有计划的信息传播手段，必须付出一定经济代价。随着现代广告观念的形成和发展，企业营销的科学化、规范化，广告活动已被视为企业投资行为的一部分。

从创造价值的角度来看，广告的投资效应一般通过两个方面来体现，一是广告的消费价值，它取决于广告的消费效应，即消费者接受广告信息，对广告产生认同感并积极地购买；另一方面是广告的生产价值，它取决于广告消费价值的实现。广告只有首先满足消费者的需要才能实现广告的目标——推销与赢

利。尤其对于商品广告而言，只有商品销售的实现，才能实现再生产的目的。如果将广告活动视为投资，那么，从投资的角度看，广告是一种着眼于未来的行为，应该追求短期效益与企业长期目标的平衡。

（三）广告是一种沟通过程

沟通，是信息发送者与接收者之间进行信息传递与思想交流，以求达到某种共识。因此，沟通是一种双向活动，而不仅仅是一方对另一方的单向影响过程。广告是一种双向沟通，是广告主将广告信息通过大众媒体传递给目标消费者，以求说服、诱导消费者购买广告商品。

广告中的沟通有别于面对面的人际沟通。首先，广告是通过电视、报纸等大众传播媒体进行的一种沟通活动；其次，广告沟通对象是具有同一需要或同一特性的一群消费者，而不是个别消费者；再次，广告不仅仅是一般性沟通，而是一种带有说服性的沟通。广告目的在于影响消费者的品牌态度与购买行为，引导、说服消费者购买广告中所宣传的商品。

（四）广告需要创意和策略

广告的制作和宣传应该满足消费者需要，能唤起消费者注意，并调动其兴趣，激发其欲望，从而实现消费行为。广告市场中，争夺消费者注意力的竞争越来越激烈。消费者每天都要面对成百上千条广告的冲击，如果想要在信息的海洋中为商品在消费者心目中争取一个位置，广告就必须有创意上的吸引力。创意的本质就是使广告所包含的信息能得到更好的传达，对诉求对象产生更大的影响作用。好的创意，必须在明确的创意策略指导下产生。没有策略指导的创意如同没有人指挥的兵器一样，发挥不出其应有的作用。因此，在广告创意环节，广告的诉求策略和表现策略应该得到足够重视。

三、广告的创新——数字媒体广告

中国传媒大学广告研究所年度专项报告数据显示，2005 年，电视、报纸、广播、杂志获得的广告份额与同期相比，首次出现了下滑。用中国传媒大学广告学院院长黄升民的话说，中国的广告市场出现了“拐点”。黄升民称：“2004 年国内广告市场为 1 200 亿元，实现 17% 的增长，预计 2005 年的增长在 15% ~ 16%，但增长部分很大一块落到了新兴媒体上。”他说，传统的四大媒体所占的广告份额曾经最高达到 80%，但到目前只能占市场的 45%，相反，网络、楼宇电视、数字电视、手机媒体、IPTV 等新兴媒体的增长速度非常快。

数字媒体广告正是随着新媒体技术的发展悄然兴起并呈现蓬勃发展之势，新媒体信息传输速度之快、覆盖面之广、形式之丰富，决定了数字媒体广告在未来广告业中的优势地位。数字媒体广告的主要形式有：网络广告、数字电视广告和手机广告等。

(一)网络广告

网络广告采用先进的多媒体技术,拥有灵活多样的广告投放形式。但是,目前全球网络广告的形式主要还是以横幅式广告(Banner)出现较多。当前网络广告主要有以下几种投放形式。

1. 网幅广告。网幅广告是网上最常见的广告形式,一般以限定尺度表现商家广告内容的图片形式,放置在广告商的页面上。最醒目的网幅广告是出现在网站主页的顶部(一般为右上方位置)的“旗帜广告”,也称为“页眉广告”或“头号标题”,其形式颇像报纸的报眼广告。一般每个网站主页上只有一个“旗帜广告”,因其注目性强、广告效果佳而收费最贵。它是网络广告中最重要、最有效的广告形式之一。为充分利用网页广告区块,不同厂商的网幅广告可以滚动式出现在同一位置,这样一来也分摊了广告费用,降低了广告成本;而少数几个不同的网幅广告滚动出现也不会对广告效果造成影响。

网幅广告也分为横幅和竖式两种。横幅广告一般出现在网站主页的顶部和底部;竖式广告一般设在网站主页的两侧。网幅广告因为不可能占据太大的空间,所以在设计上往往只是提示性的——可能是一个简短的标题加上一个标志,或是一个简洁的招牌;但一般都具有链接功能,暗示观者用鼠标点击或直接加上“click me(here)”、“点击此处请进入”的字样,引导消费者深入下去,了解更详尽的广告信息(参见图 7-2)。

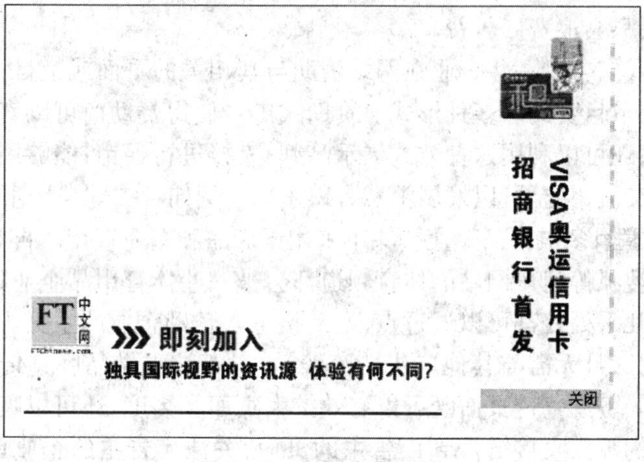

图 7-2 网幅广告示例

2. 按钮广告。按钮广告又称“图标广告”,属于纯标志式广告。一般由公司的一个标志性图案或文字组成,以按钮形式定位在网页中,比横幅式广告尺寸小,表现手法也较简单。按钮广告的不足在于其被动性和有限性,它要求浏览者主动点选,才能了解到有关企业或产品的更为详细的信息。按钮广告由于空间有限,因此标语本身以及文字设计均应简单明了,而且应是较为醒目的颜色,以刺激网民的视觉感受(参见图 7 -3)。

图 7 -3　按钮广告示例

3. 邮件列表广告。邮件列表广告又名“直邮广告”,它利用网站电子刊物服务中的电子邮件列表,将广告加在每天读者所订阅的刊物中。

4. 电子邮件式广告。电子邮件式广告是通过互联网将广告发到用户电子邮箱的网络广告形式,它针对性强,传播面广,信息量大,其形式类似于直邮广告。电子邮件广告可以直接发送,但有时也采用搭载发送的形式:比如,通过用户订阅的电子刊物、新闻邮件和免费软件以及软件升级等其他资料一起附带发送。也有的网站使用注册会员制,收集忠实读者(网上浏览者)群,将客户广告连同网站提供的每日更新的信息一起,准确送到该网站注册会员的电子信箱中。这种形式的邮件广告容易被接受,具有直接的宣传效果。随着电子邮件的使用越来越普及,电子邮件广告现在已成为使用最广的一种网络广告形式,为许多厂商所采用。但值得注意的是,那些未经同意发送的垃圾广告邮件很容易引起用户的反感。广告主要在真正了解客户需求的基础上适时适量地发送邮件广告,否则只会浪费广告费。

5. 赞助式广告。一些企业在网站赞助与其相关的页面或栏目,赞助的方式有内容赞助、节目赞助等多种形式。赞助式广告使得赞助商可以直接得到广告的浏览数量,还可以利用这种方式展示品牌,直接进行促销;能够用各种方式与访问者进行交流,甚至可以发展消费者俱乐部。例如,在“非典”期间,许多网站抗“非典”的栏目多被药品企业购买下来用于产品和企业宣传。再如,体育赛事期间,新浪、搜狐等门户网站的体育频道都会被一些体育用品企业购买下来,所赞助的栏目几乎处处都可以通过点击、链接进入赞助企业的主页。赞助式广告放置时间较长,且无需与其他广告轮流滚动,对于注重做品牌宣传的广告主来说更为合适。赞助宣传页面既可以有效扩大页面知名度,还可以吸引访问者通过广告赞助的页面直接链接到广告主的页面,关注广告主的企业形象、产品功能或服务内容。

6. 自动弹出式广告。自动弹出式广告也称“插入广告”、“弹跳广告”,当浏览者进入某一个网页,一个窗口自动跳出(大小约为正常网页的 1/4 或更小),内含广告图片和标语,甚至伴有动画和声音,只要点击就可以出现相应的链接页面。这种不请自来、强制性的广告形式出现频繁,有时甚至会影响网民的正常浏览,往往显得令人讨厌,所以有人开发了专门的软件以滤去此类广告。

专家认为，弹出式广告本身并没有什么过错，关键是你赋予它什么样的内容，是内容决定形式，而不是相反。在不恰当的页面发不恰当的信息，用传统广告的理念来做网络广告，换汤不换药；不调查上网人群的构成，不顾及网民的上网习惯，不考虑网民的需要和感受，无论什么样的页面什么样的产品一律弹出，当然不受欢迎；相反，如果你认真调查网民的实际构成，了解他们的上网习惯，体验他们的喜怒哀乐，充分发挥网络的互动功能，与网民息息相通，就能创作出网民喜爱的广告作品。的确如此，面对有需求的网民，为他们提供相应的信息，则弹出式广告不仅不是厌烦之物，而且还正中网民之下怀。

7. 网页广告。网页广告就是通过整个网页广告的设计传达广告内容。企业的网页广告一般在自己的主页上，在其他网站媒体上通过购买带链接的广告形式可让客户点击到达（参见图 7－4）。一般大型企业都建有自己的网站，自行独立运作；也有的企业向网络服务公司租用设备，建设托管网站，代理运作；即使是最小的企业，也可以通过直接租用其他网站的资源，开辟自己的主页。当然，知名的大型企业访问率高，会有用户主动检索、点击，比如，一些知名跨国公司，特别是 IT 业的巨头；而那些规模和市场很小的企业，知名度还很低，即使建设了独立的网站，也无人知晓，所以还不如通过服务公司代理运作，或在一些知名的网站媒体上刊登广告。

图 7－4 搜狐网站上的网页广告

8. BBS 广告。BBS（Bulletin Board System，电子公告牌）是一种以文本为主的网上讨论组织。参与者可通过 BBS 进行网上聊天、发表文章、阅读信息和讨论话题等。BBS 成员可以阅读到大量公告也可发表自己的公告，或回复他人的

公告。BBS 有不同的类型和网站，企业可以选择适合自己的 BBS 发表自己的广告。

9. 关键字广告。关键字广告是一种文字链接型网络广告，通过对关键字进行超级链接，让感兴趣的网民点击进入公司网站、网页或其他相关网页，实现广告目的。链接的关键字既可以是关键词，也可以是语句。目前，关键字广告主要有 5 种：公司关键字、公众关键字、语句广告字、搜索关键字和竞价排名广告。

10. 分类广告。同报纸上的分类广告一样，网络上的分类广告也是一个产品和服务信息的超市。它是一种最经济、甚至免费的广告形式，也是聪明的广告主进行广而告之的用武之地。分类广告跟其他的网络广告形式有所不同，重在以实际的广告内容告知广告受众。因此分类广告一定要选择最集中、最明确的内容在广告中给出，贯彻"内容为主"的原则，并要做到简洁明了。

11. 调查广告。一般理解，调查只是广告活动的前奏，其实由于调查本身具有一定的目的性与信息的传输性，调查的同时也就是在对特定的产品或服务、品牌进行广告宣传。如此网上调查也就成为一种新兴的网络广告形式。如搜狐主页上曾刊播过一个网幅广告，进行点击后，出现一个简短的调查问卷：

(1) 头屑让你很烦恼吗？是(　　)　不是(　　)

(2) 你用的去头屑产品能有效解决头屑的问题吗？能(　　)　不能(　　)

(3) 你的职业是(　　)

……

随后的调查，便自然地导向了所要宣传的能够针对头屑的洗发用品。再如，摩托罗拉与搜狐联手推出的数码 DNA 的网上促销活动，历时两个月，有 6.4 万人次点击了广告，并有 2.3 万人填写了网上问卷。可以说此次活动既是一次网上调查，又是一次以调查形式进行的网络广告宣传。调查式广告很好地利用了网络广告的交互性和反馈性，既获得了有效的市场信息，又把自身的广告信息传播了出去。

12. 新闻式广告。在传统媒体中，我们把以新闻的形式出现的广告称为软性广告，在网络广告中也有类似的软性广告，而且随着网络新闻的逐渐成熟和丰富，新闻式广告在网络广告市场中也越来越受到关注。由于网络使得任何组织、个人均可以自由地进入这个广博的媒体，并进行新闻及信息的发布，广告主在具体事实的基础上，利用自身的网站或网页发布新闻，以实现广告的目的，便是非常自然、常见的了。

例如，2007 年 6 月 24 日搜狐网站的首页，其新闻栏目共列出 30 条新闻，如图 7－5 所示。显然，前 24 条无疑确实是具有新闻价值的报道，而后 6 条无论是

【新闻】[设搜狐为首页] 6月24日

- 相声演员侯耀文突发疾病去世 哀悼
- 巴方激进分子释放中国人质 称考虑两国友谊
- 山西临汾禁止所有领导干部出国 六人被立案
  中央向各地为政者释放强烈信号 于幼军道歉
- 博客| 李赛凤“不伦之恋”的喜剧效果 陶红
- 马英九正式宣布与萧万长搭档参选2008(图)
- 北京奥运会火炬手达21880名 联想选拔仪式
- 中宣部官员称人物典型宣传是新闻最高境界
- 九江大桥河南老人获奖25000元悉数捐给小学
- 阮明哲在华盛顿邮报买下一整版致信美民众
- 外交斗士沙祖康宣誓就任联合国副秘书长
- 唐英年任香港政务司长 曾俊华任财政司长
- 高考分数线:北京山东河北广西重庆浙江宁夏
- 中国青年受封尼日利亚酋长 获赠500亩土地
- V视频|俞灏明6进5惨遭淘汰 赵薇获传媒大奖
- S视频|姚明和他NBA朋友们 亚洲杯后防铁闸
- 红色故土行:寻访革命足迹 感受活力广西
- 热点|脱发治疗有新发现 玉兰油送“金”喜
- 手机定位关爱家人! 欢迎光临嘟咪的小屋
- 使用诺基亚手机用户请注意!手机升级了吗
- 您也是股民?基金经理爆料泡沫股市黑幕

……

图 7-5 网络新闻式广告示例

从新闻价值,还是从具体内容来看,都只能是作为新闻出现的广告。网上发布新闻无疑是一种最便捷、最经济的广告方式,一定意义上是网上的公共关系活动,它综合了新闻、广告、公共关系等传播方式的多重好处,任何组织均应有此意识,以便在有新闻或创造出新闻时,配合常规媒体的新闻发布,同时也在网上进行事半功倍的新闻发布。

13. 游戏式广告。这种广告形式是网络广告互动性与其娱乐性、游戏性相结合的产物。随着网络游戏的普及,互动游戏广告利用了人们对游戏的天生爱好心理,而以游戏为载体来进行广告宣传,并借此来诱惑消费者。而广告游戏特有的互动性又使它成为名副其实的个性化媒体,很容易迎合新时代消费者的

需求和口味。最重要的是,游戏广告还具有特别的“黏性”,消费者很容易对游戏上瘾。相对于许多“硬推”式的网络广告宣传模式,广告游戏的娱乐性使它可以引起消费者的自发关注和参与,吸引消费者主动寻找广告游戏来玩。而且在这一过程中,消费者对广告不会产生抵触和反感情绪,可以达到一种很理想的广告传播效果。如肯德基网站上有一个“快乐在线”栏目,各种各样的游戏,竞技类、益智类等应有尽有(参见图7-6)。

图7-6　肯德基网站里的游戏广告

14. Flash广告。Flash广告是将动画、声音、互动性甚至交易整合在一起放在原来是GIF格式(静态图片)的旗帜广告的地方。它最大的突破在于变静为动。用Flash技术制作的网络广告具有可与电视广告相媲美的音画效果,同时又具有电视广告所没有的互动性和交易功能。富媒体广告也带来了比一般的GIF形式的旗帜广告大得多的点击率,大大增强了网络广告的品牌塑造力,使得网络广告更具感观性,可激发观者更大的兴趣,为受众提供丰富多彩的品牌经验,使其产生丰富的品牌联想,从而使品牌形象深入人心。

15. 网络视频广告。网络视频广告是运用Windows Media Player等在线视频技术制作的类似于电视广告的音画效果、播放比较流畅的网络广告。它的形式与电视广告十分相似,区别在于网民可以控制广告的播放时间、位置和频率。网络视频广告典型的代表作当属于丰田汽车2003年在网络上投放的“威驰新风”。这部视频广告时长5分钟，由著名导演张艺谋执导，曾创下网上点击播放率的新高。根据Jupiter Research公司最近的调查，观看在线视频广告的观众和电视广告的观众数量越来越接近。随着宽带的普及和应用，视频广告形式会得到更多的发展机会，网络连接速度的升级无疑为网络视频广告发展扫清了道路。

随着互联网软、硬件技术的提高和应用，其他新型的网络广告将不断涌现，比如，网上广播广告和网上电视广告将随着网上数字广播和数字电视的发展普及而占据一席之地，越来越多的、生动活泼的网络广告形式将出现在网上。网络广告将集影视娱乐、平面广告的文字力量和情感于一身；再加上所特有的即时互动，必将具备强大的品牌塑造力，带来一个更加丰富多彩、充满创意的网络广告时代，塑造更加引人入胜的品牌。

(二)数字电视广告

数字电视广告是伴随着数字电视这一新兴的媒介出现，并以其为媒介载体的广告形式。具体是指采用数字技术，运用声、画等多媒体以及数字互动技术，表达并传播特定信息内容的广告。数字电视广告的种类主要有以下几种。

1. 嵌入式广告。广告信息在屏幕上并不像以往那样非常突兀地显示出来，向受众的眼球“挤压”，而是隐含在电视节目当中，甚至纳入整个节目本身，成为“嵌入式广告”。近年来，广告与媒体内容的关系显示出一种趋势，广告的编辑出版、播出信息之间的界限越来越模糊。而且，这种趋势一直在继续。根据这一特征，数字电视广告也必然和数字电视节目以及节目中的商业信息交织在一起。嵌入式广告包括互动隐含广告、互动游戏广告、节目广告等几种类型。

2. 邀请式广告。这种形式的数字电视广告通常在插播广告时鼓励受众寻找更多的信息，广告内容由一般受众感兴趣的问题，一步一步深入到具体的信息。受众在一般介绍中有标记的关键词或广告图标以及图像上用遥控器选择，便出现对这个关键词、图标以及图像相关的、更为详细的广告内容和广告画面。消费者还可以根据自己的兴趣，通过广告服务商提供的菜单进入相关领域浏览，消费者在浏览广告过程中，线路清晰。受众还能根据广告中的提示和介绍，进入虚拟现实，身临其境地感受商品或服务。

3. 咨询式广告。咨询式广告是通过数字电视查询并获取各种商品、服务信息的广告形式。

4. 展览式广告。展览式广告也可以称为可视性分类广告。由于数字电视分类广告采取专门的分类广告频道的形式，通过选择进入不同类别商品广告频道，可浏览某一类别商品的广告节目和画面，形式类似于展览的方式，因此被称为展览式广告。

5. 介入式广告。介入式广告是一种实现广告与购买实时互动的广告形

式——受众在收看广告的同时，利用终端链接商品销售商网络销售系统，实施在线购买商品的行为。这类广告是信息互动广告的一种发展和延伸，也是广告发布商即广告主所追求的一种终极广告目标。

（三）手机广告

即利用手机作为信息发布载体，向手机持有者发布广告信息。广义的手机广告还可以包含把手机作为传统媒介互动传播反馈回路形式的广告信息发布方式，正如我们现在几乎每天都可以从电视、广播中看到和听到这样的广告："移动用户请发短信到××××，联通用户请发短信到××××"，参加节目竞猜，订购商品或详情咨询。随着手机网络本身的蓬勃发展和手机功能的不断完善，广告收入的巨大诱惑已经使敏锐的运营商和广告商着手手机广告的开发与投入。手机广告的种类主要有以下两种。

1. 手机语音广告。手机语音广告业务是利用移动通信网络和数据库将广告信息加工存储后，通过语音形式对外发布的增值业务。它基本上是采用一种用广告时间换通话时间的方式来吸引广告受众。基于这一原理，目前国内主要有两种类型的手机语音广告业务，一为持有特定的服务号码语音广告台，用户可以通过拨打这个号码完整收听语音广告来换取相应的免费通话时间；二为SIM卡方式，使用此种SIM卡话费非常便宜，但用户在每次拨打电话前需要接听一则广告。

2. 短信广告。自从手机用户和手机信息增多以来，业内一直在讨论如何将手机作为一种有效的营销渠道加以利用。由于手机用户数量庞大，短信发送便捷，相比起其他媒体几十万、上百万元的投入，低廉的价格是短信广告的一大优点；而相对其他广告形式受众的不确定性，手机短信可以实现一对一的接收，准确的目标用户群和高阅读率，正是短信广告的魅力所在。最初的短信仅限于单纯的文字，随着技术的发展，目前已经具有彩信彩图发送的功能。

四、广告在品牌建设中的作用

从图7-1中，我们可以了解到广告是品牌整合传播的一个重要环节，是品牌传播的主要途径，广告在传递品牌信息的过程中，必然会对品牌的建设造成一定的影响。借助美国学者大卫·埃科关于品牌价值的品牌忠诚度、品牌知名度、品质认知度、品牌联想和品牌其他资产的五星模型，我们从以下四个方面来解析广告在品牌建设中的作用。

（一）广告与品牌知名度

在各种营销传播手段中，广告通过各种媒体渠道传播品牌信息，是提升品牌知名度的重要手段。品牌知名度是指品牌被目标受众知晓的程度。广告的第一作用便是创造性的传达信息以吸引目标受众的注意，并使受众对品牌名称留下不同程度的记忆。好的广告对品牌知名度的提升作用是显而易见的,如Nike独树一帜的乔丹代言广告就在短时间内打开了Nike品牌在全国的知名度。

（二）广告与品牌认知度

品牌认知度是指消费者对品牌的了解、记忆和识别的程度。它是消费者购买品牌的基础,因为消费者一般不会在对某一品牌一无所知的情况下购买该品牌。品牌广告通过传播品牌方面的信息,虽不是消费者对品牌的直接感知,但可以大大提高消费者对品牌的认知效率,尤其是在短期内建立品牌认知度有明显的作用。

广告通过对品牌信息传播的频次和深度的控制,可有效提升目标受众对品牌的认知。如“脑白金”通过地毯式的轰炸和喋喋不休的送礼诉求,使消费者对“脑白金就是送礼首选”形成了高度的品牌认知。

（三）广告与品牌联想度

品牌联想是指透过品牌而产生的所有联想。品牌联想能够最终构成一个具有销售意义的品牌印象。例如,“麦当劳”会让消费者联想到汉堡、麦当劳叔叔、干净、小孩子的天堂。而这些联想最后会在消费者脑海中汇总为“麦当劳是全球最大、品质最好的食品连锁公司”的认知印象,对消费者的购买行为产生了直接的影响。

广告作为目标受众了解品牌信息的重要手段,对消费者联想的形成起到了重要的作用。在品牌的广告传播中,广告的视觉和听觉识别系统是诱发联想的重要元素,如看到品牌标志引发的联想——苹果电脑的品牌标志是一个“被啃掉一块的苹果”,这就可能让人联想到苹果电脑公司“宁为玉碎,不为瓦全”的创新精神;听到品牌名称引发的联想——如长虹品牌可能引起的联想是:长虹彩电的画面逼真,色彩特别好,就像彩虹的颜色那样好;听到品牌声音引起的联想——如Intel代表创新的经典音乐旋律;看到品牌吉祥物引发的联想——如金霸王电池的劲量小兔子的持久耐力。

（四）广告与品牌情感

品牌情感是指消费者对品牌的一种比较稳定的评价与情感倾向,它反映了目标受众对品牌的喜欢、偏爱、追崇和信赖。广告通过对品牌信息的表现,使目标受众对品牌形成一定的评价,这些评价与消费者自身的观念与需求相互交织和互动,并通过广告和其他方式的营销传播累积起来,形成对品牌的一种情感。

广告对品牌情感的影响主要在自我表现与自我认同、品牌使用中的愉悦感和品牌性能表现的真实性等层次。消费者有了品牌情感就更容易找到属于自己的层次。如“大众”轿车对应着经济型人群;“劳斯莱斯”代表着顶级的豪华与尊贵;“奇瑞QQ”则彰显着城市新秀的个性。从品牌管理角度来看,品牌情感

层次越明确,品牌定位就越精确,其品牌情感价值就越高。

品牌情感的终极目标是品牌忠诚,它代表着目标受众对品牌的持续购买,即使面对其他品牌更好的产品功能、更低的价格也不会发生改变。广告通过持续的品牌传播,树立品牌独特的个性和形象,与受众的关联和需求进行深刻互动,稳固和发展受众对品牌的特定情感,以维系受众对品牌的忠诚关系。

资料链接

关于广告的几个问题

在利用广告建立品牌的过程中,你需要经常问自己一些问题,这是非常必要的:

- **广告应该反映时代潮流,而时代潮流则是千变万化的** 广告可以几周或几天就变一次,但是它们宣传的品牌如果也以同样速度变化,还能保持可信度吗?品牌经理和广告公司创意人员之间经常会如此冲突:创意人员希望把自己的作品做得尽可能贴近当下的最新潮流,而品牌经理则需要判断那些最新技术或者最“帅”的街头用语或符号是否真的适合自己的品牌定义。如此的提醒是:要看品牌是否在实质上和顾客保持一致。

- **一旦开始,你就再也不能停下来,而且前面的路会越来越长** 品牌是一项长期投资,因此品牌的促销也应该是一个长期的活动。但促销费用支出的连贯性是非常重要的,可是首席财务官有时候却很难理解这一点。

- **同样的广告如果老是重复使用,就会慢慢失去作用** 一句至理名言是:顾客“就和蟑螂一样——你拿杀虫剂去喷啊喷的,过一会儿它就有了免疫力”。人们可能会厌倦广告,不管那些语句说得多么美妙,但人们不会厌倦好的产品。这就提醒我们两件事情:第一,广告和其他促销手段需要不停的推陈出新;第二,产品和服务的独特诉求可以延续更长得多的时间。维持并加强那些诉求会给品牌带来巨大的回报。
- **“形式”可以胜过内容** 一句名言是:“最好的广告不但能实现全部商业目标,还能进入流行文化。”但大多数顾客更希望他们的品牌能够进入流行文化,而不是广告。
- **广告被很多人视为闯入他们生活的不速之客** 知道一个广告意味着我们知道关于品牌和产品的一些东西,但要避免出现“品牌广告秀”满天飞的情况。
- **受众正在变得越来越“老到”——能看穿广告背后的伎俩——而且越来越排斥广告** 有的品牌通过自嘲来应对消费者的这种转变,但以这种手法制作的广告通常都会受到推崇，但是品牌自身能否从中得到什么好处就很难说了。

资料来源：[英]彼得·切维顿：《品牌实施要点》，北京大学出版社2005年版，第176～178页。

第二节　品牌的广告创意

广告离不开创意，创意在广告中的核心地位无可置疑。广告大师伯恩巴克说："广告创意是赋予广告生命和灵魂的活动"，充分说明了创意对于广告的重要性。对于广告创意，一直都存在"大创意"和"小创意"之争。"大创意"认为，创意是一种创意活动，侧重于广告活动中创造性思维的活动过程，它是现代广告运作的一个核心环节，是创意人员根据广告策略对有效的广告信息传达方式的创造性思考过程。"小创意"认为，创意是一种信息传达方式，它是现代广告运作中创意活动的产物，是有效而且有创造性的信息传达方式①。大创意与小创意之争恰好说明了"创意"对任何层面的广告活动都具有举足轻重的作用。对于创意问题的探讨，离不开创意的策略、创意的过程和方法以及创意的表现三个方面的内容。

一、创意策略

所谓创意策略，是指进行广告创意时采取的方法与谋略。策，就是策划，谋划；略，即方案的意思。要把一个产品的特点表现给消费者，并且能够打动消费者购买广告主的产品，就不得不考虑创意的总体思路，即策略。它包括说什么，怎么说，对谁说等问题。在此我们结合拉斯韦尔的传播模式和现代广告的传播模式来解析广告创意需要哪些基本策略（参见图7－7）。

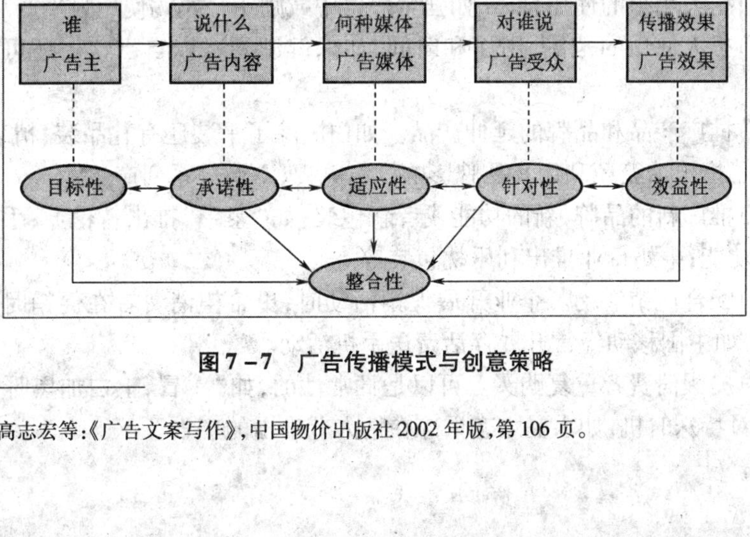

图7－7　广告传播模式与创意策略

① 高志宏等：《广告文案写作》，中国物价出版社2002年版，第106页。

从广告主的立场来看，创意需要目标性。任何一个广告传播活动，都是广告主的一种投资活动，都是为了达成既定的营销目标和传播目标。从广告传播的内容来看，创意需要承诺性。任何一次传播都要言之有物，广告所传达出来的产品和品牌可以满足的特点，是消费者接受产品和品牌的理由。从广告媒体的形式来看，创意需要适应性。一个核心的创意主张，需要合适的媒体来予以传达。在不同的媒体上，创意表现也应该有所变化。从目标受众的角度来看，创意需要有针对性。不仅要针对消费者的心理、习惯、生活方式等，还要针对消费者对该类产品的理解。从广告传播的效果来看，创意需要效益性。通过创意表现，达到认知品牌、促销产品、树立形象的效果。从整个广告传播系统来看，创意需要整合性。真正的大创意具有很强的整合性，它将广告的诸多要素有机地联系与组合起来，形成一个核心的、适用性强的大创意，并通过与其他营销传播方式有效组合，形成一个有战斗力的整体活动。

（一）目标性策略

目标如同茫茫夜海中的灯塔，指引着广告传播的方向。这个灯塔要有足够的亮度，这样创意才看得清前进的方向；灯塔也不能太多，太多等于没有，只会迷失方向。所以，目标必须明确而简单。广告目标可以分为广告营销目标和广告传播目标。

1. 广告的营销目标。广告作为一种营销传播活动，必须与企业的营销目标紧密结合，主要表现在如下几个方面。

（1）巩固老用户，持续吸引以往的顾客，培养其品牌偏好与忠诚。

（2）吸引新的消费者进行品牌和产品类别的转换，规劝消费者进行首次购买，扩大用户数量。

（3）加大使用频率和一次性使用量，如洗发水广告提示两三天洗一次头，牙膏的广告上总是把牙膏挤上满满一牙刷。

（4）扩大用户的使用群体，如强生广告中鼓励年轻妈妈使用强生产品。

（5）扩大使用的范围、用途和时间，如保健酒既可以自己饮用还可以用来送人。

（6）推广产品和品牌的延伸产品。如白酒除了平装还有礼品装、精装；海尔集团除了推出冰箱还利用其品牌影响推出电视、空调等系列产品。

（7）推广新的品牌、新的功能或者新包装，如“蒙牛”推出特伦苏；手机的拍照摄像功能；牛奶行业推出利乐枕包装等。

（8）配合促销活动。企业开展促销活动时，更希望消费者在促销时间内集中购买，如中国移动经常开展存话费送手机活动。

（9）提醒消费者重复购买。可以是日常性的，如“感冒，上白加黑呀”；也可以是针对特殊时机，如水晶之恋果冻在情人节推出的广告。

(10)配合渠道建设,包括招商和扩大销售网络,提高经销商的积极性,配合销售人员多拿订单,告诉消费者何处可以购买。如神州行宣传它充值网点遍布各地。

(11)针对竞争对手。一是主动进攻,抢占市场份额;二是反击对手的进攻。如万家乐和神州热水器的广告语大战:“神州处处万家乐”与“款款神州,万家追求”。

(12)配合公关活动。如危机公关、公益性公关、展览和陈列等形象展示型的公关。如农夫山泉,每喝一瓶农夫山泉就为希望工程捐出一分钱。

(13)告知价格变化,包括提价、降价、可议价、团购优惠和分期付款等价格上的变化,如商场促销、房地产的分期付款优惠等。

在不同时期,企业的营销目标和重点都是有差别的,在广告创意中,应注意诉求内容与营销目标的关联性,关联度越强,对企业营销目标的实现就越有帮助。

2. 广告的传播目标。广告的传播目标,是指广告传播活动对受众的触及程度,以及受众在触及传播的信息后,在情感、态度和行为等方面的变化。对传播效果的分析研究可以使我们明确广告的传播目标需要哪些方面。1961 年,瑞瑟·科利(Russell H. Colley)为美国广告主协会所作的研究并出版的《制定目标以测定广告效果》中指出,广告的传播目标应该包括以下四个阶段(参见图 7-8)。

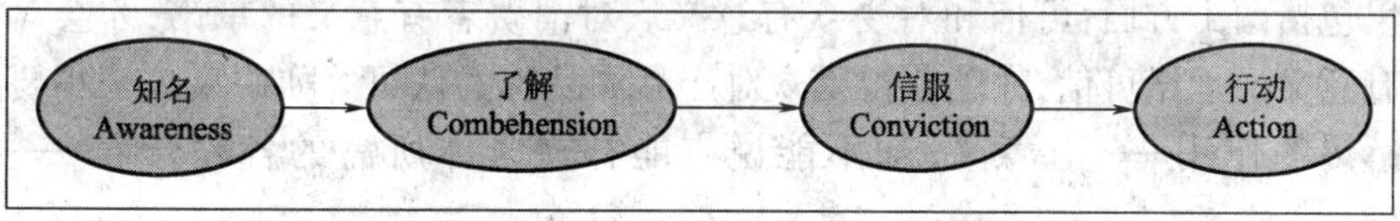

图 7-8 广告传播效果的 ACCA 模式

虽然,这是广告传播中的理想形式,但是它给我们提供了广告传播效果中涉及的各个方面。据此,对广告传播目标可以做如下阶段的划分:

(1)第一阶段,以接触为目标。指的是目标受众对广告有过多少接触,是否知晓广告信息的存在,主要体现为媒介目标。参考指数为广告的到达率和广告的接触频次。

(2)第二阶段,以认知为目标。指的是通过广告信息的传播,目标受众对品牌或产品的信息、广告内容的了解程度增加了多少、印象强化了多少。

(3)第三阶段,以态度改变为目标。包括目标受众对品牌的满意度、偏好度和忠诚度,通过广告传播活动,这些态度改变、认同和强化了多少。

(4)第四阶段,以刺激行动为目标。包括目标消费者因为广告传播的信息而去咨询和购买该产品或服务,以及是否向他人推荐该产品和服务。

广告的活动应该紧紧围绕各个阶段的传播目标,每一个阶段传播目标的实现都是下一阶段广告活动的基础。

营销目标和传播目标是广告创意的前奏，营销目标设定了市场导向的前提，传播目标设定了消费者导向的基础。好的创意策略必须遵循这两大目标来设定广告目标，二者缺一不可。

（二）承诺性策略

有效的承诺是广告成功的关键。消费者使用产品和服务是为了实现自己的需求，承诺性策略，实质上就是给消费者一个购买产品和品牌的理由，并让他们理解和接受，直至在产生这种需求时，对企业的产品和品牌发生兴趣。

1. 承诺的利益必须清晰、明确。广告必须给消费者一个清晰、具体的承诺。模棱两可的承诺给目标受众雾里看花的感觉，不仅无助于他们了解产品和品牌，甚至会让人产生一种怀疑和排斥心理。如 Intel 公司给电脑一颗奔腾的"芯"，明确地突出了其处理器在速度性能上的优势。

2. 承诺必须差异化。广告还要给消费者一个差异化的承诺。承诺必须是差异化的、独特的，这样才能给目标受众关注和接受的理由。重复别人的承诺是为他人作嫁衣，所以要寻找能让产品和品牌脱颖而出的信息，将它演化成竞争品牌无法超越的价值。如"农夫山泉"承诺"天然水，更健康"，这个独特的利益点让其他矿泉水品牌无可比拟，使自己独享天然水带来的利益。

3. 承诺必须是有效的。承诺必须是能够切实满足目标受众的某种需求。这里包括两个方面：可信和对受众有意义。对消费者有意义的承诺，才会对销售有意义。承诺可信，才能获得受众对产品和品牌的认可。如矿泉水至少要起到解渴的作用——有意义，却不能说它能补充人体所需的各种营养——可信度。

4. 承诺必须符合产品和行业的生命周期。不同的生命周期，人们对产品的关注点是不同的，因此承诺的重点也会有所区别，参见表 7－1。

表 7－1　产品不同生命周期的承诺重点

	导入期	成长期	成熟期	衰退期
市场特性	认知度为零 市场规模小 几乎没有竞争对手	市场需求扩大 消费者有一定的认知 竞争品牌大举介入	市场逐渐饱和，竞争最激烈 市场格局明显 需求稳定出现差异化	市场萎缩，需求减少 价格竞争激烈 替代品即将出现 很少新竞争者加入
创意承诺重点	告知新产品，引导消费潮流 从新鲜性、特色性、功能性、时尚等角度展开	深化产品定位 强调产品的特性和品牌个性，建立行业的品牌门槛	加强个性和形象建设 针对细分市场提出差异化需求 竞争性广告	广告实用性和大众性加强 品牌形象巩固 提醒消费者

资料来源：丁邦清等：《广告创意》，中南大学出版社 2003 年版，第 39 页。

5. 承诺要防止利益冲突。利益的诉求，必须与目标受众的其他利益一致。受众的利益是多方面的，给出的承诺在满足了这方面的利益的同时，有可能会影响到其他的利益。如速溶咖啡在刚进入市场时的承诺是冲饮的方便，它满足了上班一族时间紧迫的利益，但是却带来了“速溶的咖啡不入味，失去了煮咖啡的情趣”的冲突，后来速溶咖啡用随时随地的浪漫情调和品位这一诉求弥补了受众的这种心理，才被市场接受。

(三) 适应性策略

广告信息是通过媒体渠道进行传播的，媒体本身的特性和定位，限定了创意表现的范围。

1. 创意要适应媒体特性。媒体传达信息主要借助以下几种表现符号：文字、图案、声音和画面。不同的媒体兼具着不同的符号，具备不同的特性，这些不同的特性也影响着创意的表达。如报纸广告和广播广告，一个用视觉体现，一个用听觉传达。巧妙地利用媒介的特性，适应不同媒体的特点，扬长避短，加以创造性的利用，可以使创意收到意想不到的效果。图7－9是散利痛投放的户外广告，户外广告虽然是静态的，但因为运用得当，却显现出动态的效果。

散利痛头疼药的这则广告，创造性地体现了头疼欲裂的感觉，不仅适应了媒体特性，还加以突破，使之更具生气和活力。

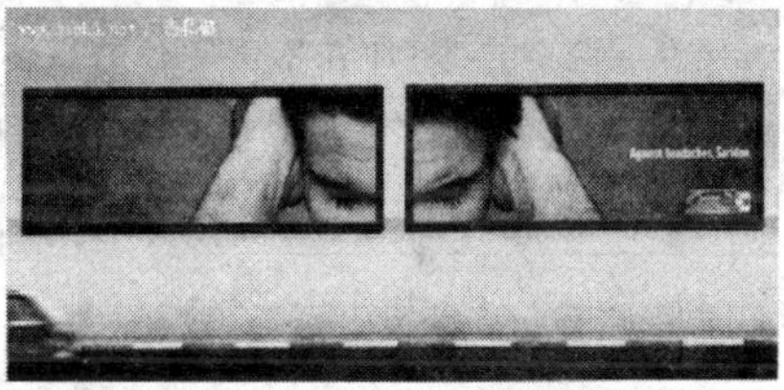

图7－9　散利痛头疼药的户外广告

2. 创意要适应媒体定位。同一类型的媒体，其定位也有着很大的差别。如中央电视台的12套节目，每套都有自己的内容定位，如体育类、电影类、财经类、科教类和法制类等。当自己的目标受众在媒体接触上重合时，需要针对不同的媒体定位，对创意进行相应的调整。这样在创意主题一致的前提下，创意表现适应媒体发挥不同的风格，更加有利于迎合目标受众接触媒体时的思想和心态。

图7－10为大红鹰的两则广告。

(四) 针对性策略

以特定的受众为目标，根据他们的人文特征和心理特征，传达特定的信息，是有效沟通的前提，这就是创意的针对性策略，主要体现在以下两个方面。

1. 针对市场细分要素。市场细分的意义以及市场细分的依据在前面章节已经有所介绍。市场细分一般是综合两个和两个以上的变量，以对目标受众进行更精准的定位。当目标受众越来越细分化，受众的个性和心理越来越鲜明，创意的针对性也就应该愈加明确和具体；只有用目标受众的行为方式、语言习惯来进行创意表现，创意才更能被目标受众理解、接受，进而在产生这种需求时促成对产品和品牌的购买。

以上两则广告，即在不同定位的媒体上作相应的创意调整，迎合了不同受众的胃口，左面的代表的是体育精神，适合在运动体育平面媒体上刊登；右面的洋溢着中国文化的气息，具备浓厚的人文精神，所以在综合类平面媒体上投放。

图 7－10　大红鹰的 V 形广告

2. 针对消费者的介入程度。不同产品自身特性的差异决定了消费者对其广告信息的不同处理方式，在制定广告策略的过程中，需要找出二者的结合点，用以引导、制约和检验广告创意的具体表现方式。

美国 FCB 广告公司将产品按照消费者参与程度与参与方式不同，形成一个以消费者参与程度（高/低）为纵轴，以关心类型（思考型/情感型）为横轴的模型，产品种类分别处于四个象限的不同位置（参见图 7－11）。

（1）在高参与度—思考象限（左上），受众在购买决策时有较高的风险与不确定性，他们处理广告信息的动机和能力都较高，一般会主动搜集材料、历经分析和归纳，最终形成对产品的理性认识，这时的产品和品牌的广告就需要通过剖析产品特点，提供令人信服的和逻辑上的承诺和解释。

（2）在低参与度—思考象限（左下），受众负担的风险和收益很低，受众更愿意通过试用来检验产品与品牌。根据这种行为方式，广告诉求就要集中在产品的一两个利益点上，使用一种简单的解决问题模式，吸引受众购买。

（3）在高参与度—情感象限（右上），其目标受众是有特殊的心理需求和价

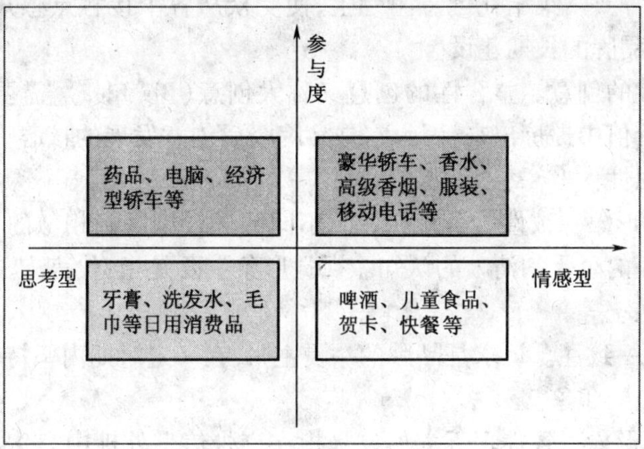

图 7－11 FCB 坐标

值取向的消费者。广告传播的重点在于给品牌塑造一种形象或个性,在受众群中创造出一种特殊的感染力和形象化的价值。受众可以通过购买、拥有或使用这个品牌而使品牌的形象或个性传递、转嫁到自己身上。

(4)在低参与度—情感象限(右下),受众并不需要从广告中获取关于产品的详细知识。此时的广告传播应着重赋予产品一种独一无二的情感属性,用广告来传递这种情感,并通过高频次的方式提高认知度,并使受众接受这种情感属性,最终影响到受众的偏好和行为。

(五)效益性策略

广告作为一种投资,必须产生一定的效益。一则好的广告,至少应该具备以下三种效益中的一种。

1. 产品销售的促进效果。大卫·奥格威曾说,广告目的是为了销售,否则便不用广告。广告作为受众认知产品的一个重要渠道,自然也应该在启发受众需求、在受众心中确立独特卖点、诱发购买等方面起到应有的效果。

2. 品牌知名度提升效果。通常,要让目标受众记住你的名字,广告是最有效的手段。广告创意的出色与否,直接关系到受众对品牌的关注程度,而品牌名称更要在创意表现中予以突出,使品牌名称位于视觉和听觉中心,避免受众对创意记忆深刻,却对品牌名称张冠李戴。

3. 品牌价值的塑造效果。每则广告都是对品牌的长期投资,好的广告创意有助于塑造和提升品牌价值。广告通过对品牌的个性、形象的演绎与传播,使目标受众对品牌的认知越来越多,对品牌的联想越来越丰富,改变和加强受众对品牌的态度,使其形成并加强对品牌的情感倾向和偏爱。

(六)整合性策略

广告传播运动作为一个系统,要求广告创意策略具有整合系统内其他要素的能力,将各种要素集结在创意主题上,使受众从各个接触点感知到的信息一致,也有利于品牌的长期建设。

1. 整合性的创意。整合性的创意又称大创意(Big Idea),需要把大创意从品牌的核心价值中提炼出来,因为它是品牌今后创意发展的核心。大创意一般有以下的相似性:

(1)视觉形象一致性。受众在各个不同的场合接触到相似的视觉形象,有利于形成统一的感受和清晰的认知。视觉形象主要是指:代言人、吉祥物、风景和标志识别系统等。

(2)诉求一致性。诉求是品牌的一贯主张,在一定时期内坚持诉求,才能给受众留下深刻的印象。

(3)听觉形象一致性。听觉形象是指在广告信息处理中,声音赋予产品的形象。包括广告词的语气、标志性声音和音响环境效果等。

(4)风格的一致性。保持一致的风格,有利于营造受众对品牌的熟悉和亲近感。它的风格主要有:怀旧式、古典式、现代式和前卫式等。

大创意既要保持一定的一致性,又要有一定的可塑性,这样才能给以后的广告创意留下拓展和发挥的空间。

2. 创意与整体营销相配合。广告作为营销组合的一部分,其创意应该紧密结合产品、价格和渠道,在相互配合中传达一致的信息。不能产品包装时尚,广告却追求传统;或者渠道追求大众化,广告却彰显着眩人夺目的个性。

广告同时要与其他营销传播手段互相配合——短期促销、公关宣传和人员推销等营销工具要协同作战,各自发挥优势,并且做到风格与内容的和谐统一,发挥 1 +1 >2 的效果。

二、广告创意的过程与方法

(一)创意产生的过程

作为一种创造性极强的活动,创意似乎是少数人的专利,其实不然,创意是可以后天加以训练和强化的,只要掌握良好的创意思维程序和方法,养成积极思考的习惯,就可以有效提升创意能力。

美国著名广告大师詹姆斯·韦伯·杨认为,创意的生产和福特汽车的生产一样,有着自定的过程,遵循这些过程能让你事半功倍。创意是靠人脑中各方面知识和阅历的积累,然后由某种特定的机制(排列组合、加减伸缩等方式)表现出来的。在其所著的《广告传奇与创意妙招》一书中,他提出了创意产生的五个步骤。①

---

① [美]詹姆斯·韦伯·杨:《广告传奇与创意妙招》,内蒙古出版社 1999 年版,第 138 页。

(1)收集资料——收集各方面的有关资料。

(2)品味资料——在大脑中反复思考、消化收集的资料。

(3)孵化资料——在大脑中综合组织各种思维资料。

(4)创意诞生——心血来潮、灵感实现,创意产生。

(5)定型实施——创意最后加工定型,付诸实施。

下面我们详细分析各个过程中的具体操作和注意事项。

1. 收集资料。凡事预则立,不预则废。没有对产品、品牌的充分了解和把握,是无法对它做出贴切形象的创意表达的。创意资料有两部分:特定资料和一般资料。①特定资料指与创意密切相关的资料,主要包括以下几个方面:产品特质、服务、消费者、竞争者和市场状况等,这些资料是创意产生的基础。只有对它全面深刻的认识,才能发现产品与创意之间的某种特殊的关联。不管是科学派的霍普金斯还是艺术派的伯恩巴克,在进行广告创意时所做的第一件事,就是了解产品。②一般资料是指那些日常生活中令消费者感兴趣的琐事。霍普金斯说,只有深刻地理解诉求对象和普遍人性,才能做到有效的沟通和说服。广告人不仅要关心自己的生活,还要融入人民大众的生活,这有助于广告人更好地了解消费者、洞悉人性。同时这也是个人进行创意必须具备的信息。广告创意的过程事实上是广告人把自己所储备的知识排列组合、重新使用的过程。作为广告人,更需要博闻强识。奥格威说:从来没有哪个人,只拥有这个专业的知识就能把广告做好。

2. 品味资料。这是广告创意的后期准备阶段——分析研究阶段,将所得的资料进行消化,有条理地归纳出来。詹姆斯·韦伯·杨将此阶段比喻为“信息的咀嚼”。分析研究阶段,尤其注意思维的条理性。通过对产品、服务、消费者和竞争对手等诸方面的分析,能更加清晰地认识到要对消费者说什么才能成为消费者购买的依据,即产品诉求点的问题;感知到对消费者怎么说才能引起消费者的注意力和购买欲,即广告表现的问题。

对资料的分析一般有如下的步骤:①找出广告商品与同类商品的共同属性,把握创意的大致方向,不至于产生离题,偏向的问题。②分析列出广告商品和竞争商品的优劣势,通过对比分析,找出优势。其实质是寻找产品有别于其他消费者的利益点,为消费者提供购买的理由。③找出消费者最关心、最迫切的优势和利益点。这个时候站在消费者立场上考虑尤为重要,这也是创意的突破口。

3. 孵化阶段。找到产品能提供给消费者最需要的利益点之后,接下来就是如何把它表现出来。这个阶段的关键是将头脑中的知识进行创造性的排列组合与分析,尽量让不同的想法冲击自己的大脑(创意方法的问题后面将会详细介绍)。在思维最紧张的时候,也是人想法最多的时候。这些想法是为了灵感的闪现做准备的。正如詹姆斯·韦伯·杨所说，创意的灵感只是冰山露出来的一角，更大的基座，是沉在水底的想法。

大脑在大量的工作之后，需要用自己适合的方式，使思维得到有效的放松。由于一段时间紧张的思考，创意的想法已经深深的烙印在潜意识中。据著名心理学家弗洛伊德对潜意识的研究，潜意识对事物的分析理解能力远远比显意识要强劲和深刻。要想使潜意识发挥作用，一定要使自己的思维放松。思维放松的方式有很多。宋代大文学家欧阳修就有“三上”——马上、枕上、厕上之说。贝多芬的命运交响曲是在长期思考之后，在睡意蒙眬中创作出来的；爱因斯坦的相对论是在病中发现的。日本一家研究所的数据显示，产生灵感的地点最多的是乘车、步行或在茶馆中，基本上都是户外，思维比较放松，却又有诸多触动灵感思维的机会。

4. 创意诞生，又称灵感闪现、尤里卡效应。“尤里卡”即希腊语“我想出来了”的意思，此典故来源于古希腊著名的科学家阿基米得发现浮力定律的故事。创意的出现的确是“踏破铁鞋无觅处”的冥思苦想和“得来全不费工夫”的意外惊喜的结合。创意正是有着这样的激情诱惑，才让诸多广告人绞尽脑汁却又为之疯狂。

王国维先生有云：古今之成大事业、大学问者，必经过三重境界。“昨夜西风凋碧树，独上高楼，望尽天涯路”，此第一境也。“衣带渐宽终不悔，为伊消得人憔悴”，此第二境也。“众里寻他千百度，蓦然回首，那人正在灯火阑珊处”，此第三境也。也许这就是对广告创意准备、酝酿和顿悟三个阶段的最好解读。

5. 定型实施。定型实施包括验证发展和执行实施两个阶段。创意产品刚产生时，总是有不足之处和值得改进的地方，如艺术性不够或销售力不强、太过艺术化和脱离实际等。这时候不应简单的否决，而应积极地改进，去粗取精、去伪存真，用理性的规则来验证，或以实验的方式来调查测试。大卫·奥格威为劳斯莱斯写广告文案时，拟定了26个标题，通过同仁、客户的重重把关，最后选出了经典之作：“这辆新型劳斯莱斯时速60英里时，最大的噪声来自电子钟。”执行实施，主要考虑的是执行力的问题，包括文字表达、画面创作、影视制作等技术层面上的内容，只有在这些问题上严格把关，才能让经典的创意发挥出最大的效应。

（二）创造性思维的类型

创意思维是极强的脑力活动，要提高动脑效率，对创造性思维的基本类型的了解掌握是必不可少的。按照思维所借助的媒介不同，人们把思维概括为三大类型：抽象思维、形象思维和灵感思维。

1. 抽象思维，即逻辑思维。它是借助概念、判断、推理等抽象形式反映现象的一种概括性、论证型的思维活动。在广告创意中应用的主要手段有：

(1)分析:认识产品及品牌信息、解析市场环境,有助于了解事物。

(2)综合:在分析的基础上纵观全局,对事物的整体把握和认识,有助于提炼产品的核心利益,总结创意思维。

(3)抽象概括:提炼出产品实在的、概念化的价值。

(4)演绎:对核心价值进行合理的表现,演绎出别样的创意精彩。

(5)比较:有利于发现产品与竞争产品的独特优势,也是认识事物的一种重要手段。

(6)推理:在认识市场和消费者的基础上发挥巨大作用,通过对消费者行为的观察和调查,洞悉消费者的心理活动。

总之,运用抽象思维可以有助于思路更加条理化、系统化。在广告创意中,需要运用逻辑思维进行科学的分析与综合,合理的归纳与演绎、严密的推理和论证,对各种信息进行比较甄别,发现事物内在的联系与有利于创意的突破点。

2. 形象思维,又称直觉思维。它借助于具体形象进行思考,具有生动活泼的特点。万事万物都有其特定的颜色、形状和动作等,以此来刺激人们的感官,诱发人们发生兴趣。在广告表现中,各种"形"的组合与排列,由此在人们脑中形成一定的"象",刺激受众的感官,达到传达广告信息的目的。形象思维在广告创意中运用的核心就是对事物"形"所代表的意念的把握,不同的颜色给人视觉的刺激,不同的肢体语言给人传达不同的信息。

3. 灵感思维,即顿悟思维,在创意中处于关键阶段。它是一种突发性的思维形式,是人脑最高层次的活动。更多的体现为对潜意识的应用。在广告创意中,合理地利用潜意识,不仅有助于活跃自己的思维,提高思维质量,还可以让思维的潜能尽可能的爆发,从而产生精彩的创意。

以上三种思维方式在创意的实践活动中往往是综合运用、灵活变换、相辅相成和互为补充的。

(三)创造性思维的基本方法

开发创造性思维,是广告创意中十分重要且比较复杂的问题,结合创造学,从思维角度来看,创造性思维的基本方法是发散思维和聚合思维、顺向思维和逆向思维、横向思维和纵向思维的有机结合。

1. 发散思维和聚合思维。

(1)发散思维又叫辐射思维、求异思维,是根据已有信息,从不同角度、不同方向思考,多方面寻求多样性答案的一种展开性思维方式,它与聚合思维相对应。例如,一词多组、一事多写、一题多解或设想多种路子去探寻改革方案时的思维活动。发散思维是一种重要的创造性思维,具有流畅性、多端性、灵活性、新颖性和精细性等特点。

例如,关于"砖的用途",发散思维可以如此进行:①做石鞋;②做砝码;③做床；④做石柱；⑤摆成各种形状涂上颜色做成工艺品；⑥做台阶和楼梯；⑦做围墙；⑧做鞋架；⑨做案板；⑩做石凳；⑪做垃圾桶；⑫做锤子、钉子等工具；⑬垫东西；⑭做狗窝；⑮做笔筒；⑯做哑铃；⑰做黑板；⑱做砚台；⑲做水缸；⑳做游泳池……

(2)聚合思维又称求同思维或集中思维。它是一种集中导向的思维，以某个问题为中心，从不同的角度将思维指向这个问题，以寻求解决问题的最佳方案。聚合思维与发散思维相反相成、互补为用、缺一不可。依靠发散思维，虽然能够想出各式各样的解决问题的方法，但究竟哪一个最好，这就需要用聚合思维对所有的方法作出判断，经过反复沉淀、验证、集中导向，作出最佳的选择。

在创造性思维过程中，两者往往是结合使用的，借助发散思维可以广泛辐射，自由地联想，提出多种解决问题的方案；借助聚合思维，可以对发散结果进行筛选、整合，犹如透镜聚焦一样，将光线聚于一点上，而这一点就是最佳的解决方案。

2. 顺向思维和逆向思维。

(1)所谓顺向思维，是指人们按照传统、既定的思维方向进行思考的方法，这种方法运用最广泛，对于处理常规性事物具有积极的意义，但顺向思维也容易造成习惯性思维，从而影响创造性思维的开发。

(2)逆向思维也称反向思维。它是在对常规思考的事物作分析判断时，打破合乎逻辑的思维流向，把常规的、固定的思维逆转，从事物构成成分相对立的反面或从事物的相反功能进行思考，以寻求解决问题的方法的一种思维形式。

科学史上的许多发明创造就是逆向思维的结果。19 世纪科学家法拉第在试验电产生磁的过程中，突然想到："既然电产生磁，那么磁可不可以产生电呢？"在此想法的驱动下，法拉第进行了艰难的实验，经过不懈努力，终于通过电磁石在线圈筒内的不断运动产生出了电。

3. 竖向思维和横向思维。

(1)竖向思维又称垂直思维，是在一种范围结构中，按照有顺序的、可预测的、程式化的方向进行思维。这是人类最常用且符合事物发展方向的思维方式，遵循由低到高、由浅入深、由始到终的思维线索，因而脉络清晰明了，合乎逻辑。

(2)横向思维即水平思维，它与传统的竖向思维不同，它所关心的并不是在旧观念上修修补补，而是怎样提出新的观念。不是考虑事物的确定性，而是考虑多种可能性。打破常规，创造出新观念是横向思维的关键。

英国心理学家爱德华·戴勃诺(Edward Debono)博士比较了这两种思维方式的差异，他认为，其差别主要表现在以下几个方面，参见表 7－2。

表 7－2 竖向思维与横向思维的对比

竖向思维	横向思维
分析性	启发性
按部就班	跳跃性
步步正确	无特殊要求
使用否定以引向正确	不用否定
集中一点	发散、欢迎偶然闯入者
选择性	生成性
提高竖向思维的效率	发展横向生成的思想

由此可见，竖向思维是一种循规蹈矩的思维，能够全面、理性地看待问题，通过加强思维的深刻性和系统性来获得精彩的创意；横向思维往往是突破传统和常规的束缚，看到竖向思维看不到的东西，取得突破性的成就。因此，我们在运用这两种思维方式的过程中，需要运用横向思维引发灵感、扩散思维，产生出乎意料的构想，同时也需要竖向思维使构想完整、严谨和深入。

（四）广告创意的创造技法

授之以鱼，不如授之以渔。如果把广告创意比作“鱼”，广告创意的技法则是获取“鱼”的工具和方法。创意思维与创造技法是密不可分、相辅相成的。创意思维是创造激发的前提和基础，有了它，技法才有作用的载体。广告创意的技法是使创意思维得到充分发挥的工具，通过对各种创意技法的合理运用，可以让思维有序的释放，让思维更具张力。

自 1941 年奥斯本发明了第一种创意技法以来，现已有 300 多种创意技法，通过运用主体的不同，可将它分为集体创意技法和个人创意技法两种。集体创意技法包括：脑力激荡法、卡片式头脑风暴法等；个人创意技法主要有核检表法、思维导图法等。

1. 脑力激荡法（Brain storming）。脑力激荡法是著名广告人奥斯本于 20 世纪 40 年代首创的，又称为头脑风暴法、滚雪球法。此法主要是通过会议、小组讨论，运用集体思考的方法，鼓励参加者通过互相激发、相互碰撞，于指定时间内最大化地产生高数量、高质量的创意灵感，并从中引发新颖的构思。脑力激荡法主要以团体方式进行，具体原则有：①只专心提出构想而不加以评价。②不局限思考的空间，鼓励多出主意。③延缓评判。④为使主意容易产生，任何判断必须延至所有参加者发表其意见后，待整个活动将快结束前，才共同选出最佳的构想。⑤欢迎自由联想。⑥主意越新奇越好，不限制或批评不合常理、不切实际或可笑的念头。⑦意见越多越好。⑧意见可以相互借鉴并加以发展。

卡片式头脑风暴是在脑力激荡法的基础上进行的改良，此法主要用在不适合讨论或讨论情况不理想的情况下。它用卡片的方式来进行脑力风暴，参与者把构想写在卡片上，相互传递，在卡片内容的基础上进行补充、完善或提出新的设想。

2. 核检表法。为了将创意过程具体化，加强可操作性，促进大脑创造效率的提高，奥斯本于 1964 年提出核检表法，因其简单易行，通用性强，有“创造技法之母”之称。核检表通常从以下几个方面进行思维的发散。

(1)转化：这种东西能不能转做其他用途。如易拉罐还可以当“砖头”垫脚。

(2)适应：寻找事物间的相似性，如麦当劳香蕉奶昔上市的广告，就是从麦当劳的 M 字母发想出来的。

(3)改变：改变原来的形状、气味和颜色会有什么后果，还有其他的改变方法吗？这种方法是开发新产品、新款式的重要途径。

(4)放大：包括尺寸放大、时间延长、附件添加、分量增加和强度提高等。如电视的尺寸，从 36 厘米到 53 厘米再到 109 厘米等。

(5)缩小：把一件东西变成袖珍或者是放低、变短和省略会有什么后果。如迷你摄像头、收音机、手机和电脑等，都是迎合人们方便美观的心理，用变小的方法开拓出来的市场。

(6)代替：有没有别的东西可以代替它，用其他材料会产生什么效果。如镀金技术生产的镀金手表、金钢笔尖就满足了人们对黄金闪光夺目的追求，迎合了人们的心理需求。火腿肠的外包装就是代替了原始的肠衣才得以批量生产。

(7)重组：零件互换、部位互换、因果互换和程序互换，会产生什么样的效果，例如，一度流行的袋袋服装，就是把口袋重组的范例。

(8)颠倒：反向思维，钻地导弹是由火箭反向思维得来的，电磁场的发现也是如此。

(9)组合：旧事物新组合。把铅笔和橡皮组合起来，更加方便实用。

3. 思维导图。思维导图是“记忆之父”东尼·博赞发明的思维工具，它融合了色彩和图像等多种元素，发挥了全脑的功能，通过图画的方式，清晰地描绘出思维的线路和层次(包括左脑的逻辑、顺序、文字、数字以及右脑的图像、想象、颜色、空间和整体等)(参见图 7－12)。通过思维导图，大脑的潜能可以得到有力的开发。

思维导图的结构层次是放射状的，如果说联想是一个线的话，那么思维导图就是联想的网格化和立体化，这有助于我们全面地发散思维。思维导图的整个结构必须轮廓清晰，且有一定的顺序(顺时针或逆时针，因个人的习惯或主题内容可以自由决定)。如果不会作画和使用色彩，精简的文字描述也可以达到同样的效果。

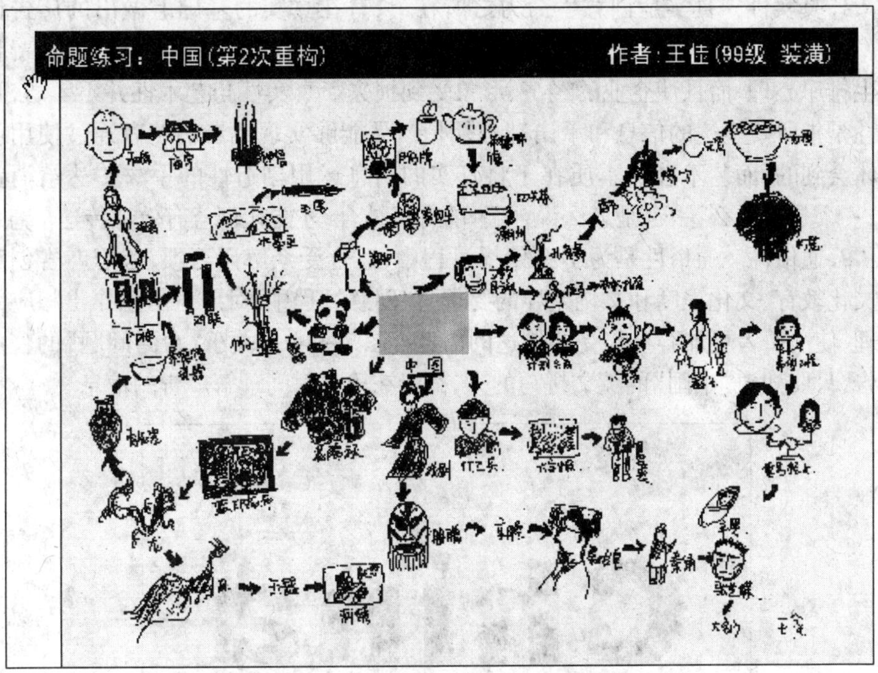

图 7－12 图画结合文字的创意思维导图

三、广告创意的表现

（一）创意表现的原则

广告信息传播中，除了解决“说什么”的问题，广告创意的表现同样重要。事实上，“怎么说”直接影响着信息传播的效果，因为它是产品和品牌的信息在广告传播与目标受众的最终接触。以现代营销学大师菲利普·科特勒的营销传播模式为蓝本（参见图 7－13），从动态的角度，可以分析出广告创意的表现需要遵循以下几个基本原则。

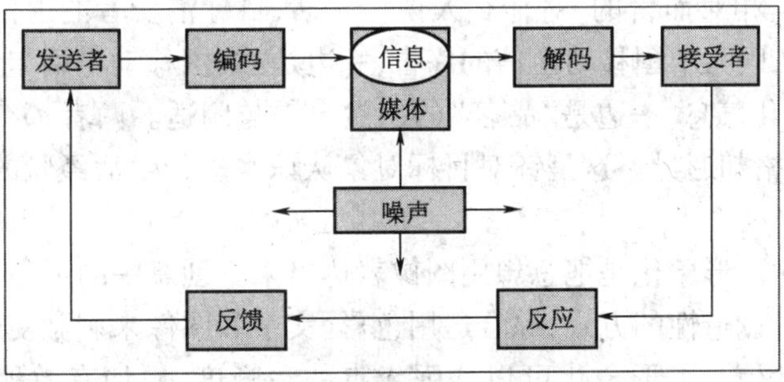

图 7－13 菲利普·科特勒营销传播模式图

1. 真实性。真实是创意生命力之所在，只有在真实的基础上做出的广告创意，才能激起目标受众对产品、品牌和企业的信赖。虚假的广告不仅会使消费者产生排斥心理，而且使企业的经济、形象受到损失。真实性与艺术性并不矛盾，真实性是指所要表达的信息和承诺都必须是产品能够实现或者消费者通过使用可以体会到的，而艺术性的本质在于将真实的信息运用创造性的手法传达给消费者，一个是说什么，一个是怎么说，两者的有机结合，才能让创意有效地传达信息。

2. 通俗性。通俗性是为了在传播过程中，迎合受众解码习惯，考虑广告创意对文化教育、文化程度和文化差异的要求，在创意过程中，对广告信息作出相应的处理，使消费者更加容易接受要传达的信息。图 7 – 14 是关于“台湾问题”的公益广告，只要知道“中国”的英文拼写的人，都能在第一时间理解广告的信息。

图 7 – 14　广告：“少了这一点，就不是一个完整的中国！”

文化背景的差异是决定创意通俗性的最重要因素。在跨文化传播中，广告还需要注意通俗性与文化冲突的问题。了解受众目标的社会经验背景、社会环境和生活阅历，并将它贯穿于广告创意作品中，有助于目标受众对广告创意的认知与共鸣。广告创意所建立的经验与目标受众所拥有的经验越一致，消费者认知的通俗性就越强（参见图 7 – 15 和图 7 – 16）。

通俗性是相对而言的，对什么人说什么话，目标消费者的通俗也是有差别的。图 7 – 17 同为中国移动通信的广告，一边是“中国移动电话卡，一边耕田一边打”的乡土化气息，一边是“品茗”的悠然自得与闲适。两者都有很强的信息传达效果，风格却迥异。这是针对目标对象认识水平和生活经验的不同而形成的表现差异。

3. 形象化。形象化是把思想用图像表达出来。创意中的形象化，就是要把利益点用一种创造性的方式，综合运用色彩、文字和图像来刺激受众的感官，从而有效地传达信息。形象化可以增强卖点的清晰度，更加有效地传达卖点信息，便于受众的知晓和理解。形象化还可以增强产品的感染力，创意的形象化，使信息的传播更具趣味性，从而有效地与目标受众进行信息交流与沟通（参见图 7－18，图 7－19）。

Nike 的这个广告在其理念的演绎上不可谓不经典，更被人们戏称为“广告中的 9·11”。但是，这样的广告在美国发布，必然会勾起美国人特别是死难者家属的伤痛回忆。一个事件对创意表现的影响都如此，更何况根深蒂固的民族文化呢？

图 7－15　Nike 的广告

相信很多人吃辣椒的时候都有伸舌头的感觉，那种辣的劲道实在让人刺激，精神振奋，帕尔玛拉特的辣味番茄酱就是如此熟悉受众，将番茄酱出瓶口的一刹那模拟成实在辣得不行，吐舌头的模样。“够辣够味，只有帕尔玛拉特的辣味番茄酱才能做到”。

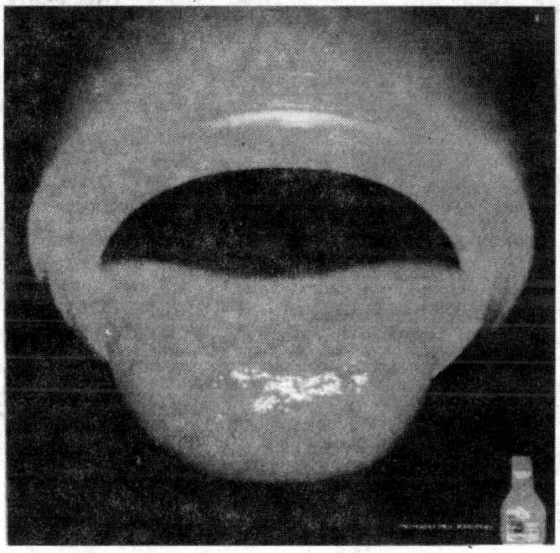

图 7－16　辣味番茄酱广告

图 7－17　两则对象迥异的广告

该广告为了传达其震撼人心的音响效果，进行了一个形象化的概念偷换，将 Sony 音响对耳膜的震撼,巧妙地移植到对心灵的震撼。明确地表达了独特的卖点,通俗易懂、生动形象。

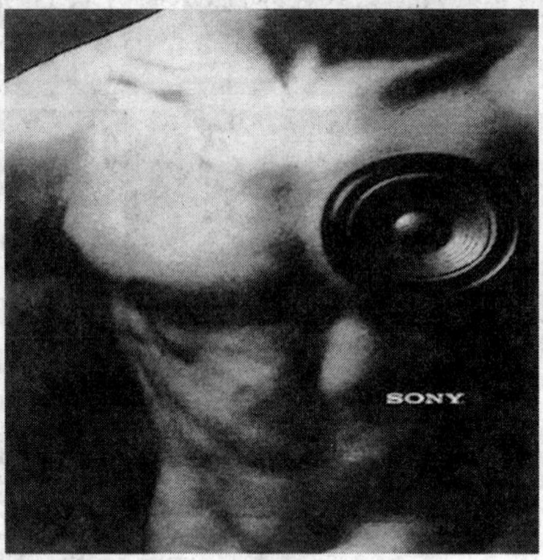

图 7 – 18　Sony 的音响广告

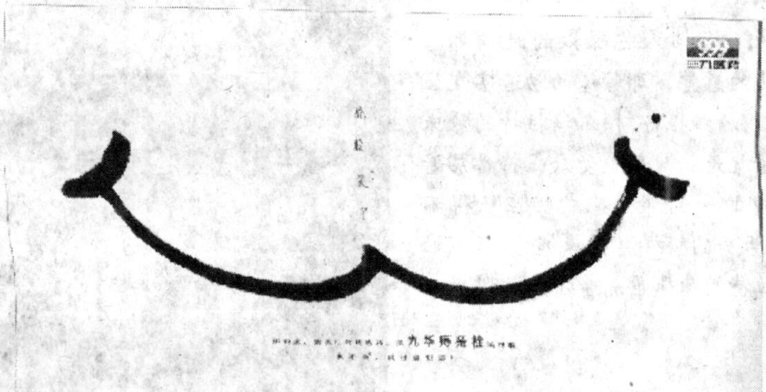

“屁股笑了”从患处的感受出发,诙谐幽默地表达出了用九华痔疮栓之后的感受

图 7 – 19　九华痔疮栓广告

4. 关联性。关联性是指广告与诉求主体的相关程度,主要体现在两个方面:①与产品或服务的内容相关联;②与受众利益、兴趣相关联。两者之间的关联度越明显越好,越多越好。通过关联可以架起诉求点与受众沟通的桥梁,如果没有在传播中强调关联性,产品的利益点就无法突出,受众也无法体会产品或服务所带来的价值(参见图 7 – 20)。

图 7－20　公益广告

广告创意与受众的利益兴趣相关联，会让受众在理解的过程中自然而然地联系到自己，掺入更多情感因素，产生“这不就是我想要的吗”的认同感。华硕商用笔记本电脑的这则广告（参见图 7－21）就与其目标受众——办公人士产生了强烈的关联。

图 7－21　华硕商用笔记本电脑广告

5. 简明性。创意的简明，是指在广告传播过程中，需要将信息简洁化、单纯化和明确化。创意的“简明化”历来被高度重视，更有人说，创意就是把复杂的东西用最简单的方式表达出来。只有这样才能让受众更加顺利地接受信息，为受众在纷繁复杂的信息海洋中架起沟通的桥梁。

创意的简明，首先要做到表现的简洁。简洁的表现会使广告非常醒目，诉求重点非常突出。创意的简明,还要求做到诉求尽可能的单一、清晰。一个广告不可能负载多个诉求重点,尽量不要在一个广告中表现太多的信息,而要将信息简单处理,清晰地传达给受众,便于受众简单的“拿来”(参见图7－22和图7－23)。

偌大的行李箱中只有一把瑞士军刀,其多功能的用途利益点几乎占居了整个创意思想的核心。军刀虽小,却够力道!

图7－22　瑞士军刀广告

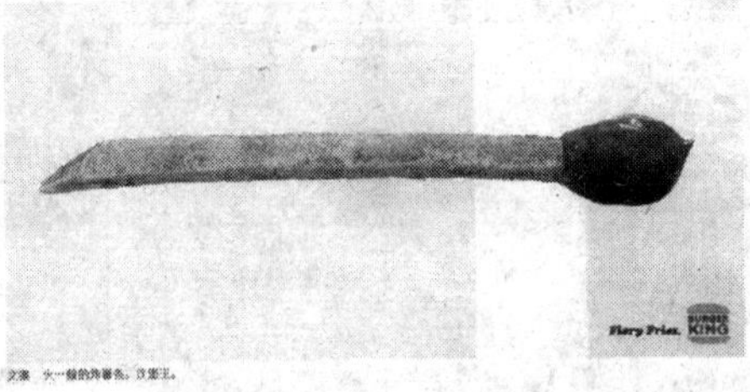

运用火柴头来比喻辣味薯条对人味觉的刺激,形象贴切,简单明了,在观赏之余,会心一笑间,勾起了人们的食欲。

图7－23　辣味薯条广告

6. 差异性。孙子兵法亦云:“凡善战者,以正和,以奇胜。”唯有令人眼前一亮的创意、突破人们惯性思维的创意,才能让自己的信息在诸多噪声中脱颖而出,迅速征服目标受众的注意力。广告需要在受众眼球接触的一瞬间就吸引其注意力。如果在信息表达方式上没有特别突出的地方,受众往往无法去注意。“注意力已经成为广告传播中第一稀缺的资源”(参见图7－24)。①

广告需要在传达信息时,合理利用差异,塑造自己的品牌个性。大卫·奥格威曾说过:广告活动的目标就是力图塑造并且维持一个高知名度的品牌形象。此外,还要利用差异性诉求自己的利益点,让受众有回味的余地。如“沃尔沃”一直坚持安全诉求主题,此则广告用核桃外壳的坚硬来比喻“沃尔沃”的安全,颇具特色(参见图7－25)。

① [美]肯·萨可瑞:《注意力行销》,汕头大学出版社2003年版,卷首语。

在闹市街区，人流量显然十分可观，但是这并不代表人们对广告的关注度也高。该户外广告利用楼梯巧妙、独特地传达出品牌的信息：想要更靓吗?每日鲜橙多,VC 多!有效地满足你的要求。不仅引得受众驻足观看，还让周边的广告黯然失色。

图 7－24 醒目的“鲜橙多”

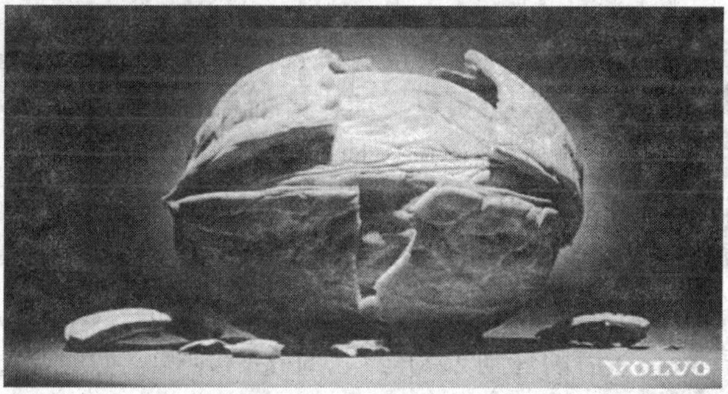

图 7－25 坚固的沃尔沃汽车

（二）广告创意的表现形态

广告创意以各种各样的方式，演绎和传达着自己想要传达的信息，为的是将这些信息有效地传达给目标受众，说服受众，使之对产品产生理解和信服，进而产生购买行动。在广告创意的实践中，已形成了一些典型的、有代表性的创意表现形态：示证形态、情感形态、戏剧形态、嫁接形态和形境形态。①

1. 示证形态。以示范与证言的形式，传达产品或服务的客观实际，通过摆

① 丁邦清等：《广告创意》，中南大学出版社 2003 年版，第 106 页。

事实，讲道理，使受众经过认知、判断和推理的逻辑思考，理性的作出选择和决定。示范证言可以通过自我示证、消费者示证、客观直陈等具体方式来开展。

（1）自我示证。从企业、产品或服务本身出发，以广告主的口吻展开诉求，直接表白“我们”如何如何，这种方式在产品广告和企业广告中广泛使用，尤其在表述企业观点、态度以及产品和服务所做的努力上有更大的自由。如农夫果园“三道关”的广告（参见图 7－26）。

第一关是原料关：农夫果园的番茄、胡萝卜、鲜橙来自新疆的天山和巴西的黑河；

第二关是营养关：一种水果，一种营养，多种水果，复合营养，每天一瓶，满足天然维生素需求；

第三关是质量关：农夫果园采用国际领先的瞬间杀菌技术，最大限度地保持了新鲜水果的营养，绝不添加任何防腐剂。

图 7－26　农夫果园电视广告“三道关”

（2）消费者示证。通过具体人物的实际使用来证实产品和服务优势特征的创意形式。指名道姓的具体用户可以增加广告创意的可信度，使消费者有更加真实的感觉。如中国移动全球通邀请中国地产老大——万科集团的总裁王石做广告。在地产界摸爬滚打了近 20 年的风云人物王石，与服务于高端商务群体的全球通，自然有着巨大的契合点。广告文案更是蕴含这一点：“每个人都是一座山。世上最难攀越的山，其实是自己。往上走，即便一小步，也有新高度，我能。”

（3）客观直陈。不借助任何人物之口，直接以客观口吻展开诉求，这也是最常用的一种方式。这样的广告可以从任何角度来提供信息，可以直接陈述事实或阐述观念、进行比较，也可以使用图表数据帮助说服，还可以明确地提出观点，进行严密的论证，不受人物身份的限制。

2. 情感形态。爱与关怀是人性最普遍、最永恒的追求，也是最典型的情感诉求手段，广告中的幸福、快乐、浪漫和温馨都极易感染消费者，让消费者产生情感共鸣。情感的主题可以是爱情、亲情、友情、乡情和人情等。情感形态一般应用在快速日用消费品和炫耀性商品上，如食品、饮料、化妆品、钻石和豪华轿车等，消费者对产品性能或服务内容关注度不高，更多关注的是心理上、精神上的感受、体验和满足；或者竞争者都是采用理性诉求的方式，为了形成差异化，使用情感诉求的手段为自己的产品和服务加分。

（1）爱情。在广告中体现恋人、夫妻之间的感情，表达对爱情的看法。在这种广告中,产品和服务往往在爱情中扮演着不可或缺的角色(参见图7-27)。

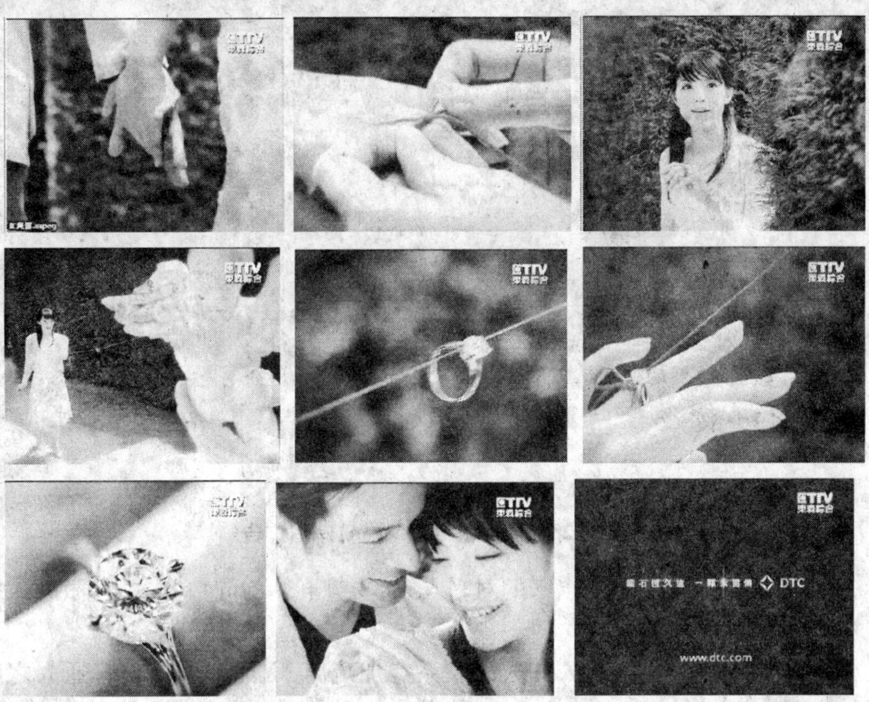

DTC 钻戒就是那根象征缘分的红线,用它可以系住你和爱人的一生一世。

图 7-27 浪漫的 DTC 钻戒广告

(2)亲情。即体现的是家庭成员之间的血缘感情,包括亲子之爱、孝心之爱、手足之爱等以及由此而来的幸福、快乐、满足、思念和牵挂等。如“雕牌”的产品广告“妈妈我能帮你干活了”;“椰岛”鹿龟酒的产品广告“今天我要回家”;“爱立信”的品牌形象广告“沟通就是关怀”都是以亲情为素材的。

(3)友情。主要体现朋友之间的感情,这种友情可以是长久的相知,也可以是短暂的欢愉。一些可以共同享受的产品,如美酒、咖啡等借助友情的表达,使产品更能贴近消费者的心理。同时这种友情的表达使原本只是一个人独自享用的方式拓展成更多人的消费方式,对销售量的增加有着隐性的作用。例如,麦斯威尔咖啡的“好东西要与朋友分享”;清酒的“喝杯清酒,交个朋友”;海尼根啤酒(参见图7-28)等。

(4)乡情。通过怀念故乡或尘封回忆、童年往事,唤起受众心底深处的记忆,达成情感上的共鸣。如南方黑芝麻糊的广告就带有典型的乡情色彩,通过对童年时代的回忆,将善良的大婶、贪吃的自己,还有好吃的南方黑芝麻糊联系在一起。

海尼根啤酒的创意很巧妙地借助了友情。广告标题分别是:"有些人你只和他一杯到底,有些人却是和你一辈子到底";"够交情,就不用表面文章";"对位才能对味!"

图 7-28　海尼根(Heineken)啤酒广告

(5)同情。即人们表现出来的对平凡人、弱势群体的同情和关爱,激起人类心底深处最善良的情感。

(6)人情。现代生活让人和人的关系愈加疏离,因而普通人与普通人之间的情感交流就愈加显得弥足珍贵(参见图 7-29)。如统一冰红茶的一则电视广告准确地传达了同学之间的真诚交流,也象征大陆与台湾的真情沟通。情节是:一个从未出过远门的台湾女大学生,独自待在窗边黯然神伤,热情的同学们

这张手握铅笔头、两只直视前方对求知充满渴望的大眼睛小女孩的照片,在题为《我要上学》的照片发表后,很快被国内各大报纸杂志争相转载,并成为中国希望工程的宣传标志,点燃了希望工程圣火的火炬。时至今日,这张把"我要读书"的渴望写在眼睛里的照片仍然强烈地震撼着人们心灵深处最柔软的地方。

图 7-29　公益广告

知道，她这是想家了，为她送来了统一方便面，这个来自家乡的品牌以及来自同学们真诚的关怀，感动了女学生，也架起了同学们真情沟通的桥梁。广告的象征性意义在于架起了大陆与台湾同胞沟通的桥梁。“统一用心，人间有情”的广告语更是一语双关地传达了人间真情与企业理念的完美统一。

3. 戏剧形态。大卫·奥格威曾经谈到他对广告戏剧性的理解，他说，伟大的广告应该是一个娓娓讲述的故事。李奥·贝纳主张：“每件产品都有与生俱来的英雄气质，我们要挖掘出来加以利用，发展成为广告中具有刺激力量的戏剧性。”[①]戏剧形态包括情节的戏剧化、幽默和夸张。

(1) 戏剧化。戏剧化就是出乎意料的结局或发展过程，广告中采用戏剧化的表达形式有利于加深消费者的印象，可以大大提高信息传播的接受率。例如，克咳胶囊的电视广告：在公共汽车上一个站着戴鸭舌帽的男子，贼眉鼠眼地四周张望，不一会，将手伸进了一位女士的包里，正准备偷东西。就在这时，只听见两声咳嗽声，小偷吓得立刻把手缩了回来。他贼头贼脑地四处张望了一下，见没有人注意，又把手伸进了拉链里，就在这紧急时刻，又听见两声咳嗽声，小偷吓得再次把手缩了回来。这时电视屏幕下面出现了一行白色大字：有时候咳嗽也是一种美德。最后，画面定格在“克咳胶囊”的产品形象。这个广告把“咳嗽”和“美德”这两个毫不相关的词连在了一起。从小事中体现大道理。巧妙地运用了“咳嗽”和“美德”来创造出了一个有创意且贴近生活的广告。

(2) 幽默诙谐。幽默是生活的润滑剂，具有简单而强大的穿透力，它将深刻的寓意包含在轻松、风趣、机智和戏谑中，使人们在哈哈大笑中不知不觉地接受对方观点。同样，幽默广告以内庄而外谐的态度，使消费者完全放松对广告的本能的警惕和排斥，在兴奋、愉快的情绪体验中，产生深刻的印象，促进其对广告及品牌形成良好态度（参见图 7－30）。

(3) 夸张。通过形式、内容等关系上的夸张，将产品的某个方面特性扩大表现，通过挑战和超越受众所能想象的极限，给信息受众的记忆打上深刻的烙印（参见图 7－31 和图 7－32）。夸张包括扩大、缩小和关系型夸张等。

4. 嫁接形态。嫁接，通俗地说，就是移花接木，通过寻找到事物间的相似性，用“旧事物，新组合”来进行创意表现。比如，晕轮嫁接、组合嫁接、比拟嫁接和双关嫁接等。

(1) 晕轮嫁接，又称光环效应。它是指在广告信息传播中将消费者喜爱的、尊敬的、权威的人或者美好的事物的感情价值转移到产品和服务上，以提高消费者的信息接受效果。如“绝对伏特加”的广告，便是通过把酒瓶形状与各地的经典建筑和美好的事物进行嫁接，来彰显自己的高贵、绝对的形象（参见图 7－33）。

---

① 高志宏等：《广告文案写作》，中国物价出版社 2002 年版，第 114 页。

一对身着沙滩装的胖父子在一家饮料店前购买饮料，看见农夫果园的宣传画上写着一句“农夫果园,喝前摇一摇”,于是父子举起双手滑稽地扭动着身体,美丽的售货小姐满脸狐疑地看着他俩。(镜头一转)画外音:农夫果园有三种水果在里面,喝前摇一摇。远景。两个继续扭动屁股的父子远走。该广告将“混合性果汁”的卖点戏剧化,用中国式的幽默,将产品的信息——口味鲜、营养足传达给受众。

图 7－30　农夫果园电视广告

Kaminnomoto 毛发再生剂的广告,让鸡蛋都生毛。

图 7－31　毛发再生剂广告

喝牛奶就是让你这么壮,每天捏一下杯子,杯子都受不了。

图 7－32　牛奶广告

(2)组合嫁接。即将两个有着内在联系的事物组合在一起,形成形式上的新鲜感。更多地体现为借熟悉表达陌生,将不熟悉的事物通俗化,使之更易接受。如图 7－34 汽车的制动防锁系统,借助钉鞋“强劲的抓地能力”传达汽车制动稳定的信息。

绝对北京　　　　绝对布鲁塞尔

图 7 – 33　绝对伏特加广告

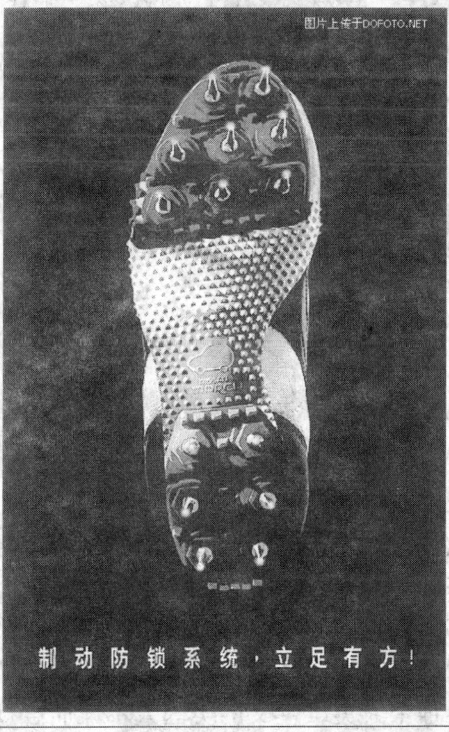

图 7 – 34　汽车制动防锁广告

(3)比拟嫁接。它分为拟人和拟物两种,拟人是把事物赋予人的形象、言行和思想,如海尼根(Heineken)啤酒将啤酒瓶拟人化来体现友情;拟物则往往用于医药广告等特殊场合中,既避免了违规,又使广告更形象化,如毓婷紧急避孕药就用安全出口来显示其在紧急时刻的保障(参见图7-35)。

图7-35 毓婷紧急避孕药

(4)双关嫁接。运用事物的多层含义进行双关嫁接,可使受众在进行信息解码时有更多的回味空间,如邦迪创可贴就巧妙地利用了历史事件与产品属性进行双关嫁接,一针见血地传达产品和品牌的信息(参见图7-36)。

图7-36 邦迪创可贴广告

5. 形境形态。进行广告传播时,倡导并坚持一种受众认同的形象和意境,会使自己的品牌在受众心中形成象征性的符号和印象,通过长时期的传播和积累,就会形成品牌特有的形象资产。形境形态的具体方式包括塑造形象、传达意境和传播意识形态。

(1)形象。以塑造品牌的形象为主,强化品牌符号和个性特征,以感性的方式使受众自然而然的理解并认同品牌的形象。如“万宝路”粗犷的牛仔英雄所传达出来的形象与崇拜个人英雄主义的美国人不谋而合,彰显出男子汉自信、刚强和无往不胜的形象。

(2)意境。一种意念的传达,会给信息接收者一种只可意会,不可言传的认同。通过文案的表达,诱发信息接收者去想象、感知品牌和产品所带来的意境、理念和氛围(参见图 7－37)。

作为中国白酒的高端品牌,水井坊向受众传播的是一种领袖的理念，短短数字,昭示了水井坊的高品位、高尚文化,是传统酒文化的代表。该系列的另一个文案为:世上只有两种角色,追随与被追随；世界上只有两种历史，传颂与被传颂。

图 7－37　水井坊白酒广告

(3)意识形态。意识形态的概念起源于 19 世纪,法国哲学和经济学家D. 特拉西认为,意识形态是考察观念的普遍原则和发生规律的学说。意识形态广告的最大特点就是:表现观念和价值观而非产品和品牌本身。广告传播的是观念,引发受众针对这种观念的话题讨论。贝纳通和中兴百货是意识形态广告领域的两大代表。贝纳通以批判种族、宗教、艾滋病和难民问题引起人们的关注,代表作有"脐带相连的初生婴儿","深情相吻的牧师与修女"。中兴百货则是从文案的角度来发掘生活和社会中思想的火花。代表作品有"把身体当风景看,不要当皮尺量";"消费与道德无关,折扣与诚信绝对有关";"三日不购物,便觉面目可憎";"服装就是一种高明的政治,政治就是一种高明的服装"(参见图 7－38)。

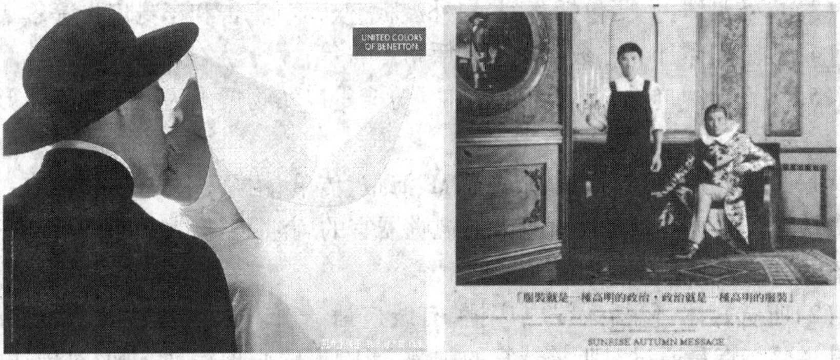

贝纳通"牧师与修女"　　中兴百货"服装与政治"

图 7－38　两则意识形态广告

第三节　品牌的广告刊播

广告信息的传递，需要通过一定的载具，这个载具就是媒体。为了经济有效地实现广告目标，需要运用科学的方法，对各种媒体进行有计划的系统选择和优化组合，并且有策略地进行刊播。广告媒体策划的任务，就是通过对各种媒体系统科学的甄别与选择，进而有效地将信息传达给受众，在尽量节省投资的同时，与受众进行有效的沟通和交流。因此，广告媒体的策划，是广告策划的重要环节，也是品牌传播活动传达有效信息的关键。

一、广告媒体的类型及特点

（一）媒体类型的划分

广告媒体，又称广告媒介，它是广告活动中信息传播的中介。从广义上来说，任何可以承载信息的载具都可以作为广告媒介来使用。但是传统观念上认为，有些载具只是暂时的，信息内容不能及时更新，传输的信息量十分有限，不能成为媒体。这里所说的广告媒介，通常是指报纸、杂志、广播、电视四大传统媒体，以及户外、直邮 DM、互联网、楼宇液晶电视（LED）、手机广告等新兴媒体。由于广告媒体的不断发展，对广告媒体的分类也趋于复杂。最常见的有以下三种分类方式。

1. 按表现形式进行分类。

（1）平面媒体：报纸、杂志、直邮 DM、海报和企业宣传册等；

（2）电子媒体：电视、广播、网络、电影和楼宇电视等；

（3）户外媒体：主要包括路牌、户外展板、候车亭广告和车身广告等；

（4）数字媒体：网络、数字电视和手机广告等；

（5）实物媒体：包括商店的橱窗和展览会等以实物展出为特点的媒体形式。

2. 按功能进行分类。

（1）视觉媒体：包括报纸、杂志、DM、海报、传单、招贴、手机短信、售点、户外和车身广告，主要特点是通过对人的视觉器官的刺激，影响人的心理活动，进而对传达的广告信息留下印象。

（2）听觉媒体：包括无线电广播、有线广播、宣传车、录音和电话彩铃广告等，其主要特点是通过对听觉器官的刺激，影响人的心理活动，进而对传达的广告信息留下印象。

（3）视听两用媒体：主要包括电视、电影、网络以及其他形式等，主要特点是其兼备形象和声音的双重刺激作用，广告效果显著增强，在众多媒体中具有明显的优势,对社会大众具有非凡的影响力。

(4)嗅觉媒体:特种 DM 等,多用于香水和食品等,是需要精心策划的特殊媒体。

(二)广告媒体的特性比较

下面我们将常用的四大媒体:报纸、杂志、广播、电视以及新兴的户外、网络媒体作一个综合比较。

1. 报纸媒体。在传统四大媒体中,报纸是历史最为悠久、普及性最广和影响力最大的媒体,广告几乎是伴随着报纸的创刊而诞生的。随着时代的发展,报纸的品种越来越多,内容越来越丰富,版式更灵活,印刷更精美,报纸与读者的距离更加接近,报纸成为人们了解时事、接受信息的主要媒体。报纸广告的内容与形式也越来越多样化。报纸的主要特点有:

(1)传播速度快。对于大多数综合性日报或晚报来说,出版周期短,信息传递较为及时。有些报纸甚至一天要出早、中、晚等好几个版本,报道新闻就更快了。一些时效性强的产品广告,如新产品和有新闻性的产品,就可利用报纸,及时地将信息传播给消费者。

(2)信息量大。报纸以文字符号为主、图片为辅来传递信息,其容量较大。由于以文字为主,因此说明性很强,可以详尽地描述,对于一些关心度较高的产品来说,可以利用报纸的说明性详细告知消费者有关产品的特点。

(3)易保存,可重复。由于报纸的特殊材质及规格,相对于电视、广播等其他媒体,具有较好的保存性。一些人在阅读报纸过程中还养成了剪报的习惯,根据需要分门别类地收集,剪裁信息。这样,无形中强化了报纸信息的保存性及重复阅读率。

(4)阅读主动性。报纸把许多信息同时呈现在读者眼前,增加了读者的认知主动性,读者可以自由地选择阅读的顺序、速度、次数和程度等。

报纸媒体的主要缺点是:阅读程度不高,一般而言,除非广告信息与读者有密切的关系,否则读者在主观上是不会为阅读广告花费很多精力的。其次是表现形式单一。尽管报纸的印刷技术最近几年不断得到突破与完善。但到目前为止,受材质与技术的影响,报纸的印刷品质仍不如专业杂志、直邮广告和招贴海报等媒体的效果。报纸仍需以文字为主要传达元素,表现形式相对于其他媒体的斑斓丰富,显然要单调得多。

2. 杂志媒体。杂志也是一种印刷平面广告媒体,尽管与报纸媒体相比,它明显地缺乏时效性,而且覆盖面有限,但由于印刷精美,具有色彩缤纷的视觉效果,故深受特定受众的喜爱。由于杂志种类繁多,雅俗均有,而且出刊周期短的杂志种类最多,影响颇大,因此,它成为现代广告四大媒体之一。随着印刷技术的发展和人类思维的进步,以往的单纯平面设计模式不断被打破,新的设计形式不断出现，这都预示着杂志广告的广阔前景。杂志的主要特点有：

（1）受众细分，读者针对性强。杂志的读者分类较细，专业性较强，如《经理人》针对的是企业管理人员、营销人员；《瑞丽》、《花溪》针对的是时尚女性；《家庭》、《知音》面向的是家庭妇女，因而便于选择特定阶层，广告更能做到有的放矢。

（2）印刷精美，阅读率高，保存期长。杂志媒体的用纸较好，广告用纸更为讲究，印刷要比报纸精美得多，尤其是彩色广告，色彩鲜艳精致、引人注目，可以逼真地再现商品形象，激发读者的购买欲望。广播电视节目转瞬即逝，而杂志阅读时间长，常被人保存下来反复阅读，因此，杂志广告能反复与读者接触，消费者有充分时间对广告内容作仔细研究。

（3）杂志媒体版面安排灵活。杂志的版面位置安排上可分为封面、封底、封二、封三、扉页、内页、插页；颜色上可以是黑白，也可以是彩色；在版面大小上有全页、半页，也有1/3，2/3，1/4 和1/6 页的区别，有时为了适应客户做大幅广告的要求，还可以做连页广告、多页广告等，十分抢眼。

杂志的缺点主要是时效性较差，杂志是定期刊物，发行周期较长，有周刊、半月刊、月刊、季刊、半年刊，甚至年刊，因而影响广告的传播速度。时效性强的广告，如促销广告，一般不宜选用杂志媒体，否则容易错过时机，收不到广告效果。

3. 广播媒体。由于科技的进步，新媒体不断出现，广播媒介面临着越来越多的挑战和冲击，然而广播还是有它的优越性。

（1）即时传播。广播广告传播速度最快，这种即时性的优势是其他媒介所无法取代的。广播可使广告内容在信息所及的范围内，迅速传播到目标消费者耳中。不论身在何地，只要打开收音机，广告对象就可以立即接收到。如果因广告策略、战术的临时调整而需要紧急发布某些广告信息，例如，发布展销会、订货会和折价销售等时效性要求比较强的供求信息时，广播广告可以在数小时内完成播出任务，有时还可以做到现场直播。

（2）范围广泛。由于广播广告是采用电波来传送广告信息的，可以不受空间的限制，并且广播的发射技术相对比电视简单得多，所以广播的覆盖面积特别广泛，它可以到达全世界的每一个角落。广播覆盖范围的广阔性使得人们不论在城市还是乡村，在陆地还是空中，都可以收听得到，尤其适合于一些自然条件比较复杂的地区。

（3）收听随意。收听广播最为简便、自由、随意，因为它不受时间、地点的限制，只要打开收音机，都可以收听广播的内容。科技的进步使收音机越发向小型化、轻便化发展，有的只有火柴盒大小，受众可随身携带。

（4）受众多样。印刷媒介对受众文化水准、受教育程度的要求较高，而广播可使文化程度很低甚至不识字的人也能听得懂广告的内容，所以广播媒体的受众层次更显出多样性。尤其是针对文化程度比较低的群体，广播是不错的选择。

(5)成本低廉，播出灵活。广播广告单位时间内信息容量大，收费标准低，是当今最经济实惠的广告媒体之一。同时，广播广告制作过程也比较简单，制作成本不高。而报纸和电视广告除了制作较为复杂以外，刊播时段和版面一般都比较紧俏，需要提前预订。相比之下，广播广告在安排播出和调整时段上相对比较容易，比较灵活。

(6)激发情感。广播靠声音进行传播，诉诸人的听觉，它能给听众无限的想象空间，这也正是广播的魅力之所在。同时广播广告利用语言艺术，或独白、对话，或直陈、演唱，特别容易撩拨人的心弦，煽动人的情绪，而广告也常在这种情形中不知不觉地完成其传达与说服的功能。

但是，广播广告也存在稍纵即逝，信息不易保存，频道较多听众不易主动接受，传播方式单一等不足之处。

4. 电视媒体。电视是四大大众传播媒介中出现时间最晚，但发展速度最快的。今天，电视已经成为覆盖面最广、最大众化、影响力最大的大众媒体，被称为"媒介之王"，也是最有效力的广告媒介。电视的主要特点是：

(1)视听合一。电视是视听合一的传播，人们能够亲眼见到并亲耳听到如同发生在自己身边一样的各种活生生的事物，这就是电视视听合一传播的效果。单凭视觉或单靠听觉，或视觉与听觉简单地相加而不是有机地合一，都不会使受众产生如此真实、令人信服的感受。电视广告的这种直观性，是其他任何媒介所不能比拟的，它超越了读写障碍，成为一种最大众化的宣传媒介。

(2)有较强的冲击力和感染力。电视媒体视听兼备的特点，决定了电视与其他媒体的根本区别，也奠定了电视媒介在广告效果上的优势，电视媒体可以展现形象、现场和过程，现场感强，给观众一种面对面交流的亲切感，还可以展现风格、营造氛围，直接刺激人们的感官和心理，以取得受众感知经验上的认同，因此电视广告对受众的冲击力和感染力是其他任何媒体的广告所难以达到的。

(3)接触效果强。观看电视节目已成为人们文化生活的重要组成部分。电视广告注意运用各种表现手法，使广告内容富有情趣，增强了视听者观看广告的兴趣，广告的收视率也比较高。电视广告既可以看，还可以听。当人们不留神于广告的时候，耳朵还是听到广告的内容。广告充满了整个电视屏幕，也便于人们注意力集中。因此，电视广告容易引人注目，广告接触效果较强。

(4)不断加深印象。电视广告是一种视听兼备的广告，又有连续活动的画面，能够逼真、突出地从各方面展现广告商品的个性。比如，广告商品的外观、内在结构、使用方法和效果等都能在电视中逐一展现，观众如亲临其境，能留下深刻的印象。

电视广告的主要缺点是，受收视环境的影响大，不易把握传播效果；瞬间传达，受众被动接受；费用昂贵，制作成本高，周期长，广告播出费高；对商品的性能、特点和规格等不能作详细的说明等。

5. 网络媒体。自 1994 年 10 月 4 日,美国著名的《热线杂志》(Hotwired)首开网络广告先河以来,网络广告就迅速席卷欧美大陆,成为当今世界最为热门的广告宣传形式。随着网络用户的增多,电子商务的迅猛发展,网络成为继报纸、杂志、广播和电视之后的第五大媒体,网络广告也高速度阔步向前。网络及网络广告的主要特征如下。

(1)互动性。网络提供的是一种双向的沟通方式,能将信息按照用户的个人情况和需求进行个人化定制。人们在互联网上是一种自助的信息消费行为,信息的选择和使用完全按照用户个人的兴趣和需要而定。

(2)超大信息容量。一般而言,一个网站下面会有十、数十乃至数百个网页。网页信息采取非线性文本形式,通过链接方式将不同的网页互相链接起来,组合成一个有机的整体,汇集成千上万的信息量。更为关键的是,网络广告所负载的信息,可以由广告受众自主选择,随心所欲。

(3)吸引有意注意。网络广告是一种非强迫性传播,它不像电视、广播、报纸和户外广告那样具有强迫性,吸引人们的无意注意。网络广告作为一种传播活动,它独特的交互性主要吸引的是人们的有意注意并力求调动人们的自觉性和主动性。

(4)信息的针对性和亲和力。网络互动广告一对一的模式做到了信息传播的个人化,让每个接触广告的人都感到,广告产品是专门为自己准备的,让广告信息走到每个人身边来,贴近每个人的心,想其所想,爱其所爱。

(5)引起在线购买。网络技术可以帮助广告主选择用户、跟踪用户、多方面掌握用户资料,然后有的放矢、对症下药,因此可望成为一种最富针对性的促销行为。网络是全天候、全球性的市场交流媒介,它不仅能建立品牌认知度,还能吸引人们仔细游览每一种产品,促成购买,并提供售后服务和售后支持。

6. 户外媒体。凡是能在露天或公共场合通过广告表现形式同时向许多消费者进行诉求,能达到推销商品目的的物质都可称为户外广告媒体。户外广告可分为平面和立体两大部类:平面的有路牌广告、招贴广告、车身广告、海报和条幅等;立体的有霓虹灯、广告柱以及灯箱广告等。在户外广告中,路牌、招贴是最为重要的两种形式,影响甚大。户外广告的主要特征有:

(1)对特定区域和消费者的针对性强。户外广告一方面可以根据地区的特点选择广告形式,如在主干道、商业街、广场、公园和交通工具上选择不同的广告表现形式,也可以根据某地区消费者的共同心理特点、风俗习惯来设置;另一方面,户外广告可为经常在此区域内活动的固定消费者提供反复宣传,使其印象深刻。

(2)可以较好地利用消费者在路途中,在散步游览时经常产生的空白心理。

一些设计精美的广告、霓虹灯的多彩变化常能给人留下非常深刻的印象,引起较高的注意率,更易使其接受广告。

(3)具有一定的强迫诉求性。即使匆匆赶路的消费者也可能因对广告的随意一瞥而留下一定的印象,并通过多次反复而对某些商品留下较深印象。

(4)表现形式丰富多彩,特别是高空气球广告、灯箱广告的发展,使户外广告更具有自己的特色,而且这些户外广告还有美化市容的作用,这些广告与市容浑然一体的效果,往往使消费者非常自然地接受了广告。

(5)内容单纯,能避免其他内容及竞争广告的干扰,而且费用较低。

但是,户外广告媒体也有其不足之处,主要表现在:①覆盖面小。由于大多数户外广告位置固定不动,宣传区域小,因此设置户外广告时应特别注意地点的选择。②接受率难以统计。由于户外广告的对象是在户外活动的人,具有流动的性质,因此其接受率很难估计;而且人们总是在活动中接触广告,因此注视时间非常短,甚至只有几分之一秒,有时人们会在同一时间接触到许多户外广告。

二、广告媒体的选择与整合

在广告活动中,广告主的资金大部分用于媒体的购买。为了保证广告主的投资得到高效的利用和回报,那么在广告活动中就需要选择正确的媒体并制定有效的媒体组合,将广告信息传播出去,达到预期的目标和效果。

(一)广告媒体选择的因素分析

1. 媒体的到达率与公信力。媒体的到达率,往往与报刊的发行量、每次读者数、电视视听率和路牌的接触率等密切相关。媒体的到达率越高,利用其进行广告发布的到达率自然就越高,也就标志着广告信息被更多的受众、消费者所接触。如果说到达率表示的是媒体传播量的因素,那么公信力则成为媒体传播质的因素。公信力,指的是一个媒体获得公众信赖的程度,包含广度与深度两个方面。公信力是评价媒体重要的质量标准,也是广告选择媒体的重要依据。如街头、车站报摊上的一些媒体,相对来说公信力就较低,显然,一些品牌广告就不宜进行这样的媒体选择。

2. 媒体对目标受众的针对性。在现代媒体得到充分发展的当今社会,已经进入了小众传播时代,任何媒体均不可能让所有的受众满意。因此,媒体经营者总是根据自身的特长,回避竞争对手的强项,从而细分受众市场的个性化定位,以针对目标受众的需要进行相应的内容信息经营。在这种细分受众、分众传播的背景下,广告媒体的选择就应该考虑媒体的受众群与广告所宣传的产品目标消费者是否一致,只有二者形成一致或重叠,才具有广告目标受众的针对性。二者的重叠程度越大,则越是相应广告投放所需要的媒体。表 7－3 是部

分媒体及目标受众、相应产品对应表。

表7-3　部分媒体及目标受众、相应产品对应表

媒体名称	受众人群	适合广告刊播的产品
央视一套“东方时空”	公务员、知识分子、企业管理者、营销员	企业品牌形象、工业产品、西服、电子产品、汽车
央视二套“生活栏目”	家庭主妇、服务业从业者、旅游爱好者	家用电器、食品、化妆品、旅游景点
央视五套“体育新闻”	青少年、体育爱好者	IT产品、运动服饰、文化产品
央视八套“电视剧”	夜班工作者、家庭主妇、退休老人	保健品、食品、日化用品、教育用品
《中国经营报》	企业家、公务员、企业高层管理者、经济研究者	教育、汽车、旅游、航空、银行、通讯
当地都市报	普通市民、上班族、的士司机、青年人	房地产、商场、教育、汽车、通讯、分类广告
《读者》	青少年、知识分子、旅行者、年轻家长	学习用品、化妆品、便携IT产品、礼品
《瑞丽》	白领丽人、时尚女性	时尚服装、高级饰品、香水
《中国航空》	企业家、高级公务员、企业管理层、高级知识分子	高级手表、名牌服装、汽车、高级化妆品、高级葡萄酒
机场高速路牌	企业家、高级公务员、企业高层管理者、的士司机	企业品牌形象、烟草、工业产品、房地产、开发区
闹市街头灯箱	普通市民、上班族、家庭主妇、青年女性	银行、保险公司、通讯、汽车、食品、饮料
POP	普通市民、家庭主妇、青年女性	化妆品、食品、饮料、皮鞋、保健品、服装
黄页	一般公务员、企业营销员、个体工商户	工业企业形象、酒店、娱乐、中介、服务、商场
公共汽车滚动屏	普通市民、上班族、家庭主妇、青年学生、	商场、酒店、中介服务、房地产、家居

3. 媒体售价与广告千人成本。任何媒体均会由于其投入的成本大小、受众面的大小而有相应的定价。一般来说，在我国，能够在全国范围内接收的媒体售价较高，如央视各节目、各省市的卫星频道、发行量大的报刊、点击率高的网站首页等；而闹市区的路牌、大型霓虹灯等由于投资大、受众面广、无法拆分，因此售价也比较高。此类售价高的媒体，其实际传播效果也非常好，而且千人成本也不会高，因此是大企业、大品牌广告刊播的理想媒体。

而其他一些媒体，如地方区域性强的大众媒体栏目、目标受众明确的专业报刊版面、派送传单、海报、POP、公共汽车挂手、长途汽车椅背和分类广告栏等，一方面售价不高，另一方面受众明确，千人成本也不高。因此，这些媒体则是初创品牌、新问世的产品、区域性的企业和规模较小的品牌进行广告投资的理想选择。

（二）广告媒体的整合

美国广告专家威廉·阿伦斯认为："有效的媒介战略应包含众多因素，为简化和方便记忆，我们将这些因素归纳为5个，用5Ms来表示：市场（markets）、资金（money）、媒介（media）、组合（mechanics）和方法（methodology）。"①也就是说，广告媒体的整合需要对此五要素进行合理的运筹与组合。对广告媒体进行科学合理的整合，可以获得增效效应，使得综合效应大于单一效应的简单相加。广告媒体的整合主要从以下两个方面进行考虑。

1. 集中型媒体整合。广告媒体专家认为："对于利用集中型媒体组合的人来说，其理论是建立在通过对媒体进行组合，能对广告主所认定的目标对象，施加最大限度的冲击力这一基础之上。"②我们知道，广告创意是针对目标受众所进行的，而媒体的目标受众又有高度的针对性，也就是说，在理论上与实际中总是存在一个对特定广告主而言是最佳的媒体。因此在广告媒体的集中型整合中，就应找到这一最佳媒体，然后围绕该媒体进行有核心、有辅助的集中型媒体整合。

目标消费者是广告传播的重要问题，任何产品的广告传播都需要针对具体的消费对象。媒体为广告与消费者最终接触提供渠道，对其进行信息的传播与说服工作。也就是说，广告因消费者接触媒体而产生效果。广告目标消费群的年龄、性别、职业结构和文化背景等特性决定了其所需的媒体匹配，而合适的媒体匹配将有利于对目标消费者充分获取所需信息和品牌刺激，为特定的企业、特定的产品找到最佳的媒体载体，并进行适当的媒体辅助，往往会获得理想的广告传播效果。这类似于军事上的集中优势兵力进行重点突破。重点围绕最佳媒体，进行有核心辅助的集中型整合，往往能在目标市场上收到集中、快速反应的效果。

2. 分散型媒体整合。由于市场的复杂性，一个企业、一个品牌或者一个产品，面对的并不可能是单一的受众群体、单一的消费者群；而对消费者而言，产品的使用者与购买者可能并不相同，因此，有必要在媒体整合中实施分散型整合策略。

一般来说，不同的广告传播整合策划目标与广告角色，将使媒体选择在目标设定上有所侧重。从广告传播整合策划的目标来看：以消费者为主要的广告策略，媒体对象应以本品牌消费者为主，要优先保证让消费者维持品牌认知与记忆

① ［美］威廉·阿伦斯：《当代广告学》，华夏出版社2000年版，第260页。

② 钟以谦：《媒体与广告》，中国人民大学出版社2001年版，第184页。

的投放量；以争夺竞争品牌消费者为主要目标的策略，媒体诉求对象除本品牌消费者外，必须兼及竞争品牌消费者，与竞争品牌相比较必须具有相对的优势；以地区市场扩张为主要目标的广告策略，此时媒体应以保证扩大地区涵盖面来设定目标。不同的目标决定了在采取分散型媒体整合策略中，依然需要进行合理的、互补性的考虑，其中利用者数基准是一个重要的参照系，参见图 7－39。

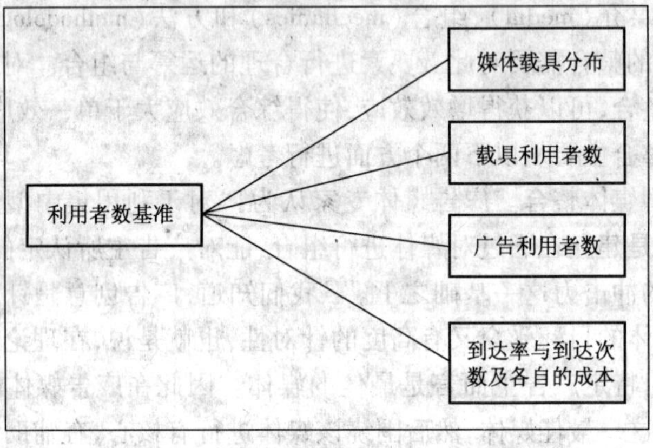

图 7－39　以利用者数为基准进行的媒体选择

资料来源：钟以谦：《媒体与广告》，中国人民大学出版社 2001 年版，第 187 页。

在分散型媒体整合中，要以系统的观点来对利用者数基准进行结合，以使媒体的分散整合能有效地到达较分散的目标受众那里，从而在各自不同群体的广告接触中，形成理想的市场效应。

三、广告刊播的计划与执行

对媒体进行选择并进行有效整合后，就要制订媒体排期计划、媒体刊播计划并进行媒体投放预算。

（一）媒介排期策略

媒体排期主要有三种方法。

1. 持续型排期（参见图 7－40），即在整个广告活动期间持续发布，均衡利用，没有大起大落的起伏，行程涵盖整个购买周期。采用这种方式的主要是一些没有明显季节性销售的产品。持续型排期的优点是：可以不断地累积广告效果，加强品牌知名度，防止广告记忆下滑，持续刺激消费动机。缺点是在预算不足的情况下，采取持续性排期，可能造成冲击力不足，或过度暴露导致受众对其厌烦。

2. 间歇型排期（参见图 7－41），指在广告投放中，有广告期和无广告期交替出现。这一排期方式比较适合于一年中需求波动较大的产品和服务。采用

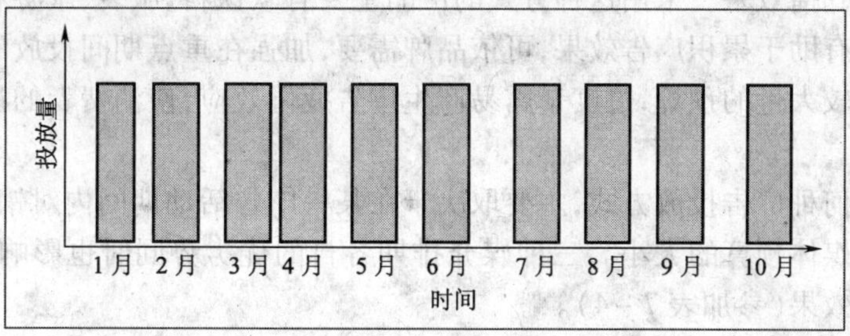

图 7－40　持续型排期

这种排期的主要是季节性商品，如服饰、家居、装饰材料和农药等产品，或者是应对竞争对手的营销活动。其优点是灵活性大，可依竞争需要调整最有利的露出时机，提高传播效果；缺点是广告空档过长，可能使广告记忆跌入谷底，增加再认知难度。

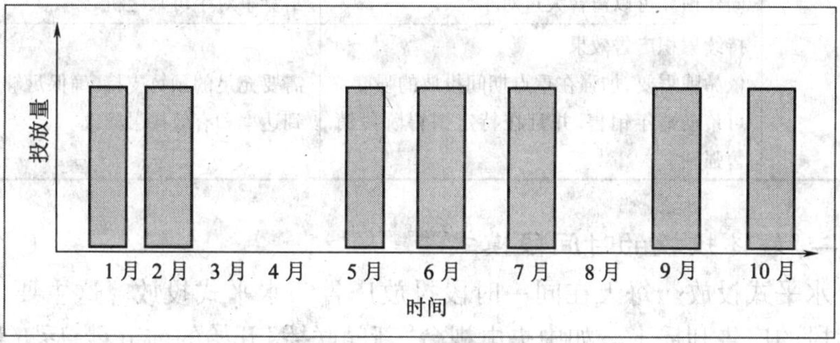

图 7－41　间歇型排期

3. 脉动型排期（参见图 7－42），是连续型排期和起伏型排期的结合体，即持续中有起伏，但起伏振幅不大；起伏中有持续，但并不是平均投放的平缓显现。一般而言，消费者的购买周期越长，越适合采用脉动式排期。采用这种排期时，广告主全年都维持一定的广告水平，但在销售高峰时采用一时性脉动以

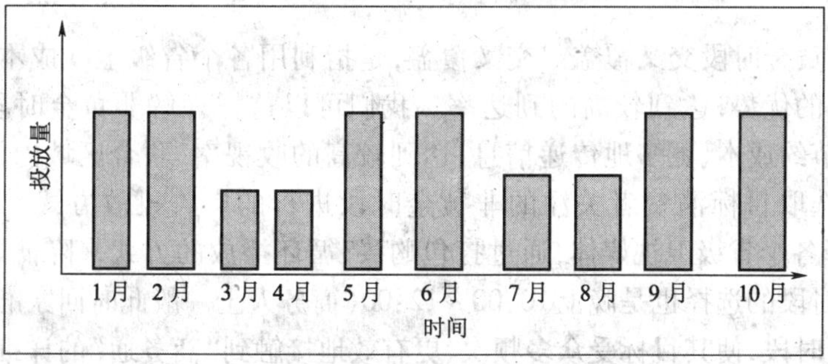

图 7－42　脉动型排期

增强广告刊播效果。采用这种方式的产品主要有软饮料、服装、旅游和礼品等。其优点是有助于累积广告效果,可依品牌需要,加强在重点期间投放的强度;缺点是耗费较大量的预算,过度暴露易产生广告疲倦效应,使消费者的注意力、记忆力下降。

采取何种广告投放方式,主要取决于在某一广告活动期间内对销售量期望的大小和媒体预算的大小。三种媒介排期各自的优劣势同时也影响着广告信息的传播效果(参加表7-4)。

表7-4　三种媒介排期策略的优劣势对比

排期方式	优点	缺点
连续型	维持知名度 不易忘记 印象不断加强	必须要有大量的预算支持有效的到达率和频次 过度暴露,造成认知疲乏
间歇型	在重点销售季节集中媒介投放 同样预算可以声音大过对手	间歇过久会为消费者所淡忘 给竞争对手可乘之机
脉动型	持续累积广告效果 依品牌需要,加强在重点期间投放的强度 可带动整年销售,并且在特定销售阶段销售强劲	需要充足的预算支持,确保足够的有效到达率和有效接触频次

(二)媒体投放的时间段模式

1. 水平式投放。每天在同一时段投放广告叫水平式投放。这主要表现在黄金时段的广告刊播上。如中央电视台"新闻联播"开始的前五秒、后五秒等广告档期,均是各大品牌抢手的热门。这种方式的最大特点是可以保证较高的有效频次,但到达率却不一定高。

2. 垂直式投放。在每天各个不同时段投放广告叫垂直投放,比如,在上午、中午、下午和晚上的时段都投入相应的广告。日常消费品行业经常采取这种投放方式,因为它可以保证较高的到达率,但是广告的接触频次却不一定很高。

3. 非黄金时段交叉覆盖。交叉覆盖,是指利用各个省级卫视成本低、联合覆盖面广的优势,达到较高的到达率。我们可以这样理解非黄金时段交叉覆盖:为了节约成本、更多地传递信息、达到较高的收视率,联合区域内的次级权威媒体,选取目标消费者关注的非黄金时段进行的广告投放方式。如"商务通",选择各个省级卫视媒体,通过打包购买、循环播放的方式来降低媒介购买成本,对时段的选择也是晚上10:00~12:00(商务人士一般此时回家准备休息)的非黄金时段,使其目标受众多频次、更有效地接触到"商务通"的详细信息,造就了"手机、呼机、商务通一个都不能少"的辉煌。

（三）制定媒体刊播计划

在明确了广告媒体的排期策略和投放时间模式后，便要着手制定媒体刊播计划。媒体刊播计划是广告投放的具体执行依据，可以分年度、季度、月度制定，或者根据企业的广告活动情况来具体决定。表 7－5 是某房产品牌在 2004 年 8 月 8 日开盘活动前后的媒体刊播计划，主要目的是为开盘活动造势，是服务于特定时期的。

表 7－5　某房产品牌媒体广告（报广）刊播计划表

时间：2004 年 7 月～8 月

序号	时间	媒体	版面	形式	主题或标题说明
1	2004.7.14/三	《日照电视报》	整版	软文＋硬广	项目整体宣传、预约登记
2	2004.7.16/五	《星期五周刊》	整版	软文＋硬广	项目整体宣传、预约登记
3	2004.7.19/三	《日照电视报》	1/2 版	硬广	住宅、商铺/卖点宣传、VIP 贵宾卡认购通知
4	2004.7.23/五	《星期五周刊》	整版	硬广	酒店/卖点宣传、VIP 贵宾卡认购通知
5	2004.7.30/五	《星期五周刊》	整版	硬广	卖点宣传、开盘倒计时
6	2004.8.3/三	《日照电视报》	整版	硬广	卖点宣传、开盘倒计时
7	2004.8.6/五	《星期五周刊》	整版	硬广	卖点宣传、开盘倒计时
8	2004.8.6/五	《齐鲁晚报》（山东版）	1/2 版	硬广	VIP 贵宾卡认购、卖点宣传、开盘信息
9	2004.8.7/六	《齐鲁晚报》（山东版）	1/2 版	硬广	VIP 贵宾卡认购、卖点宣传、开盘信息
10	2004.8.8/日	《日照日报》	1/2 版	硬广	开盘
11	2004.8.11/三	《日照电视报》	1/2 版	软文＋硬广	开盘新闻报道
12	2004.8.13/五	《星期五周刊》	整版	硬广	卖点宣传
13	2004.8.18/三	日照电视报	1/2 版	硬广	卖点宣传（针对日照房展会）
14	2004.8.20/五	星期五周刊	整版	硬广	卖点宣传（针对日照房展会）
15	2004.8.26/四	《青岛半岛都市报》	1/2 版	硬广	卖点宣传（针对青岛房展会）
16	2004.8.26/五	《青岛早报》	1/2 版	硬广	卖点宣传（针对青岛房展会）
17	2004.8.27/五	《星期五周刊》	整版	硬广	卖点宣传

（四）进行媒体投放预算

广告媒体的投放与预算，不是就全年广告主的广告费用而言，而是就单次广告传播活动所投放到媒体购买而言。具体的媒体投放策划中，广告媒体投放

与预算是非常细致的，往往会具体到某时间报纸的大小版面以及相应的折扣价；某电视频道某节目中的广告形式、时长、次数及折扣价等。这里以一个比较概括的表格，进行广告媒体投放与预算的示范，参见表 7-6。当然该表只是一个非常简单概括的预算，真正的媒体投放预算应该是非常详细、准确的，而且还将附上相应的媒体业绩（如发行量、收视率和接触率等）、媒体受众结构数据以及相关分析。

表 7-6　某品牌媒体投放总预算

电视	央视二频道“生活栏目”	插播	15 秒～75 次	折后 150 万元
	星空卫视“强档剧场”	插播	30 秒～60 集	折后 280 万元
	皖、湘卫视“综艺节目”	插播	5 秒×60 次	折后 78 万元
	6 个城市台“天气预报”	标版	15 秒～180 次	折后 54 万元
	6 个城市台“电视剧”	贴片	150 集	折后 180 万元
报刊	《精品购物指南》	专刊	1/2 版×12 次	折后 48 万元
	6 个城市的都市报	专刊	1/4 版×30 次	折后 62 万元
	《时尚》	封三	3 期	折后 6.3 元
	《演讲与口才》	内页	3 期	折后 4.8 万元
	《知音》	封二	3 期	折后 8.6 万元
	《家庭》	封底	3 期	折后 8 万元
网络	新浪·女性	顶部通栏	60 天	折后 24 万元
	雅虎中国·新闻	中心区	60 天	折后 42 万元
其他	6 城市闹市路牌	单面大型	6 块/季度	120 万元
	6 城市公共汽车车体	右侧	48 台车/季度	26 万元
	6 城市火车站过道	海报	10 张/全年	10 万元
	6 城市马路灯箱	单面	60 只/季度	9.5 万元
	6 个城市 12 大商场 POP	立牌	18 只/半年	1.8 万元
总计	以上预算共 1 120 万元，机动 35 万元			
备注	该品牌营销目标：3.5 亿元人民币/年； 媒介购买预算：1155 万元（按销售额 4%，减去其他广告费用开支 0.7%）。			

案例分析

一鸣惊人的“甲壳虫”

德国大众福斯金龟车，因外形像甲壳虫，故又叫甲壳虫车。它在进入美国的最初 10 年间一直默默无闻，经过调查发现，原因有二：一是因为甲壳虫外形小而丑；二是曾经被希特勒作为纳粹时代的象征之一。为此，1959 年，美国 DDB 广告公司在美国广告大师威廉·伯恩巴克带领下，创作了一系列广告：

“想想还是小的好”（Think Small）——左上角有一张故意缩得很小的甲壳虫车照片，中间大部分和右上角都是空白，紧靠下方有“Think

Small"字样的标题和内文。该设计不但具有鲜明的个性,而且整体上给人一种简明之感。

"柠檬"(不良品)——画面上因为车门处有一道肉眼难以看见的刮痕,就被品质管理员评为"不良品"。其广告文案为:这辆甲壳虫车未赶上上船装运。仪器板上放置杂物处的镀镍受到损伤,这是一定要更换的。你或许不可能注意到,但检查员注意到了……甲壳虫车经常会因肉眼看不出来的表明抓痕而无法通过。最后的检查实在是了不起……对一切细节如此全神贯注的结果,就是甲壳虫比其他车子耐用而不大需要维护。我们剔除了不合格的车(柠檬),你们得到了十全十美的车(李子)。

"送葬车队"——迎面驶来的是一个豪华的送葬车队,每辆车的乘客都是以下遗嘱的受益人。男声旁白:我,麦克斯威尔·E.斯耐弗列,趁现在尚健在清醒时发布以下遗嘱:给我那花钱如流水的妻子留下100美元和一本日历,我的儿子罗德内和维克多把我的每一个5分硬币都花在了时髦车和放荡的女人身上,我给他们留下50美元的5分硬币。我的生意合伙人朱尔斯的座右铭是"花!花!花!"我什么也"不给!不给!不给!"我的其他朋友和亲属从未理解1美元的价值,我就留给他们1美元。最后是我的侄子哈罗德,他常说:"省一分钱等于挣一分钱。"他还说:"麦克斯叔叔,买一辆大众车肯定很值。"我呀,把我所有的1000亿的财产留给他。

这些别出心裁的广告,为甲壳虫迅速占据美国进口汽车市场销量第一的宝座立下了汗马功劳。

1973年,甲壳虫车累计产量突破1 650万辆,成为全球消费者最多的"爱车"。

1991年,甲壳虫车被冠上"世纪之车"的称号。

1994年,一款新型的甲壳虫车问世。以一贯造型可爱的外表,全新高科技的内在,打破了一般人心中"甲壳虫=古董车"的想法。

"甲壳虫"的传奇依然在延续,到2003年7月为止,总共生产了21 529 464辆,缔造了空前的汽车制造及销售记录!

资料来源:刘海贵、陈培爱:《新闻传播精品导读·广告品牌卷》,复旦大学出版社2005年版,第110~113页。

本章小结

广告与品牌的关系十分密切,本章首先介绍了广告的内涵、特点,重点介绍了广告形式上的创新——数字媒体广告,广告在品牌建设中所发挥的作用;创意是广告的生命,其次介绍了关于广告创意的三个问题:创意的策略、创意的过程和方法以及创意的表现;广告媒体的策划,是广告策划的重要环节,也是品牌传播活动传达有效信息的关键,再次围绕媒体策划来组织,介绍了广告媒体的类型及特点,广告媒体的选择与整合,广告刊播的计划与执行。

思考练习题

1. 广告的内涵是什么?现代广告有何特点?
2. 品牌广告创意有哪些策略?
3. 请简述广告创意的过程,并谈谈广告创意中的创造性思维方法。
4. 广告创意表现的原则与表现形态分别有哪些?
5. 广告媒体的类型及特点有哪些?
6. 请选择你所熟悉的某品牌,简述其媒体投放策略。

8

品牌的公关传播

本章学习重点

- 公共关系的内涵
- 公共关系在品牌建设中的运用
- 公共关系策划的程序
- 公共关系策划的技巧
- 公共关系实施的要点
- 公共关系评估的方法及标准

公关与品牌有着密切的联系,公关是锻造品牌的又一利器。在一定程度上不带功利色彩,兼顾社会利益的公共关系活动为品牌创建了良好的外部环境与内部环境,增强了品牌的社会价值和情感色彩,改善了同消费者之间的关系,提升了品牌的认知度、美誉度和和谐度。本章主要介绍公关传播在品牌建设中的作用,如何进行公关传播的策划与实施。

第一节　品牌与公关传播

一、公共关系的内涵

(一)公共关系的界定

公共关系一词是由 Public Relations 一词英译过来的,起源于 1842 年,豪科·史密斯在《公关情感理论和规范》一书中最早使用了这个词语。

长期以来,公共关系学者和从业人员提出了大量的公共关系定义,如:1976 年,美国公共关系研究和教育基金会资助莱克斯·哈罗博士在收集和分析了 472 种定义后对公共关系所下的定义:“公共关系是一种特殊的管理职能。它帮助一个组织建立并保持与公众之间的交流、理解、认可与合作;它参与处理各种问题与事件;它帮助管理部门了解民意,并对之作出反应;它确定并强调企业为公众利益服务的责任;它作为社会趋势的监测者,帮助企业保持与社会同步;它使用有效的传播技能和研究方法作为基本工具。”而美国著名的公共关系研究权威卡特利普和森特在《有效公共关系》中下了这样一个定义:“公共关系是一种管理职能,它确定、建立和维持一个组织与决定其成败的各类公众之间的互利关系。”格鲁尼格教授在《公共关系管理》中认为,公共关系是一个组织与其相关公众之间的传播管理(management of communiction,也可以翻译成沟通管理)。公共关系作为一种传播行为,有着其特定的含义与使命。这个定义强调公共关系是一种管理职能、管理行为,它不同于生产管理、销售管理,它是对一个组织传播行为、传播资源、传播过程和传播媒体的管理,是特指一个组织和它的公众之间的传播和沟通的管理[①]。中国学者王乐夫、廖为建等人在《公共关系学》一书中将公共关系定义为:“公共关系是一种内求团结完善、外求和谐发展的经营管理艺术。即一个社会组织在自身完善的基础上,运用各种信息沟通传播的手段,协调和改善自身的人事环境和舆论气氛,使本组织机构的各项政策、活动和产品符合于相关公众的需求,争取公众对自己的理解、信任、好感与合

① 陈先红:《公共关系学原理》,武汉大学出版社 2007 年版,第 1 页。

作,在双方互利中共同发展。"

这里我们把公共关系的定义概括为:公共关系,泛指社会组织与目标公众结成的动态关系。它是一个社会组织为了寻求良好合作与和谐发展,通过形象塑造、传播管理、利益协调等方式,同相关的目标公众达成理解与认可并形成一种和谐的社会关系。本章的论述,将具体到企业环境下,这里的社会组织特指企业。

(二)公共关系的构成要素

公共关系是一种客观存在的社会关系,它是由一些因素构成的。公共关系构成中的必要和主要成分,我们称之为公共关系要素。而具体到企业公共关系,其三大要素则为:企业、媒介传播和目标公众。了解这三个要素对于品牌的公共关系传播有着很重要的指导意义。

1.公共关系的主体:企业。企业是人们为了有效地向社会提供产品和服务,按照一定的宗旨、法规、制度和系统建立起来的营利性组织,它有清楚的界限、明确的目标、内部实行明确的分工并建立旨在协调成员活动的正式关系结构。企业作为公共关系的主体决定了公共关系的状态和运作。

2.公共关系的客体:目标公众。目标公众是指与企业密切相关的有着共同利益需求的个人、群体、组织集合而成的整体。企业内部员工、顾客、政府、媒体、社区居民和社会名流等都是重要的目标公众。目标公众构成了企业生存发展的社会环境。企业必须和他们建立有效的沟通,争取他们对自己的了解、理解、信任、合作和支持。

3.公共关系的手段:媒介传播。公共关系媒介是指企业能高效、广泛地与公众发生联系的人或事物。在现代大众媒介高度发达的社会,一个企业需要通过传播媒介,运用具有公共关系取向的语言、行动,来传播、表达思想和情感,以使企业与目标公众之间建立和发展和谐关系。

公共关系必须借助各种信息载体和沟通方式来实现企业和目标公众之间的有效传播。包括为建立和协调公共关系所开展的活动,使用企业与公众发生联系的物品、符号、标志、图画和图像等。在现代社会,报刊、电视、广播和网络等大众传播媒体则更是非常重要的公共关系媒介。

以上三个要素相互制约、相互作用。企业是公共关系的主导,通过媒介传播作用于目标公众,目标公众对企业的制约和影响越来越大,其权威性日益被认可。一切公共关系活动都是追求这三大要素的最优状态和优化组合。

(三)公共关系的特征

1.多面性。公共关系是特指企业同其所处的社会环境中各相关公众间关系的组合,是指企业的整个社会关系网络。这种关系结构的特点是:网状的、复合的,不同于简单的线性关系。

2. 双向性。企业营造良好公共关系状态的主要手段是信息的传播与反馈，即信息的双向传递、交流，它一方面获取舆情民意以调整改善自身；另一方面，又要对外传播，使目标公众认识、了解自身，实现双向的意见沟通。

3. 互利性。公共关系是以一定的利益关系为基础的，以此为纽带的关系双方特别强调平等相待、互利互惠。可以说，公共关系实质上是企业与目标公众的一种利益关系。因此，公共关系必须遵守与目标公众互利互惠、共同发展的原则，即它不能以某一单方的群体利益为基础，而必须是以企业和目标公众双方的共同利益为出发点。它强调关系双方利益的平衡协调，依靠沟通、交流和协作等手段，创造和谐、互惠氛围，对社会活动中各主体利益产生调和作用，强调公众利益第一，首先使公众获利，然后是组织获利。

4. 目的性。社会是靠利益结成关联的有机整体，建立公共关系必然会直接或间接的带有某种目的性（情感需求或利益需求），反映的是某种价值取向。任何公共关系活动都是以追求良好的公共关系状态为目标的，离开了这一点，公共关系活动就失去了其本身的意义。所谓“良好的公共关系状态”，是指该企业在社会公众中享有美好的形象和声誉，并处在有利于自身发展的最佳社会环境中。这种环境具体表现为和谐的人事氛围和良好的社会舆论，以及社会各界的支持与合作。

5. 长远性。公共关系是企业的一项长久性的工作，企业与目标公众之间关系的建立绝非一日之功，必须长期坚持不懈，如果说广告和促销的目标在于立竿见影，公共关系的目标则在于细水长流。

总之，公共关系考虑的是企业的自身利益与社会利益、短期利益与长期利益的平衡。

（四）公共关系的类型

按照划分标准的不同，公共关系可以分成不同的类型，这里主要介绍两种划分标准。

1. 根据公共关系的业务特点划分。以公共关系在企业运行中所发挥的实际行为为标准，可以将其划分为6种类型：日常事务型公共关系、宣传型公共关系、征询型公共关系、服务型公共关系、社会活动型公共关系和交际型公共关系。

(1) 日常事务型公共关系。这是最常见的一种公关类型，企业并不有意地开展某种活动，而是要求在日常运行的各个环节、各个细节都始终如一地贯彻公共关系工作目标，通过一系列日常事务达到既定的目的。如企业在节假日给客户寄送贺卡、礼物，固定举办员工 Party 等。

(2) 宣传型公共关系。主要是指企业借助各种传播媒介，围绕某个特定主题向公众有意识地传播有关信息，目的是向有关公众宣传自身，从而创造有利于自身的社会舆论环境。如企业举办新闻发布会和记者招待会等。

(3)征询型公共关系。是指企业为生存与发展而向内外部公众收集市场、社会情况及公众意向等信息，以供组织的经营管理决策者参考，以求保持企业与社会环境之间的动态平衡。它同时也属于组织公共关系调查的范围，如企业对客户展开的满意度调查。

(4)服务型公共关系。即企业通过向目标公众提供各种形式的实惠服务，以实际行动获取公众的理解与好评，以建立企业良好形象为宗旨的公共关系活动方式。如社区服务、消费者培训等。

(5)社会活动型公共关系。即企业利用举办各种社会性、公益性和赞助性活动，塑造企业形象，扩大企业的社会影响，提高企业的社会声誉，赢得公众的支持。企业通常开展的社会活动主要集中在公益、慈善、环保、文化、体育、医疗和教育等方面。例如，可口可乐公司长期赞助体育事业；宝洁集团长期支持教育事业和慈善事业等。

(6)交际型公共关系活动。指不借助任何大众传播媒体，主要依靠人际交往开展公共关系工作，达到建立感情、建立良好关系的公共关系活动方式。目的是通过人与人的直接接触，进行感情上的联络，为企业广结良缘，建立广泛的社会关系网络，形成有利于企业发展的人际环境。如企业举行客户联谊会、招待酒会等。

2. 根据公共关系的传播目的划分。针对企业公共关系的具体状态，即公共关系在企业发展的不同时期，公共关系传播目的的不同，可将其划分为 5 种类型：建设型公共关系、维系型公共关系、防御型公共关系、进攻型公共关系和矫正型公共关系。

(1)建设型公共关系。指企业开创之初或公关状态处于较低的水平，或新产品、新服务上市之际，为打开局面迅速被公众认知与接受所进行的公关活动。建设型公关的主要目的是提高组织知名度，主动向社会公众介绍自己，比如，开业庆典、开业酬宾和新产品展示会等。

(2)维系型公共关系。企业在稳定发展之际为了巩固良好形象，保持原有的公关状态或原有的发展势头所进行的公关活动，如客户联谊会、节日慰问等。

(3)防御型公共关系。企业在可能出现某些潜在问题甚至危机时，采取以防为主的策略，重视信息反馈，及时调整自身的政策或行为，以适应环境变动的公关活动。

(4)进攻型公共关系。企业与环境之间不协调时，或组织在意识到环境或公众现有偏好等将阻碍企业的进一步发展时，采取以攻为守的策略，抓住有利时机和有利条件变换决策，迅速调整，以积极主动的方式改变环境和公众的偏好，以便为企业长远发展铺平道路的公共关系活动。如 2000 年农夫山泉发起的"天然水公关新闻战"。

(5)矫正型公共关系，又称危机公关。企业遇到危机事件时采用的公共关系模式。它指的是在企业形象受到损害时，着手采取各项有效措施，逐步稳定舆论，平息风波，做好善后或修正工作以挽回声誉、重塑企业形象的专门公关活动。如博士伦针对"润明"护理液问题展开的危机公关。

二、公共关系在品牌建设中的运用

由于涉及的主要是企业与公众的长远关系，公共关系目标的制定与衡量要有一个统一的标准，这就是品牌的认知度、美誉度和和谐度，它们构成了公共关系在品牌建设中的三大目标。

(一)提高品牌的认知度

认知度表述的是一个企业被社会公众所认识、知晓的程度。它包含被认知的深度、被知晓的广度两个方面。例如，一个企业的名称、产品商标、行业归属、历史沿革、主要产品、产品特征和经营状况等诸多具体信息在多大范围内被公众所知晓，在多深的程度上被公众所认知，合起来则为这个企业的"认知度"。公关是提高品牌认知度的重要手段。

公关在提升品牌知名度方面的作用早已得到了实践的检验，早在1984年，"健力宝"就借势第23届奥运会，随着中国乒乓球队征战世界，扬名海外，被国外的媒体誉为"东方魔水"，由此一个籍籍无名的小企业成为20世纪80年代至90年代最红的饮料企业。

如今，公共关系的形式越来越丰富，越来越多的企业借助公共关系提高社会大众对品牌的认知。安利纽崔莱推出"纽崔莱健康长跑"活动；箭牌益达推出"益达洁白、笑出彩色人生"大型笑容征集活动；361°推出"娱乐篮球"选拔赛；蒙牛酸酸乳"超级女生"选拔赛更是被誉为公关史上品牌创建的典范。

(二)树立品牌的美誉度

美誉度即一个企业获得公众赞美、称誉的程度，是公众给予企业形象以美丑、好坏评价的舆论倾向性指标。美誉度与认知度不同的是：认知度是中性的，不存在道德价值的判断；而美誉度则是有褒贬倾向性的统计指标。

公共关系可以通过一些公益性的社会活动，以改善或提高消费者福利和社会福利的方式，体现企业的社会责任感，使企业的责任意识、价值观得到社会的广泛认同，从而提升品牌声誉，为企业和品牌营造良好的生态环境。美国一项对469家不同行业公司的调查表明：资产、销售、投资回报率与企业的社会表现呈现出不同程度的正比关系[①]。传统的市场营销正在向社会营销转型，企业在

---

① 丁邦清：《品牌成功链》，机械工业出版社2007年版，第205页。

追求利润的同时越来越考虑如何回报社会、发展于社会，充分体现一个合格社会公民的角色。公共关系正是社会营销理念下的产物，是社会营销的重要表现。

强生公司被誉为典型的社会责任型企业，多次被《财富》杂志评选为美国最受推崇的对社会和环境负责的企业。这样的美誉度，正是得益于强生长期以来坚持不懈地开展公共关系活动。以中国市场为例，强生公司从 1985 年开始在中国开展关于促进中国家庭健康发展的项目，包括旗下 8 家子公司在内已经在中国支持超过 20 个相关公益计划，项目涵盖了婴儿护理、儿童安全、艾滋病、糖尿病以及精神健康等对家庭健康教育意义重大的领域。2005 年 7 月，强生成为北京 2008 年奥运会及残奥会的官方合作伙伴；2006 年 2 月，又成为奥运全球合作伙伴。2007 年，强生公司对旗下重点公益项目又进行了全面扩展。我们从强生公司身上感受到一个负责任的企业所散发的魅力，正如强生新推出的广告片《因爱而生》中所倡导的："强生相信，在我们的身边，存在着一些巨人，他们以巨大的爱做细小的事，让心灵获得慰藉，让创伤得到安抚，让人们得到关爱。强生，以医疗卫生和个人护理的经验和智慧，与这些巨人并肩，用爱，推动人与人的关爱。因爱而生，强生。"许多年来，强生公司对消费者和社会服务的贡献已使它成为全球最受推崇的企业之一，也是全球赢利最高的企业之一。

（三）协调品牌的和谐度

与美誉度一样，和谐度也属于对企业道德价值判断的范畴，它是美誉度在目标公众中的延伸。即一个企业在发展运行过程中，获得目标公众态度认可、情感亲和、言语宣传和行为合作的程度；是企业从目标公众出发，开展公共关系工作获得回报的指标。①

和谐是处理各种关系最基本的准则，而企业公共关系本身便是求取企业与公众关系的和谐。确定、建立、维持"互利关系"是企业最为关心的一个指标。公共关系的任务就是保证企业与环境相统一，强调协调发展，力创多赢局面。在一个不断发展变化的社会中，有效的企业公关有助于企业发展与环境和谐共振。

众所周知，天时、地利、人和是成功的三要素，但天时不如地利，地利不如人和，和谐与否是个不可忽视的重要因素。人要在社会中获得成功，必须追求"人和"，同样企业的发展也必须争取和谐、良好的公共关系状态。一个拥有良好美誉度的企业，不一定能够时刻保持和谐、良好、稳定的公关状态，因为企业的发展不可能永远一帆风顺，譬如，前面提到的强生公司，就曾经遭遇多次危机事件，关键是如何因势利导，协调与企业、与公众的关系。公共关系在协调品牌和

---

① 舒咏平：《公共关系"和谐度"指标的失落与回归》，《国际关系学院学报》，2004 年第 5 期。

谐度、维持和谐稳定的公关状态方面拥有着无可替代的优势。

2005年6月16日，世界知名冰品供应商哈根达斯在深圳的分店深陷“脏厨房”事件，受到社会各界的广泛关注。在产品销量下滑、品牌信誉度遭受质疑的关键时刻，公司迅速启动危机公关，于第一时间在深圳媒体上发表公开声明，向公众致歉，承认错误并限期整改，主动接受国家质检部门的紧急检查与复查。第一阶段工作结束后，企业与消费者、媒体之间的紧张关系逐渐缓和、平息，哈根达斯公司并没有就此停步，而是再次面向全国媒体，诚恳地对媒体一段时间以来客观、善意、理性的报道表示感谢，对消费者和媒体的监督表示感谢，同时向消费者郑重承诺：对消费者的疑问愿意真诚沟通。第二阶段之后，哈根达斯公司与企业和消费者之间的关系重新恢复到平和、稳定的状态，甚至因为哈根达斯公司勇于直面错误的责任心和诚恳坦诚的态度，两者之间的关系上升到了更加积极、亲近的层面。

公共关系不仅可以协调与消费者的关系，还可以协调与员工、中间商、社区公众、媒体和政府等各类公众的关系，创造有利于企业发展的和谐的内外部环境。

综上所述，公关在品牌塑造中的作用是潜在而巨大的，虽不像广告那样立竿见影，公关注重的是如何潜移默化、润物细无声的让大众从心底上接受这一品牌，从而赢得消费者对品牌在精神、价值观层面的高度认同。

资料链接

公共关系在中国企业的引入

• 20世纪80年代初，深圳经济特区一些中外合资的宾馆酒店仿照海外模式首次设立了公共关系部门，开展公共关系活动。

• 1982年，深圳竹园宾馆成立公共关系部；

• 1983年，北京长城饭店成立公共关系部；

• 1984年，广州中国大酒店以及广州的花园酒店、东方宾馆、白天鹅宾馆等企业和服务部门设立公共关系部。

• 1984年4月28日，北京长城饭店成功地将美国总统里根访华的答谢宴会从人民大会堂宴会厅搬到了刚刚开业的长城饭店，上演了一场成功的大型公关活动，来自全世界的500多名记者把长城饭店“推销”到了全世界。

• 1984年，广州白云山制药厂以企业身份承包了广州足球队，开创了企业利用运动媒体推广企业形象的先河。

• 1984年11月，广州白云山制药厂正式设立公共关系部，开创国有企业设立公共关系部门的先河。

• 1984 年 11 月 24 日，青岛橡胶厂主办了改革开放以来第一次由企业主办的记者招待会，新华社、中央人民广播电台、《光明日报》、《工人日报》、《中国体育报》等 43 家新闻单位的记者应邀参加。

• 1984 年 8 月，健力宝借鉴可口可乐在第二次世界大战中的发家经验，搭乘第 23 届奥运会，成为中国奥运代表团专用饮料。1985 年，公司产值和销售量迅速升温。

• 1985 年，上海电视台推出“日用品知识系列比赛”，巧妙地将各类产品广告信息同电视节目的内容结合，达到极佳的公关宣传效果。

• 1988 年，上海三菱电梯有限公司举办“寻找三菱娃娃”活动。

资料来源：卢泰宏：《中国营销 25 年》，华夏出版社 2004 年版，第 85 页。

第二节 品牌公关传播的策划

著名的公共关系研究权威卡特利普和森特在《有效公共关系》一书中总结出了公共关系运作的四步工作法，将公共关系的工作程序概括成四个基本步骤：公共关系调查、公共关系策划、公共关系实施和公共关系评估，如图 8－1 所示。调查、评估、策划和实施四个步骤相互衔接，不断上升，形成一个动态的环状模式，体现了公共关系工作的计划性、整体性和系统性。其中，公共关系策划是公共关系理论与实践的精华，是企业公共关系工作的中心环节，企业形象管理工作是否有效，在很大程度上取决于策划的成败。本节着重介绍企业如何在调查的基础上，科学、创造性地进行品牌的公共关系传播策划。

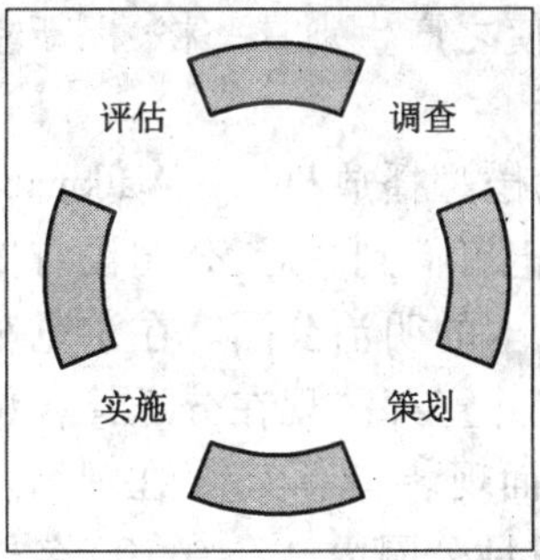

图 8－1 公共关系四步工作法

一、公共关系策划的原则

科学的策划构思和巧妙的策划艺术是制定有效公关活动的保证，公共关系人员在进行公共关系策划时，不可随心所欲，应遵守下列各项原则。

（一）目的性原则

公共关系策划要有明确的目的，不可无的放矢，首先应确定组织开展公关活动的目标，然后围绕目标进行公共关系策划。企业在不同的发展时期，其公共关系具体目标是不同的，目标越明确、越清晰，公共关系工作就容易开展，效果就越容易实现。因此,公共关系策划具有很强的目的性。如 1990 年宝洁公司策划的人民大会堂新闻发布会,其目的在于提高宝洁公司作为外资公司在中国消费者心目中的信誉度,迅速打开本土市场。1992 年第 25 届奥运会期间,北京博士伦眼镜公司借助中央电视台,并通过卫星现场转播奥运会实况而策划的"有奖竞猜'他是谁'活动",其目的在于扩大博士伦的知名度。

（二）整体性原则

公共关系策划是经过系统性思考的系统过程,是策划者对社会环境、企业资源、条件和策划目的等信息进行综合、全面分析之后形成的。经公共关系策划形成的方案,将列入组织的整体方案之中,构成整体运行的一部分。因而必然涉及与组织各方面工作的协调,在策划时既要考虑企业利益,又要考虑社会利益;既要考虑短期利益,又要考虑长远利益;既要考虑战术,又要考虑战略;既要考虑局部利益,又要考虑全局利益。因此,在公共关系策划时,必须深谋远虑,纵观全局,符合整体性原则。

（三）创新性原则

创新是公共关系策划的灵魂,创造性思维要自始至终贯穿于公共关系策划的方方面面。要想使企业战胜竞争对手,在茫茫商海和众多的企业中标新立异,脱颖而出,就必须创新。在公共关系策划中,既要遵循公共关系的基本原则,又要通过创造性的思维过程,开拓新的境地,并使之产生别具一格、标新立异的结果。

1977 年,日本索尼公司开发出了可随身携带的微型播放机——Walkman。准备上市之际,公司精心策划了一个新闻发布会。记者们到齐后,公司没有按常规召开隆重的发布会,而是派车把大家送到代代木的明治公园。在游览车上,公司的发言人给记者们每人送了一个 Walkman,并宣布:"现在分送给各位的 Walkman,只能利用耳朵听音乐,而不能录音。里面现装有录音带,在现场发布会开始前,请勿按下放音键。"到达明治公园后,只见公园内已经有 100 名男女大学生在此等候,整齐地穿戴印有 Walkman 字样的 T 恤和帽子,且每人身上都配有 Walkman。"现在开始,一、二、三!"随着主人的指令,记者们和大学生一起按下播音键。录音带里有优美的音乐,并进行着解说。大家随着音乐跑步、散步、起舞……沉浸在快乐的气氛中……这场别开生面的新闻发布会,使记者们亲身体验到 Walkman 的乐趣,纷纷撰文报道介绍。其结果可想而知,听 Walkman 成为年轻人的时尚潮流,不仅产品供不应求,而且使索尼公司领导电子音乐新潮流的企业形象也得到了树立。

（四）时机性原则

大多数情况下公共关系策划必须挖掘活动的新闻价值,这就存在时机性的问题。不同公关活动运行的时机不同或者说不同时机背景下开展公关活动的效果不同，这里需要注意三个时机的把握：社会背景的时机把握、媒体热点的时机把握和自身时机的把握。例如，李宁牌服装、神州热水器借助中国举办亚运会的大好时机；“蒙牛”借助神舟五号航天飞船成功发射之际，虽是不同的机遇，但时机把握得当，同样取得了事半功倍的效果。

（五）周密性原则

常规性公关活动，往往是一场大型活动，公共关系策划，往往要以创新思维的火花引燃一片富有效应的原野。其间的策划，显然必须遵循可行性和周密性原则，将每一个步骤细化，以保证活动的操作性和完善性。下面通过一则公共关系新闻策划的案例，体会策划者周密策划思维的重要性。

1993 年 10 月 28 日，上海展览中心喷泉广场上，赫然矗立着鲜花彩台，中间簇拥着一颗用红花镶成的“爱心”，上空高悬着“今生今世——超天婚礼”八个大字，超天集团和上海市公共关系协会联合举办的一场新颖别致、格调高雅的盛大婚礼正在举行。9 对新人中，有 5 位来自美国、加拿大、香港地区。广场上证婚人——著名电影表演艺术家白杨郑重宣布证婚词。而后，新郎新娘互赠戒指，拥抱亲吻。一个上下 5 层、直径 1 米多的特大蛋糕由 9 对新人分切，同时广场上响起洪亮的钟声……

——这是首次在大陆举行涉外婚礼；

——这是首次在上海展览中心喷泉广场举行大型婚礼；

——这是首次由一家企业和公共关系协会联合举办的公益型婚典活动。

据这次公共关系新闻策划者介绍，他们由最初的创意萌生到整个策划的形成，经历了一个由浅入深、由粗到细、逐步成熟的过程，从“超天婚礼——超凡脱俗”的主题确定、上海展览中心喷泉广场这一地点的落实，到对白杨等名流的邀请、新郎新娘的选择以及格调与程序的安排，无不经过慎重周密的考虑才确定下来。此例无疑是对公共关系策划周密性的一个极好的注脚。

（六）灵活性原则

企业的主观条件与外部环境随时都在发生变化，环境发生变化了，公共关系的策略也要随之变化。因此，在策划行动方案时应留有余地，针对可能发生的变化，考虑灵活的补救措施，使所策划的方案具有一定的灵活性。切不可认为只要计划周密，就可以不顾外部环境的变化。一个好的策划方案，应在战略上确保既定目标实现的同时，在战术上具有一定的弹性。根据环境变化适时调整方案，以利于目标更好地实现。

二、公共关系策划的程序

按照英国著名公共关系专家弗兰克·杰夫金斯（Frank Jefkins）提出的公共关系策划工作方案的六点模式，即评价现状、确立目标、确定公众、选择传播媒介和方法、预算、估价结果，结合卡特利普和森特的四步工作法，可将公共关系策划程序设定为三个阶段、九个步骤（如图 8 – 2 所示）。

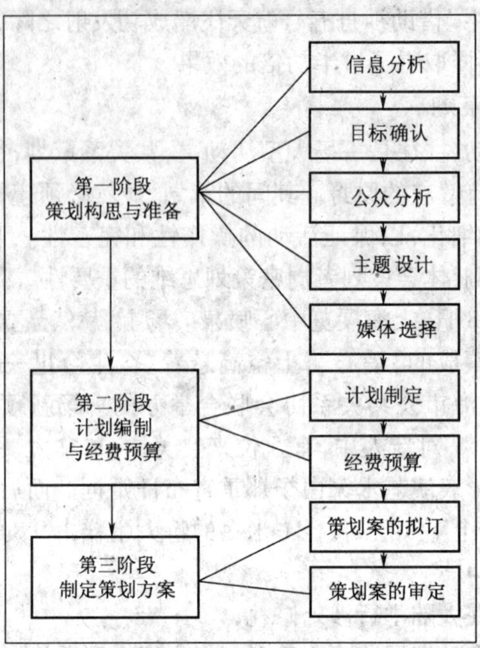

图 8 – 2　公共关系策划的程序

（一）策划的构思与准备

策划的构思与准备包括要在前期公关调查的基础上对信息进行分析，确定公共关系工作的目标和特定公众，对公共关系的主题进行设计，并确定公共关系传播的媒介。

1. 信息分析。在前期开展公共关系调查的基础上，企业首先要对手中所掌握的大量信息进行认真的分析，要运用专门的科学方法，对搜集到的信息资料进行比较、估量、计算和筛选等加工。通过信息分析，明确现状与差距，确认优势与劣势，推断机会与风险，发现资源与条件。

2. 目标确认。公共关系策划的目标是指期望通过实施策划方案所要达到的结果。确定公共关系工作的具体目标是公共关系策划的前提。没有目标，公共关系工作就无从谈起。目标确认对整个策划过程以及策划结果具有重要影响。确定目标的意义有以下三点：为策划活动指明方向；为后续活动奠定基础；为实施方案提供依据。公共关系工作的具体目标同信息分析中所确认的问题密切相关，目标越清晰明确，越有助于达到预期的目标。

3. 公众分析。具体的公共关系工作和专项的公共关系活动都是针对特定公众而言的。明确公众的范围、分析公众的特征、了解公众的需求，才能有针对性地设计公关主题、选择传播媒介，为后续工作奠定基础。公众分析包括：①公共关系人员根据公共关系目标从企业公众中划分出特定目标公众；②对公众对象的各种需求进行分析（参见表 8－1），找出各类公众权利要求中的共同点，把满足各类公众的共同权利要求作为开展公共关系工作的目标。③分析各类公众的特殊要求，不同类别的公众其需求点有所不同，要具体问题具体分析。

表 8－1 公众需求分析

公众类别	需求点
员工	工资福利、晋升机会、工作环境、心理满足、价值体现
股东	经营动态、资产状况、增值收益、利润分配、远景目标
顾客	品牌地位、质量保证、技术性能、售后服务、价格、优惠政策
合作伙伴	互利条款、诚信度、配合支持、合作风险、合作收益、发展前景
竞争者	行业规则、协作程度、技术支持、价格成本、销售政策、竞争手段
社区组织	社区环卫、社区治安、公益活动、社区文化、社区经济
政府机构	经营守法、安全保障、按期纳税、公益事业、就业问题、投资动向
金融机构	资金状况、诚信度、行业知名度、经济效益、偿债能力、信贷意向
社会媒介	新闻价值、信息渠道、信息真实性、信息效应、信息成本

4. 主题设计。主题是公共关系策划的灵魂与核心，是对公共关系内容的高度概括，它提纲挈领，贯穿于公共关系活动的始终。每项公共关系活动都要确定主题，以保证各项公共关系活动都围绕主题开展。主题设计的是否精彩、得当，对公共关系活动的成效影响甚大。

公共关系活动的主题看似简单，但设计起来并不容易。主题设计一般考虑以下几个因素：①主题要与公共关系目标一致，要很好地凸显公共关系目标，服务于目标。偏离目标的主题，会造成误导公众的后果。②主题的表述要新颖别致，个性鲜明，具有强烈的感召力。③主题设计要适应目标公众的心理需求，既形象、富于激情，又贴切朴实，充分调动人们积极奋发的情绪。④主题设计要简明扼要，便于记忆。如太平洋保险复业五周年庆典活动的主题是“心手相连，感动太平”；湖南电视台赈灾义演晚会的主题是“情系大湘南”；第 15 届青岛啤酒节的主题是“青岛与世界干杯”等。

5. 媒体选择。公共关系活动以传播信息为目的，离不开各种传播媒体。媒体种类繁多，各有所长，只有选择得当才能事半功倍，取得良好的传播效果。恰当地选择媒体应依据以下原则：

(1) 根据公共关系的目标和特点。不同的媒体适合服务于特定的目标，如果组织的目标是提高知名度，应利用大众传播媒体；与社会名流沟通，可采用发布会、招待酒会等交际性活动方式；为协调内部关系，适合采用座谈会、娱乐联欢等方式。

(2)根据目标公众的媒体选择习惯。不同类型的目标公众,由于其教育程度、职业特点、生活方式及接受信息的习惯不同,媒体选择也不同。根据目标公众来选择媒体,可以使目标公众更有效地接受信息并及时反馈。

(3)经济性原则。企业的公关活动经费都是有限的,公共关系工作的一个主要原则就是“少花钱,多办事”,应该在最实惠的条件下去争取尽可能大的社会传播效益,企业应量力而行,进行经济核算。

(二)计划的制订与经费的预算

进入第二个阶段,主要是要完成公共关系计划的制订与经费的预算。

1. 计划的制订。在完成上述步骤后,公共关系人员要对公共关系活动做整体的规划,把零散、局部的构思形成一个有序的整体,制订公共关系工作或专项公共关系活动计划,保证公共关系策划具有可执行性,为下一步拟订策划方案做好准备。比如,专项公关活动计划书中应该列明以下内容:目标、主题、时机、方式、地点、人员、步骤、经费和注意事项等。

2. 经费的预算。公关策划的方案必须建立在一定的物质条件基础之上,才有可能成为现实。所以,经费预算是公关策划过程中必须重视的一个程序,其意义在于保证方案切实可行,妥善安排轻重缓急,为评估提供依据。公共关系策划的经费预算项目可分为行政开支和项目开支两大类。行政开支由劳动成本费用、日常行政费用和设施材料费用构成,项目开支由已经进行的项目、计划进行的项目和预计可能需要进行的项目等三部分构成。

(三)制订策划方案

策划方案是公共关系工作或专项公关活动开展的依据,是策划阶段的核心环节。策划方案的制订要经过从拟订到审定,不断修改,逐渐完善的过程。

1. 拟订策划方案。策划方案是保证公共关系目标得以实现的各项措施、办法、途径、策略和技巧的汇集。拟订策划方案是策划阶段的核心环节,是使策划目标得以实现的必要措施和基础。策划书的写作要求规范、主次清楚、题意明确。

常规的策划方案格式应该包括:封面、提要、目录、前言、正文和署名。策划方案的封面应该标明策划项目的名称、组织的名称、完成策划的日期以及策划书的编号;提要应该简明扼要地表述本项公关策划的核心内容,便于决策者了解策划的实质,形成深刻印象;目录部分应该列出策划方案正文的各章、节的名称,如果有附件也应该在目录中注明;前言即序言,包括策划的宗旨、背景和意义等主要内容。正文中一般包括标题、主题、目标、综合分析、活动日程、传播方式、人员安排、物品统计、经费预算和效果预测等内容。署名是指在最后应注明策划机构的名称或策划人员的姓名及策划方案完成的日期。

2. 审定策划书。初步的策划方案形成后，为了保证策划方案的规范性和可执行性，必须对策划方案进行审定，以进一步修改完善。参加审定的人员一般包括：公司管理层、项目负责组、公关专家和相关工作人员。审定的内容包括：对目标、主题及活动开展的各个要素（时间、地点、人员、媒体等）进行论证，对方案实施过程中可能出现的问题的补救措施进行论证，对预期效果进行论证。

三、公共关系策划的技巧

公共关系的策划是实践性很强的问题，需要经验的积累，但也有一定的规律和技巧可以借鉴。下面主要介绍企业在实践中运用比较广泛的专题公关活动策划、特别公关活动策划、公关新闻报道策划、人际性公关活动策划的技巧和方法。

（一）专题公关活动策划

美国策划专家罗思曾对公关专题做过这样的解释：专题活动是一种能给人以直接刺激的媒介，这种直接性是报纸杂志、广播电视等媒介所无法比拟的。因此，专题活动是指为达到一定的目的，在特定时期、特定场合下，使成为对象的每个人都能亲身体验到直接针对性的某种“刺激”媒介。在文化成熟、信息泛滥的今天，人们一方面要求通过大众信息达到一种平衡；另一方面也开始追求通过特别信息以产生与他人所不同的差别感。在这种新时代的潮流下产生的专题活动，是以其特别交流媒介的新职能而出现的。

公关专题活动是企业公关常规业务内容之一，在公关工作中占有极为重要的位置。企业若想达到预期的公关目标，就必须进行各种各样的专题活动，通过专题活动进行多方面的展示，强化宣传效果，提高企业的知名度，从而在社会公众面前塑造一个生动而富有立体感的企业形象。公关专题活动的种类很多，比如，庆典仪式、展览会、新闻发布会、赞助和娱乐联欢等。

1. 庆典仪式。在企业成立之际、重大工程开工或竣工之时、企业重要纪念日，企业往往策划、组织盛大的庆典仪式，并借这些活动对内营造和谐氛围，增强员工凝聚力；对外协调关系，扩大宣传，塑造企业形象。企业庆典活动一般有开幕庆典、闭幕庆典、特别庆典和节庆活动等几种形式。组织庆典活动有三点注意事项：喜庆的气氛、隆重的场面和灵活的形式。

（1）喜庆的气氛。企业庆典活动应体现吉祥、和美、欢乐之意，要求企业组织者应突出欢喜吉庆的基调。

（2）隆重的场面。要求活动的组织者，通过环境布置、设计来体现隆重和喜庆，以增加场面的隆重，引起新闻界及社会公众的注意，扩大企业的社会影响。

（3）灵活的形式。庆典仪式已经成为常规活动，一般的庆典活动已很难吸引媒体的关注，这就要求企业组织者在程序、形式、内容上打破常规，有所创新。

爱迪生电灯公司在50周年庆典之际，举办了意义深远、新颖独特的庆典活动。其创新之处有：将庆典活动的场所从公司搬到了白宫，这座建筑在公众心目中本身就意味着新闻；重现爱迪生发明电灯的过程，增强庆典活动的历史意义；华盛顿全城停电一分钟，提升庆典活动的现实意义，扩大庆典活动的影响力。

庆典活动的创新方式较多：①可以与其他活动方式相结合。如中国人寿10周年庆典之际，就与《同一首歌》联合推出了《同一首歌——走近中国人寿》大型演唱会，增加了庆典活动的观赏性，扩大了企业的社会影响力。②围绕庆典的中心内容进行创意，以增强活动的独特性和对公众的吸引力。如爱迪生电灯公司的庆典活动就是围绕“缅怀爱迪生”、“珍惜光明”的主题思想进行创新的。③制造新闻，吸引媒体。如酒店宾馆可策划组织10万名宾客的庆典活动；婚庆公司周年庆典可策划邀请365对新人参加“爱的宣言”大型签名活动。

2. 社会赞助。赞助活动是企业通过资助一定的实物或者承担全部或部分费用，赞助文化、体育、社会福利事业和市政建设等，向社会表示其承担的责任和义务，以扩大组织影响，提高知名度和美誉度的公共关系活动形式。

现代企业在赢利的同时，还需要承担一定的社会责任和义务，这样不仅有效地融洽了与政府、社区等公众的关系，而且通过新闻传播，使企业赢得社会的普遍好感，为企业树立起良好的形象。赞助的常见形式有：赞助体育运动、赞助文化活动、赞助教育事业、赞助社会慈善和福利事业、赞助各种竞赛活动、赞助宣传用品的制作、赞助建立某项奖励基金和赞助学术活动等。可口可乐、宝洁、联合利华、壳牌、海尔和联想等一批国际著名品牌和国内知名品牌都是社会赞助的积极参与者。

可口可乐是奥运会长期合作伙伴。1928年可口可乐用1 000箱可乐赞助了阿姆斯特丹奥运会，开创了奥运公关之先河，此后，其奥运之旅从未间断。2005年8月1日，可口可乐与国际奥委会在北京的八达岭长城上续签了下一个合作协议，将合作延续到2020年，这意味着可口可乐与奥运会持续合作时间将史无前例地达到92年。与此同时，可口可乐运用品牌影响力积极支持和推动公益事业，将公司的商业运作同社会公益事业进行了良好结合。以中国市场为例，可口可乐在中国捐资超过4 000万元人民币，支持了众多全国性和地区性社会公益事业，如希望工程、贫困大学生助学基金等，借助公益活动与消费者沟通，在产生公益效益的同时，使消费者对企业的品牌产生偏好和忠诚。

总之，公益赞助活动是重要的公关活动之一，但目前的赞助活动还存在以下问题：①主体意识强，但盲目性大；②赞助活动多，但科学性差；③活动形式多，但创造性差。这一方面是因为企业对公关理论以及赞助技巧的掌握不够；另一方面同企业的现实环境有关。作为赞助方的企业公关人员要努力学习、灵活掌握赞助技巧，提高赞助创新能力，坚决抵制赞助上的人情风、从众风，只有这样，才能提高赞助活动的科学性和有效性，实现企业公益赞助的目的。

3. 新闻发布会，又称“记者招待会”。是指企业邀请有关新闻单位的记者，宣布有关消息或介绍情况，让记者就此提问，由专人回答的一种特殊会议形式。它是传播信息、谋求新闻界对某一事件客观报道的行之有效的手段，也是企业搞好与新闻界关系的最重要方式之一。新闻发布会的策划要注意以下问题：

(1) 确保新闻发布会的必要性。举行新闻发布会必须有恰当的新闻由头，即该信息具有专门召集记者前来予以报道的新闻价值。

(2) 选择举行新闻发布会的最佳时机。重要人物来访，发生重大事件，新发明、新产品试验成功，新的重大发展规划，新厂落成投产，企业开张、并购转产，出现先进典型人物，重大庆祝日或纪念日等，都可能是促成新闻记者进行报道的恰当由头。

(3) 活动要严密、规范和富有新意。新闻发布会的举办涉及公众，尤其是媒体等多方面的人士，因而活动的策划要严密、规范，并富有新意。既要有章可循，又要不拘泥于以往的形式，在活动的设计安排上要有创新，以增强活动的效果。

新闻发布会的主要筹备内容有：确定所发布的新闻内容，选择新闻发布的地点，确定主持人和新闻发布人，准备新闻报道通稿和图片，准备宣传辅助材料，记者参观的路线与内容安排，确定新闻发布的时间，小型宴请的安排，择定邀请记者的范围，制订记者招待会费用预算等。

4. 形象展览。企业通过实物、实地、实景、图片和音像等的展示和示范表演来宣传企业形象，同时又形成供大众传播媒介宣传报道的新闻，进一步扩大传播的效果。由于较直接和直观，加之图文并茂等特点，往往会使公众信服，留下深刻印象；再加上新闻传播，企业则会收到知名度、美誉度均得到提升的效果。形象展览包括展览会、展销会、发布会和演示会等不同类型。

展览会是目前非日常消费品，尤其是工业品企业展示产品、区域扩张、外贸出口的常规途径。德国是全球会展实力最强的国家，目前全球最大的博览中心，德国占3个。展览面积居全球之冠的汉诺威国际展览中心，每年举办的展览会多达1 500场。目前欧洲的大型贸易博览会如表8-2所示。

表8-2　欧洲十大贸易博览会

博览会名称		地址
1	五金纸品博览会(Ironware Fair/DIY)	科隆
2	圣诞纸品世界(Paper World Christmas)	法兰克福
3	家用纺织品展销会(Heimtextil)	法兰克福
4	斯博加加法博览会(Spoga - Gafa)	科隆

续表

博览会名称		地址
5	玩具展销会(Toy Fair)	纽伦堡
6	汉诺威博览会(Hannover)	汉诺威
7	时潮博览会(Tendence)	法兰克福
8	多莫科技展(Domotechnica)	科隆
9	消费者电子产品世界(IFA)	柏林
10	德斯尔多博览会(GDS)	德斯尔多

资料来源:乔春洋:《品牌论》,中山大学出版社2005年版,第182页。

发布会和演示会往往带有表演的性质,尤其适用于感性、具有观赏价值的产品。比如,时装、珠宝、汽车、内衣和工艺品等行业。例如,“香奈儿”、“古奇”和“范思哲”等国际知名时装每年都会定期进行时装发布会,会上著名设计师、顶级模特、演艺明星和社会名流聚集一堂,每一次都引起全球时尚媒体和时尚人士的极大关注。国内知名内衣品牌“爱慕”也是通过形象展览脱颖而出的,1993年3月8日,一场由真人模特现场表演的产品展示会成为“爱慕”诞生的重要标志。作为国内第一场非正式的内衣真人秀,在当时引起了巨大的轰动效应。此后,爱慕又成功策划了一系列的“爱慕·敦煌”、“爱慕·美丽中国行”等主题内衣发布会,坐上了国内时尚内衣第一品牌的交椅。

资料链接

“爱慕·敦煌”推出主题内衣发布会

2002年3月,在北京举办、由中国国际贸促会纺织行业分会主办的“2002中国国际内衣、沙滩装及辅料展览会”上,展会最大的参展商之一,北京爱慕内衣有限公司举办了“爱慕·敦煌”主题内衣发布会,以独特的创意、全新的理念、超前的表现方式,全面展示了爱慕的实力和“时尚、文化、人性化”的品牌内涵。来自时尚界的知名人士、媒体和商界代表参加了此次动态演出,并给予了广泛好评,发布会成为此次展览会众多活动中的亮点。

“爱慕·敦煌”主题内衣发布会以丝绸之路为主线,以中国历史上最辉煌,同时也是女性地位最高、社会最为繁荣开放的大唐盛世为历史背景,以西域大漠的黄沙落日、敦煌飞天为主题,分7个单元分别展示了各个系列的设计。表演以“飞天彩塑”开场,以新世纪女性内衣的视角,采用橙、紫、蓝、黄的色织工艺蕾丝,演绎“唐三彩”热烈、性感并带有异域风情的现代传说;接下来的“塞外胡旋”和“异色菩提”部分,则是分别采用不同质料作搭配,通过强烈的对比,将观者带入令人无限遐想的神仙境地。“九色鹿”和“飞天香音”借用了敦煌壁画中的美丽传说，将女性的欢快与柔美表现得淋漓尽致。最后表演的“骊宫新乐”和“千古盛赞”，以宏美壮丽的场景和华丽雍容的设计，充分展现了大唐盛世中西文化交融的画卷。整场演出节节相通，丝丝入扣，将历史与现代紧密结合，立意新颖，设计独特，使到场者无不沉醉其中。

“爱慕·敦煌”主题内衣发布会第一次将中华文化与现代内衣时尚融会贯通，引发了全新的时尚品牌文化新概念，带给观众前所未有的震撼。

资料来源：http://www.people.com.cn/GB/shenghuo/77/117/20020327/696324.html

形象展览的主要筹备内容有：确定展会的主题和目的，确定参展单位和项目，明确参观者类型，确定邀请的嘉宾和媒体单位，选择展会地点，培训工作人员，成立专门对外发布新闻的机构，准备展会的辅助设备和相关服务，准备展会各种宣传材料，制订展会经费预算，设计展会徽标，准备展会纪念品等。

5. 娱乐联欢。即由企业出面，与外部公众代表或内部公众通过娱乐联欢，融洽关系，同时也使其成为新闻事实而得到传播。人是有情感需求、追求愉悦的，因此，策划娱乐联欢式的专题活动，不仅参与者得到了愉悦、满足了情感需求，而且新闻传播的受众也能间接受到感染，从而产生对企业品牌的认可和赞赏。娱乐联欢策划的主要内容有：群众性体育比赛、文艺演出、员工联欢会、客户联谊会、舞会、郊游、智力比赛、摄影或书画展、征文活动、演讲比赛和专题辩论等。

（二）特别公关活动策划

特别公关活动策划又称公关特别节目或特别公关事件，当专题公关活动越来越成为具有普遍性的常规形式时，企业也必须推陈出新，在公关活动的创造性和独特性上多下工夫。特别公关活动，即以创新思维指导，筹划、组织、举办具有新闻价值的活动或事件，以吸引新闻传播媒介与公众的关注和兴趣，创造报道传播的事实前提，并使企业成为新闻报道中的主角，以达到提高组织知名度、美誉度的目的。如：日本“西铁城”手表在澳大利亚堪培拉的空投；法国“白兰地”巧为美国总统艾森豪威尔祝寿；北京长城饭店借里根总统答谢宴会一举闻名世界等。创造性的特别公关活动策划，是公共关系策划者施展智慧的主要舞台。

目前，最引人关注的特别活动无疑是“媒介事件”。美国传播学家丹尼尔·戴扬等人在《媒介事件》一书中提出了“媒介事件”的价值：“媒介事件”促使事件组织者、媒介（主要是电视台）以及广大受众连为有机整体，共同分享一次大众狂欢式的“节日体验”。当亿万观众对事件本身心驰神往、虔诚观看事件的电视直播时,这时的媒介事件就成为“历史的现场直播”①。媒介事件具有极高的关注度,同时又具有一定的社会意义,如果公关活动能够与媒介事件链接——借势或者将公共活动本身策划成为一次媒介事件——造势,无疑将加速组织的传播力度。

1. 借势媒介事件。近年来,媒介事件层出不穷,从国内的香港回归、澳门回归,中国加入 WTO、申奥成功、三峡工程、抗击非典、“神五”“神六”飞天,到国际的奥运会、世界杯、伊拉克战争、东南亚海啸,企业如果能够适时地把握机遇,找到媒介事件与自身品牌的契合点,就可以巧妙地融入这些事件之中,引起媒体和大众的关注。

借势媒介事件实现品牌腾飞的经典案例莫过于“蒙牛”当年借“神五”一飞冲天的事件。“神五”刚胜利返航,蒙牛就利用直播时间在中央电视台密集投放“举起你的右手为中国喝彩”的公关广告,并配合海报、户外媒体、报纸、网络广告等消费者能接触到的任何媒体,在极短时间内迅速让消费者全方位地接触到与“神五”有关的“蒙牛”信息。蒙牛成功的关键就在于找准了品牌核心价值与“神五”事件的关联性:想和航天员一样,就请喝蒙牛的“航天员专用牛奶”,自然、连贯、形象的关联塑造了蒙牛健康、营养的品牌形象。

巧借媒介事件的还有广州白云山制药厂在抗击非典期间支援非典重灾区的公关活动;统一润滑油在伊拉克战争发布的“少一点摩擦,多一点润滑”公关广告;红塔山冠名“皇马中国行”公关活动等,策划这些经典案例的品牌,都达到了借船出海、巧借东风、四两拨千斤的效果。

2. 制造媒介事件。企业除了“借势”之外,还可以选择“造势”,即企业自身通过策划富有创意的活动或事件,引起媒体或者大众关注。美国传播学家丹尼尔·戴扬等人认为,最重要的媒介事件有三类:“竞赛”、“征服”和“加冕”②。也就是说企业策划诸如“竞赛”、“征服”和“加冕”活动,往往能够引起公众的广泛关注,形成媒介事件。

(1)“竞赛”。“竞赛包括的范围可以从世界杯到总统竞选辩论,也可以从奥运会到参议院‘水门事件’听证会。体育和政治是它们的领地。它们是有规则的冠军之战。它们能招来千百万的观看者”③。从体育赛事、政治赛事的关注度就可以断定竞争激烈、参与度高的“竞赛”无疑是全国乃至全世界人们的“盛大节目”,如果企业能够考虑到自身品牌与某一类竞赛之间的关联,可以策划、组织、举办特定范围内的赛事,引起公众的广泛参与以及媒体的密集报道。例如,蒙牛“酸酸乳”策划的“超级女生”选拔赛;361 度策划的“娱乐篮球”选拔赛;

---

① [美]丹尼尔·戴扬等:《媒介事件》,北京广播学院出版社 2000 年版,第 1 ~ 2 页。

② [美]丹尼尔·戴扬等:《媒介事件》,北京广播学院出版社 2000 年版,第 6,31 页。

③ [美]丹尼尔·戴扬等:《媒介事件》,北京广播学院出版社 2000 年版,第 32 页。

凤凰古城旅游公司策划的“棋行大地,天下凤凰”的中韩围棋邀请赛等。

(2)“征服”。“征服”是指人类挑战自然、挑战自我获得成功的英雄事件,比如,人类登上月球,第一颗人造卫星上天等。策划出带有浓厚“征服”色彩的媒介事件具有一定的现实意义,而且事件进程具有悬念感。例如,张家界风景区策划的以“穿越天门——飞向21世纪”为主题的“张家界世界特技飞行大奖赛”,把张家界推向了世界,成为中国旅游界借“征服”活动进行品牌营销的成功典范。凤凰卫视策划的“柯受良飞跃黄河”成功地推介出“凤凰卫视”的媒体品牌;类似的还有央视策划的“2003,站在第三极”攀登珠峰直播活动等。

(3)“加冕”。“虽然‘征服’和‘竞赛’都包含很强的仪式成分,但‘加冕’完全是仪式”。例如,伊丽莎白二世的加冕、查尔斯王子的婚礼、约翰·肯尼迪的葬礼,也包括好莱坞每年的奥斯卡颁奖典礼之类的事件。我国虽然没有皇族婚礼、葬礼、加冕仪式,但同样可以制造出一些类似于“颁奖仪式”的小事件。如近年来十分热门的“年度经济人物评选”、“感动中国十大人物评选”、“年度最佳雇主评选”等活动。

(三)公关新闻报道策划

公关新闻报道策划在近年来的兴起有目共睹,其作用也越来越明显。例如,“脑白金”的问世就是以5篇公关新闻[①]鸣锣开道,制造了一个非常新奇的新闻亮点。公关新闻报道策划可以通过企业自身提炼新闻或制造新闻,利用新闻的公信力和可信度将商业信息潜移默化地传播出去,成本低廉、关注度高。正由于如此,公关新闻报道策划历来受到公关实务工作者的欢迎,并被公认为是“物美价廉”的公共关系工作方法。

公共关系新闻的巨大影响力是其他传播手段无法比拟的。表8-3是2001年9月~11月的空调市场品牌提及率调查,海尔连续3个月排在第一位。无独有偶,一项关于空调品牌的软性文章(公关新闻报道)的统计资料表明,海尔空调报道的数量仅在2000年8月份就多达253篇,远远多于其他品牌的报道数量(参见表8-4)。虽然仅凭这两组数据不能肯定它们之间的因果关系,但是我们有理由相信,大量的公关新闻报道对于消费者对海尔品牌产生偏好是极其重要的。

公关新闻策划离不开新闻策划,这里的新闻策划与媒体为提高收视率或发行量所做的新闻策划不同,是指企业经营者站在企业立场上结合企业实际,根据企业营销需求,遵循新闻规律,整合企业优势资源,借助热点事件,制造新闻点,寻找新闻眼,谋划、制造具有新闻价值的活动或事件,以达到吸引媒体关注,

---

① 5篇公关新闻分别是《人类可以长生不老吗》(一)(二)(三),《98世界最关注的人》和《两颗生物原子弹》。

表 8-3　空调市场品牌提及率(2001 年 9~11 月)

2001 年 11 月份 样本量:421		2001 年 10 月份 样本量:421		2001 年 9 月份 样本量:415	
品牌	第一提及率	品牌	第一提及率	品牌	第一提及率
海尔	22%	海尔	19%	海尔	23%
三菱	10%	三菱	13%	三菱	12%
华凌	6%	春兰	6%	松下/乐声	6%
日立	6%	格力	6%	春兰	5%
松下/乐声	5%	美的	5%	日立	5%
春兰	4%	华凌	4%	华凌	5%
美的	4%	松下/乐声	3%	美的	4%
格力	4%	科龙	3%	格力	4%
夏普	4%	夏普	3%	长虹	2%
长虹	2%	日立	3%	科龙	2%
科龙	2%	长虹	2%	LG	1%
大金	1%	LG	2%	夏普	1%
LG	1%	大金	1%	大金	1%
其他	-	其他	1%	其他	1%
没有/不知道	24%	没有/不知道	25%	没有/不知道	24%

资料来源:东方市场调查公司(2001),空调消费市场动态(3)。

表 8-4　空调品牌软文数量(2000 年 7~8 月)

品牌	7 月份	8 月份
海尔	210	253
美的	111	46
长虹	106	59
科龙	103	37
春兰	100	66
海信	96	139
格力	55	35
TCL	32	32
华凌	28	20
康佳	14	14
飞歌	7	4
松下	6	5
上海日立	5	5
日立	2	0
夏普	2	0

资料来源:广州时代资料搜集有限公司 GI Times。

扩大企业和品牌的社会影响的目的。公关新闻策划与真正意义上的新闻策划虽概念不同,但也有共同点,那就是不能违背新闻的真实性与可信性,企业谋划、制造具有新闻价值的活动或事件必须是真实的。不同点是媒体新闻报道策划是寻找新闻、发现新闻,而企业新闻报道策划是在寻找、挖掘企业经营过程中的新闻的同时,大量人为制造新闻事实,吸引新闻媒体关注,然后由记者或内部策划人员站在客观公正的立场上,用事实说话,用事实报道,造成新闻现象与效应。

1. 挖掘。很多事物呈现的只是表面现象,本质深植其中。对企业经营者来说,就是要透过现象挖掘出本质,从纷纭繁杂的事件表象中提取带有普遍意义的实质性问题。企业的经营性活动,对于一般人而言,直接看到的、听到的感性东西多是商业性和功利性的,但是用理性的眼光去审视和分析,便可从中“挖”出深藏的社会意义或其他新闻价值因素。

2. 借题。通过把企业或产品同正在发生的有相当影响的事件联系起来,达到借势传播的效果。例如,脑白金上市之际,正值克隆技术被媒体炒得沸沸扬扬。脑白金巧妙地利用了这个新闻点,并且把脑白金技术巧妙地嵌入进来,写出了《两颗生物原子弹——生物技术的两大突破》这篇文章,把脑白金技术和克隆技术相提并论。由于嵌入巧妙,刚刚刊登出来的时候被很多人误解为新闻,甚至被其他报社当作科技新闻全文转载,可以说起到了出乎意料的传播效果。

3. 引中。有些企业的经营活动其本身再怎么挖掘也挖不出新闻价值,但将它的意义引申到一个更广阔的背景上,它的新闻价值也就凸显出来了。例如,将某职业学院的办学引申到开创新职业教育之路、职业人才培养新模式的层面;从皮具专业市场的升级换代、铸造行业旗舰的角度来看待某皮具城的开业等。

4. 转换。企业的经营性活动都有自身的功利性和商业性,从这样的活动中提取新闻,肯定有“广告性新闻”之嫌。但是,转换一下角度,站在消费者的立场上来看这些问题,即人们所说的“换位思维”,就有可能成为给受众提供一定消费信息的新闻。譬如,农夫山泉发动的“天然水新闻战”,就不是纯粹的宣传自身,而是站在了目标公众的立场上,从关心目标公众健康的角度,向他们传达了“纯净水不如天然水”的观念,顺便将“农夫山泉是天然水”的利益点传播了出去。“天然水新闻战”的成功就是基于文章内容具有受众关心的新闻价值。

(三)人际性公关活动策划

公共关系传播主要依靠大众传播和人际传播,根据公关传播的方式,公共关系活动可以分成新闻性的和人际性的活动两种。人际沟通性公共关系活动指的是,企业与公众的关系协调不是借用大众传播媒介或群体传播方式,而是在确定专题内容后,直接通过人与人之间的交往、沟通、协调来进行,从而达到

建立和谐的公众关系、树立良好的企业形象的目的。

自从人类社会出现以来，人际交往就普遍存在了。在古代社会，由于传播技术比较落后，同时企业并不多，即基本上是个体性的生产方式，这就决定了当时人际交往一方面比较贫乏，另一方面内容多限于个体关系的协调。而在现代社会，人们基本上都生活在一定的企业中，而企业之间又相互依赖，所以，现代的人际交往往往更具有公共关系的性质，即在人际交往中或多或少具有组织协调的内容。而实际上，企业公共关系的开展又总是通过具体的人进行的，如各国领导人的互访、商务活动中的接洽与谈判、文化活动中双方或多方的合作、企业联谊会上人们的相识与相交等，其总体形式是组织行为，具体形式是人际交往，而实际内容则既有企业之间的相互了解，又有个人之间情感的沟通，确实很难单纯地归于哪一类关系之中。也就是说，在现代社会中，公共关系与人际交往具有相融合的特点。因此，企业为了更和谐地发展，便往往有意识地进行人际性公共关系专题活动。

在企业公共关系的视野中，并不是所有的人际交往都具有公共关系性质。一般说来，人际性公共关系专题活动主要由这样三个要素所决定：①企业行为，指的是整体上的社交活动是根据企业的需要，为了企业的长远利益，以企业的名义或企业领导人的名义举办。②人员代表企业，指的是企业方面参与社交活动的人员代表的不是个人，而是企业。一定意义上，他的身份就是组织的公共关系人员。③非功利性，指社交活动本身不涉及业务，重点是创造轻松和谐的氛围，使参与社交活动的来宾感到身心快乐，心理满足。也就是说，由企业名义举办的，为了企业的和谐运作，人员均代表企业的人际交往活动，才是人际沟通性公共关系专题活动。根据这三个要素，公共关系性质的社交活动一般有以下几种方式。

1. 宴会。即以企业或企业领导人的名义举办宴会，邀请重要的公众赴宴。在宴会上，宾主双方可以在轻松、融洽的气氛中，自由交谈，从而让客人在受尊重的同时感到企业的可亲、可近，达到沟通、了解的目的。

2. 联谊会。即通过多种联谊形式，如茶话会、唱卡拉OK、趣味比赛等，创造一种企业与公众同在，企业代表与公众共享欢乐的气氛，从而起到沟通感情、增进了解的作用。

3. 庆典。即在企业的喜庆日子，如企业成立周年纪念日、企业获得重大荣誉、企业的某项重大举措付诸实施、企业重大决策转化为事实等，举办盛大的庆典，邀请与企业关系密切的目标公众代表参加，让他们在庆典中与企业代表交往、沟通，增进情谊，并通过对庆典的耳濡目染，对企业产生更大的信任和合作愿望。

4. 舞会。即以企业或企业领导人的名义举办的舞会，邀请有关的目标公众参加。在舞会上，企业主持人在表达了企业或企业领导人情谊的基础上，努力创造快乐的气氛,让宾客载歌载舞,相互交流,度过一段美好的时光。

5. 观剧。即以企业的名义或企业领导人的名义,邀请有关公众代表观赏电影、戏剧、音乐和舞蹈等艺术演出,一方面让公众代表获得艺术的享受,另一方面则可以沟通感情、增进了解。

6. 赏景。即以企业或企业领导人的名义,邀请有关的公众代表前往风景名胜景点进行游览赏景,在和谐的大自然环境中、历史文化熏陶的氛围中,企业代表与公众代表自由、轻松、快乐的交流,从而达到与公众相和谐的目的。

第三节　公共关系的实施与评估

一、公共关系的实施

公共关系策划方案经领导层决策审批后,就可进入实施阶段。公共关系的实施对于企业而言十分重要,策划方案再好,如果实施不到位,效果也会大打折扣。由于公共关系处于动态的环境之中,一套策划方案在执行过程中,很难完全符合、适应客观环境。并且,受执行能力、沟通障碍及新情况、新问题的影响,策划方案很容易偏离计划轨道。为此,企业需要对策划方案的实施进行全程跟踪,及时处理、协调突发事件,以确保方案顺畅开展。

(一)公共关系实施中的整体协调

整体协调是指针对实施方案,使各个资源和步骤达到配合得当、互为补充、和谐统一的状态。公共关系方案的执行涉及方方面面,需要多个部门通力合作、多方配合才能保证方案的顺利实施。公共关系实施中的协调,能提高资源的利用率,使各方面各司其职、分工协作,减少人力、财力、物力的浪费。常用的协调方式分为纵向协调和横向协调,纵向协调是上下级之间的协调;横向协调是同级部门和个体之间的协调。协调可以通过信函、文件、座谈等形式进行意见交换,以达成共识。表 8－5 列明了活动各负责部门之间的纵向协调,以及活动时间、事项、人员、环节和节奏 5 个方面的统一配合。

表 8－5　公关活动实施控制表

组别	事项	时间	特别提示内容	各组负责人
外联组	主要参加人员的邀请与落实			
	场地的落实			
媒体组	宣传文字与图片材料准备			
	媒体人员的邀请与接待			

续表

组别	事项	时间	特别提示内容	各组负责人
设计制作组	礼品的选择与购买			
	宣传品的设计与制作			
	现场的设计与布置			
活动组	活动合作单位的落实			
	活动流程的设计与衔接			
	活动内容的审定			
	活动彩排、预演			
	活动总指挥			
现场组	现场灯光、音响等维护			
	现场人员引导与秩序维护			
	现场物料准备与礼品的派送			
	外围观众的对接			
后勤接待组	嘉宾接送			
	车辆、食宿安排			
机动组	其他事项及突发事项			

(二)公共关系实施中的障碍消除

公共关系实施离不开信息的传播与沟通。实施过程中常常会因为语言描述、方式选择、传播渠道和突发事件等方面存在问题而使活动受阻，使公共关系信息交流不能得心应手。因此公共关系的实施必须要善于化解障碍，减少摩擦，保证活动过程的连贯和畅通。

1. 沟通障碍。在实践活动中，常见的沟通障碍主要包括语言障碍、观念障碍、心理障碍和组织障碍等。

(1)语言障碍。主要指因语意表达不清、寓意差异或语音不通而造成的误解和隔阂，要求活动主体语意表达清楚，熟悉地方语言，积极采用公众乐意接受的方式进行交流，避免沟通受阻。

(2)观念障碍。观念是人们对事物的看法和观点，不同的生活环境、文化背景及人生阅历会形成观念上的差异。观念的相近和共识是沟通顺畅的基础，为此，公共关系人员要深入了解公众的观念基调，合理进行公众分类，通过选择恰当的沟通话题，表明共同立场，有效规避观念障碍。

(3)心理障碍。心理是指人的情感、感受、态度和情趣等意识形态，且能影响内心活动的因素。心理障碍在沟通过程中显得尤为复杂，并且变化无常、难以捉摸。在沟通中，公共关系人员应懂得揣摩公众的内心世界，善于察言观色，通过准确把握对方的心理活动，选择适当的沟通手段，达到共鸣的沟通效果。

(4)组织障碍。主要是因责权不清、信息不畅等内部机制不健全造成的内讧和矛盾，具体表现为分工不明、决策缓慢、信息失真和责任推诿等。克服组织障碍的有效手段是：明确责权、理顺关系、加强交流和提倡合作。

2. 突发事件应对。公共关系实施过程中最大的障碍莫过于突发事件，突发事件可能是人为因素，也可能是不可控制的外部因素，可能是大问题，也可能是小纰漏。不管是何种情况，一旦发生，如果应对不利，就会造成无法挽回的损失。比如，某企业举办庆典活动，整个过程都比较平稳顺利，可到了最后环节却出现了问题，由于某员工的疏漏，竟然忘记带领导题词的毛笔，等到领导上台才发现，解决问题已来不及，最后只有取消题词环节，造成了活动中无法弥补的遗憾。公关实施过程中如果发生突发事件，公共关系组织者要保持冷静的头脑，迅速提出解决对策，对突发事件做出应对。一般情况下，可以设立机动部门，专门负责临时突发事项，以免问题出现后，对其他部门有所牵制，影响其他环节的进展。

(三)公共关系实施中的实时调整

实时调整是指根据公共关系方案实施过程中的反馈信息，抓住时机进行措施调整的过程。调整主要是将计划目标同实际目标进行对照，评估求出偏差，并通过权衡分析，采取有效手段极力弥补偏差的过程。面对动态的关系环境，调整后的方案进入实施过程后，随环境的变化，仍然需要进行第二次、第三次的评估和调整。因此，实时调整是一个循环反复过程。

为了减少因实施的偏差对公共关系造成的负面影响，策划方案可以采取预选测试的方式来进行评估。其步骤包括：选择测试环境、筛选测试对象、进行测试和测试评价四个阶段。测试方式应尽量强调公共关系环境、公共关系对象的代表性，避免产生测试误差，影响评估的公正性。测试完成后，测试结果须同目标结果对照，以求证调整的范围。

二、公共关系评估

公共关系学者切斯特·拉塞尔曾说，许多公共关系工作的唯一致命弱点就是没有使最高决策者看到这一活动的明显效果。要让决策者看到公共关系活动的明显效果，指导下一步公共关系工作的开展，就必须进行公共关系评估。公共关系计划评估就是对公共关系计划落实后产生的效果进行评价、总结，其目的主要是分析公共关系活动成败的原因，总结经验教训，为后续公共关系工作提供依据。

(一)评估方法

公共关系评估必须运用科学的评估手段才能得到客观的、对实践具有指导意义的结论。

1. 公众反馈法。评估离不开对目标公众进行调查,以了解和分析公众态度、行为的变化及原因。该方法借助"组织形象地位四象限图"检查企业知名度和美誉度的变化;借助"组织形象要素调查表"检查企业形象要素的具体构成有何进步;借助"形象差距图"检查企业的实际形象与期望形象之间的差距变化情况等。

2. 专家评定法。由公共关系人员拟定调查项目,制定评价标准,聘请公共关系专家进行评价,评价过程要让专家匿名、独立地发表意见。如果意见分散,公共关系人员可汇集整理,反馈给各位专家,再继续评论,直至意见统一。最后撰写评估报告,鉴定公共关系活动的成效。

3. 自我评定法。由公共关系实施者通过亲身体验对公共关系活动进行的评估。当企业公共关系活动结束后,公共关系计划的实施者应及时根据实施过程中实际情况对活动的影响效果进行评价,参见表8-6。

表8-6 公关评估自我核检表

评估项目	评估结果	评估建议
活动与品牌价值的吻合度		
活动与目标的吻合度		
活动与时机的吻合度		
活动与目标公众的吻合度		
活动投入的费用		
活动投入的人员及时间		
活动产生的直接效应		
活动产生的间接效应		
活动产生的负效应		
活动中的疏漏		
活动的整体评估		

(二)评估标准

公共关系评估必须运用科学、标准化的评估指标,就公共关系开展的事前、事中、事后三个阶段而言,各阶段的评估标准可以用图8-3所示的阶梯图表示出来。

(三)评估报告

公共关系评估最后的结论要整理成评估总结报告,它是提供给企业的一种正式文本。评估报告可送达管理层领导,作为企业领导层统筹管理和制定新决策的依据;送达各职能部门,作为企业各部门改善工作的参考;送达全体员工,

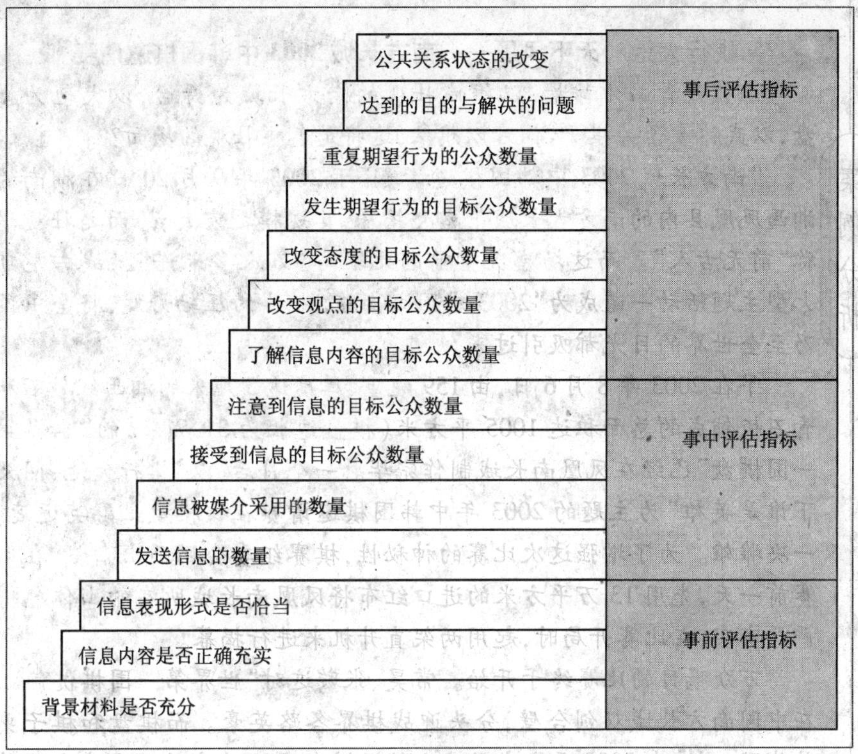

图8－3　公共关系评估标准阶梯图

以利于企业员工了解外界的评价，提高士气，改善工作。

评估报告的内容包括：第一部分，评估的项目，包括目标、计划和实施方案；第二部分，基本过程，开展哪些具体活动，活动的概括介绍；第三部分，取得了哪些成绩，社会影响如何，对企业带来了哪些有利因素；第四部分，有哪些经验教训，失败的原因，带来何种不利影响，对企业造成什么样的损失；第五部分，评估结论，在分析总结的基础上，提出以后工作的基本构思、建议，提出方向性和建设性意见，提出主要解决措施或策略。

评估报告的形式分为两种：一种可以是中长期的工作总体报告，要求全面、系统和客观，需要分门别类地对评估结果作全面总体评价；另一种是单项或阶段性工作的评估总结，就某项活动或就某一阶段的工作进行衡量。

公共关系评估成果对于整个公共关系工作有巨大的应用价值，它可以承前启后，使下一阶段的公共关系工作得以高效、合理的开展。

案例分析

棋行大地　天下凤凰——南方长城2003中韩围棋邀请赛

以蓝天青山为背景，以雄伟壮观的南方长城为舞台，以大地为棋盘，以武林童子为棋子，你可以想象，这将是怎样壮观的场面？

“南方长城2003中韩围棋邀请赛”于2003年9月20日在湖南的湘西凤凰县内的南方古长城下盛大揭幕，其规模之宏大、场面之壮观堪称“前无古人”。而这场盛况空前的比赛与“万人多米诺”挑战吉尼斯大型主题活动一道成为“2003中国湖南旅游节”的压轴好戏，将全中国乃至全世界的目光都吸引过来。

早在2003年8月6日，由159吨重、厚度达5厘米的湘西红砂石和青石板铺成的总面积达1005平方米(棋盘边长为31.7米)的“世界第一围棋盘”已经在凤凰南长城制作完毕。一个月后，以“棋行大地、问天下谁是英雄”为主题的2003年中韩围棋邀请赛在该棋盘上群英逐鹿，一决雌雄。为了增强这次比赛的神秘性，棋赛组委会还别出心裁，在比赛前一天，先用13万平方米的进口红布将凤凰南长城所在的山体包得严严实实，在比赛开局时，起用两架直升机来进行揭幕。

万众瞩目的比赛终于开始。常昊、张璇这对“世界第一围棋伉俪”，在中国南方长城双剑合璧，分头迎战棋界各路英豪。而棋盘和棋子更是非同一般：在1000平方米的地上铺设棋盘，361名少林派和武当派弟子充当黑白棋子，随着双方主帅棋子的无穷变幻，在军令驱动下纵横驰骋。中国围棋九段常昊对垒韩国围棋九段“曹燕子”曹熏铉，而人称“棋界美人鱼”的张璇同时接受来自世界各地八位业余棋手的挑战。为了更加引人注目，棋赛组委会还邀请了中国著名画家黄永玉、武侠小说一代宗师金庸、著名建筑专家吴良庸先生等海内外文化名人以嘉宾身份观棋助阵。

此次邀请赛是由中国棋院主办，湘西土家族苗族自治州人民政府承办，湖南电视台卫星频道、凤凰古城旅游有限责任公司协办的经典围棋赛事，旨在充分展示东方文明的博大精深和源远流长，让棋文化、建筑文化、武术文化、旅游文化得到完美交汇，使旅游资源和文化资源进行有机整合，最终推动我国围棋运动和旅游事业的发展，增进国际围棋运动的交流与合作。大赛组委会坦诚地表示：希望能够通过这次活动，向世界展示神秘美丽的大湘西，使湘西凤凰的古老文明获得新的生机和活力，不遗余力地把凤凰乃至湖南推向世界。

这是一次棋界盛事，也是一次旅游盛会，更是一次各种媒体的大合唱。中央电视台五套、韩国围棋电视台、旅游卫视、湖南卫视、湖南体育

案例分析

频道、新浪网等百余家媒体对大赛盛况向全球进行了现场直播，新华社、《人民日报》、中央电视台、《中国旅游报》、《中国体育报》等近百家媒体记者赶赴现场采访报道。

资料来源：http://www.bookonline.com.cn/freepage/minglilai/ViewNew.asp? id=174

本章小结

如果广告是品牌的左膀，公关就是品牌的右臂，公共关系是品牌传播的有力武器。第一节介绍了公共关系的内涵，包括公共关系的定义、构成要素、特征和类型。公共关系在品牌建设中的运用，品牌的认知度、美誉度与和谐度构成了公共关系在品牌建设中的三大目标。第二节和第三节分别介绍公共关系工作程序中比较关键的三个步骤：公共关系策划、公共关系实施与评估。公共关系策划必须遵循目的性、整体性、时机性、周密性和灵活性的原则；公共关系策划程序分为三个阶段、九个步骤；从专题公关活动、特别公关活动、公关新闻报道和人际性公关活动的角度分别探讨了公共关系策划的技巧；公共关系实施要注意实施的整体协调、障碍消除、实时调整；公共关系评估是后续公共关系工作的依据，必须要掌握科学的评估方法、评估标准，并撰写评估报告。

思考练习题

1. 公共关系的含义是什么？它有哪些构成要素？
2. 公共关系在品牌建设中的三大目标是什么？
3. 公共关系策划应遵守哪些原则？其程序有哪些？
4. 公共关系策划的技巧主要有哪些？
5. 阐述公共关系的实施与评估的要点。
6. 请为你所钟爱的品牌策划一次具有新意的公共关系活动。

品牌传播与管理

9

品牌危机管理

本章学习重点

- 品牌危机的含义及特点
- 品牌危机产生的根源
- 品牌危机的预警管理
- 品牌危机处理的一般流程
- 品牌危机处理的策略
- 品牌危机善后工作

在世界市场一体化和现代数字传播时代，品牌所面临的不确定因素越来越多，而任何与品牌正向信息相左的事件或信息，将被冠之以新闻或公共事件得以无国界的传播。因此，品牌危机发生的概率大大增强，对于品牌管理来说，危机管理就成为一项最重要的工作。

第一节　品牌危机及其根源

一、品牌危机的内涵与特点

（一）品牌危机的含义

所谓危机，是指一种情境状态，在这种形势中，其决策主体的根本目标受到威胁且作出决策的反应时间很有限，其发生也出乎决策主体的意料。或者说，危机是一个会引起潜在负面影响的具有不确定性的事件，这种事件及其后果可能对组织及其员工、产品、资产和声誉造成巨大的伤害。

对于品牌危机，站在不同的角度，采用不同的思维方式，会有不同的理解。在危机研究过程中，专家、学者给品牌危机赋予了各式各样的定义。从广义上讲，品牌危机就是以无限多样的形式产生的，导致品牌价值、文化、个性以及发展、延伸过程受到阻碍或丧失的，预见或不可预见的事件、因素和条件。从狭义上讲，品牌危机就是导致品牌形象下降，品牌信誉受损，品牌产品销售量下降，甚至影响到企业形象的突发事件，如品牌质量危机、品牌形象危机、品牌服务危机和品牌技术危机等。本书主要是就狭义的品牌危机展开讨论。

按危机原因分，品牌危机可分为经营危机、形象危机、信誉危机、文化危机、质量危机、服务危机、人事危机、技术危机和品牌流失危机等。比如，出现高层带领核心员工集体跳槽到竞争对手处，就属于人事危机；外资并购后削弱品牌、搁置品牌等，就属于品牌流失危机。技术危机实际上在危机事件中占了很大的比例，如2005年宝洁公司“SK-II”安全危机；雀巢“碘超标”危机；索尼“问题相机”危机；白洋淀的红心鸭蛋危机；欧典地板诚信危机和戴尔笔记本电脑爆炸起火危机等。

按范围分，品牌危机可分为内部危机和外部危机。内部危机是指由内部人员或自身产品、技术、服务引起的危机，如索尼、夏普公司的“电池门事件”，奔驰公司的“砸奔事件”；外部危机是由外部其他因素、其他品牌或整个行业引起的危机，如蒙牛的“投毒恐吓事件”就是由社会不法分子挑起的危机事件。

按可防范性，品牌危机可分为预见性危机和突发危机。预见性危机是指可以提前做好各项危机处理准备的危机事件。突发危机则无法预见，可控制性不强，只能在危机发生后紧急采取行动，抑制危机蔓延。此外，还可以按针对危机的程度，分为重度危机事件、轻度危机事件等。

（二）品牌危机表现的特点

1. 突发性。危机的发生通常始料未及，不知道它在何时、何地，以何种方式发生。尤其在我国现今复杂而不够成熟的市场环境下，危机的因素多种多样，更加难以完全预测，没有规律可循。生产环节的繁冗，市场结构的多层次导致危机突发的概率越来越大。

2. 潜在性。千里之堤，溃于蚁穴。许多危机都是在经营管理中日积月累而成的，一个个小的问题不被重视，时间一长就会造成大的危害。

3. 被动性。大部分企业面对危机事件时，往往没有具体的解决方案来应对，没有建立合理的危机处理规则。面对危机，带有较强的被动性，或者在态度上不知道如何处理，或者在沟通对策上不够全面，或者丢失宝贵的第一时间。

4. 聚焦性。信息时代，科技的发达使得信息传播的速度空前提高，以电视、广播、报纸、杂志等大众媒体和互联网等新媒介为主导的媒介，为人们生活消除了空间障碍，提供了方便，同时也将危机事件导入人们的视线。危机事件发展状态被高度关注，发生危机的品牌、企业也成为人们关注的焦点。

5. 危害性。危机事件让品牌形象受损，品牌的美誉度和忠诚度下降，品牌文化受到冲击。虽然合理的危机管理处理机制可以把危机消灭在萌芽阶段，将危害降低到最小限度；但即使危机平息了，在危机事件发生的时间里，会受到各方的质疑、猜测和打击，利益相关者之间的斗争使原先的平衡关系遭到破坏，重新构建也需要大量的成本。如果危机处理不当，更可能导致品牌形象受到重创，甚至破坏到整个行业的信誉。

6. 双重性。危机其实并不绝对就是坏事，有时坏事也能变成好事。对于一个品牌和组织来说，危机是灾难，但从管理的角度来看，也意味着机遇。危机的到来，暴露出管理的漏洞，反而利于修缮；危机的处理中，发掘出有用的人才；利用危机高度的关注率，可以加强正面宣传，以力打力，把危机转化为机遇。

二、品牌危机产生的根源

品牌危机的原因可以从两个方面来分析，一是企业内部，即企业自身经营管理引起的危机。二是外部环境，即市场及经营环境等引起的危机。美国《危机管理》一书的作者菲克曾对《幸福》杂志排名前500名的大公司董事长和总经理，进行过一项关于企业危机的调查[①]，调查资料表明：①80%的被调查者同意，现代企业界面对的危机，就像死亡一样，已成为不可避免的事情。②在寄回调

① 转引自舒咏平：《公关托出名牌》，武汉大学出版社1999年版，第244～245页。

查问卷的公司中,14%认为,曾接受过严重危机的挑战。③被调查者百分之百地同意,他们的公司容易发生的危机不外乎以下11种原因:生产性意外;环境问题;劳资争议及罢工;产品质量;股东丧失信心;具有敌意的兼并;股票市场上大股东的购买;谣言或向大众传媒泄露组织内秘密;政府方面的限制;恐怖破坏活动;组织内人员的贪污腐化。④57%的被调查者表明,过去一年在组织内潜伏的危机已经爆发了。他们所讲的这些已爆发的危机中:72%日益严重;72%日益受到大众传媒的密切注意;32%受到政府关注;55%影响公司的正常运转;52%的公司利益和利润受到损失。另外,70%的受调查者当危机发生时已任现职,其中14%的人认为,危机损害了他们个人的名誉。⑤危机困扰的时间平均历时8周半,没有应变计划的公司,要比有应变计划的公司长2.5倍。危机后遗症的波及时间平均为8周,没有应变计划的公司,也比有应变计划的公司长2.5倍。

从作者的调查我们可以认识到:①几乎所有的组织都可能遇到危机,这甚至是无法避免的。②对危机有应变计划的公司遭受的损失要相对少些,说明了对危机进行预防的必要性。③危机对个人和企业的损害都是十分巨大的。④危机发生的原因很复杂。下面我们主要从企业的内部与外部来对品牌危机产生的主要原因加以分析。

(一)品牌危机产生的内部原因

1. 盲目延伸品牌。将现有品牌转移使用到推出的新产品上进行品牌延伸,虽然可以使新产品享用原品牌的市场号召力,降低新产品的传播成本,但如果没有顾及新产品与原有品牌之间的关联性,没有规范消费者对品牌的联想程度、市场竞争程度、产品开发技术等方面的关联性调查,盲目进行品牌延伸,不但不能开拓新的市场,反而会给原先的品牌带来负面效应,从而产生危机。

2. 企业资金链断裂。资金流动如同企业的血脉,倘若由于财务决策的失误而带来资金链的断裂,往往会引起员工、经销商、供货商以及银行与媒体的种种猜测,从而引发信任危机。而财务决策的失误又表现在企业过度的追求规模扩张和利润增长的同时,忽视了其背后不断扩大的资金缺口和债务规模,其结果往往是一招不慎、全局被动,使核心品牌正常运作受到制约,从而引发危机。

3. 产品质量下滑。在品牌初创及发展阶段,品牌的产品质量往往能得到企业上上下下的高度重视,因此能在精益求精中为品牌创建信誉。但在长期的运转中,易对质量产生麻痹思想,致使质量管理不到位、产品质量下滑,从而引发退货、投诉、曝光等现象,并带来品牌危机。

4. 人事制度不当。企业人事管理是人力资源管理的一个重要组成方面。如果企业的薪酬系统存在明显的漏洞,管理者为了谋得更多的超额利润而一味地要求工人加班加点;或缺失合理的激励机制,忽视与员工的沟通,必然导致骨干跳槽、关键员工流失。一些与管理者有过冲突的员工甚至会在流动后泄露企业机密，爆料企业的过失，使品牌产生危机。

5. 广告宣传不当。广告是企业将品牌、产品推向消费者的重要途径。如果广告与产品，与目标消费者的关联度低，对消费者内心需求把握不准，没有准确地刺激到消费者内心深处的需求，往往难以起到作用。此外，如果广告创意采用数证法、言证法、对比法，虽然数字和比较效果的承诺极大地激发了消费者的购买欲，构筑了重要的竞争壁垒，但是消费者如果发现使用后效果与广告所承诺的不符，就会萌生上当受骗的感觉，从而引发危机。同时还有一些大胆和颇有争议的广告手法游走在广告法规的边缘，突破了社会受众的接受底线，也同样会引起品牌形象危机。

6. 企业违法操作。企业高层违法操作往往会给整个企业蒙上阴影。如果企业的决策者因偷税、漏税、挪用资金等行为引发信任危机，甚至被捕入狱，则必然会导致股东内部权利纷争，经销商终止销售，供应商停止供应原材料，银行停止贷款，资金链断裂，产品不能输出，媒体推波助澜，其品牌往往会引发深层震荡，从而产生危机。

7. 跨境文化冲突。文化的冲突在跨民族、跨地区的大型企业中比较常见，价值观和意识的不一致导致在行动上得不到统一。跨国企业对本土文化不了解，致使市场区域划分不合理，产品设计不符合本土民众的生活方式，广告手法与本土民族文化冲突，而这些冲突会在企业各个层面上有所体现，其结果则是影响企业的正常运转，酿成危机。

8. 服务言行不一。现代市场经济从一定意义上说是服务经济，在各个层面的服务行为，如对经销商承诺的广告费、公关活动，对消费者承诺的售后服务、“三包”等如果跟不上，自然会触怒客户，引发危机。特别是进行连锁经营的品牌，员工每天直接面对消费者，其服务态度、售后服务态度更成为市场营销的重要环节。如果一味向消费者促销，服务态度恶劣，甚至恶意欺骗消费者，售后服务得不到保障，往往会由于投诉、网络发帖等而形成品牌危机。

（二）品牌危机产生的外部原因

1. 自然灾害。自然灾害往往是不以人的意志为转移的，因此，水灾、旱灾、雪灾、地震、海啸和龙卷风等的发生，往往会对品牌的运转产生意想不到的影响，如质量变化、供货断档和服务延误等，从而引发品牌危机。

2. 政治环境突变。政治环境突变指的是一个国家或者是国家之间，由于政局动荡、关系破裂，形成对社会经济生活运行的巨大冲击，引发重大变化。由此，必然对品牌的经营产生重大影响，并因此而产生危机。

3. 伪劣产品冲击。假冒产品通常以仿造商标的形式，或假借延伸品牌的形式，在虚假的分店经营出售；或直接仿制正品，以次充好，投放到市场上，导致正品遭受不白之冤。这些假冒产品多是借着正品的品牌影响力和消费者忠诚度来牟取非法利益,同时消费者识别劣质产品能力的限制和对品牌缺乏了解则往往会使这些伪劣产品暂时得逞。但伪劣产品是经不起时间考验的,特别是遇到要求进行包退、包换、包修的承诺兑现时,就会冲击到原品牌的信誉,从而引发诚信危机。

4. 同行恶意竞争。市场经济同时就是竞争的经济,竞争使得消费者能够获得相对物美价廉的商品,竞争也促使企业相互促进,行业得到发展。竞争的手段多种多样,可以是各自修炼内功来增强竞争力的,但也有通过卑劣手法来恶意竞争,从而打击对手、夺取市场份额的。如果有行为卑劣的竞争者恶意地向社会散布不准确消息,蓄意挖夺人才、窃取商业机密,甚至制造违法的市场挑衅行为,都会给品牌带来损害。

5. 社会误会传播。产品进入市场销售后,往往会因各种原因而致使品牌信息的传播受到损耗,如食品的食用保存方法、化妆品的使用方法及适用对象、电器产品的电路及操作程序等,如果消费者没有全部知晓这些信息,就会由于使用不当而引起后患。这时,消费者以及社会就会自然迁怒于品牌产品,其中虽然是由于误会而招致不满,但这些误会性信息经过非正式渠道传播,则必然对品牌造成损害。

资料链接

品牌健康检查表

健康标准	健康	有待提高	不健康
其品牌诉求以对目标顾客而言真实有效的价值和利益为基础			
传递了一个清晰而有力的品牌定义			
传递了一个清晰的"情感价值"			
传递了一个有魅力的、适合的个性			
赢得、建立和维持顾客的忠诚			
是目标顾客所熟知的			
得到目标顾客的尊敬			
传达和证明公司能力与顾客需求之间存在独特的匹配			
是竞争优势的源泉			
是一项价值日益提升、很多公司都希望收入自己麾下的投资			
对顾客期望和感知的变化作出回应,通过品牌演化保持良好顾客关系			
提升企业的赢利能力			
和企业战略保持一致			
与企业的整体品牌架构相适应			

续表

健康标准	健康	有待提高	不健康
为企业发展战略提供一个保护性的“光环”			
为新的竞争者或替代品的进入设置壁垒			
在市场上拥有一个独特定位,在顾客心目中占据一个位置			
清晰地传递和展示品牌的价值			
在一切可能的地点及场合与顾客进行持续不断的互动			
通过积极互动和正面联想,把品牌定义深植于顾客心中			
受到持续不断、稳定协调的管理和支持			
其价值能够统一地应用于所有营销组合要素及促销媒介			
能激发顾客的购买欲望			

资料来源:[英]彼得·切维顿:《品牌实施要点》,北京大学出版社 2005 年版,第 194 页。

第二节 品牌危机的预警管理

一、强化危机意识

意识是行动的指南,任何行为只有在意识的指导下,才能做到有目的、有方向、不偏离主题。而品牌危机意识将促使品牌经营行动变得警觉、思维决策也更加缜密。在当今这个变幻莫测的时代,任何一个行业、任何一家企业都有可能出现危机。古语云“生于忧患死于安乐”,这就要求企业特别是行业中的领跑型企业不能抱着一劳永逸的思想,而必须对危机从制度上给予重视,在意识上加以灌输,从管理实践上进行预练,并制定相关的应对策略。

微软公司创始人比尔·盖茨曾说到:“微软离破产永远只有 18 个月。”海尔集团总裁张瑞敏当着全体员工的面,将 76 台带有轻微质量问题的电冰箱砸毁,使员工产生了一种危机感与责任感,由此创造出了一套独具特色的海尔式产品质量和服务,譬如,“用户永远是对的”,“海尔卖的不是产品,而是信誉”,“真诚到永远”等,并逐渐派生出海尔的生存理念:“永远战战兢兢,永远如履薄冰”,更给人一种强烈的忧患意识和危机意识。可以说,海尔品牌不断走向成功,乃是以品牌危机意识作为思想基础的。华为的总裁任正非曾在《华为的冬天》一文中感慨地说:现在是春天吧,但冬天已经不远了,我们在春天与夏天念着冬天的问题。

显然,这些成功的企业用未雨绸缪的危机意识,用通俗易懂的言语给我们留下品牌危机意识重要性的深刻启示。需要说明的是,强化品牌危机意识的对象不仅仅是一个人或者两个人,它需要企业上上下下、全体员工都随时保持清醒的头脑,建立起“全民危机意识”,以确保危机防范的警钟长鸣。

（一）管理层需建立自觉的危机意识

一方面由于企业的高层管理人员能更深刻地体悟到市场竞争的残酷，另一方面作为企业决策人，所言所行都会影响到整个品牌，所以企业的决策者应当具有高度的品牌责任感，自觉树立起危机意识。企业的管理者在作出任何一项决定的时候，需要分析可能会给企业带来怎样的危害，关注它的优势、劣势、机会和威胁，确定给企业带来的伤害是暂时的还是潜在的，做到心中有数。要重视下级管理人员和基层员工的建议与意见，也许某个危机已隐藏存在，老板、管理者没有发现，但是却被企业的某个员工及时地发现，因此，要提倡员工敢于将企业内存在的危机大胆讲出来。作为企业的领导者，企业的高层管理人员应当紧密联系各级管理人员和基层员工，积极倡导危机意识，把危机意识传播到整个企业中去。敢于创新，不落俗套，建立合理的制度和激励机制，唤醒员工们的危机意识，以免危机来临的时候孤军奋战。

（二）企业员工需进行危机意识的灌输

员工是企业的主体，任务的具体实施者。每一位员工既是成功的创造者，也可能是危机的制造者，所以只有员工自觉、自发地参与，杜绝一切不合理因素的影响，充分发挥自己的潜能，保持危机感，才能形成具有整体战斗力的队伍，从而避免危机的产生。即使在危机发生后，也可以齐力应对。但由于普通员工对市场信息把握不全面，对危机的认识不够深刻，这就需要通过宣传培训来进行危机意识的灌输。即危机意识不能仅仅作为一个漂亮的口号来呼喊，而是要通过具体的教育及行动上升到企业的发展战略中，注入企业的文化中，引发大家的危机感，并且一直保持下去。如小天鹅集团，曾在品牌销售势头最好的时候，大张旗鼓地在全公司推行“末日管理”，向全员普及危机意识，令员工震动不已。在推行“末日管理”中，小天鹅还引进特殊的比较法参与竞争，与国际名牌、国内同行以及市场需求展开比较、找差距，把市场作为经营活动的出发点和归宿。

二、建立预警系统与机制

（一）引入质量保证体系

质量是建立品牌信誉的第一关口，品牌战略或名牌战略实际上是一种质量战略，因为消费者选择产品，总是以上乘质量的产品为选择对象。产品质量问题由于具有发生方式直接、波及主体多、影响传播快等特点，给品牌带来的危害将是致命的。据调查，质量问题是品牌危机中最为常见的因素。因此，建立健全质量保证体系和质量标准规范，严格执行质量监控考核制度，强化职工岗位技术培训，将质量管理贯穿到生产经营的每一个环节，把好质量关是预防品牌危机发生的根本举措。

设计说明与施工规范要求不一致，工人个人经验和技术参差不齐，没有严格的培训计划与培训记录，技术参数没有统一，作业流程没有质量记录，质量审查没有规范的标准和程序或者没有认真贯彻落实标准，这些往往是导致质量出现问题的主要原因。这就需要通过获取国家质量标准、国际质量标准认证，促进质量管理。我国产品质量认证有安全认证和合格认证，前者依据安全标准和产品标准中的安全性等项目进行认证，经批准认证的产品可以使用国家规定的"安全认证"标志；后者以产品标准为依据，要求实行认证的产品质量符合产品标准的全部要求，已经批准认证的产品使用国家规定的"合格认证"标志。

国际上产品质量认证有ISO(International Organization for Standardization)质量认证体系与HACCP(Hazard Analysis and Critical Control Point)认证。ISO9000标准由国际标准化组织(ISO)制定，它是现代质量管理和质量保证的依据，提供了建立质量体系的基本要求，也是企业进行质量管理的基本要求。体系认证在审核时指派多名国家注册审核员到企业现场评定，定期对企业进行监督核查，以保证质量体系正常运行。无论是私营还是国企，无论规模大小，生产经营性还是服务性，都可以申请认证。具体程序分为5个阶段：认证申请、受理申请、体系审核、审批与注册发证和监督管理。取得认证说明企业有一个好的质量标准体系，而要达到高的质量标准更需要后续的监督审查。监督审查除了认证机构的定期审核，更多的应该是企业内部的监管，如制订内审计划，成立审核小组，依据ISO9000标准、质量手册、程序文件、质量计划和记录，甚至是法律要求，分析判断，及时发现问题，制定合理的奖惩制度，并进行跟踪核查。

HACCP质量管制法，是美国首先发展起来，后被联合国食品法典委员会采纳并向全球推广。它是一个为国际认可的，保证食品免受生物性、化学性及物理性危害的预防体系，主要是通过科学和系统的方法，分析和查找食品生产过程的危害，确定具体的预防控制措施和关键控制点，并实施有效的监控，从而确保产品的安全卫生质量。

(二)掌握预警信号

德国人帕布斯·海恩提出，每一起严重事故的背后，都有9次轻微事故和300起未遂先兆以及1 000起事故隐患。这就是著名的"海恩法则"。这一法则虽然是针对航空界飞行安全而言的，但他所揭示的"事故背后有征兆，征兆背后有苗头"，对于当前我们阐述的品牌危机管理也是有警示作用的。

危机预警信号就是潜伏或表现在危机来临前的各种不安定信息，在危机管理中的地位应该是最前端的。如果能够机警地获取危机信号，根据危机信号调整战略部署，即使不能做到最终避开危机，起码能将企业应对危机被动挨打的损失降到最低。飞机起飞前需要做安全检查、零件测试、性能检查。企业危机的信号也并不是那样不可捉摸，而可以作出量的评估。

在财务方面，如一家企业同时在许多地方大举收购其他企业，同时涉足许多不同领域，则可能使企业因负担过重、支付能力下降而破产。财务报表不能及时报送，财务信息公开延迟一般都是财务状况不佳的征兆。但这只是提供一个关于企业财务危机发生可能性的线索，而不能确切地告知是否会发生财务危机。对这样的公司不仅要分析会计报表，还要关注会计报表附注以及有关的内幕情况，防范风险。在缺乏严密的财务预算与管理下，较大幅度增加贷款只能说明该企业资金周转失调或赢利能力低下。财务预测偶尔发生误差，是十分正常的事情。但是如果预测结果与实际状况长时间发生很大差距，说明企业即将发生财务危机。

人事管理方面，危机信号有主要骨干突然辞职；重要培训项目失败；薪资系统的明显漏洞；员工大量流失和员工罢工等。人事的变动会给企业带来大量财力与物力的浪费，因为企业在培养人才时投入了时间和资金，人才流失后又在短时间内难以找到合适的员工，同时还可能冲击整个队伍的士气。企业不想成为“人才培养基地”，就得做好人力资源管理工作。

产品质量方面，危机信号有市场份额逐渐萎缩；部分销售终端有消费者投诉现象；中间商转移进货渠道等。市场份额具有十分重要的宣传与指示作用，对公司的市场分析及进一步提高销售有指导意义，是公司对外宣传并在业内定位的主要依据之一。销售部门要及时上报销售统计报表，让总部实时监控销售状况。当有消费者投诉产品质量问题的时候，要马上专案调查，确定是产品生产环节的问题还是假冒伪劣产品造成的，从而防患于未然。

（三）建立预警组织机构

在品牌预警组织管理中，我们需引入危机管理框架结构。这种结构是专门为国际上一些著名的大型跨国公司设计的，以满足危机情景下的策略与政策需要；同时，保持与运营指挥和反应过程的清晰联系。危机预警机构中设置一名首席危机管理者（CCM），下设危机管理者（CM）、管理联系部（MLO）、信息整理部（INCO）、公众与媒体部门（PUMO）、咨询形象管理部（IMMO）、主要咨询团体（PAG）、指挥协作部（CACO）与战术反应部（TRU）。该组织结构为功能垂直结构模式。管理权利集中于领导者，危机的预防和处理按照功能分成若干垂直管理系统，每个系统直接由高层领导指挥。其优点是有利于集中有限的资源，按照总体设想向最有利的方向发展。

首席危机管理者需要掌控大局，稳定军心，尽可能多地给危机管理组织提供资源和便利。因此，一般首席危机管理者需要由企业中的高层领导成员来担任，有些企业就直接由董事长或者总裁兼任。从大类分，可以把众多部门归成两类，一类是咨询与信息系统，一类是决策和操作系统。管理联系部、信息整理部、公众与媒体部门属于前者；咨询形象管理部、主要咨询团体、指挥协作部与战术反应部属于后者。管理联系部不需要太多人，是危机管理者与首席管理者双方信息的交流点，并保证危机管理者与各部门之间的信息交流畅通；信息整理部处理的信息主要来自外部，比如，危机的信号、危机的进展情况等等，而不仅是协调预警组织内部的信息；公众与媒体部门主要是面向公众，设定一个平台与之互动；咨询形象管理部可以协调企业内部的情绪；主要咨询团则需要由各个方面的专家组成，提供最权威的消息与方案；指挥协作部将咨询团的意见和咨询形象管理部综合的总结提供给危机管理者；战术反应部主要实行品牌危机公关活动。

第三节　品牌危机的化解管理

一、危机处理的程序

（一）成立危机事件处理小组

迅速成立以企业领导和公共关系人员组成的处理事故临时小组，把握事态的发展动向，确立事故处理的基本方针和对策。小组的机构有最高决策者、策划组、信息组、实践组和后勤组。最高决策者通常由企业的最高领导担任，主要是听取各部门的意见作出最终决策，并监督各部门认真执行。策划组应包含法律专业人员、管理专业人员和外聘专家学者，主要是给出专业见解，提供专业应对策划。信息组应该由市场开发部人员、媒介管理人员、各销售终端的信息反馈人员组成，主要是收集市场消息、产品销售情况、消费者和媒介反应等。实践组由公关部门、外聘公关顾问、谈判人员和业务人员组成，主要实施一些具体的对外对内的活动。后勤组由公司其他部门组成。小组成员应具备的基本素质是：积极乐观的态度，头脑清晰，沉着稳重，良好的心理承受能力，责任心强，大方自信；身体健康，反应敏捷，精力充沛；客观公正，人际关系好。此外，还需要具备良好的专业素质。

此外，危机处理小组行政权利要独立化，小组各部门直接向最高领导汇报情况，减少因程序繁琐造成的工作效率低下。采取危机事件优先处理原则，企业其他各部门不得干扰，而应积极配合。

（二）收集危机信息

信息是危机化解管理中最为重要的依据，获得充分、及时、有效的信息，是成功克服危机的重要保证。所要收集的信息主要有：危机事件的初步原因；危机事件最直接受害者的伤害程度，受害者的反应，有没有必要采取具体的行动；媒体对事件的报道程度；消费者和大众对事件的看法；企业内部及经销商对事件的看法；企业目前应对危机所需的资源是否充足等。其次，信息来源的真实性也很重要，避免某些人员或部门为了逃避责任而隐瞒事实，需要在调查中，扩大调研的广度和深度。此外还需掌握：①原始消息，即企业可以通过监测报刊、电视、电台和互联网等对危机的报道，了解媒体和公众对危机的态度、观点和行动。②直接消息，即到现场去捕捉信息。一种是深入现场，与受害者或危机利益相关者或目击者面对面接触，直接获取信息；另一种是在企业内部举办研讨会，就各职能部门或相关责任部门掌握的情况向企业最高责任人汇报，对危机事件的发展趋势，可能带来的后果展开讨论，把会议中提出的重要信息记录下来。

（三）危机的及时控制

在掌握了第一手信息之后，企业要争取时间尽快把危机消灭在萌芽阶段。否则，危机蔓延后造成的影响更大、处理难度也更大；同时，企业受危机影响的时间越长，损失也越大。在危机的及时控制中，主要工作如下：

1. 先和受害者、受害者家属或危机直接利益相关者沟通，针对危机的原因客观公正地处理。如果过失在受害者自身，就要解释清楚事件的原因。如果过失在企业，就要向受害者诚恳地表示道歉，对事件造成的伤害进行赔偿。

2. 在最短的时间内，调出企业应对危机的各种储备资源，包括资金、硬件设施、历史信息和应急方案等。

3. 隔离危机传播。在危机信息还没有扩散时，通过各种途径隔离危机传播途径，以免事态蔓延。沟通受害者，避免消费者之间的口碑传播；杜绝企业内部不良消息的传播；截断危机信息向大众媒介的传播。

（四）危机处理计划的制订

在初步控制危机、赢得时间后，要对危机产生的深层原因进行调查，全面评估危机事件后果，列出危机处理的规划和时间表，并以文本形式呈现；合理整合和调配资源，在时间安排上遵循优先选择原则，并且时间长短与任务轻重的安排需要考虑到具体的情况，做到科学、高效；注明所需执行任务的分类及承担人的权责，条理清晰，做到权责对等，有据可查。危机处理计划的具体内容主要涉及对待危机事件的态度、遵循的原则、沟通的范围等。

（五）危机处理计划的实施

危机处理的计划执行，要有步骤、高效率、有条不紊地进行，同时也需要灵活机动，具体情况具体分析，不能生搬硬套。图 9－1 显示了危机处理流程的五个步骤。

二、危机处理的策略

（一）端正态度

面对危机，为什么有的品牌能够趋利避害，有的品牌则前功尽弃；有的品牌能够起死回生，有的品牌则一蹶不振。危机，对有的品牌来说是一次历练，对有

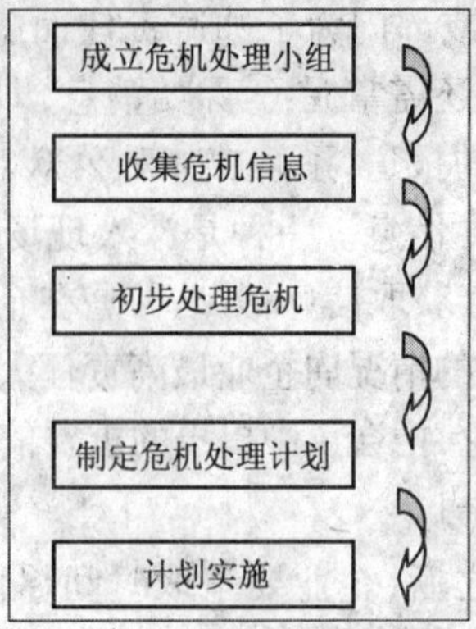

图9-1 危机处理的流程

的品牌来说却是一场真正的灭顶之灾。实际上，作为消费者、客户、大众或者媒体，当他们受到伤害的时候，更希望看到的是企业对危机，对消费者、客户、大众和媒介的态度。正所谓“态度决定一切”，良好的态度才能减轻危机的危害，从而有可能转危为安。

1. 开诚布公。随着时代的进步，消费者素质也在提高，他们不再盲目、随意、冲动，而是变得越来越理性。消费者能够获得消息的渠道也越来越多，能够根据获得的消息对危机作出比较准确的判断。对于显而易见的错误，如果企业没有坦然地去面对，那么品牌的信誉度将何存。公众对企业的期待如果落空，企业在人们脑海中的良好企业形象将会恶化。再者，如果企业提供的信息不够真实和透明，那么消费者就会按照自己的理解去设想问题的严重性，从而产生曲解，一个小事件在人们的传播中就会变成一个大灾难，而且纸是包不住火的，一旦败露，则会造成更大的伤害。只有以“诚”的态度承认失误，开诚布公地说明事情的原委，诚恳地接受批评，才能淡化矛盾、转化危机。

2005年5月25日，在迎“六一”儿童商品抽检中，浙江省工商局公布了近期该省市场儿童食品质量抽检报告，其中黑龙江双城雀巢有限公司生产的“雀巢”牌金牌成长3+奶粉赫然被列入碘超标食品目录。雀巢公司给媒体发布声明称，“雀巢”碘检测结果符合《国际幼儿奶粉食品标准》，“雀巢”金牌成长3+奶粉是安全的。当全国各大超市将“雀巢”金牌成长3+奶粉全面撤柜后，雀巢中国公司却表示对“问题奶粉”不实行召回。面对媒体的负面报道、消费者的种种质疑、政府的严厉措施，雀巢面对品牌危机却经历了消极应对——积极自辩——公开道歉——只换不退的步步退让，最后才不得不宣布将产品召回。为此，雀巢公司技术总监坦言，雀巢公司付出了惨痛的代价！

2. 积极主动。很多企业在应对危机的时候采取沉默的方式，或是拖拖拉拉、态度怠慢，结果往往就会被动挨打。如危机发生后，自恃高傲、不重视危机，在媒体和大众的质问下，躲躲闪闪、答非所问，甚至逃避采访；处理危机的时候，对事件的严重性估计不足、轻描淡写、过于轻率等。某些企业在部分产品出现质量问题以后，只换不退，不停止销售，也不召回，产生了极坏的影响。因此，无论面对的是何种性质、类型及起因的危机事件，企业都应该主动积极进行处理，赢得主动权，获取缓和的机会。

从2006年2月开始，关于博士伦公司属下产品——润明护理液可能诱发眼疾的危机陆续在新加坡、马来西亚、中国香港和中国内地爆发，多年来稳健发展的博士伦公司遭遇到少有的产品信任危机。2月23日，博士伦发表声明：暂停在新加坡和香港出售润明护理液，但这一举措是出于自愿，并非回收产品。2月23日，上海接报10余起隐形眼镜、护理液相关不良反应。同时，北京多家眼镜销售商将博士伦护理液全部下架或暂停了对博士伦护理液的销售。4月13日，北京博士伦宣布，表示可以对进口的美国生产润明水凝护理液产品实行换货处理。5月11日，博士伦中国公司向媒体发布公开声明表示，从即日起自愿在中国停售国产润明水凝护理液产品。随着调查的深入和时间的推移，在没有明确证据证明博士伦的产品为绝对安全之前，博士伦做出了主动承担责任的姿态。博士伦首席执行官罗纳德·扎雷拉估计，此次全球回收行动将使公司损失5 000万~7 000万美元。虽然付出了牺牲短时市场份额和利润的代价，但此举无疑帮助博士伦最终赢得了消费者的好感。

3. 承担责任。在证实了危机是企业方的错误后，企业应当敢于承担责任。道歉是至关重要的，及时地承认错误，明确阐述自己观点，解释事情的原委，向消费者表达歉意，也就铺设了后续事件的感情基调。弱者往往会受到同情，即使它犯了错，但只要能够和公众站在一起，把他们的利益当成自己的利益，是可以获得大众支持的。

（二）迅速反应

时间是品牌危机管理中非常重要的因素之一。一旦发生危机，最初的几个小时或者最初几天对危机管理者来说是黄金时间。因为危机发生后，遭遇危机的企业会成为众人注目的焦点，其一举一动都可能对事件的发展产生决定性的意义。倘若对危机认识不够，反应速度迟缓，媒体和公众会无端猜疑，更严重的是竞争对手会趁此落井下石。如果企业原本没有错误，就会蒙受不白之冤。即使危机是由企业造成的，那么事态也会发展得更加严重，甚至可能将品牌危机演化为企业危机。相反，如果企业把握住了时间，把消息导向有利于企业的方向，把握主动权并避免危机扩散，就能把危机消灭在萌芽阶段，及时控制损失。

品牌危机通常都是突发的，时间短缺是危机的特征，那么应该如何抓住时间，如何在有限的时间内做出全面正确的反应呢？

1. 迅速查清危机源头。任何事物的存在都有其存在和产生的理由，只有找到危机产生的源头，才能顺藤摸瓜、釜底抽薪，从根本上解决问题。这就要求管理人员有敏锐的洞察力和犀利的判断力。其实查找危机源头并不困难，只要管理人员做个有心人就能立即找到。如当红牛“被查事件”发生后，红牛维他命饮料有限公司品牌策划管理部部长连续接到两个电话，询问进口红牛被查事件。根据这一线索，他马上查找信息来源，并及时向总经理汇报，与负责质检、工商、法律等部门紧急沟通，成立危机管理小组，弄清事情真相，出台应对举措。当天下午2点，红牛公司立即召集条法法律部、客户服务部和品牌部等相关人员召开紧急会议，并一致认为必须向公众澄清事件，并消除由此可能带来的负面影响。会议对危机处理的各项事务作了详细的安排并指定相关责任人，因此争取了时间和主动权，避免了混乱。

2. 迅速作出权威解释。现代社会，信息传播之快几乎让人瞠目结舌，媒介或者出于维护社会大众的利益，或者出于炒作赢得收视率，会及时刊登或播报政府及职能部门对企业采取的查处行为。尽管没有明确指明是该企业的错误，但是按照人们的一般逻辑会把矛头指向企业。媒介是大众舆论的向导，而且有些媒体在事实没有确认之前也会作出一些错误的推断。对于这些不利的消息，作为品牌主的企业应该立即发表权威信息，进行更正，并发布权威解释。比如，可以给一些主要的媒体发送新闻稿，郑重声明危机产生的真实原因。有可能的话，应在第一时间内举行新闻发布会，发表声明。由企业总裁出面对媒体发表意见，以免今后只能听任媒体的炒作和分析，没有足够的回旋余地。

2005年3月15日，上海市相关部门在对肯德基多家餐厅进行抽检时，发现新奥尔良鸡翅和新奥尔良鸡腿堡调料中含有“苏丹红一号”成分。16日上午，百胜集团上海总部通知全国各肯德基分部：从16日开始，立即在全国所有肯德基餐厅停止售卖新奥尔良鸡翅和新奥尔良鸡腿堡两种产品，同时销毁所有剩余调料。3月16日下午，百胜发表声明，宣布新奥尔良烤翅和新奥尔良烤鸡腿堡调料中被发现含有“苏丹红一号”，并向公众致歉。百胜表示，将严格追查相关供应商在调料中违规使用“苏丹红一号”的责任。同时，开通24小时消息热线，并迅速在主要媒介投放相关广告，从而树立了诚恳的品牌形象。

（三）有效沟通

1. 处理好与媒介的关系。媒体的性质、任务和特征决定了它是一把双刃剑，它在打造企业品牌的过程中发挥着不可磨灭的作用，也将一个个品牌推到风口浪尖上。在品牌危机中如何很好地处理媒介公关，为己所用，对企业来说也是一门艺术。长期以来，我国媒体更多扮演的是一个政治舆论工具的角色，随着改革开放与市场经济的深入，新闻媒体除了传达政令，还有娱乐、教育、服务、广告、传递信息和舆论监督等多种功能。对于企业来说，它可以引导舆论导向，塑造良好的品牌形象，推动消费者的购买欲望，同时它也监督着企业的各种不良行为，维护大众的利益。

当品牌危机发生后，一般媒体都会做相应的新闻报道，给消费者和读者说明危机的事件真相。然后进行深度报道，即使在危机基本平息后，很多媒体不仅会对事件本身做深入报道，还会进一步挖掘企业在经营层面、投资层面、技术层面等方面的问题，导致对企业整体的质疑。很多媒体在危机完全停止后还会对企业在该危机处理中的态度、过程进行评论。可见，媒体在品牌危机消息传播中具有先锋作用，一旦缺乏有效沟通其破坏性非常大。一般来说，在危机被报道后的24小时内，会爆出无数带有臆想色彩的信息。如果这时企业的管理者比媒体晚了一步了解更多的信息或者真相，那么在媒体公关中将会很被动。如果不能与媒体达到良好的沟通，企业为解决该事件所做出的努力就无法传达给相关公众，而关于危机的负面报道则是连续不断的，这就在无形中增加了解决危机事件的难度，使企业在危机事件的处理中更加被动。因此，及时有效地与媒体保持沟通，就可能从消除危机方面获得媒体的配合与支持。

(1)积极配合媒体。在应对媒体时，有的企业因为想遮掩错误或者因没有完全调查清楚危机事件的起因而拒绝采访，企图靠时间来冲淡危机。然而，对媒体来说，沉默和回避也是一种回答，被理解为默认、逃避、不以为然。特别是跨国企业，由于民族原因更容易被扣上“傲慢”、“冷酷”的帽子，诱发民族排外情绪，大量的媒体都会以一种义愤填膺的姿态看待发生的危机事件，其报道也会明显地偏向负面。这不仅仅会对该品牌带来灾难，而且会波及企业旗下的其他品牌产品。因此企业要跟媒体主动沟通，把它们当作朋友而不是敌人。

(2)提供唯一消息渠道。危机发生后，媒体会到处寻找消息。他们首先会从企业的管理层获取消息，然后会向企业的员工打听消息。这时消息渠道变得尤为重要。在危机还没蔓延时，企业上下应该统一口径。在面对媒体的时候，应该由有决策能力的重要管理人员出面澄清，比如说总裁和副总裁，即有一定发言权的人物。作为企业的新闻发言人，应提供所了解的全部事实，并且必须强调所确认的事实和观点；提供一些必要的原始材料，如一些照片、各种设备的最新技术指标、图表等，用来介绍给相关的组织和媒体，作为媒体报道危机事件的第一手资料。2005年4月17日，国内有媒体报道“高露洁牙膏可能含致癌成分”。随着这则新闻在国内的扩散，高露洁在中国消费者中的品牌信任度受到严重质疑。国内主要城市的各大卖场，有一部分超市在等待国家有关部门最后给出确切的检测结果，而有些超市已经开始将高露洁产品撤下货架。面对国内各大媒体的质疑，广州高露洁棕榄有限公司统一了消息口径：“高露洁全效牙膏已经由全球相关权威机构审查与批准，其中包括美国食品与药品管理局、英国药品及健康管理法规署以及多家政府管理机构。在世界各地，没有任何政府的有关机构要求收回高露洁全效牙膏。”高露洁含致癌物质是高露洁进入中国市场后遭遇的最大危机。在这场危机中，高露洁公司通过向媒体发表声明，阐明公司对于含致癌物质的态度,再通过在北京召开新闻发布会进行反击等一系列措施来进行危机管理,有效化解了品牌危机。

(3)注意沟通技巧。在与媒体沟通的时候,可能媒体已经对外发布了不利于企业的消息。这时,有的企业非常恼怒,指责媒体的报道失实,强烈要求媒体撤销不良报道,并以不再向其投放广告或者不再赞助其活动等利益相要挟,显得十分不明智。此时的媒体只是站在大众的立场按照它们的原则进行事实报道。从某种意义上来说,他们是中立的态度,只是一个提供信息的平台。企业在与媒体沟通的时候,应当冰释前嫌,耐心地解释,争取化敌为友,而不能被利益驱动。

2. 处理好与消费者之间的关系。企业与消费者是水与舟的关系,水可以载舟也可以覆舟。消费者是产品的购买者,离开了消费何谈市场,没有市场哪有品牌拥护者,又哪有企业的生存发展;没有了消费者,企业就成了无本之木、无水之源,企业财富的源泉归根结底是由消费者提供的。而且企业还需认识到,大多数品牌危机是由于怠慢了消费者而引发的。如2003年7月12日,广州两消费者到麦当劳用餐,发现所点的红茶有极浓的消毒水味道。现场副经理解释,可能是店员前一天对店里烧开水的大壶进行消毒清洗后,未把残余的消毒水排清所致。两消费者与麦当劳相关人员就赔偿等问题理论和争执长达两个多小时之后,店长和督导才到达现场。在工商局工作人员赶到现场调停近一个小时后,沟通最终仍以破裂收场,消费者愤然报警,从而引发危机。

因此,危机沟通最重要的对象乃是消费者,虽然与媒体的沟通也非常关键,但实质上媒体是将信息传达给了消费者大众。也就是说,沟通的最终对象其实就是消费者。因此,要把握住本质因素,才能做到不本末倒置。与消费者融洽沟通,首先要了解消费者的一般特点。

(1)消费者是成熟的。随着消费市场越来越成熟,消费者也越来越理性,面对琳琅满目的商品,人们从不断的消费和比较中学到了越来越多的经验。消费者不仅在乎产品的品牌,还在乎产品的质量和性能保证;在消费过程中,消费者对产品信息的知情要求越来越强烈;在销售过程中,消费者觉得获得了所需的真实信息,才会作出购买决策。在品牌危机出现后,消费者只有得到最真实的消息,才会对品牌、对企业作出正确的价值判断,才不会按照自己的理解去设想问题的严重性,曲解事件,使小危机转变为大灾难。

(2)消费者是坚强的。倘若消费者的伤害得不到合理的解释,他们会为维护自己的权益坚持到底,而且国家的政策、法规、条例也为消费者提供了法律的依据。比如,消费者会充分利用"三包"规定维护自身权益,在"三包"协议得不到保障时,消费者会求助于消费者保护协会。当有重大伤害时,他们会求助于律师,并且不屈不挠地将企业诉诸法庭。

(3)消费者是善良的。经营者与消费者之间没有根本的利害冲突,二者的关系是相互依存,整体利益相一致,只是在具体利益上有冲突。企业要以最小的投入获取利润最大化,消费者追求物美价廉,二者的矛盾仅此而已。即使在受到严重伤害之后,得到恰当的安排与抚慰,消费者并不会纠缠不休。

了解了消费者的如上特点,在品牌危机发生时,企业就可以有针对性地与消费者沟通,加大信息交流,消除矛盾和摩擦引起的误解和不解。在产品面临顾客抱怨和质量危机时,从顾客的角度去寻找解决危机的策略,该换的换,该退的退。在发现质量问题时,及时公告大众,并且停止销售,召回市场上的问题产品。对消费者造成伤害的,要及时通过新闻媒体向社会大众发表道歉公告并予以补偿,以显示对消费者、受害者的真诚,从而赢得社会公众和舆论的广泛理解和同情,坚持做到“顾客是上帝”的准则,言行统一。

3. 处理好企业内部的关系。企业内部由三个层面组成:高层管理人员、员工和股东。危机发生后,对上级部门的沟通应当及时,实事求是地汇报事态发展情况,进而与上级有关部门保持密切联系以求得帮助。高层管理人员在企业有较高的决策权,对企业各方面的情况比较了解,而且在外界有较广的人脉。作为高层领导,首先自己要心理素质过硬,镇定自若,才能保持清醒的头脑掌控大局,运筹帷幄。几年前,某保健品企业的总裁在公司遭遇官司时,一审败诉便卧病在床了。缺少信心和气势,企业离衰败就不远了。高层领导要高度重视危机,要如履薄冰,认识到任何一点小小的闪失都可能引爆一些大的问题。

员工是公司的一分子,员工的态度与公司的生死存亡息息相关,因此应引导员工与公司形成休戚与共、同呼吸共命运的关系。在危机化解中,首先需要稳定员工的情绪,减轻员工的心理压力,向员工告知危机真相和企业采取的具体措施,及时对话,消除员工心中的疑虑。其次,在员工和管理层建立透明的沟通渠道,调动大家的积极性,发挥他们的主人翁精神。员工可以随时随地地识别企业极为细小的弱点和缺陷,因此要了解和收集员工的建议和意见,同心协力,共渡难关。比如,召开党员干部大会、各事业部门员工大会,把企业的情况向全体员工进行通报,设置危机事件员工咨询处等。最后,在员工中统一口径,保证对外言行一致。这就要求企业在指定新闻发言人的基础上,向员工传达好统一的态度。事件的缘由或其中深层次的原因都由发言人来解释,而员工对外只解释基本的原因而不发表其他言论或讲话,避免企业内部信息传播的混乱。因为这样会导致公众对信息间的差异疑窦丛生,引起更多的猜疑,使事态更趋复杂。

很多企业在出现危机的时候,往往把注意力关注到解决事件的本身,重视对公众的解释而忽视对股东的解释。充裕的资金流和良好的信誉是企业财务储备的保障,为了说服股东继续向公司投资,企业高层应向股东告知实情,并把股东请到生产车间，让他们亲眼目睹企业员工高昂的士气，从而恢复股东的信心。

4. 处理好与竞争对手的关系。商业竞争本身就是此消彼长的过程，商场如战场，尤其到了鱼死网破的竞争阶段时，会表现得更加明显。而良性的竞争与合作相伴相生，当企业危机发生的时候，竞争对手是明哲保身，是施以援手还是落井下石，对正遭遇危机的企业将会起到极为关键的作用。下面我们分析发生危机时，竞争对手的心理状态。

在某个企业发生品牌危机的时候，同产品的其他品牌或其他企业一般不会直接加以指责，或私下散布谣言趁火打劫。落井下石是一种比较低级的做法，哪怕是间接的落井下石。因为大众具有识别性和判断力，这种趁一个企业陷入危难之际而落井下石的行为无疑会有损企业良好的社会形象。而且竞争对手在采取行动的时候，也要考虑诸多因素，如人力资源是否充分、资金是否充足、基础设施是否完备等。虽然都力图从对手的危机中找到机会，但仍会慎重考虑，造成对手麻烦的同时可能也会给自己带来麻烦。当自己遇到麻烦时，对手肯定也会反过来打压。所以在一个企业发生危机时，竞争对手企业想到的不会是落井下石，更多的是考虑如果这种危机发生在自己身上，该怎么去应对。在一个受到媒体和大众质疑的市场中，特别是当企业对自己产品不自信的时候，也许选择沉默是最好的方式。即使企业想拓宽自身市场，也会间接地填补对手留下的市场空白，如采取加大广告投放量、增加卖场及店面促销力度等方式扩大本品牌的市场份额。

因此，在危机发生的时候，把竞争对手划归到利益相关范畴很有必要。主动和竞争对手的高层保持一定的沟通，取得对市场和对产品认知的默契，通过贸易合作或其他手段达成共识，避免“后院起火”。但不要奢望竞争对手或同行业、同产品的其他品牌企业一定会站出来为你说话。单个品牌发生的危机容易引起整个产品链的危机，牵连到其他品牌。作为产品范围内的主导品牌，它所采用的生产工艺或者管理方式、销售渠道，可能是整个行业普遍采用的，即使不完全一样也有关联性。如果一家公司品牌的产品发生了食品中毒事件，其他同类产品也可能遭到怀疑，如果另一个企业站出来辩解，反而会招致更多的怀疑，这犹如拿起石头砸自己的脚。倘若危机明显不会蔓延到其他品牌，那么竞争对手或其他品牌也许会与之形成战略团体，做一个顺水人情，为企业以后良性竞争奠定基础。

在化解品牌危机中，企业需注意不能把竞争对手或整个行业都拖进危机。有些企业面对危机，会在行规或整个行业约定俗成的做法上找原因，大声宣称“不少同行就是一直在这样做”、“这种做法是符合行规的”，而没有从自身找原因，以为拿整个行业的力量来与消费者叫板，会让消费者知难而退。这样做实际上无形中已经得罪了竞争对手和整个行业，在危机事件中会更孤立无援，众叛亲离。例如，冠生园“陈馅月饼”事件发生后，企业没有从自己管理体制和产品品质上分析，反而义正词严地说：“使用陈馅做月饼是行业里公开的秘密，没有什么大不了的。”就是这样不负责任的言论让有着80年悠久历史，一直都展现良好形象的企业怦然倒塌、一蹶不振。

5. 处理好与权威机构的关系。权威机构包括：政府、司法机关、工商行政部门、技术监督执法部门、质量检疫检察机关、卫生检疫部门、消费者协会和行业协会(行业专家)等。这些权威机构在企业的发展过程中既可担当保护神的角色，为企业的发展指引方向，同时也可以通过行政和法律手段对企业实施控制。一旦发生问题，它们必定会跟踪检查。危机发生的时候，企业首先要争取社会公众的理解和信任，这就要求企业积极主动地挽救信誉。政府机构、行业管理部门等对企业的评价往往具有决定性的力量，它们的结论往往是公正评判的最终依据，而且权威机构的鉴定支持具有较高的公信力。司法介入可以追究造谣者的法律责任，彻底揭穿谣言的真相，防止谣言肆无忌惮地蔓延。

权威机构一般可以在危机处理中为品牌借势，原因有以下几点。

(1)权威机构具有强大的执行能力。当企业出现重大危机，涉及人身安全或者是涉及刑事案件，或触及法律的时候，求助于政府机构是唯一且最行之有效的方式了。

2004年，蒙牛遭受投毒事件。企业、政府和媒体相继收到匿名信件、匿名电话，称在蒙牛牛奶中投放了毒药，向其勒索。制造了湖北恐吓事件和广东恐吓事件等、武汉恐吓事件、长沙恐吓事件和佛山恐吓事件等，一时间，谣言四起，企业立即遭到大量经销商退货。工商行政部门接到投诉，也责令蒙牛产品停售接受检查，蒙牛产品纷纷从超市货架上撤下。短短几个月时间，蒙牛公司遭受了巨大的损失。此时危机的解决已经明显超出了蒙牛公司的能力范围，公司于是向公安部门求救。蒙牛董事长兼总裁牛根生向温家宝总理写信，并邀请总理到企业生产车间参观，并亲自率领管理团队坐镇北京，最终引起中央高度重视。在国家的直接关怀下，公安部亲自指挥，一举捣毁了犯罪团伙。

(2)权威机构具有较高公信力。如在巨能钙涉嫌用工业双氧水代替食用双氧水事件中，因为食用双氧水市场价格上涨过快，考虑生产成本，巨能公司的确选择了某公司生产的工业双氧水，但其浓度跟食用级双氧水浓度差不多。巨能公司在事件发生后，在各媒体上向消费者致道歉信，开设24小时咨询热线电话解答消费者的疑虑，同时尊重消费者退货的决定。声明产品并不会有害健康并希望消费者继续支持。尽管巨能公司做出一系列挽救的举措，但消费者仍心存顾虑，巨能钙的销售状况一度低迷。次月，卫生部下达通报结果，按照巨能钙的推荐食用量，产品中的过氧化氢残留量符合要求，北京市和天津市卫生局检查也没有发现巨能钙有违法行为,此时才将危机平息。

相比之下,宝洁 SK－Ⅱ的做法便显得有些不尽如人意。南昌一女士使用了 SK－Ⅱ产品后,出现皮肤瘙痒和红肿现象,因而对宝洁公司提出质疑。此时,宝洁公司没有诚恳地与消费者沟通,反而让产品代言人刘嘉玲出面声援。显然此时的辩解在清醒的公众面前显得苍白无力。结果,事件发展越发严重,全国掀起一阵声讨 SK－Ⅱ的旋风,受害者甚至将宝洁公司和代言人告上法庭。

(3)权威不容侵犯。在企业蒙受冤屈的时候,固然倍感不平,但是如果没有与政府权威部门积极配合,而单方发布危机后果由消费者负责的言辞,只会激化与相关部门的矛盾,同时让公众认为态度不诚恳。索芙特公司被成都市工商局执法人员检查出有冒用卫生许可证编号的不正当竞争现象,法院裁定没收销售货款 66.73 万元,罚款 1 万元。但索芙特公司认为,事件只是由于员工失误造成的,对法院的裁定不服。最终中院在强行执行罚款无果的情况下,冻结其在全国各地的几十亿资产。索芙特公司显然缺乏品牌危机管理意识,既没有通过法律手段维护自身权益,同时又拒绝接受工商部门的处罚,藐视主管部门权威,必然给品牌带来重大损失。

三、正确处理危机:化“危”为“机”

品牌危机管理的最后一个步骤是危机善后工作。危机过后,品牌形象受损、信誉下降,销售量萎缩,甚至企业其他方面也连带受到损害。正确审视危机,协调与社会组织及公众的关系,重新提升品牌形象,开拓市场,可以让危机良性延伸,化腐朽为神奇。危机善后工作分为以下 3 个阶段。

(一)危机管理效果评估

危机管理效果评估的主要目的是完善危机管理机制,提高组织的应对能力和恢复力,防止同类危机再次发生。主要内容是测量危机管理的效果,评价危机管理的正确性和总结危机管理经验。其中包括:①设置合适的调查对象,制定一定的评估标准,从危机发生的源头开始分析,找出危机发生的深层原因。②针对应对危机的过程,查找危机管理漏洞,追究相关人员的责任,并且在进行中秉承实事求是的态度,高度重视。③完善原先的危机管理制度。④完成危机报告,以书面的形式详细描述危机产生的时间、地点、原因、影响范围和危害程度,以及危机管理人员在危机处理过程中的表现、责任人、处理的程序和方法、投入的成本和过失;总结出危机管理中有效的经验和对策,提出改善意见,从而提升企业危机管理效率和恢复力。

(二)把握危机带来的机遇

危机是一把双刃剑,在造成危害的同时也带来机遇。“危机”即“危险”与“机遇”。在巨大危机的冲击下,人们开始反思。企业要利用这个机会,开展批评与自我批评，营造一种新的企业文化氛围，形成凝聚力；发掘出真正有用的人才，剔除多余的人员；奖惩分明，提高员工的积极性。在危机发生时，政府、相关机构、媒体、大众总是高度关注它的进展，这使得品牌和企业有极高的曝光度。如此，就可以进行巧妙借力，利用企业已有的"知名度"，进行正面宣传，扭转传媒方向。

（三）重塑品牌形象

危机善后阶段进行的品牌形象宣传，有别于日常的品牌形象宣传，应在日常宣传规模、方式的基础上，有目标、有针对性地开展。广告宣传以增强消费者对品牌的信心为重点，适当开展一些贴近老百姓生活的公关活动，多参加一些公益性事业，比如，投资希望工程，关心弱势群体，资助贫困学生等。而且要与政府机关、权威机构保持联系，及时向它们反馈危机处理的进展和积极的态度。

案例分析

哈根达斯的深圳道歉

"爱我，就请我吃哈根达斯吧"，这句温馨的广告语，倾倒了无数的中国消费者。由于被赋予爱和浪漫的内涵，一般的哈根达斯冰淇淋要卖到几十元，而更多品种的价位在百元以上。哈根达斯也因此被称为冰淇淋中的"劳斯莱斯"。

2005年6月16日，深圳市质量技术监督局罗湖分局根据投诉举报，联合罗湖工商分局、罗湖区卫生监督所对位于深圳市罗湖区振华大厦1004房的哈根达斯生产加工作坊进行了检查，发现该处加工点属于无证生产加工，且生产加工环境不符合相关卫生标准要求，依法予以查封并拟按照《食品卫生法》的规定处以3万元人民币罚款。哈根达斯"脏厨房"事件由此受到社会各界的广泛关注。

次日，哈根达斯大中华区总经理朱玺迅速赶到深圳，于18日在深圳媒体公开发表声明表示道歉，就事件对公众进行了详细说明，承认公司管理体制上存在漏洞，导致在运营中违反了国家相关规定，并表示愿意接受处罚，限期整改。其真诚的态度赢得了公众的一致好评。随后，国家质检部门对上海和北京两地的哈根达斯冰淇淋蛋糕产品进行了紧急检查，结果显示两地的哈根达斯产品均符合国家卫生标准，深圳市质量技术监督局对深圳市哈根达斯产品的复查也显示了产品质量合格。国家权威机构的认证彻底打消了消费者的疑虑，深圳市哈根达斯产品的销量经过短暂的下滑后开始恢复到正常水平。

6月23日，哈根达斯大中华区总经理朱玺在接受媒体采访时，再次坦诚地承认了哈根达斯的错误，并对媒体一段时间以来客观、善意、理性的报道表示感谢，感谢媒体对哈根达斯事件的监督，认为媒体的监督

案例分析

更好地促进了企业的发展。同时哈根达斯向消费者郑重承诺:对消费者的疑问愿意真诚沟通,对消费者提出的合理赔偿要求一定给予赔偿,顾客可以凭收款收据全额退款,出现问题的加工点一律关停,其生产的产品停止销售,具体整改方案将随后送往政府各个部门报批。朱玺的坦诚态度彻底打动了消费者,也让消费者感到了哈根达斯公司勇于面对错误的责任心,为哈根达斯的品牌危机化解画上了圆满的句号。

资料来源:余明阳:《2006 中国品牌报告》,上海交通大学出版社 2006 年版,第 20 ~ 21 页。

本章小结

品牌危机管理包括三个层面:危机的认识、危机的预防和危机的化解。从危机的含义、特点和危机产生的根源几个方面深入认识危机;介绍了从强化危机意识入手到建立危机预警系统与机制,进行危机的预警管理的有关内容。危机处理的一般流程是:成立危机处理小组、收集危机信息、危机的及时控制、制定危机处理计划和危机处理计划的实施。危机处理的策略有:端正态度、迅速反应和有效沟通。危机善后工作分三个阶段:危机管理效果评估、把握危机带来的机遇和重塑品牌形象。

思考练习题

1. 谈谈你对品牌危机内涵及特点的认识。
2. 品牌危机产生的根源在内部与外部分别有哪些体现?
3. 品牌危机的管理需分别从哪几个方面入手?
4. 品牌危机处理的程序有哪些环节?
5. 品牌危机处理的策略应该如何把握运用?
6. 请对你所在区域的某品牌进行危机发生的假设,并按危机处理的程序与策略提出化解的方案。

品牌传播与管理

10

品牌产权的保护

本章学习重点

- 品牌产权的含义
- 品牌产权的意义
- 品牌产权法律保护的内容
- 品牌产权经营保护的内容
- 品牌产权社会保护的内容

当产品或服务的品牌得到广泛传播与市场认可，它已不再仅仅是一个名称、一个标志，而形成了其拥有者的无形资产。品牌作为资产则必然具有权益人，由此诞生了品牌的产权；又由于品牌资产的无形特性及显著的溢价功能，则容易招惹市场上的侵权行为，从而又产生了品牌的产权保护问题。

第一节 品牌产权保护及意义

一、品牌产权保护的含义

我们知道，品牌资产是由特定的名称、术语、记号、包装和风格等传播代码所组成的，能够为所有者和使用者带来超越产品本身功能效用的附加价值和附加利益的无形资产。对其无形资产的所有权，理所当然地成为品牌产权。品牌产权主要体现在以下 3 个方面。

（一）商标权

商标权是商标使用人对商标依法使用的权力，是品牌产权的核心体现，在法律上是经过合法注册的，包括商标使用权、商标转让权、商标专用权、商标继承权以及法律诉讼权等。其中最核心的是商标的专用权，也称商标独占权，即注册商标的所有人有权在核定的商品上使用其注册商标，同时可以禁止他人在未经许可的情况下使用该注册商标。

在欧盟，其商标一经欧盟商标（CTM）注册就可获得其构成各国的承认，而且先前在原本国的注册商标就会被注销。其可注册的标记类型参见图 10－1。

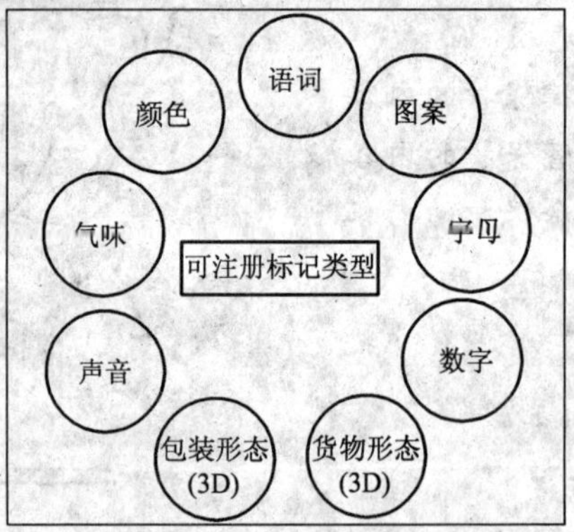

图 10－1 欧盟可注册标记类型

资料来源：[美] 雷恩 · 爱尔伍德：《品牌必读》，新华出版社 2003 年版，第 162 页。

在图 10－1 中，可注册的标记包括了语词、图案、字母、数字、货物形状

(3D)、包装形状(3D)、声音、气味和颜色(仅指在一些具体情景下的颜色)等。而在美国,其商标法又称兰汉姆法案(The Lanham Act),其宗旨与其他国家的法案相同。1994年,美国签署了意在协调全球商标立法的“商标条约”。这些法案均强调:可能造成其他事物、组织协定混淆、错误或者欺骗的名称、标志均是对商标权的侵犯。

由于商标权的取得以注册为要件,因此商标权又特指商标使用人对其注册商标所享有的权利。商标一经注册,商标权人对其注册的商标享有所有权,可以被继承、转让、独占使用、质押或许可他人使用,并通过商标权的利用获得利益。商标权具有4个基本特征:①商标权的获得要国家依法授予;②具有独占性,即未经许可不允许在相同或相似的商品上使用;③具有时间性,在我国法定时间为10年;④地域性,即在一国核准注册则只能在该国领域使用,对其他国家不发生效力。

(二)专利权

专利权指对于专利技术的拥有权。由于现代品牌更多的是由其独特的技术或设计予以产品或服务方面的支持,因此品牌产权理所当然地包含其所拥有的专利权。如果专利权所涵盖的技术专利或外观设计专利被人窃取或者仿冒,就会给品牌主带来巨大的经济损失。专利制度就是通过对专利权的授予,而使依法获得专利权的申请人对该项技术拥有专有权,而未经许可,任何他人均不得使用该项专利技术。因此,品牌主总是通过研发的投入而期望获得更多的技术专利,以使自己的品牌获得更多专利技术的支撑,在市场上更富有竞争力。

专利权可以说是一种品牌技术方面的无形资产,它有4个特征:①专利权的获得需权利人申请并由国家依法授予;②专有性,仅授予某一个申请人的权力;③地域性,同是一项新技术,如果没有获得一个国家的专利授权,就不具备专有权;④时间性,在一般情况下,专利权总是有法定期限的。我国《专利法》规定,发明专利的有效期为20年,实用型和外观设计专利的有效期为10年。

(三)域名权

域名即互联网的单位名称或在网络上网站的使用者的身份标记。可以说一个品牌的网上名称、网上商标,也是品牌主与消费者、受众双向交流的平台。注册域名是品牌进行网络传播的基础,一个好的、贴切的域名能有效地帮助品牌树立形象,获得最便捷而广泛的网上传播。域名不仅是用来区别不同的网站主页的网络地址,而且还具有商标属性,能传达很多信息,如单位属性、业务特征等。

国际域名一般由英文字母、阿拉伯数字等构成。域名不同于商标,其特征为:①域名具有较强的可辨识性,域名由字母和数字符号构成,只要两个符号之间存在细微的差别,就可以将二者完全区分开来;②域名具有全球唯一性,Internet上每一个域名都是独一无二的;③域名的注册要求简单,只因申请人本身的法律属性而在选择顶级或二级域名时受到限制，其他的域名使用性质均不受限制。

以上三种与品牌发展密切相关的无形权利，构成了品牌的产权。由于在市场活动中，品牌产权一方面为品牌主的发展带来了无形价值，另一方面又每每被不法分子所觊视、甚至盗用，这就需要依法进行保护。而各种对品牌产权保护的意识或方法，均称之为品牌产权保护。

二、品牌产权保护的意义

（一）使品牌发展有健康的环境

品牌在市场竞争中得到健康发展，是任何一个国家经济发展的需要。而对品牌产权进行保护，则可使品牌主按照市场规律，一方面使得品牌得到市场认可，从而不断让品牌资产增值；同时还使品牌产权得以在巩固中创新提升，增加品牌的竞争力。相反，如果品牌产权受到侵犯，品牌的正常市场必然遭到干扰，严重时甚至会使品牌陷入灭顶之灾。

（二）使消费者权益等得到保护

如果品牌的合法权益受到侵犯，不仅会使品牌主的发展受到制约，消费者的权益也必然遭到损害。因为，品牌产权的侵犯者没有留下自己真实的厂址、联系方式，即缺乏承诺，因此总是以自己的利益为唯一取向，而全然没有消费者权益意识。如此，侵犯品牌产权的产品必然无法保证质量，也不可能提供各种服务，其对消费者权益的侵犯乃是必然的。

（三）有助于社会趋于公平公正

一个自由竞争的市场，必然是一个法治的社会。对品牌产权的依法保护，不仅对品牌商品的购销双方起到利益保障作用，而且对整个社会而言，也起到了惩戒品牌侵权、引导品牌企业合法经营、借助品牌产权拓展市场的作用，从而保证市场竞争的公平性，对社会的公平公正也有一种保障与导向的作用。

第二节　品牌产权的法律保护

在法制健全的市场竞争环境中，要获得有效的品牌产权保护，必须使品牌进入法制轨道，获得法律的保护，它主要包括产权登记、依法维权、促进立法等三方面的内容。

一、产权登记

产权登记注册是寻求法律保护的前提，因为只有经过合法登记，才能在法律上获得对品牌产权的认可,法律的保护也就有了依据。产权登记如前面产权类型的介绍一样,对应地也分为3类。

（一）商标注册

1. 商标注册的准备。首先是商标查询,即指商标注册申请人或其代理人在提出注册申请前,对其申请的商标是否与在先权利商标相同或近似的查询工作。值得注意的是,商标查询虽然不是注册商标的必经程序(遵循自愿查询原则),但此项工作可以大大减少商标注册的风险,提高商标注册的把握性。在查询过程中,会受数据处理及商标申请审查期等原因的影响,使得部分在先申请的商标无法进入数据库,因此无法查询检索到该部分信息。另外商标查询与审查工作由不同人员承担,而查询人员与不同审查人员的审查观点可能出现不同的意见,因此,商标查询的结果不能当作法律依据,不具备法律效力。所以,注册商标之前,找一家专业的商标查询公司或一家具备完善的商标查询条件的商标代理组织是十分重要的。其次是了解商标注册的类型,主要包括以下几种类型:经营范围的保护性注册、名称的保护性注册、图案的保护性注册、区域性注册和企业名称的注册。再次是进行申请商标资料的准备:①如果以自然人名义提出申请,需出示身份证及递交本人身份的复印件。如以企业作为申请人,需出示企业《营业执照》副本及提供经发证机关签章的《营业执照》复印件。盖有单位公章及个人签字的填写完整的商标注册申请书。②商标图样10张(指定颜色的彩色商标,应交着色图样10张,黑白墨稿1张)。提供的商标图样必须清晰,便于粘贴,用光洁耐用纸张或用照片代替,长和宽不大于10厘米,不小于5厘米。商标图样方向不清的,应用箭头标明上下方。申请卷烟、雪茄烟商标,图样可以与实际使用的同样大。

2. 商标注册的申请。只有具备以下条件的个人或团体才可在我国提出商标申请:依法成立的企业、事业单位、社会团体、个体工商业者、自然人、个人合伙或者与中国签订协议或与中国共同参加国际条约或按对等原则办理的国家的外国人或者外国企业。商标注册申请按商品与服务分类提出。目前,我国商标法执行的是商品国际分类,它把一万余种商品和服务项目分为42类,其中,商品34类,服务项目8类。申请商标注册时,应按商品与服务分类表的分类确定使用商标的商品或服务类别。同一申请人在不同类别的商品上使用同一商标的,应当按商品分类在不同类别提出注册申请,这样可以避免商标权适用范围的不正当扩大,也有利于审查人员的核准和商标专用权的保护。

注册时要明确商标申请日。由于我国商标注册采用申请在先原则,一旦发生纠纷需要法律仲裁,申请日的先后成为确定商标权的法律依据。商标注册的申请日以商标局收到申请书的日期为准。

3. 商标产权的获得。商标产权的获得,首先是通过商标审查,即由商标注册主管机关对商标注册申请是否合乎商标法的规定进行检查，包括资料检索、分析对比、调查研究，并决定给予初步审定或驳回申请等一系列活动。随后是发布初审公告，即在商标的审定——商标注册申请经审查后，对符合《商标法》有关规定的，允许其注册，并在《商标公告》中予以公告。初步审定的商标自刊登初步审定公告之日起 3 个月内没有人提出异议的，该商标予以注册，同时刊登注册公告。

注册公告是商标注册中重要的商标法律程序。由商标注册申请人提出申请，经商标局审查后予以初步审定公告，3 个月内没有人提出异议或提出异议经裁定不成立的，该商标即注册生效，受法律保护，商标注册人享有该商标的专用权。一个商标从申请到核准注册，大约需一年至一年半的时间。注册商标的有效期限为 10 年，自核准注册之日起计算。注册商标有效期满，需要继续使用的，可以申请商标续展注册。

领取商标注册证则正式表明商标权的获得。如果是通过代理的，则由代理人向商标注册人发送《商标注册证》。如是直接办理商标注册的，商标注册人应在接到《领取商标注册证通知书》后 3 个月内到商标局领证，同时还应携带：①领取商标注册证的介绍信；②领证人身份证及复印件；③营业执照副本原件，复印件应加盖当地工商部门的章戳；④领取商标注册证通知书；⑤商标注册人名义变更的需附送工作部门出具的变更证明。

需注意的是，一件新申请商标从申请到发证一般需要 1 年左右时间，其中申请受理和形式审查约需 1 个月时间，实质审查约为 4 到 5 个月时间，异议期 3 个月时间，核准公告到发证约 3 个月时间。

4. 商标的续展。商标注册后，注册商标权人享有商标专用权，简称商标权。所谓商标权，是由商标主管机关依法授予商标所有人受到国家法律保护的权利。但商标权也是具有时效性的。只有在有效期内才会受到法律的保护，因此，品牌经营者要及时做好续展注册工作。

商标权的时效性，是指注册商标具有法律效力的期限。只有在有效期内，商标才受到法律保护。注册商标有效期的长短，各国规定不一，如日本规定为 10 年，美国规定为 20 年，我国规定为 10 年。

为了延长商标专用权的有效期限，各国商标法都有商标注册可以续展的规定。所谓商标注册续展，就是延长商标权有效期限的法律程序。商标注册续展对实施品牌战略与决策具有重大作用，尤其是对创名牌、保名牌起着至关重要的作用。我国现行《商标法》规定，商标注册有效期为 10 年。商标注册有效期届满前 6 个月内可以申请续展，每次续展有效期仍为 10 年。续展的次数没有限制，可以连续续展，从而可以保持注册商标的永久有效，商标专用权就可以成为一种永久的权利；同时规定，注册商标在期满前 6 个月内未能提出申请的，可以给予6个月的宽展期。宽展期仍未提出申请的,注销其注册商标。

5. 商标的变更。注册商标的变更是指商标注册人的名义、地址等发生改变,经申请,商标局得以核准的法定程序。注册商标的变更手续一般为:①申请变更商标注册人名义的,每一个申请应当向商标局交送《变更商标注册人名义申请书》和变更证明各一份,并交回原《商标注册证》。变更申请书应将商标注册号、商标名称、原注册人名称以及变更后注册人名称填写清楚;变更证明为主管部门批准的证明文件。②申请变更商标人地址或者其他注册事项的,每一个申请应当向商标局交送《变更商标注册人地址申请书》或者《变更商标其他注册事项申请书》以及有关变更证明各一份,并交回原《商标注册证》。

变更注册商标,需要注意的事项还有:①变更申请只能是注册人名义的变更。②变更商标注册人名义或者地址的,商标注册人必须将其所拥有的全部注册商标一并办理变更手续。③在提出变更申请时要缴纳一定的费用,否则将退回变更申请。④变更申请委托商标代理机构代理的,需交送《代理人委托书》一份。⑤如果商标注册人名义改变后不及时履行变更手续,改变后的商标注册人不再拥有这个商标的专用权,所以,商标注册人名义改变后,应及时向商标局办理变更手续。

资料链接

波司登:从白手起家到民族骄傲

“波司登”是由其创始人高德康于1976年在江苏常熟的一个村里起家的。当时只是一个缝纫组,共11人,8台脚踏缝纫机。由于经常到上海接来一些订单加工,业务渐渐做大,并改名为羽绒服厂。

1986年,高德康来到上海一家羽绒服厂,提出“贴牌加工”的合作意向:借用品牌,自己生产销售,每年付出25万元。该厂同意了,而高德康的羽绒服厂也因为“上海产品”的声誉,以及对高质量的追求而受到市场欢迎,1990年利润达到了700万元。高德康也因此认识到了品牌的价值。

随后伴随着产能的扩大,高德康的企业设计并注册了自己的品牌商标:一对振羽的翅膀托起波司登三个字,以及英文简写的图案。但此时的市场发生了巨大变化,80%的羽绒服企业亏损,而新生的“波司登”也压库达2000万元。于是,“波司登”参加了北京王府井百货公司的反季节降价促销,回笼了1 000多万元。这次教训促使高德康认识到:品牌光是注册并不等于消费者的知晓与认可,还需在设计上、质量上进行创新,于是,轻薄短小、款式新颖、手感柔软的新式“波司登”羽绒服登场了,并迎来了大量的订单。1995年销售额超过2亿元,毛利润 3 000 万元。

此后，波司登有了一系列大动作：与中科院研究所合作设计纳米新面料的羽绒服、争取到独家发布羽绒服流行趋势合同、在央视与上海外滩等高端媒体上做广告、进行“三极”（北极、南极、珠峰）的赞助公关等，使品牌价值超过 100 亿元，其销量 12 年“遥遥领先”。

为了迎合越来越具有个性需求的市场，波司登进行了市场细分，并采取了多品牌战略：男装品牌——“康博”、运动装——“雪上飞”、以情侣为诉求的——“冰洁”与“冰飞”。1999 年，新品牌“雪中飞”进入了国内羽绒服销售量第二，其他品牌也进入了前 10 强。

目前，波司登的产量已经做到了世界第一，质量也堪与国外品牌媲美，并在国外建立了专卖店，每年出口在 2 亿美元以上。但由于国外品牌多是小批量、多品种，且非常重视设计师效应，因此波司登要成为国际上的著名品牌，还有很长的路要走。

资料来源：余明阳：《2007 中国品牌报告》，上海交通大学出版社 2007 年版，第 64 ~ 70 页。

（二）专利申请

品牌主拥有专利的多寡意味着品牌在市场上竞争力的强弱。“它既是品牌之‘矛’——通过技术许可证贸易进一步扩展市场，又是品牌之‘盾’——排斥其他品牌进入这一技术领域。可以说，专利是企业维护自己品牌地位的重要手段。VCD 的先行者‘万燕’就是由于缺乏知识产权的保护意识，没有及时取得 VCD 整机技术专利，从‘先驱’成为‘先烈’。因此，我国企业应重视知识产权，熟悉与专利有关的知识和相应的申请程序，保护自己的技术。”①也就是说，当品牌企业通过自身的研发投入，获得品牌产品的创新性技术成果时，就应该尽快进行专利申请，以得到法律保护。

专利有 3 种类型，即发明专利、实用新型专利和外观设计专利。授予专利需要具备实质性条件：①新颖性。指在申请日以前没有同样的发明或实用新型技术在国内外出版物上公开发表过、在国内外公开使用过或者以其他方式为公众所知，也没有同样的发明技术、实用技术或设计外观由他人向专利局提出过申请，并记载在申请日以后公布的专利申请文件中。②创造性。指同申请日以前的已有技术、设计等相比，申请的技术与设计有着突出的实质性特点与显著进步。③实用性。指该项发明、实用新型技术或外观设计能够制造或者使用，并且能够产生积极的效果。

我国《专利法》规定，专利的申请人可以是执行本单位的任务或者主要是利

① 黄静：《品牌管理》，武汉大学出版社 2005 年版，第 305 页。

用本单位的物质条件所完成的职务发明创造，如此其申请专利的权利属于该单位；而非职务发明创造，申请专利的权利属于发明人或者设计人。申请被批准后，全民所有制单位申请的，专利权归该单位持有；集体所有制单位或者个人申请的，专利权归该单位或者个人所有。但《专利法》又规定，两个以上的申请人分别就同样的发明创造申请专利的，专利权授予最先申请的人；同时，专利申请权和专利权可以转让。如此，品牌主就可以通过企业内部的职务发明专利申请，以及向非职务发明的个人有偿转让获得属于品牌的专利。当发明和实用新型专利权被授予后，其他任何单位或者个人未经专利权人许可，都不得实施其专利，即不得为生产经营目的制造、使用或者销售其专利产品，或者使用其专利方法。而外观设计专利权被授予后，任何单位或者个人未经专利权人许可，也都不得实施其专利，为生产经营目的制造或者销售其外观设计专利产品。如此，品牌的专利权就成为法律保护的对象。

申请专利时，需注意的是：①应当提交请求书、说明书及其摘要和权利要求书等文件。请求书应当写明发明或者实用新型的名称，发明人或者设计人的姓名，申请人姓名或者名称、地址以及其他事项。说明书应当对发明或者实用新型作出清楚、完整的说明，以所属技术领域的技术人员能够实现为准；必要的时候，应当有附图。摘要应当简要说明发明或者实用新型的技术要点。权利要求书应当以说明书为依据，说明要求专利保护的范围。其中申请外观设计专利的，还应提交该外观设计的图片或者照片等文件，并且应当写明使用该外观设计的产品及其所属的类别。②专利局收到专利申请文件之日为申请日。如果申请文件是邮寄的，以寄出的邮戳日为申请日。专利局收到发明专利申请后，经初步审查认为符合本法要求的，自申请日起18个月内，予以公布。专利局可以根据申请人的请求早日公布其申请。③发明专利权的期限为15年，自申请日起计算；实用新型和外观设计专利权的期限为5年，自申请日起计算，期满前专利权人可以申请续展3年。

（三）域名注册

随着信息技术的日新月异，网络正显示出巨大的商机。以加拿大市场为例，其电子商务发展十分迅速。Emarketer咨询公司调查的数据显示，2005年加拿大电子商务市场的销售额为62亿加元，2006年达到83亿加元，2007年预计为105亿加元，2008年将达到130亿加元，2009年估计增加到150亿加元。美国的电子商务增长势头更为强劲，2003年线上零售商销售达到930亿美元，比2002年增长27%，而2004年增幅约为35%～40%，突破了千亿元大关。电子商务、网络营销正成为企业决胜市场的新型武器。任何企业都不能忽略网上市场，而企业要想在网上开展活动，就必须在网上标志自身，不同于现实市场的是，在网络这个数字世界里，域名是企业标志自己的唯一方式。

域名是一种技术参数,指企业在互联网上的网址。就如同每家每户都有邮政地址一样,域名用来标志网络中每一台电脑的物理地址。每个域名都有一个IP(Internet Protocal)地址与之对应。由于IP地址难于记忆,为了便于利用互联网与其他用户交流,人们给IP地址起了名字,这就是域名。随着网上商事活动的逐渐兴起,域名所具有的原始技术意义被日渐淡化,代之且凸显的是其背后所蕴含的商业识别意义及其所代表的巨大的商业价值。所以,大多数域名注册申请人都愿意将商标注册为自己的域名。

对于致力于品牌拓展的企业来说,如果能获得与品牌英文标志高度统一的域名,则无疑为企业品牌传播奠定了最好的基础,也是为品牌资产的创造与增值创造了条件。否则必然会引起域名权的丧失,即品牌资产的流失。如国内发生的第一例域名纠纷案:1997年12月,作为一家拥有8家中外合资公司、13家子公司的中国科龙集团想以公司的注册商标"Kelon"作为域名,当其到中国因特网信息中心登记注册时,却发现已经被人注册了,无奈之下只好诉诸于北京海淀区法院,虽然夺回域名权但代价不菲。

域名具有唯一性、稀缺性、永久性和无地域性,对于新媒体环境下的品牌传播具有很大的关联性作用。同时,域名虽是网络商标,但又不同于商标,表现在:①法律仅限制了不能在同一或类似商品上使用相同或近似商标,也就是不同行业、不同种类的商品是可以使用相同的商标的,例如,海尔集团如果没有在服饰行业实行占位注册的话,那么其他公司注册的"海尔"牌服饰是不会对"海尔"集团构成侵权的。但域名不行,一旦"海尔"服饰申请注册了haier域名,那海尔集团将不再拥有以同样名称申请域名注册的权利。②注册商标有时限性,这在前面讲续展注册的时候已经提及,也就是说商标时限到时如果不续展,商标即被注销,而域名是永久的,一旦注册,将永远属于注册人。③注册商标是有地域限制的,即在哪个国家和哪个地区注册就受哪个国家和地区的保护,反之,则不受保护。域名因为互联网的无国界是没有地域国界之分的,一旦注册,就在互联网上畅通无阻。④商标的注册需要申请者提供一系列的申请文件,如商标的图案、商标所用商品的种类等。域名注册则对申请者的经营范围和内容均不作要求,无须申请者指定商品的种类。只需向中国因特网信息中心登记注册即可。因此,从某种意义上说域名注册不存在技术上的困难,关键在于域名权对于品牌产权的重要性的认识,即域名注册的自觉意识。

二、依法维权

在获得品牌产权后,就需在法律的框架内寻求品牌的司法保护,即需依据现有的法律,对品牌产权进行保护、打击假冒品牌的行为。司法保护主要是由执法部门与司法机关来实施,其方式是通过司法程序,以法律为准则,以事实为依据，对假冒伪劣的违法犯罪行为进行法律制裁，从而保护品牌产品的权益。依法维护品牌的产权，其工作主要有如下3项。

（一）监控侵权现象，搜取侵权证据

即在品牌的市场运行中，密切关注市场上、网络上可能存在的侵权现象。一般来说，侵权者侵犯品牌产权的行为总是非常隐秘的，而社会上的执法部门又不可能对众多的品牌行为进行监控，这就需要品牌主自身要具有监控侵权的机制，如市场调查人员、营销人员、售后服务部门均要有监控意识，随时捕捉可能存在的商标假冒、盗用专利等侵权现象。一经发现侵权现象，在向品牌决策人进行汇报的同时，要进行侵权的取证，并进行顺藤摸瓜式的调查，以获得线索，为查处侵权源头做准备。

（二）依法进行投诉，促使司法介入

在获得足够的相关品牌产权的侵权证据后，要按法定程序向工商部门或司法部门进行投诉，以便进入相应的侦察、破案程序，并在事实清楚的前提下，通过庭外协调或法庭判决等方式，判处侵权方停止侵权、赔偿损失。

例如，新加坡郭氏粮油公司曾向福建省福州市工商局投诉，诉称福建东海油脂工业公司所用的“金花鱼文字及图案”与郭氏公司注册的“金龙鱼文字及图形”商标近似，形成侵权。经查获，封存了490箱涉嫌的食用调和油。先后经福州市工商局、福建省工商局的两度审议，并经福州市中级人民法院审理，最后形成如下判决：东海公司停止在第29类商品上使用“金花油”及图形标志，在报纸上刊登致歉声明；赔偿郭氏公司18.5万元的损失。

（三）传播维权效果，震慑侵权行为

通过法律手段对品牌产权进行维护，并产生良好的维权效果后，要借助新闻报道、内部网站、业务合作交流等形式进行维权事实与效果的传播。通过这一传播，一方面激励本品牌企业的员工，以及爱护品牌的公众增强爱品牌、护品牌意识；同时对潜在的侵权者产生震慑作用，即在传播中实际上申明了这样的信息：警告本品牌的侵权者，如果胆敢侵权冒犯本品牌，必会受到法律的制裁。

三、促进立法

各品牌主在具体的产权维权行动中，必然会形成对侵权行为的深刻认识，如此就可以借助有关共性的侵权、维权现象，来制定对应的法律政策。目前主要通过制定和颁布有利于品牌保护的法律来实施对品牌的保护，从立法重点来看有两种类型：一是鼓励性立法，即对品牌保护从正面提倡、鼓励和促进品牌发展和名牌战略的法律。这些法律主要是从正面积极引导、扶持和促进产品质量的提高、品牌的健康发展；二是惩罚性立法，也就是指对危害品牌正常发展、破坏品牌正常运行的一切违法犯罪活动进行惩罚和打击的法律。这两种类型的立法是有区别的,但二者又是互相联系的,前者有惩治假冒的条款,后者有鼓励保护知名品牌产品的条款。

改革开放以来,我国对品牌的保护进行了大量的工作,制定了一批有利于品牌保护的法律法规。但与市场经济发展的实际要求相比,有些应该制定的法律还没有制定,已经制定的法律法规对假冒伪劣产品打击的力度还不够,有许多法律盲点需要补救。所以,必须进一步加强对品牌的立法保护,进一步加强打击伪劣产品的力度。

第三节　品牌产权的经营保护

在品牌的产权保护中,除了进行依法维权,更重要的是顺从市场经济的规律,通过自身的经营行为获得动态性的领先地位,即通过"发起进攻"而达到保护品牌的目的。经营性的保护主要体现在技术、生产和营销等方面。

一、技术创新性的经营保护

(一)技术动态创新

技术动态性领先是一个品牌赖以确立并常性不衰的核心条件。技术领先意味着在相同的市场价格前提下,企业所提供的品牌产品比同类竞争产品具有更多的功能和更优的品质,能给消费者带来更多的利益和更大的好处。技术领先意味着企业对技术研发的高度重视,并在研发的投入中,源源不断地收获技术创新所带来的成果,使得品牌产品承载着最新的理念、材料和工艺技术,总能在市场上保持动态领先的新产品。英特尔公司之所以能在微处理器上奠定不可动摇的品牌地位,就取决于其不断升级的技术创新。而索尼公司在视听电子设备上能保持长达半个世纪的领先,则是由于公司始终站在行业技术的前沿,不断根据消费者的需求来进行技术创新,使新产品层出不穷。

(二)严守技术机密

美国作家彼德·施丰特说:"信息的技术是当今经济竞争和全球发展的关键,谁能掌握它,谁就会在竞争中取胜。"当今世界是信息的世界,谁掌握信息,谁就把握了主动权,甚至可以说信息是比资产更为重要的东西。在和平年代里,经济情报已成为商业间谍猎取的主要目标,现实要求品牌经营者必须树立信息观念,高度警觉,保护自己品牌的秘密,防止丢失。目前,各种间谍技术高超,信息手段发达,无形中增加了品牌技术机密保护的难度。有时重要信息的失窃是在没有保密意识下不自觉的行为造成的。20 世纪 80 年代末,我国成功地发射了一枚一箭多星火箭,在国际上引起了巨大反响。国外情报部门纷纷指派情报人员搜集相关资料，却未能取得进展。正在一筹莫展之时，我国某位工程师却在某全国大报上刊写文章，详细介绍了发射情况，令情报间谍们大喜过望，不费吹灰之力就获得了有关资料。有材料显示：在世界上，每一项新技术新发明，有40%左右的内容是通过各种情报手段获得的，而许多经济间谍正是打着参观的幌子来盗取情报。所以必要时，品牌经营者要谢绝技术性参观和考察。对于无法谢绝的参观，企业通常需要指派专人陪同，全程监视，防止技术秘密外泄。例如，曾有一批日本客人到法国一家照相器材厂参观，在观看一种新的显影溶液时，一位客人俯身靠近盛溶液的器皿。精明的陪同人员发现，这个日本人的长领带已沾到了溶液，马上向一位服务员吩咐了一番。当那个日本人走出实验室门口时，服务员马上走到他跟前说："先生，您的领带脏了，请换条新的。"随后递上一条崭新的领带，从而保护了新型显影液的配方。

（三）统一技术标准

在激烈的市场竞争中，一些拥有良好效益和品牌声誉的公司，往往会突破原有的企业、地域乃至国界的局限，通过购并、控股、合资、联营、承租乃至纯粹的品牌特许方式，将生产扩散至别的单位和准许他人有偿使用本企业品牌，以求得更多的市场份额和利益。但必须切记的是，质量是品牌的生命，企业在扩散生产时一定要视自己的控制能力而行。对扩散单位坚持统一的技术要求，严格按母公司的质量标准组织生产，绝不能因盲目追求规模而牺牲企业品牌声誉①。麦当劳、肯德基在全世界开店均在2万家以上，但由于严格的技术标准，开在哪里也没有走样。如麦当劳对食品有严格的标准规定：一磅猪肉的脂肪不能多于19%；每个汉堡包的大小必须符合标准，洋葱不能超过1/4盎司；马铃薯必须是专用的麦当劳马铃薯；一片牛肉饼要经过40多项质量检查；生菜从冷藏库到烧制，必须在2小时之内完成；奶浆的温度超过4度就要退货；炸薯条7分钟、汉堡包10分钟、咖啡30分钟，超过规定时间的食品一律处理掉。而麦当劳的服务同样如此，当麦当劳连锁店与住宅区邻接时，就会设置小型的游乐园地，让孩子们能和家人在此休息；员工需按规范为顾客服务，顾客在柜台前等候时间不能超过2分钟，点完食品后，要在1分钟内拿到食品。餐厅还同时提供多种服务，如小朋友来了，麦当劳职工就会提供精美的高脚凳、高脚椅。正是这样严格而统一的技术标准，才使得麦当劳品牌在全世界做到了家喻户晓。

（四）启用技术防伪

品牌保护就像是"救火"一样，不仅仅要重视救火，更应该花大气力在事先的预防上，做到防患于未然。而预防伪劣产品对品牌资产的侵害，技术方面的重要措施之一就是技术防伪。国外知名品牌诺基亚有一套完整的4E品牌保护

① 黄静：《品牌管理》，武汉大学出版社2005年版，第306页。

战略,即政府关系的建立与维系(engagement)、广泛的教育普及(education)、先进的科技开发(engineering)、法律的贯彻执行(enforcement)。其中所谓先进的科技开发,就是指知识产权部门会同研发、产品开发、设计与生产等部门一起,设计反假冒所采用的新技术及方法。国内企业也开始意识到防伪技术在品牌保护中的重要意义。茅台酒业选择专业的防伪技术公司为其量身定做专业、完整的防伪技术解决方案。在防伪包装上,采用了最先进的动感秘文、反光水印、镂空基材、紫外荧光等四项国际尖端防伪技术。这些技术中的每一项都能在技术层面上对茅台的产品及品牌给予有效的保护。

实践证明,采用防伪技术,的确可以对保护品牌起到一定的积极作用。来自茅台打假办2004年的数据显示,自从采用了先进的防伪技术,仅用了5年时间,查处的假茅台就由1999年的几万瓶锐减到2004年的1 000瓶左右,假货从占总销售量的1%下降到0.1%。2004年茅台实现利税等各项主要经济指标均有新突破,连续6年实现跨越式发展。集团主导企业——茅台酒股份有限公司茅台酒销售额同比增长19.11%,茅台王子酒、茅台迎宾酒等系列酱香型白酒的销售也大幅上升。采用先进的防伪技术后,茅台公司每年节约打假支出约5 000万元,减少因假货带来的损失约6 000万元。

防伪技术主要有以下几种:①物理学防伪技术,也就是应用物理学中结构、光、热、电、磁、声以及计算机辅助识别系统建立的防伪技术,如娃哈哈纯净水就采用了电子印码、激光防伪、图案暗纹等多种防伪技术。②化学防伪技术,即在防伪标识中加入在一定条件下可引起化学反应的物质。③生物学防伪技术,是指利用生物本身固有的特异性、标志性为防伪的措施。④多学科防伪技术,即综合利用两种或两种以上学科方法加以防伪。⑤商标防伪的综合防伪技术。企业开发和应用防伪技术的有效途径主要有3种:可以自己独立开发和应用防伪技术;还可以与专门防伪技术部门合作开发和应用防伪技术;或者直接向防伪专业部门定购已开发出的防伪技术产品。

二、生产精细化的经营保护

(一)生产的精细化组织

在市场导向性的生产环境下,一方面是产品更新的速度加快;另一方面则是产品总是存在一定的消费周期或更新周期;同时市场的增长是渐次提升的,且有一定的限度。如此,为维护企业品牌的良好形象,就不能盲目进行产能的扩大,更不能随意以降价促销等方式牺牲长远品牌形象而换取短期的市场效益,而只能是以销定产,以快速反应在市场与生产中取得平衡。这就需要品牌企业按照目标市场的有效需求,有计划地安排产销量,精细化地组织生产,维持供求平衡,甚至刻意营造一定程度的市场需求饥饿状态,保持旺盛的市场需求,避免因扩产过量而最后不得不削价压库,低价抛售,导致品牌声誉受损,以致品牌资产的跳水。

(二)质量的精细化管理

在品牌企业中,一般总是将严格的质量管理作为品牌崛起的法宝,而对已经具有丰厚品牌资产的品牌企业而言,继续进行品牌质量的精细化管理,乃是品牌资产经营保护的重要手段。质量管理并不仅仅是先进的生产设备与工艺,更主要的是质量管理意识以及相应的质量管理机制。海尔集团的创始人张瑞敏就坦言:中国品牌目前缺少的不是资金,不是人才,最缺少的是管理,尤其是质量管理。而海尔集团正是依靠"追求卓越"的海尔精神和"日清日毕,日新日高"的管理法,在强化管理的基础上提升了品牌的内涵,从而走出国门,成为国际性的品牌。

目前,我国大多数品牌企业都引进了全面质量管理,并采用了 ISO9000《质量管理和质量保证》系列国际标准,为我国的产品质量跟上国际水准奠定了基础。但好的质量标准与管理制度,总是由人来执行的,因此需要管理者进行质量全程的精细化管理,同时还需唤醒全体员工精益求精的质量意识,从而在全员的自觉行为中,使品牌资产在生产环节中得到增长保护。

三、营销沟通型的经营保护

(一)建立营销沟通文化

在市场经济中,消费者就是真正的上帝。因此,任何品牌的保护最终要做的工作是渗透到消费者的心目中,与消费者达成双向沟通的关系,在沟通中树立品牌形象,促成双方均获利且快乐的销售。我们知道,品牌资产其实存在于消费者的心目中,且不断随着市场环境的变化而变化,随着消费者的需求变化而变化。如此,就需要品牌企业的全体员工,上上下下建立一种全员沟通、全员营销的意识,以把品牌的理念追求,把品牌的产品创新向消费者传播,向社会传播,从而在这些关乎品牌发展最重要的"上帝"心目中建立品牌的良好形象。

目前,向消费者进行品牌传播的方式以广告最为普遍。但随着新媒体的崛起,随着消费者的不断细分,以大众传播为主的广告已经开始发生变革,而且与营销通道结合得越来越紧密。如消费者数据库的建立、消费者数据分析后的信息供给、网络传播、促销公关、数字电视的购物栏目等,其表面看来并非广告,但却是在突出信息服务中、捆绑营销中,起到最好的广告作用。其背后的指导思想,即为营销沟通文化的建立,使得品牌信息无所不在,并在有效的营销沟通中实现品牌资产的经营保护。

(二)稳定品牌产品价格

价格是产品销售最主要的因素之一,同时也是品牌资产保护的重要举措。

价格不仅关系到品牌的利润，而且与品牌形象、品牌的长期效益关系密切。品牌主在对产品定价之前应该进行科学的确定，对成本、竞争对手、利润、消费者心理、品牌形象等多种元素综合考虑，进行全面系统的斟酌；一旦确定品牌产品的定价，就要对此价位进行相对稳定的控制，保持市场上本品牌的价格的同一性与相对的稳定性，以维护品牌声誉，同时也是对消费者利益的维护。否则，在低价、削价中购得品牌商品的消费者，固然会有短暂的欣喜，但对该品牌的信度却会产生怀疑；而在高价位、稳定价位购得商品的消费者，就会对该品牌产生怨怒，甚至敌对。

因此，在同一地区或同一业态的商场中，品牌产品价格应统一，并要求商家严格执行，不允许经销商随意变更价位，更不能放任他们进行恶性的降价竞争。否则，在各商家的竞相降价中，给品牌带来的是长久的伤害。但品牌主要考虑不同地区收入水平的差异，不同业态的商家由于进货量、销售量、运营成本的不同也存在差异，因此价格的稳定与统一又是相对的，可以根据具体区域市场、不同业态的商场而进行相对稳定、略有浮动的价格体系，从而在辩证的价格中实现价格的稳定，树立品牌稳健、值得信赖的形象。

（三）规避恶性市场竞争

在同一行业中，不同品牌往往既是对手，又是联盟。因为在一个共同的市场领域，其总量是有限的，彼长此消，品牌之间的竞争是不可避免的。如果为了一己之利，进行无限制的恶性竞争，其结果只能是两败俱伤或多败俱伤。因此在品牌的保护中，应注意以下原则。

1. 切忌恶性价格战。如上所述，恶性价格战往往会使品牌的自身形象陷于灭顶之灾，而且会连累整个行业。降价固然是一种促销手段，可以增加企业的销售额，但恶性的价格战会破坏消费者已经建立起来的品牌忠诚，不利于维护良好的品牌形象。而且品牌间的恶性价格战，会使消费者对整个行业产生怀疑，对其利润率进行质疑，从而影响整个行业的形象，导致行业利润率的降低，严重制约行业的再生产以及可持续发展。

2. 切忌业内相互诋毁。品牌经营者在竞争中，应该尊重竞争对手，虚心向对手学习，尤其是向优势品牌学习，形成互相促进、共同提高的局面，这对整个行业的发展均是有利的。相反，如果相互攻击、彼此诋毁，则必然会招致更为猛烈的反击，有时还会对簿公堂，引起媒体的关注和传播，对自身品牌并无好处，甚至使自己的品牌资产大为缩水。而且对于同行来说，由于企业发展中总难免存在不足，而这种不足只有同行的竞争对手看得最为清楚，如果彼此揭短，使整个行业发展中的问题不适当的放大，引起消费者的更大误解，品牌也将陷入危机。因此应将“人和”思想扩展到“品牌和”之中，服务于品牌资产保护。

第四节　品牌产权的社会保护

品牌保护不仅是企业的事情，更是全社会的事情，这是一项综合性极强的系统工程，需要把全社会的力量动员起来，其中包括媒体的保护、政府的保护以及消费者的保护等多方面的力量。

一、媒体对品牌的保护

新闻媒体是群众和政府的喉舌，它代表着广大人民群众的利益。由于媒体影响力颇大，品牌成名或受到损害均会受到社会传媒所形成的舆论影响，因此媒介传播往往被称为是操纵品牌的无形之手。

（一）对知名品牌进行舆论扶持

即对知名的品牌企业进行多角度的宣传报道，以形成保护品牌、扶持品牌、传播品牌的社会舆论。如中央电视台一年一度的"CCTV 十大经济人物"的评选，已经成为受众广为瞩目的媒体事件，而入选的人物绝大多数是各品牌企业的创始人或 CEO。整个评选过程，以及最后的颁奖及获奖感言的现场转播，其实就是对知名品牌进行的舆论扶持。又如 2005 年央视专门举办的"品牌中国"评选活动，经多轮的大众评选，评选出了 40 个"我最喜欢的中国品牌"（参见表 10－1），此一活动无疑也是对著名品牌的一次舆论扶持（参见图 10－2）。

表 10－1　品牌中国——2005 年 CCTV"我最喜欢的中国品牌"

品牌	描述语
海信	有爱科技也动情
格兰仕	努力让顾客感动
春兰	创造新生活
美加净	一切靠品质说话
联想	让世界一起联想
华龙	弹出生活好味道的今麦郎
南孚	电力强劲更持久
昆仑润滑油	挑战南极　扬威中华
同仁堂	同修仁德　济世养生
茅台	酿造高品位的生活
蒙牛	来自中国乳都的蒙牛
红塔山	不断攀越、进取
五粮液	中国酒业大王
李宁	一切皆有可能

续表

品牌	描述语
TCL	中国品牌国际化的先行者
福田	中国商用车第一品牌
长虹	打造感观标准的长虹
统一润滑油	多一些润滑　少一些摩擦
康佳	创新生活每一天
泸州老窖	中国四大名酒浓香典型代表
红旗	传承经典　开拓未来
娃哈哈	愿千家万户笑哈哈
海尔	真诚到永远
步步高	诚信本分
张裕	传奇品质　百年张裕
隆力奇	卓越品质　信心保证
青岛啤酒	激情酿造为生活创造快乐
科龙	梦想无界　科技无限
美的	原来生活可以更美的
吉利	造老百姓买得起的好车
波导	手机中的战斗机
瑞星	信息安全　源自瑞星
长城润滑油	先进科技　引领中国动力
汇源	喝汇源果汁　走健康之路
农夫山泉	农夫山泉有点甜
波司登	世界品牌　民族骄傲
伊利	天然天地　共享伊利
奇瑞	品质科技　我的时尚
格力	好空调　格力造
光明	我家的乳品专家

图 10－2　CCTV 品牌中国图标

（二）对品牌假冒者进行舆论谴责

1992 年，以全国最权威的大众传播媒介牵头、一些社会团体参与、政府作为后盾支持的“中国质量万里行”活动在全国启动，连同各地传媒对各种假冒伪劣产品大量曝光，有力地保护了知名品牌。在舆论引导下，各地经销商对假冒伪劣产品纷纷退货，消费者开始高度警觉，国家 11 个委、部、局联合召开部长级紧急会议，协商如何对“中国质量万里行”曝光的 17 个重点问题进行整顿。“中国质量万里行”至今已迎来第 15 个年头，它的成功源于充分发挥了舆论对品牌的保护作用。对于品牌的正当权益，舆论传媒的力量有着显著的保护作用，能促进品牌的生长、发育和不断壮大；对于侵犯知识产权、破坏市场规范、损害消费者利益的假冒行为，舆论媒体毫不手软的曝光，会起到很大的威慑作用。

近些年来，每年的“3 · 15”消费者权益保障日这天，全国的大小媒体齐心协力对假冒伪劣产品进行曝光，既捍卫了消费者的利益，又保护了著名品牌。目前，各媒体对假冒品牌现象的监督与谴责已经成为日常工作，对品牌的正常健康发展起到了防火墙的作用。

二、政府对品牌的保护

目前，我国各级政府十分关注品牌事业的发展，中央许多领导在不同场合反复强调质量兴国，创造知名品牌，以众多的中国知名品牌迅速提升我国在国际上的经济地位；很多省市政府开始组织实施品牌战略。政府作为国家的行政机关，对品牌保护起着极其重要的作用。

（一）制定宏观政策，倡导品牌保护

政府在宏观上进行品牌促进、对品牌进行保护主要体现在政策、规划、纲要上，具有积极提倡鼓励和推动品牌保护，贯彻质量兴国的方针，营造整体大环境的特殊意义。早在 20 世纪 50、60 年代，我国政府就制定了“质量第一”的政策，改革开放以来，更是制定了许多相关的政策、纲要和规划，如《产品质量法》、《消费者权益保障法》、《反不正当竞争法》、《关于推动企业名牌产品的若干意见》等等，各级地方政府也制定了有关提高产品质量和实施名牌战略的措施，从而加大了对品牌保护的力度。在国家发改委主导的《“十一五”时期国民经济和社会发展若干重大问题研究》的报告中，就明确提出要尽快建立“以企业为主体、产学研相结合”的技术创新体系，实现“科技资源向企业转移”，在若干产业发展领域“掌握一批核心技术”、“拥有一批自主知识产权”、“造就一批具有国际竞争力的企业和品牌”。而上海市政府则专门召开推进实施品牌战略工作会议，其目标为：培育形成 5 个在世界上有影响力的国际知名品牌，10 个体现上海城市实力和魅力的区域品牌，50 个国内领先的自主知识产权知名品牌。

资料链接

2006 年度“最具市场竞争力品牌”汽车类名单

2007 年 1 月 10 日，商务部在其官方网站发出了关于对“最具市场竞争力品牌”（原“中国畅销品牌”）名单进行公示的通知，同时公布了 2006 年度“最具市场竞争力品牌”名单。这里单独列出第“十七类：汽车（乘用车、商用车）”的品牌名单，其考虑是：我国的汽车品牌在改革开放 20 多年来经历了全线下滑、又在近年开始崛起；但相比国际汽车品牌来说，前方的路还很艰难、也很漫长，这就更需要政府、媒体、消费者给予支持与保护。下面是 2006 年度“最具市场竞争力品牌”汽车类名单：

奇瑞　奇瑞汽车有限公司

长安　重庆长安汽车股份有限公司

吉利　浙江吉利控股集团有限公司

红旗　一汽轿车股份有限公司

长城　长城汽车股份有限公司

哈飞汽车　哈飞汽车股份有限公司

东风　东风汽车公司

解放　一汽解放汽车有限公司

宇通　郑州宇通集团有限公司

SINOTRUK　中国重型汽车集团有限公司

JAC　安徽江淮汽车集团有限公司

金杯　金杯汽车股份有限公司

金龙客车　厦门金龙联合汽车工业有限公司

资料来源：http://tech.tom.com/2007-01-11/04BK/08854398.html

（二）开展创建活动，推动品牌战略

政府对于品牌保护最大的作用，是从正面对品牌发展进行引导，有效地利用宏观政策和宏观管理的职能优势，引导和组织企业开展创名牌的活动，总结名优企业创品牌的经验，进行交流和推广，使品牌之花开得更盛，从而推动品牌战略更好地实施。如国家工商局颁布了《驰名商标认定和管理暂行条例》，每半年进行一次认定，使驰名商标的认定与保护走上了法制化轨道。在驰名商标判定的条件中，除了销售量、销售区域、经济指标等，还需做到在市场上享有较高的声誉，即商品具有良好的品质；为相关公众所熟知，即具有较高的知名度；必

须是注册商标。目前,各地工商局还出台了相关奖励政策、组织了有关宣导活动,积极推进各层次的驰名商标评选,有力地推进了品牌发展。

国家质检总局则在2006年专门出台了《关于进一步加快实施名牌战略的意见》,指出要"大力实施品牌战略,鼓励开发具有自主知识产权的知名品牌",以推动国民经济又快又好地发展,并采取了一系列相关措施。其中包括:实施"中国名牌自主创新工程",在有一定基础的重要领域和关键领域,培育100家中国名牌企业向世界级品牌进军;加快贯彻"卓越绩效评价准则"国家标准,以推进品牌质量管理;发挥中国名牌战略推进委员会的作用,加强对中国名牌产品的评选;并鼓励各地积极开展"质量兴市"、"品牌强市"、"名牌兴企"等活动,从而有效地为企业创名牌营造良好的环境,切实加快名牌战略的实施。

2006年,商务部推出了"中国品牌万里行"活动,活动分东部开放品牌行、中部崛起品牌行、西部开发品牌行、东部振兴品牌行,以及中国品牌海外行等5条路线。"国内行"组织了"品牌中国行推广活动志愿者先锋团"车队,深入企业、市场和社区,全程途经51个城市,行程14 290公里。"海外行"则主要以世界知名展会为依托,宣传我国自主品牌为开拓国际市场所做的努力和取得的成效。其活动对我国品牌的创建、推广、促进和保护起到了巨大的宣传作用。

(三)加大打假力度,全面保护品牌

政府及其有关职能主管部门是行政执法的责任承担者,是打假战场上的第一线主力部队。从工商局、质量技术监督局,到公安、检查部门,在执法或联合行动中,均常年不懈地开展"打假"工作,不仅对整顿市场秩序、保护消费者利益起到了积极作用,还对品牌形成了最有力的保护。政府各相关职能部门会同消费者协会,在倾听群众呼声与投诉方面,近年越来越密切而高效,在履行自己的职责、加强对市场的管理上越来越规范、高效,在依法打击假冒伪劣产品的违法犯罪活动,保护品牌企业的合法权益方面起到了重要作用。

三、消费者对品牌的保护

消费者是品牌保护的群众基础,也是最广泛、最坚实的社会力量,若要对品牌进行彻底的保护,必须发动广大品牌消费者加入到品牌保护的队伍中来。只有这样,才能维护社会各界和广大消费者的切身利益,才能打一场全社会参与的打击假冒伪劣产品的品牌保护战役。

(一)强化消费者权益意识

几年前,大多数消费者在自身的消费权益遭到侵害时,只会选择忍气吞声,自认倒霉。但随着媒体的呼吁和政府部门打击力度的增大,消费者的维权意识越来越成熟,他们会采取多种途径来维护自己的权利,甚至出现了像王海这样的维权个人,越来越多的消费者从保护自己的利益出发积极地加入品牌保护大军。消费者是假冒伪劣商品的最大受害者,由于使用假冒伪劣产品造成身体伤害、心理伤害以及给消费者带来重大经济损失的现象可谓是屡见不鲜。面对假冒伪劣产品的大肆蔓延,消费者应该勇敢地拿起武器,依法进行斗争,绝不能采取息事宁人的态度,要依法维护自己的合法权益,这同时也对品牌起到了重要的保护作用。不管"王海现象"知假买假的目的如何,但仅就敢于跟伪劣假冒产品作斗争这一点来讲,是绝对正确的,也是广大消费者开始觉醒的标志。消费者就是要人人成为打假先锋,让假冒伪劣产品无处藏身。

(二)寻求社会团体的保护支持

品牌保护还离不开行业协会、联盟、专业组织等团体。许多社会团体与打假活动有密切关系,它们应该积极地参与到打假活动中来,保护品牌和人民群众的合法权益和既得利益。比如说,各地的消费者协会是代表消费者根本利益的社会团体,在维护消费者权益方面发挥着巨大作用。中国消费者协会工作人员每天都要处理大量的投诉信,每年全国县以上的消费者协会受理的投诉信达数十万件。当然像工会、妇联、工商联、协会和群众团体也要积极地组织力量参与打假,做好品牌保护工作。因此,消费者在寻求对自身权益保护时,可以争取有关社会团体的保护支持,而且团体出面的保护往往比个人行为更为有效。

当千千万万的消费者高度自觉起来,能具有明确的品牌意识,在捍卫其自身利益的同时,更以民主渠道保护品牌,则这一保护才是最广泛、最有力的。中国品牌保护联盟就是这样一个专门对品牌的商标、商誉、专利、商业秘密、网络域名等知识产权进行保护的专业组织。

案例分析

"同仁堂"被日本抢注后失而复得

"同仁堂"创建于清朝康熙八年即公元1669年,至今已有三百余年的历史。"同仁堂"是饮誉海内外的著名老字号,作为商品商标和服务商标,以及作为清宫的御药房,体现了它与清朝宫廷的渊源联系。中医草药、中成药及各种饮片是中华民族的文化遗产。"同仁堂"不仅为企业获得了可观的利润,也为国家争来了诸多的荣誉。

然而,在颇信中医的日本,"同仁堂"药品已难寻芳踪,因为早在1983年以前"同仁堂"商标就在日本被他人抢注,所谓的"日本同仁堂"药品占据了日本市场。我国"同仁堂"药品要进入日本市场,要么以重金买回本属于自己的商标使用权,要么改头换面、重新易名、重新开拓市场,否则即为侵权而被诉诸法庭、对簿公堂。"同仁堂"及我国国民听到此事,无不震惊,惋惜之余又无可奈何。

幸亏在5年以后的1989年11月18日,国家商标局审定, 确认了

案例分析

"同仁堂"为我国驰名商标,依据《保护工业产权巴黎公约》中关于"驰名商标特殊保护"的内容,将"同仁堂"被抢注的问题诉诸日本商标主管机关,使"同仁堂"商标在中国失而复得。

"吃一堑,长一智","同仁堂"已先后在美国、加拿大及东南亚一些国家或地区分别注册,1989 年申请在商标国际注册马德里协定国家注册,成为我国第一个申请参加马德里协定注册的商标。这些注册,无疑为"同仁堂"商标在世界市场上知名度的扩大,争创世界驰名商标,奠定了良好的基础。

"同仁堂"作为驰名商标在日本被抢注可以失而复得,而诸多被抢注的知名品牌离驰名商标毕竟还有一段距离,能够享受"同仁堂"那种特殊待遇的毕竟不多。因此,商标的境外注册应引起我国企业界的高度重视,应将商标注册纳入整个企业的总体发展战略中去,努力提高商标国际注册和自我保护意识。

资料来源:http://www.wlj.com.cn/asp/nwlj/news/new/read.asp? id = 2560

本章小结

品牌是企业的无形资产,品牌的产权包括商标权、专利权和域名权。品牌产权保护可以创造一个有利于品牌发展的有利环境、使消费者的权益得到保护、有利于社会趋于公正公平。品牌的产权保护可以运用法律的手段、市场的手段和社会的手段:品牌产权的法律保护主要包括产权登记、依法维权、促进立法等三方面的内容;经营性的保护主要体现在技术、生产、营销等方面;品牌保护是一项综合性极强的系统工程,需要把全社会的力量动员起来,品牌的社会保护包括媒体的保护、政府的保护以及消费者的保护等多方面。

思考练习题

1. 品牌产权保护的内涵是什么?品牌产权主要体现在哪几个方面?
2. 品牌产权保护的意义何在?
3. 品牌产权的法律保护主要包括哪三方面的内容?
4. 品牌产权的经营保护要从哪几个方面入手?各个方面主要工作有哪些?
5. 品牌产权的社会保护要从哪些方面入手?主要做哪些方面的工作?

品牌传播与管理

11

品牌的延伸经营

本章学习重点

- 品牌延伸的定义
- 品牌延伸的成因
- 品牌延伸的价值
- 影响品牌延伸的要素
- 品牌延伸的策略
- 品牌延伸操作的流程
- 品牌延伸的风险与规避

在新产品市场上，企业开疆拓土或防御外敌，品牌延伸是管理者首先需要考虑的对策。尽管“太阳神”、“活力 28”、“三九”、“蓝猫”等一些著名品牌在品牌延伸过程中曾有过失败的惨痛教训，但仍然阻挡不了越来越多的企业走上品牌延伸之路。毋庸置疑，品牌延伸可以培养最新的利润增长点，可以实现企业在一个领域的精耕细作与市场利益最大化。但是，品牌延伸不是万能的而是一把双刃剑，可能是企业发展的加速器，也可能是企业发展的滑铁卢。随着企业品牌延伸实践步伐的加快，全面分析品牌延伸的必要性和可行性，对于这一策略的正确实施，最大限度地降低企业的经营风险具有十分重要的意义。

第一节　品牌延伸经营及意义

前面，我们已对品牌战略选择进行了阐述，而品牌延伸经营就是运用其中的统一品牌、许可经营、副品牌、品牌联合等战略模式使企业经营的领域得以拓展。

一、品牌延伸的界定

对品牌延伸(brand extensions)的定义，目前尚无统一的说法。营销学大师科特勒的定义是：“品牌名扩展到新产品项目录中，即利用现有的品牌名称推出其他新的产品目录中的一种产品。”①我国品牌学专家余明阳的定义则为：“品牌延伸是指将某一著名品牌或某一具有市场影响力的成功品牌使用到与成名产品或原产品完全不同的产品上，凭借现有品牌产生的辐射力，事半功倍地形成系列名牌产品的一种名牌创立策略。”②

这里则表述为：*所谓品牌延伸，即品牌形成以后，由于品牌环境和品牌资源条件等方面的变化，品牌管理者利用品牌资源和资产驱使目标品牌向其他领域或者细分市场延伸，获得进一步品牌收益的计划、控制和协调运作。*在品牌延伸的过程中，不只是借用表面上的品牌名称，而且包括整个品牌资产的策略性使用。例如，世界知名品牌索尼一贯奉行“多品一牌”策略，品牌延伸后，产品涉及家电、电子、数码、娱乐等行业；雀巢经过品牌延伸后，产品拓展到咖啡、婴儿奶粉、炼乳、冰淇淋、柠檬茶等；法国达能，其酸奶、饼干、奶粉、牛奶等产品在中国市场上都共用达能一个品牌。

在西方国家，品牌延伸已越来越普遍，一项针对美国超级市场快速流通商

① ［美］菲利·科特勒：《营销管理》，上海人民出版社 2003 年版，第 483 页。
② 余明阳：《品牌学》，安徽人民出版社 2002 年版，第 337 页。

品的研究显示，过去10年来成功品牌（成功品牌是指年销售额在1 500万美元以上），有2/3属于品牌延伸的结果，而不是新上市品牌。因此，品牌延伸已成为西方国家企业发展战略的核心。

二、品牌延伸经营的兴起

品牌延伸问题的系统研究起源于20世纪70年代末。1979年，在Tauber的论文——《品牌授权延伸，新产品得益于老品牌》中，首次系统地提出了“品牌延伸”的概念及相关问题。20世纪80年代，许多学者援引大量案例，从不同角度分析了品牌延伸的效果和价值，并对影响品牌延伸的各种要素、品牌延伸对原有品牌资产的影响，以及品牌定位的变化等问题作了深入的研究，极大地丰富了品牌延伸的理论体系。

品牌延伸经营的实践要远早于学术界的研究。早在1965年，联合利华下属的多芬就开始了品牌延伸，将自己的产品从原有的香皂延伸到了餐具清洁剂领域，可惜并未取得成功，但从实践中总结的经验对于大多数企业而言都是很有价值的。20世纪70年代，欧美的香烟企业开始探索品牌延伸。1975年，美国第二大烟草企业R. J. 雷诺公司率先推出了“骆驼牌”皮靴，并大肆在报纸和杂志上刊登“骆驼牌皮靴”广告，而此广告的设计与骆驼牌香烟非常雷同。其后，菲利普·莫里斯公司为万宝路香烟品牌开发了“Marlboro Classics”男性服饰系列，英美烟草公司为登喜路开发了“Alfred Dunhill”高级服饰系列。此外，还有英美烟草集团在英国之外地区生产、销售的本森—海知孜牌香烟。面对本森—海知孜牌香烟在马来西亚市场份额的下降，这家公司在吉隆坡开了本森—海知孜咖啡厅，并在电视上不断给这家咖啡厅做广告。2年后，本森-海知孜牌香烟的销量终于大大回升并渐渐趋于稳定，英美烟草集团也借此开发了一系列带有本森-海知孜香烟品牌标志的咖啡产品。这些行业本身利润都非常可观，因此可以不惜成本地进行延伸性的营销实践，而实践中形成的“延伸经营的生存技巧”，无疑对其他行业依靠品牌延伸来增加销售收入具有很好的借鉴意义。

三、品牌延伸经营的成因

品牌延伸经营渐成趋势，越来越多的企业在打入新市场时，往往利用已有的品牌而不是开创新品牌，就连一贯采用多品牌战略的宝洁公司，也把几十年来名列美国顶级香皂的品牌象牙Ivory延伸到洗衣粉、空气清新剂等产品上。品牌延伸经营蔚然成风的原因可以从以下几个方面进行分析。

（一）品牌的可延展性

企业之所以可以利用已有的品牌资源和资产实现市场的扩张，其核心在于品牌中的部分因素是具有可转移性的，或者说具有可延展性。这一显著特点为品牌延伸经营策略的可执行性提供了根本保障。

1. 品牌的核心理念具有可延伸性。所谓品牌的核心理念，指的是能够传播和张扬企业核心文化的品牌所代表的价值观和信念等。例如，万宝路体现的是一种“勇敢、冒险、进取”的品牌精神理念，当该品牌从香烟延伸到牛仔服、牛仔裤等服装产品品牌上去时，这种精神理念也贯穿始终。或者说正是由于万宝路能够始终如一地坚持弘扬这一精神理念，才使其成功地实现了品牌的延伸。

2. 品牌的知名度具有可延伸性。所谓品牌知名度，是指潜在的消费者认出或想起某品牌的能力。品牌的知名度又可以分为关联识别知名度和非关联识别知名度。所谓关联识别知名度，是指在消费者见到该品牌的产品时，能够很快或逐渐认出并回忆起该品牌的可能性，例如，在看到麦当劳商标时能够想到麦当劳的牌子。非关联识别知名度，是指在消费者还没有看到该品牌的产品时，由于产生了某种生理需求而想到该品牌的可能性，例如，在想买洗发水时首先想到宝洁公司的海飞丝和飘柔等品牌。一般来讲，品牌的延伸是在延伸品牌的非关联识别知名度，也就是说，如果新产品能够让消费者很快地想到核心品牌，那么品牌延伸就达到了目的。

3. 品牌的质感具有可延伸性。如果一个品牌的品质能够达到优质，并且能够与其他品牌具有非常显著的区别，就会在消费者心目中留下难以磨灭的印象，而且这种品牌的质感可以一直延续到延伸品牌中。也就是说，当消费者面对一种全新的产品，也会很自然地联想起核心品牌的优质，从而会对延伸品牌产生认同感和购买欲望。

4. 消费者对品牌的忠诚度也具有可延伸性。品牌忠诚度指消费者对品牌的满意度和坚持使用该品牌的程度。消费者对品牌的忠诚度反映了其对品牌情感的度量，是衡量消费者品牌行为的指标。消费者对品牌的忠诚度越高，说明品牌越有价值，消费者越容易产生爱屋及乌的心理，从而喜欢甚至忠诚于延伸品牌，因此品牌的延伸策略越容易取得成功。

（二）产品生命周期的结果

品牌延伸经营是产品生命周期的必然结果。产品总有一个生命周期，对于企业来说这是不容回避的现实。在产品生命周期的成熟阶段或衰退阶段，市场需求停止增长并开始下降，这时企业应考虑如何推出新产品或进入新的市场领域，从而避免产品生命周期给企业带来的灾难。实际上，当企业产品处于成熟期或衰退期时，企业便可以考虑通过品牌延伸，推出新产品或转入新行业，从而使企业或品牌继续生存和发展下去。如“春兰”曾是制冷行业中的著名品牌，生产空调、冰箱、冰柜等白色家电，但随着白色家电行业竞争的日益激烈，春兰考虑通过品牌延伸进入新的行业，后经过慎重考虑，春兰瞄准了摩托车这一庞大的市场，使品牌焕发生机。

（三）企业实力的推动

从企业内部来讲，企业发展到一定阶段，积累了一定的实力，形成了一定的优势，如积累了一定的资金、人才、技术、管理经验后，为品牌延伸提供了可能，也提出了要求。特别是一些名牌企业，它们一般具有较大的规模和较强的经济实力，这为实行品牌延伸提供了条件。在企业实力的推动下，企业会主动地进行品牌延伸，以充分利用企业资源。其表现主要是利用品牌优势扩大产品线，或控制上游供应企业，或向下游发展，或是几者的综合。国内外众多企业在积累了一定的实力后，纷纷采用品牌延伸的战略。如 TCL 集团在家电方面取得优秀的业绩，形成实力后，又向信息产业进军。

（四）规避风险的需要

企业的经营常会遭遇风险，经营单一的产品风险更大，一旦该产品衰退或业务经营失败便会给企业带来致命的打击。因此，企业在发展中往往通过品牌延伸，实现多元化经营，从而规避经营风险。美国吉利公司前任董事长勒克勒在 1978 年出任总经理时就提出："本公司不应再把刀片当作唯一的事业了。"于是，吉利公司在继续研制新型剃刀的同时，大刀阔斧地进行了品牌延伸，企业经营转向了化妆品、医药及生活用品等多个方面，并在这些行业中取得了成功。到 1980 年，剃须刀和刀片的销售额在其海外业务的总营业额中所占比重还不到 35%。正是由于实施单一经营向多元化发展的战略调整，使吉列公司开始多条腿走路，从而使吉列的企业王国更加稳固。

（五）市场竞争下的品牌压力

企业是在市场竞争中生存与发展的，品牌的生存发展同样摆脱不了市场竞争，而市场竞争的压力常会引发品牌延伸的行为。市场竞争中，如果一个竞争对手进行了品牌延伸，并取得了良好的效益，比如，利润增长，市场份额扩大，市场认知度、美誉度及和谐度提高等，都会使竞争者态度发生变化。在这种情况下，相应的竞争者就需要采取措施，也必须进行品牌的延伸，以恢复自身的竞争地位。近两年来果汁饮料市场红红火火，在统一和康师傅两大品牌的刺激下，很多品牌开始进入果汁饮料市场，传统纯果汁市场明显受到冲击，汇源作为纯果汁市场的领导者也产生了防御性的延伸冲动，通过推出"汇源真鲜橙"来巩固自身的市场份额。

四、品牌延伸经营的价值延伸

利用品牌资源实施品牌扩张，已成为企业发展的核心战略，也是企业界常用的对品牌进行开发利用的策略。众多企业正是因为成功地运用了品牌延伸策略才取得了市场竞争的优势地位。

战略品牌管理大师凯文·莱恩·凯勒认为，品牌延伸有以下优点：①增加新产品的可接受性;②减少消费者感知的风险;③提高促销性开支的使用效率;④降低导入性营销计划的成本;⑤避免开发新品牌的成本;⑥提高包装和标签的使用效率;⑦满足消费者多样化的需求;⑧为母品牌提供反馈信息;⑨明确品牌含义;⑩丰富母品牌形象;⑪吸引新的消费者,扩大市场覆盖面;⑫为品牌注入活力;⑬为后续延伸作铺垫[1]。从已有的实践来看,品牌延伸对企业的价值主要体现在以下几个方面。

(一)充分利用品牌资源

从经济学角度来看,资源是稀缺的,只有合理配置各种资源,使其充分发挥作用才能使企业走向良性发展道路。品牌作为企业一种重要的无形资源,也应该发挥它的最大经济效益。

企业在发展过程中,可能会出现品牌资源、销售渠道、人力物力被闲置的情况。在这种情况下,品牌延伸正好可以促进资源合理利用,消化多余资源,削减管理成本,恢复企业资源平衡,从而充分利用品牌资源,促进企业发展。世界著名的时装品牌如纪梵希、香奈儿、范思哲、阿玛尼等,具有极高的知名度、美誉度、信任度和追随度,若它们只在服装领域里开拓,而不进入相关产品领域,则消费者对它们的忠诚、赞誉便会无形中损失掉,而这些是企业宝贵的品牌资源。所以,我们可以看到这些高级时装品牌从服装领域延伸到饰品、香水、服装配件等相关领域。

(二)减少新品上市成本

品牌延伸有利于节约新产品上市的成本。新品牌的培育是一个投入高,但市场回报周期相对漫长,市场风险难以把握的过程。相对而言,借助原有品牌推出新产品则显得简单和快速。据统计,新品牌的失败率高达80%,在美国开发1个新品牌需要3 000~5 000万美元,而品牌延伸只需50万美元,因此品牌延伸不失为一条快速占领市场的“绿色通道”。“步步高”的品牌创始人段永平认为:“品牌的高知名度和威望,可以使品牌具有很强的扩张力,步步高从无绳电话与VCD延伸到语言复读机,没有做一分钱的广告,但市场供不应求以至于加班加点也来不及生产。1999年为进一步扩大市场份额才请来张惠妹做广告。”

当企业进行品牌延伸,对新产品以同一品牌投放市场时,就可以利用消费者对该品牌已有的知名度、美誉度、信任度及忠诚度,以最少的广告、公关、促销等方面的投入,迅速进入市场,提高新产品上市的成功度。海尔集团在空调、冰箱行业具有相当强的竞争优势,并建立了“海尔”的知名度、美誉度、信任度和忠诚度。近几年来海尔又开发出彩电、空调、电脑和手机等新产品,借助“海尔”的

① [美]凯文·莱恩·凯勒:《战略品牌管理》,中国人民大学出版社2003年版,第385页。

知名度、美誉度、信任度和忠诚度，迅速打开市场，得到了消费者的认可，甚至超越了先进入市场的其他品牌。而澳克玛、海信也把空调行业作为品牌延伸的新领域，TCL、康佳等则把品牌延伸到手机领域。在这些新领域，它们充分利用了原有品牌的优势，减少了延伸的成本和失败的可能性。

（三）给品牌注入新的活力

如果品牌内涵一成不变，长此以往会使消费者生厌而移情别恋，品牌延伸能使品牌概念不断增加新的内涵，让消费者感到这一品牌在不断创新，从而紧紧抓住消费者，牢牢占领市场。品牌的延伸也为目标市场扩大了选购领域，为消费者提供了更多的选择，增强了品牌的竞争力。品牌延伸能使产品组合更加丰富，吸引更多的消费者。如施威汽水（包括传统的印第安汽水、柠檬汁和可乐等）在法国已经老化，对于年青一代几乎成为过时的品牌。但是通过品牌延伸，努力开拓出了以若干软饮料为依托的综合品牌，为年轻的消费者所接受。美国的师林·普飞公司的防晒品核心品牌是“科普特”，但是随着消费者对日光浴的观念发生变化即由“晒黑”到“防晒”，公司进行了市场细分，成功地推出“水宝贝”新产品，同时巧妙地将核心品牌的定位由“晒黑皮肤”转换到“防晒”，丰富了科普特防晒品牌的内涵。

（四）满足消费者的多样化需求

消费者的需求是多种多样的，任何企业都不可能以一种产品满足整个市场。在消费者对企业的原有品牌产生厌烦而选购别的品牌之前，企业需要向消费者提供多种有差异的产品，以稳定消费者和该品牌的关系。Suave 是一个个人护理品牌，在个人护理产品，尤其是整个洗发水市场中，可供消费者选购的产品极多，此外 Suave 拥有从洗发水、沐浴乳、护肤霜等一整套产品线，形成了自己的竞争优势，Suave 的广告语是“拥有全套的 Suave 产品，您可以获得最佳的效果而不必花费很多”，Suave 通过持续不断的品牌延伸，获得了较高的消费者忠诚度和市场份额。

（五）形成品牌规模效应

规模效应可以实现企业运营的最低成本，从而使企业低成本扩张，扩大生产能力，增强企业实力，实现收益最大化。品牌延伸在某种程度上发挥核心产品、品牌的形象价值，充分利用品牌资源，提高了品牌的整体投资效益，使得企业产销达到理想的规模，实现收益的最大化。创建于 1867 年的瑞士雀巢公司，是凭借以牛奶为基础的婴儿食品起家的。如今其产品早已进行了广泛的延伸，成为全世界速溶咖啡、巧克力和糖果、奶产品及婴儿营养品、矿泉水、世界领先的冰淇淋以及其他许多食品和饮品的生产商之一。经过 130 多年的发展，雀巢品牌形象深入人心，成为消费者心目中最值得信赖的品牌之一。1994 年底，雀巢被美国《金融杂志》评选为全球第三大价值品牌，其价值高达 115.49 亿美元，仅次于可口可乐和万宝路。2001年全球最有价值品牌100强中，雀巢排名第23位。[①]

总之，品牌扩张是企业发展的重要手段，如果运用得当，会大幅度提高产品及企业的实力和竞争力，并扩大企业效益。品牌延伸可以带来利润、市场占有率、市场竞争力、市场亲和力和企业效益等多方面内容的提升，因此已成为企业发展战略的核心内容。

第二节 品牌延伸经营的对策

品牌延伸可以给企业带来巨大效益，但也伴随着巨大的风险。品牌延伸应在一定的科学思想指导下进行，应运用一定的技巧以增加成功的可能性，减少、避免品牌延伸给企业带来的风险。

一、影响品牌延伸的要素

从认知心理学研究的角度出发，品牌延伸的成功受到多方面因素的制约，其中最重要的是消费者对原品牌认知（知识）、态度、情感以及它们之间的相互影响。目前的理论研究认为，品牌的强势度、产品相关性、品牌核心价值的可共享性是决定品牌延伸成功的几大核心要素。

（一）品牌的强势度

从母品牌方面来看，品牌延伸能否成功主要取决于母品牌的品牌强度。学者研究发现，一个强势品牌比一般品牌更能提高延伸产品的品牌意识和促进有利联想的形成[②]。Smith & Park 认为，强势品牌比弱势品牌更有助于延伸产品，因为强势品牌有较大的能力减小知觉风险。他们的研究证明，母品牌的强度与延伸产品的市场占有率有显著的正相关。[③]

品牌的强势度是品牌延伸的决定性因素，是对品牌力强弱和势能的度量，是一个品牌区别于其他品牌的核心特征，也是决定品牌延伸成功率的根本因素。品牌强势度受到品牌感知度、定位度和知名度3个因素的影响。

1. 品牌感知度。品牌感知度是指消费者对品牌的“感知质量”（perceived quality）。它是消费者对品牌所传达的信息与同类产品相比的优势的综合体验，

---

① 薛可：《品牌扩张》，北京大学出版社2004年版，第120页。

② Meyers - Levy, J. , T. A. Louie & M . T. Curren (1994), How does the congruity of brand names affecte valuations of brand name extensions? Journal of Applied Psychology, 79, 1, 46 ~ 53.

③ Smith, D. C. & C. W . Park (1992), The effects of brand extensions on marketshare and advertising efficiency, Journal of Marketing Research, 29, 296 ~ 313.

决定着品牌的效应价值比。而消费者品牌感知特别是体验到原品牌质量越高，他们对延伸产品的接受程度也越高，反之则越低。

2. 品牌定位度。品牌定位度是指品牌的独特档次与个性特色，它是依据企业自身优势和消费者评价对其品牌风格、市场和发展战略进行的选择与确定。定位度具有个性化、独特化和专门化的特点。任何品牌都有定位，任何品牌都是特定定位的展示。不管品牌拥有者是主动、自觉地寻求定位，还是被动、自发地接受定位，公众对品牌的定位评价始终是与品牌本身共存的，是构成品牌强势度不可或缺的因素。

3. 品牌知名度。品牌知名度是指品牌在消费者中的知晓与熟悉程度。由于品牌知名度在一定程度上反映了消费者对品牌已有的经验和知识程度，所以从消费者心理学角度来看，它对消费者的初期购买决策有着重大影响。树立品牌知名度是建立品牌延伸的前提。由于消费者不会购买自己不了解的商品，因而，知名度和购买、延伸之间存在着明显的关联。在品牌战略中，品牌知名度还只是与消费者关系的初级阶段，这是因为人们首先必须将品牌本身(识别特征或个性)与品牌产品种类以及它的延伸用途相联系。

对受品牌感知度、定位度和知名度 3 个因素影响的品牌强势度的研究说明，运用品牌延伸策略时，消费者对原品牌的信赖、信心、第一反应等都是非常重要的方面。也就是说，能够进行延伸的品牌一定是市场上比较成熟的品牌。曾经有人建议，在美国市场崭露头角不久的星巴克开发咖啡甜酒，但星巴克却没有采纳，因为星巴克觉得自己的品牌在美国大多数地区都羽翼未满，时机尚未成熟。

(二)产品相关性

所谓产品相关性，是指延伸产品与原品牌之间的“相似性或关联性”，即消费者头脑中原品牌知识与新产品认同的相关联程度。而原产品与延伸产品相关联性越高，消费者对延伸产品评价(认知与情感)越高，反之则越低。这种相关性包括具体产品的相关和受众的相关。

1. 具体产品的相关度。具体产品的相关度是指原品牌与延伸产品在工艺、功能、材料和形式等方面的相互关联程度。产品相关度越高，消费者越容易接受，其品牌延伸也越容易成功，反之亦然。例如，娃哈哈的品牌从最初的儿童食品营养液延伸到果汁饮料、乳品饮料、饮用水、碳酸饮料、茶饮料、运动饮料、八宝粥和保健品等。如果延伸产品在生产工艺、核心技术、产业链等方面与现有产品相同，则在工艺、功能、材料和形式等方面的关联性极高，如步步高 VCD 向 DVD 产品的延伸，科龙从冰箱产品向空调产品延伸，即是同样的道理。这种关联性使得消费者对延伸产品的认知评价和情感评价更高，因此更加容易接受。另一个相反的例子是：著名的隐形眼镜生产商博士伦曾经推出过博士伦清洗液,受到了消费者的欢迎,后来博士伦推出一项新的延伸服务——“无酒精清洗牙齿”却遭到了失败。不难理解,消费者实在难以接受博士伦从洗眼到洗牙的跳跃,其中的差别太大,缺乏应有的关联度。

2. 受众的相关度。受众的相关度是指原品牌与延伸产品会受到消费者性别、年龄、文化、职业以及地域等特点的影响。使用者在同一消费层面和背景下,也就是说在目标市场基本相同或相似的情况下,品牌延伸更易于成功,也就是俗话说的“爱屋及乌”。显然在品牌延伸中,将原品牌延伸到原有忠诚消费者群及其所消费的产品中去,是顺理成章、水到渠成的。如日本的“康贝爱”、国内的“好孩子”,都是针对儿童市场的儿童用品品牌,前者主要生产婴儿奶粉,后者主要生产婴幼儿护肤品,后来延伸到婴儿童车、纸尿裤、童装,都获得了成功。虽然延伸产品与原产品在技术层面毫不相干,但它们针对的仍是同一消费层面和背景下的消费群体,原有的消费群体对现有产品本身持肯定的态度,再加之所延伸的产品也是与现有消费相关的产品,自然就更易成功。“万宝路”从香烟延伸到牛仔服、牛仔裤、鸭舌帽和腰带;从“三笑”牙刷到“三笑”牙膏;“雅戈尔”衬衣到“雅戈尔”西装,都是面对同一消费群。受众的相关度又包括如下 5 种情况。

(1)受众性别相关性。核心品牌产品与延伸品牌产品在使用者性别方面相同,延伸成功率高,而跨性别延伸就要困难得多。比如,恩威集团以生产女性用品(洁尔阴)为核心品牌,其品牌延伸至卫生巾,其成功率高于延伸至剃须刀。

(2)受众年龄相关性。核心品牌产品与延伸品牌产品在使用者方面,年龄越是相仿,延伸成功率就越高。比如,原来是生产老年人用品的,延伸至其他老年人用品,成功率会很高。

(3)受众职业相关性。核心品牌产品与延伸品牌产品在使用者职业方面越是相近,延伸成功率就越高。共同的职业特征会影响并产生出共同的消费习惯与价值标准,不同的职业圈则有着不同的消费喜好。品牌一旦成功,便会在这一特定职业圈产生品牌忠诚,一旦延伸至这一职业圈内人士所消费的其他产品之上,成功率就会比较高。

(4)受众文化相关性。核心品牌产品与延伸品牌产品在使用者方面,越是文化水平相近,延伸成功率就越高。文化水平会导致许多消费喜好和审美喜好趋近,正所谓“物以类聚,人以群分”,在品牌延伸中,延伸至原消费圈这一文化水平的人士所消费的其他产品时,成功率自然也就会比较高。

(5)受众地域相关性。核心品牌产品与延伸品牌产品在使用者方面,越是地域相近,延伸成功率越高。地域差异是消费者差异性的一个重要内容,不同地域的人士会具有不同的消费取向与品牌忠诚。延伸时,面向消费区域人士所欣赏的产品延伸,成功率就比较高。比如,“咸亨”是浙江绍兴的名牌,其“咸亨酒店”、“咸亨腐乳”在江南均成为强势品牌，若延伸至“咸亨黄酒”、“咸亨霉干菜”、“咸亨萝卜干”这些江南地域人士喜好的消费品方面，成功率也会比较高。

（三）品牌核心价值的可共享性

虽然关联度对品牌延伸具有突出的影响，但关联度延伸的理论一遇到完全不相关的产品、甚至风马牛不相及的产品成功共用同一个品牌的事实就显得苍白无力。这说明影响品牌延伸的更深层次的要素是品牌核心价值的可共享性。最典型的例子莫过于“维珍”。从1971年创立至今，维珍的名字已经出现在金融、航空、零售、娱乐、软饮料、铁路、服装和房地产等多个商业领域。从维珍涉足房地产开始，特别是维珍大西洋航空公司建立的时候，许多世界知名的商业评论家、商学院教授、品牌专家都对它大加指责，认为维珍必将自酿苦果，破产于它的过度延伸，一些商学院专家甚至提早将维珍作为一个失败的案例搬上了讲台。可是维珍品牌却成功地融入人们的生活，人们愈来愈喜欢维珍的品牌，乐意接受维珍的产品和服务。维珍的品牌依旧在延伸①。不仅维珍如此，雅马哈既生产电子琴也生产摩托车；三菱从重工业一直延伸到汽车、银行、电子以至食品业。这些现象无法用关联度来解释，这说明判别品牌能否延伸时不应过分强调关联度的高低，品牌核心价值的可共享性才是在延伸品牌时应着重考虑的因素。

又如，二战之前，美国的豪华轿车并非凯迪拉克而是派卡德（Packard）。派卡德曾是全球最尊贵的名车，是罗斯福总统的座驾。然而，派卡德利令智昏，在20世纪30年代中期推出被称为“快马”（clipper）的中等价位车型，尽管销路很好，但令派卡德的王者之风渐失，高贵形象不复存在，从此走向衰败。这与派克推出3～5美元的低档钢笔而惨遭失败有着惊人的相似，派卡德、派克品牌延伸的失败证明了相关论的局限性，说明核心价值才是品牌延伸决策的中心。

总之，如果品牌的核心价值能包容延伸产品，就可以大胆地进行品牌延伸；如果延伸产品与品牌的核心价值相抵触，即便两者产品门类相近、产品类别相关，也应谨慎行事。

二、品牌延伸经营的策略

（一）品牌延伸经营的类型

按照品牌与产品的关系及扩展方向，品牌延伸的类型大致可分为产品系列延伸、产品线延伸、相关行业延伸和跨行业延伸。

1. 产品系列延伸。所谓产品系列延伸，是指使用同一品牌，增加企业同一产品线上产品的规格、花色、品种和档次等进行的延伸。产品系列延伸是最为

① 李海龙：《我是维珍，我怕谁》，《质量与市场》，2002年第8期。

常见的一种延伸方式。企业一般都把产品系列延伸当成是一种低成本、低风险的方法,用来增加新产品以满足消费者各种口味的要求,利用剩余的生产力,或占有零售商更多的货架。

同一产品线上的产品面对的往往是同一消费群,产品的生产技术在某些方面也存在联系,在功能上相互补充,因而产品系列延伸相关性较强,容易取得成功。山西东湖集团是一家著名的产醋企业,企业围绕“醋”做文章,在山西久负盛名的“老陈醋”这一产品下,进行了产品系列延伸,又开发出饺子醋、面食醋、姜味醋和保健醋等多种产品,使“东湖”这一品牌在同一产品线内进行强势延伸。由于产品质量好,也因为“东湖”的良好声誉,这一相关性极强的产品系列品牌延伸策略得以成功实施。

2. 产品线延伸。所谓产品线延伸,是指品牌延伸跨越产品线,对不同产品线中的产品使用同一品牌。企业使用产品线延伸策略,也要寻找一定的前后相关性,如技术上关联,功能上互为补充等。金利来公司在品牌延伸时,就成功地运用了产品线品牌延伸策略。金利来进入市场之初,将目标聚焦在领带产品,并在男性消费者心目中确立了“有品味的专业领带”的品牌地位。随着“金利来,男人的世界”这句广告语的传播,金利来在对市场作了翔实调查的基础上,开始有节奏地拓展自己的产品线,从领带到服装,从饰品到鞋,几年来,金利来陆续地推出了皮带、皮包、钱夹、恤衫、T恤衫、西装、吊带和匙扣等男士服装和饰品,最近还推出了男装皮鞋,从而使“金利来,男人的世界”得到进一步体现,成功地实现了企业的品牌延伸。

表11-1总结了国内一些品牌产品线延伸的情况。

表11-1 国内品牌的产品线延伸

品牌	原产品线	产品线延伸
雕牌	洗衣皂	洗衣粉、洗洁精、牙膏
两面针	牙膏	洗洁精、香皂、洗衣粉
蓝月亮	衣领净	洗手液、丝毛洗涤剂、洁厕剂、地板清洁剂、全能液、玻璃水、洗洁精
海尔	冰箱	空调、洗衣机、彩电、电脑、小家电等
TCL	彩电	空调、电脑、电话机、手机、数码相机等

产品系列延伸、产品线延伸基本上都属于同域延伸,即品牌延伸的新领域与原有领域基本上属于同一行业。同域延伸的品牌,对消费者来说,其特点、消费需求等方面一致性较高,品牌可以充分利用已经建立起来的品牌声誉吸引原有的消费者选择自己的新产品,而且由于同域延伸,延伸产品与原产品在核心价值、核心技术等方面具有较高的相似性,因此品牌延伸的风险最低,品牌延伸比较容易获得成功。

3. 相关行业延伸。所谓相关行业延伸，是指品牌延伸的新领域与原有领域属于相关行业。相关行业延伸已经突破了原有行业领域的限制，进入与其相关的行业领域，使需求进一步发展。如日本的理光（Ricoh）、佳能（Canon）凭借卓越的光电技术从相机产品向传真机、复印机等办公电子行业延伸；天美时（Timex）和卡西欧（Casio）从手表行业向电池、计算器、电子词典等行业延伸；本田（Honda）以“优秀的动力”横跨汽车、摩托车、割草机乃至发电机等产品。相关行业延伸一般都是凭借行业与行业之间的技术性关联，如产品结构、生产原理、生产工艺、核心技术、核心原材料和核心部件等方面的接近性进行延伸，既可以突破原有的行业限制，又可以降低脱离原有行业的风险。

相关行业延伸，其品牌的成长空间比同域延伸更为广阔。由于相关行业领域在专业要求和核心价值等方面的类似，该类延伸相对容易获得消费者的认可和认同，品牌也可以利用其品牌声誉吸引原有的消费者进行关联消费，存在一定的成功延伸机会，但同时也因为相关行业延伸已经突破了原有行业，进入新的行业必然存在着市场竞争、行业壁垒等方面的差异，因此相关行业延伸的风险相对要大一些。

4. 非相关的行业延伸。虽都属于行业延伸，但显然非相关的行业延伸在经营方面风险性更高。所谓非相关的行业延伸，顾名思义，也就是目标品牌脱离原有的行业领域，进入完全不相关的行业谋求发展，因此也被称为异域延伸。著名的雅玛哈公司（Yamaha）生产的摩托车、钢琴、电子琴都以 Yamaha 品牌销售，世界知名的维珍公司，其经营范围大到航空、金融、铁路，小到饮料、服装，都采用的是同一个名字“维珍”，它们都在跨行业延伸方面取得了不俗的成绩。近年来，国内也有很多企业走上了跨行业延伸之路，国内水饮料行业的领军人物娃哈哈高调进入儿童服装行业，著名家电品牌海尔不仅将品牌从白色家电延伸至黑色家电，而且开始涉足医药、保险、房地产、金融等领域；制冷品牌春兰从空调迈向摩托车以及汽车零部件经营；日用护肤品牌小护士于 2004 年进入保暖内衣行业，三九集团从一家制药厂裂变成一个涉及房产、汽车、食品、酒业、饭店、商业和媒体等行业的超级经济体……国内企业过分青睐于跨行业延伸，这也是由目前国内企业普遍规模不大、资金实力不够雄厚、品牌管理经验不足等原因决定的，试图把跨行业延伸作为低成本扩张的捷径。但不能忽视的是，异域延伸的风险是品牌延伸经营中最高的。

异域延伸的高风险主要来自两个方面：一方面，进入一个完全陌生的领域，企业在市场和技术以及销售渠道等方面都会面临着新的问题；更重要的是另一方面，由于相关性降低，延伸领域与原有领域之间可以共享的品牌资源越来越少，可以转移的品牌资源也因为品牌价值之间存在巨大差异而迅速消失。因此，异域延伸必然承受着巨大的经营风险。若非有着高度差异化的品牌价值、独占性的品牌资源、富有传奇色彩的品牌故事,异域延伸大多会以失败收场。

施乐是美国复印机行业中的领袖品牌,1987 年因物美价廉的日本理光复印机进入美国市场而面临危机。在严峻的形势下,施乐公司决定对其品牌进行非相关延伸,进入以电脑为基础的信息产业。他们首先并购了"科学数据系统"公司,即"SD 子公司",将其视为复印机的品牌延伸,并更名为"施乐科学数据系统公司"。这项并购花了上亿美元,但因这家公司是依赖政府太空计划方面的合约才有生意可做的,而那时,美国政府已经开始削减太空计划的开支,所以施乐经营这一延伸品牌从一开始就赔钱。虽几经努力,却仍无法改变现状,施乐公司只好在经历了 6 年的巨额亏损后,关闭了这家公司。另外,施乐公司还尝试进入个人电脑这个新兴、高速成长的领域,但也没成功。

几种延伸方式的风险强弱可参见图 11－1。

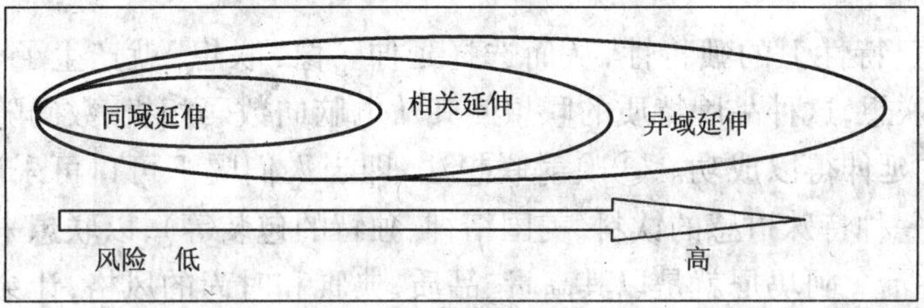

图 11－1 品牌延伸环

(二)品牌延伸经营的方式

品牌延伸经营通常采取四种方式:统一品牌、许可授权、副品牌和品牌联合。如索尼公司使用的是统一品牌和品牌联合(索爱)的方式;而海尔集团实行的是统一品牌和副品牌相结合的方式;迪斯尼、皮尔·卡丹采取品牌许可授权方式来实现品牌延伸。每个企业根据发展思路的不同而有所不同。这四种情形在前面已有阐述,这里不再赘述。

三、品牌延伸经营的操作

品牌延伸经营操作的流程一般包括以下几个基本步骤,如图 11－2 所示。

(一)确定品牌的联想

确定品牌的联想是品牌延伸的第一步。主力品牌只有在消费者心目中具有一定的联想性,才能进行合理联想。品牌联想的确定方法多种多样。①名称联想法,即通过抽样调查的方式,确定由主力品牌的名称而产生的联想。乐百氏当年从生产儿童饮料向生产纯净水过渡的时候就做了一个名称联想的调查——乐百氏使人想到什么? 调查结论是:第一,想到幼儿园阿姨;第二,想到一个聪明的孩子;第三,想到圣诞老人。由此得出"乐百氏"也可以针对成人群体。结果乐百氏纯净水一经推出效果就比较好。②品牌特质联想法,即探询该

图 11－2　品牌延伸经营流程图

品牌在价值、特性上的独特性，从而选择延伸。像“联想”就产生了优质、高科技、创新的联想，这种品牌特质的联想使其从电脑向数码相机、数码随身听和手机等方面的延伸得以成功。③映射联想法，即当人们喝下可口可乐后，会想起什么（如是一种特殊口感的饮料、美国精神、独特的包装等），以联想来决定延伸的方向。乔治·阿玛尼就是以其高贵、品质、典雅和时尚的风格，让穿上的人感受到身份的价值。由此联想，它从服装延伸到了眼镜、手表、鞋子、箱包、皮革制品、香水乃至化妆品等行业，并得到消费者的认可。一个品牌可以产生出许多的联想，企业必须找出与主力品牌联想度较强的，又能够提供与产品类别连接的核心联想，作为品牌延伸的方向。

（二）列出可能的延伸方案

在确定了品牌联想之后，就要根据这些联想列出可能的延伸方案。延伸的产品可以从联想的清单中来寻找，图 11－3 是埃德·陶伯根据消费者联想的范围，对 Vaseline Intensive Care 品牌可能的延伸所作的分析。

（三）评价待选延伸方案的潜力

评价待选延伸方案的潜力，需要通过判断和调研，仔细评价各个待选方案的劣势，这时对消费者、企业和竞争因素的分析都是非常有用的。

1. 消费者对延伸品牌是否接受。方法是可以通过调查看某种品牌名是否适应一系列的产品。如果消费者的答案是肯定的，就说明具有延伸的价值；如果答案是否定的，则要认真分析是否可以通过强化产品与品牌之间的联系后而获得认同。如果不行，就说明品牌没有延伸的价值。因为无论是通过品牌名称的延伸还是价值利益的延伸，都是希望通过延伸品牌给消费者带来主力品牌良好印象的延续或强化，希望延伸品牌能成为一种具有更高质量、更多文化附加值、更高可靠性和更多功能性的品牌，而所有这些都必须得到消费者的认同。

TCL 彩电在进行延伸时选择了同样具有科技含量的手机行业。消费者在认同了其彩电的优良品质后，也会认为该品牌的手机同样具有高水准。而如果把 TCL 延伸至摩托车，情况可能就会恰恰相反。

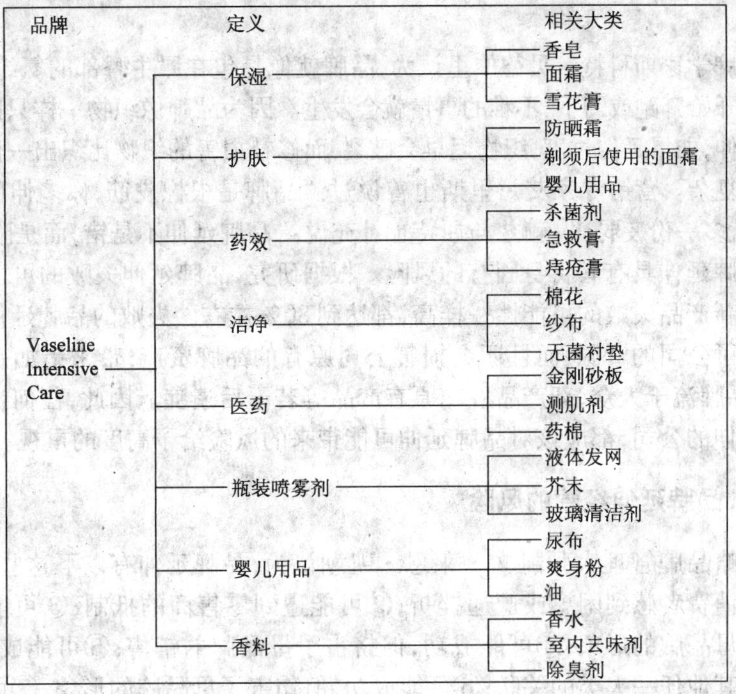

图 11－3　Vaseline Intensive Care 品牌可能的延伸

资料来源：转引自［美］凯文·莱恩·凯勒：《战略品牌管理》，中国人民大学出版社 2003 年版，第 413 页。

2. 延伸品牌是否具有相应的经营环境。影响品牌延伸效果的另一个因素是市场竞争环境。如果市场竞争不激烈，延伸就容易，反之则容易失败，因为在夹缝中求生存远比开拓新市场、引导市场消费要困难得多。

（四）品牌延伸战略的实施

要对一个品牌延伸进行推广，必须仔细地审视各种市场因素，因为品牌延伸是一个战略性问题，必须以战略的眼光来看待，不可以短期利益或当前利益来运营品牌延伸的工作。品牌延伸的成功可以直接增强企业实力，对主力品牌有很强的增补作用；如果失败，不仅会大大损害主力品牌，有时甚至会直接导致企业的失败。“巨人”、“爱多”等红极一时的品牌，都是因其品牌延伸上的失误而导致了整个企业的破产。

第三节　品牌延伸经营的风险与规避

品牌学家斯科特·贝德伯里认为，品牌就像是包在犀牛臀部的氨纶短裤，犀牛一旦开始奔跑或蹲下，不雅的事情就会发生。因为品牌像织物一样只能经受一定的延伸，如果延伸过度，织物迟早会破裂，而修补损害的织物比织出一件新的织物更加复杂。营销专家艾·里斯也曾说过："品牌是根橡皮筋，你多伸展一个品种，它就多一份疲弱。"①赖兹与屈特也补充说："品牌延伸不是错，而是陷阱。"②

品牌延伸具有其自身固有的风险。根据研究，品牌延伸失败的可能性其实跟开发新产品失败的可能性一样高，都达到80%左右。失败的品牌延伸策略不仅分散了公司的资源，而且还会损害公司原有的品牌资产，带来诸如丧失品牌个性、品牌流于大众、新产品吞噬原有产品等若干后遗症。因此，任何试图进行品牌延伸的公司，都应该对品牌延伸可能带来的风险给予高度的重视。

一、品牌延伸经营的风险

战略品牌管理大师凯文·莱恩·凯勒认为，品牌延伸有以下这些缺点：①可能使消费者感到困惑或遭遇挫折；②可能遭到零售商的抵制；③可能失败并伤害到母品牌的形象；④可能成功，但挤占了母品牌的销售；⑤可能成功，但削弱了与其他任一大类的关联；⑥可能成功，但伤害了母品牌的形象；⑦可能冲淡品牌含义；⑧可能错过开发新品牌的机会③。品牌延伸是企业发展战略的核心，众多的企业成功地进行了品牌扩张，取得了骄人的成绩，然而品牌延伸失败的案例也比比皆是。品牌延伸不当会给企业带来很大风险，它并非任何企业发展的良药，品牌延伸路上充满陷阱。

（一）损害原品牌的高端形象

品牌从高端向低端延伸，一度被认为是最相关的延伸，可实践证明，这种延伸可能是最具毁灭性的，它会不知不觉地侵蚀原有品牌的高端形象。而这种高端形象恰好是品牌延伸的根基。前面提到的派卡德（Packard）和派克笔的失败皆缘于此，派卡德（Packard）和派克在消费者心目原本就是豪华汽车和高档笔的代名词，是身份的标志，但盲目地进入低端市场，损害了它们在消费者心目中高贵的形象。

成立于1895年的施华洛世奇，就像卡地亚、爱马仕和路易威登等国际品牌

---

① 王新新：《新竞争力——品牌产权及品牌成长方式》，长春出版社2000年版，第125页。

② 转引自薛可：《品牌扩张》，北京大学出版社2004年版，第126页。

③ ［美］凯文·莱恩·凯勒：《战略品牌管理》，中国人民大学出版社2003年版，第393页。

一样，风光的历史正是它们最宝贵也最引以为傲的资产。施华洛世奇，以其优质、璀璨夺目的水晶制品和高度精确的切割技术闻名于世，是名门淑媛、演艺明星的首选。可近几年来，网上却频频叫卖施华洛世奇的产品，便宜的只要几十元就可以买到。其实，网上所卖产品并非是真正原产于欧洲的施华洛世奇，而是新光—施华洛世奇，产地在中国的二线产品。2001 年新光公司同全球规模最大的仿水晶石制造商施华洛世奇签订合作协议，可以使用由施华洛世奇提供的原材料，生产水晶制品。施华洛世奇的本意是通过新光这个中国最大的饰品制造企业牵线搭桥，开拓在中国的市场，却未料想到网上价格低廉的"施华洛世奇"遍地开花，已损害了自己高端的品牌形象。

（二）模糊品牌定位

特劳特提出的定位理论，其核心就在于通过定位让品牌在消费者心中占据最有利的位置，使品牌成为某个类别或某种特性的代表，当消费者产生相关需求时，能够将定位品牌作为首选。因而品牌延伸的第二个危险就是有可能模糊品牌的定位，造成消费者对品牌定位和概念的疑惑。

美国美能公司曾经推出了一种洗发水和护发素二合一的产品，取名为"蛋白 21"。由于这种产品的独特定位，很快在市场上打开销路，并取得了 13% 的商场占有率，蛋白 21 成为知名品牌。公司受到品牌延伸的诱惑，又接连用这一品牌推出蛋白 21 发胶、润发乳、浓缩洗发精等产品，希望借此延伸并扩大品牌的影响。结果事与愿违，由于品牌延伸模糊了"蛋白 21"作为二合一洗发护发用品的独特定位，从而也就淡化了消费者对它的独特偏好，结果"蛋白 21"从 13% 的市场占有率降为 2% 。

曾经的格兰仕是当之无愧的微波炉制造专家，号称"全球微波炉制造基地"，最辉煌的时期，其微波炉产品占到了中国微波炉市场份额的 70%，全球市场的 40%[①]。但遭遇"胜利极限点"后的格兰仕为进一步寻找出路也开始了向白色家电延伸的品牌之路，目前产品已涉及厨房家电和空调等。令人喜忧参半的是，也许又将崛起一个类似于海尔、美的的家电巨头，而无疑，曾经的微波炉制造专家将从我们的视野中淡出。

（三）淡化品牌个性

品牌个性是相对于其他品牌的差异性，是品牌的特征与价值所在。品牌延伸忌淡化或稀释品牌个性——使消费者感到疑惑，破坏消费者对品牌及品牌下其他产品的好感与信赖。有 CI 专家指出，作为有个性的儿童品牌定位的"娃哈哈"，向老年产品"冰糖燕窝"、"娃哈哈关帝白酒"、"娃哈哈房地产公司"延伸，就是模糊了原有品牌的个性。

---

① 卢颈：《"格兰仕模式"的自我挑战》，《销售与管理》，2006 年第 9 期。

同样,以儿童为消费主体的世界最大快餐连锁店麦当劳则有序地延伸其品牌形象,在世界各地的2万家分店风格毫无二致,麦当劳叔叔的风趣幽默、诚实可信的形象深入人心,其所有辅佐产品的推出均"万变不离其宗"。然而,是不是该企业无其他事业领域呢?不是,麦当劳公司吞并了世界著名的道格拉斯飞机制造公司,生产的麦道飞机名扬全球,成为世界三大飞机生产基地之一,麦当劳公司还是世界最为有名的房产公司之一,只不过所有这些事业都没有借助"麦当劳"品牌,"麦当劳"品牌的延伸理性而有序,形象个性特别明确。

(四)产生心理冲突

美国两位著名的行销策略专家赖兹和屈特在其《名牌定位》一书中强调,品牌延伸是个走不通的死胡同,也许短期内颇有效果,但从长期来看则必败无疑。他们的理论依据是:因为品牌延伸会造成消费者心理上的混淆。

山东烟台的荣昌公司是以生产"肛泰"而著名的厂家,它"贴肚脐,治痔疮"的口号可以说是深入人心。但成功后推出的第二个产品,名为"荣昌甜梦口服液",结果可想而知。因为他们犯了一个低级的品牌延伸错误——原有的产品与新的产品已经产生了严重的心理冲突。此时消费者的脑海中已有先入为主的印象"肛泰"是治疗痔疮的,心理联想导致了他们不能接受新产品,结果也就造成品牌延伸的失败。

我国三九集团以"999"胃泰起家,是著名的药业企业,其品牌经营很成功,消费者把"999"视为药品类产品的品牌,这应该说是很多品牌追求的境界。然而,三九集团进行品牌延伸时,把"999"延伸到啤酒行业,这就让消费者不知所措了。当然999啤酒的广告词是"九九九冰啤酒,四季伴君好享受",但是消费者一拿起九九九啤酒,第一个潜意识的反应恐怕是联想到三九的药品,喝这种带有"心理药味"的酒自然不是"好享受"。如果进一步联想到饮酒会伤胃,那么三九集团品牌延伸所产生的心理冲突将会波及原有的主业。娃哈哈进军酒业时,由于娃哈哈在纯净水市场有很高的知名度,易给消费者造成"娃哈哈造的酒会不会掺水"的心理冲突,娃哈哈意识到这点,赶紧抽身退去。

事实上,一项产品在行销上成功与否,并不单是品牌的问题,还有许许多多行销因素的影响,就像一场战争的胜败与否除了兵强马壮外,还要受到后勤补给的效率与敌人的强弱等因素的影响一样。

资料链接

"活力28"品牌延伸的警示

20世纪90年代初,正是活力28如日中天的时候:电视中"1比4"的广告耳熟能详,门外等着提货的汽车排成了长龙,高达76%的市场占有率让觊觎中国洗涤剂市场的美国宝洁、德国汉高等羡慕不已。这些使得活力28的决策层开始头脑发热,他们不再满足于一个产品的成功,而是要打造一个活力28王国,让所有的产品都可以借助活力28的品牌取得成功。于是,非理性的扩张开始了。

如果以洗衣粉为基点,进行日化相关产品的开发,对活力28来讲是一件理所当然的事情。比如,开发肥皂、洗洁精、洗衣膏之类的产品,能够有效形成核心产品的相关化和保护性,构建活力28美好的产品蓝图。但是,当时的活力28显然不想仅仅局限在日化洗涤领域,洗发水、香皂、卫生巾、杀虫剂都很快进入了活力28家族。客观上讲,这些产品的开发是很有远见的,因为当时,市场上还没有有竞争力的同类产品,敢为天下先的活力28能够占领新类别产品的制高点。但问题在于,单一的活力28品牌能否承受一下子开发这么多产品,资源是否匹配?果不其然,多产品开发的恶果很快接踵而来。香皂定价太高,无法借用洗衣粉延伸,最后只能做福利发给自己的员工;洗发水,因品质不过关,"出师未捷身先死"。如此不一而足。至于纯净水的开发,更是品牌延伸的败笔,为了开发活力纯水,活力28投巨资从国外引入生产线,使得本来就因为延伸步伐过快、资金周转不灵的企业雪上加霜。更让企业料想不到的是,活力纯水的销售情况很不理想,尽管他们已经给品牌重新命名,但还是无法回避消费者对于产品的疑虑:做洗衣粉的又做水,"纯净水里会不会有洗衣粉味"。

如果说以上延伸产品使企业虚胖的话,政府的介入则让企业的"浮肿"更上一层楼。当活力28辉煌之时,当地政府就关怀备至,一批资不抵债、人员众多、产品混乱的兄弟企业被强制性地引入企业。表面上,活力28已经成为集洗涤、房产、饮料、包装、酒店等于一体的大型集团,然而在日后,这些资产都成为企业沉重的成本负担,渐渐把活力28给拖垮了。

资料来源:曾朝辉:《活力28该反思什么》,http://finance.sina.com.cn 2006/01/11

(五)跷跷板效应

跷跷板效应是定位理论的另一位提出者艾·里斯提出的,意思是一个名称不能代表两个完全不同的产品,否则当其中一种上来时,另一个就要下去。在品牌延伸的战略中,一个品牌处于优势之后把这种优势延伸到另一个领域的产品上,这样随着另一个品牌的崛起,原品牌的优势如果不加以巩固和保护,就很有可能丧失。

在美国市场上,Heinz原本是著名的腌菜品牌,而且占有最大的市场份额。后来,公司将Heinz这一品牌延伸到番茄酱上,同样十分成功,使Heinz成为番茄酱品牌的第一品牌。然而,与此同时,Heinz却逐渐丧失了腌菜市场上的头把交椅,被Vlasic取代。这就是艾·里斯所说的跷跷板效应。

除了以上介绍的几种情况外，品牌延伸中的陷阱和风险还有很多，因此企业在实施品牌延伸时，应积极开展市场调研，深入了解品牌定位和消费者心理，从而使品牌的延伸不至于陷入盲目。

二、品牌延伸经营的风险规避

品牌延伸是一场机遇与风险并存的盛宴，既可能给企业带来发展的机遇，同时又存在风险。成功的品牌延伸可以扩大市场的覆盖面，并针对不同的市场需求实施差异化市场营销策略，分散企业经营风险，创造市场机遇。而失败的品牌延伸则可能损害原有品牌的形象，给企业造成直接经济损失。因此，企业在延伸品牌时要多方面考虑，并制订可行的方案，谨慎从事。

（一）原品牌的力量是品牌延伸的前提

品牌的强势度是品牌延伸的决定性因素，是一个品牌区别于其他品牌的核心特征，也是决定品牌延伸成功与否的根本因素。没有强势度的品牌是不可能进行延伸的。也就是说，能够进行延伸的品牌一定是市场上比较成熟的品牌，因为品牌延伸的目的之一就是要借助原有品牌的声望和影响，迅速打开市场，赢得消费者的信任和忠诚。因此如果品牌的强势度一般，甚至是籍籍无名，最好不要尝试进行品牌延伸。

（二）品牌核心价值的包容力是根本

品牌延伸应以尽量不与品牌原有核心价值与个性相抵触为原则。几乎所有的品牌延伸案例都可以从是否遵循这一规律找出成败的根本原因。路易威登、古奇、香奈儿等奢侈消费品品牌麾下的产品一般都有西装、衬衫、领带、T恤、皮鞋、皮包和皮带等，有的甚至还有眼镜、手表、打火机、钢笔和香烟等跨度很大、关联度很低的产品，也共用一个品牌。因为这些产品虽然物理属性、原始用途相差甚远，但都能提供一种共同的效用，即身份的象征、显贵的标志，能让人获得高度的自尊和满足感。此类品牌的核心价值是文化与象征意义，主要由情感型与自我表现型利益构成，故能包容物理属性、产品类别相差甚远的产品，只要这些产品能成为品牌文化的载体。因此，以档次、身份及文化象征为主要卖点的品牌，一般很难兼容中低档产品，否则会破坏品牌的核心价值。

有否定“娃哈哈”品牌延伸者以“派克”的品牌延伸失败来证明娃哈哈的延伸也是错的，其实此延伸非彼延伸，派克的延伸破坏了品牌的核心价值，娃哈哈却没有。娃哈哈延伸的成功与派克延伸的失败不仅证明了核心价值是品牌延伸决策的中心，还再一次证明了相关论只是一个表象。因为派克只是从高档笔延伸到低档笔，无论高档、低档都还是笔，无疑是关联度很高的延伸，按照相关理论应该是成功的，结果派克却失败了，而娃哈哈所延伸的系列产品之间的相关性比派克低，结果却是成功的。可见，一个成功的品牌有其独特的核心价值，若这一核心价值与基本识别能包容延伸产品，就可以大胆地进行品牌延伸。反之，则要谨慎。

（三）充分考虑行业与产品的特点

品牌延伸应充分考虑行业和产品的特点，相对而言，当品牌的质量保证是消费者与客户购买产品的主要原因的时候，品牌可延伸于这一系列产品，如电器、工业用品，而可细分、个性化、感性化和细腻化的产品很难与别的产品共用同一品牌。

1. 行业特点。有理论家曾举出国外汽车公司主推多品牌来抨击国内一些企业的品牌延伸，如通用就拥有凯迪拉克、别克、欧宝等十多个品牌。其实这是由汽车行业的特殊性决定的。首先汽车是一类差异性很大的产品，可以明显细分出不同的市场，需要多个个性化的产品品牌来吸引不同的消费群。同时，还不能忽视汽车的价值很高，支撑得起多品牌的巨额成本开支。故汽车业主推多品牌有其特殊性，丝毫也不能借此断定其他行业品牌延伸是错误的。宝洁较少进行品牌延伸，一方面是因为行业与产品易于细分化，可以通过性格迥异的多个品牌来增加对不同消费群的吸引力；另一方面是因为宝洁拥有雄厚财力和很强的品牌营销能力。

2. 产品特点。南韩乐喜—金星的 LG 品牌用于所有的电器、手机、显示器、零部件乃至电梯、乳胶漆、幕墙玻璃，而唯独化妆品却用蝶妆（Debon）品牌。因为用户选择电器、手机、乳胶漆、幕墙玻璃等产品品牌时，最重要的一点就是要对品牌的品质有所认同。LG 作为国际知名品牌，无疑能给人踏实感和品质有保证的感觉；而化妆品是极其感性化和个性化的产品，化妆品的品牌名、包装、广告要富有女性化特点，给人以柔和、浪漫的感觉和美的遐想，光靠硬邦邦的品质保证无法赢得消费者的厚爱。LG 的品牌形象主要为“品质、技术的保证”，固然能带动大量电器的畅销，但与“浪漫、女性化”的概念是不相容的，故 LG 公司不得不为化妆品专门推一个新品牌“蝶妆—Debon”。

（四）考虑企业所处的市场环境

企业所处的市场环境也会影响到企业的品牌延伸决策的执行。市场竞争不激烈，不存在强势品牌，则适合品牌延伸；市场容量有限，则最好采取品牌延伸；竞争对手采取品牌延伸，也可以考虑品牌延伸。

1. 考虑产品的市场竞争格局。竞争格局对品牌延伸决策的影响很大。延伸产品的市场竞争不激烈，不存在强势的专业大品牌，那么就可以大胆地进行品牌延伸，反之，则不宜。比如，美的公司进军脱排油烟机、煤气灶、热水器等燃具、灶具行业，很少投放广告却获得成功。主要原因是燃具、灶具行业的品牌相对“美的”而言都是小品牌，品牌的知名度和威望都不能与“美的”同日而语。

此外，进入市场空当与无竞争领域则容易成功。联想品牌延伸的成功，除了其高科技的关联性、消费者的认同之外，很重要的一点就是走在市场前沿，在市场还未有相同产品或相关技术时就开发出相关产品，迅速占领市场，比如，家用电脑的推出。当中国最大的电脑市场是家庭时，联想第三代的软硬件一体化设计——“天蝎座”，也就是新一代“傻瓜电脑”，以其友好的界面、丰富的功能克服了当时中国普通人学电脑的知识障碍，让初学者也可以做到上机就能操作。1996 年“联想昭阳”笔记本电脑上市，填补了我国不能自行生产笔记本电脑的空白。同年，联想集团成为国内首家通过 ISO9001 国际质量体系认证的计算机生产厂家。在延伸产品上，联想作了一些重大调整。以联想手机为例，联想集团认识到中国的手机市场是一个很有潜力的市场。2002 年中国手机市场大幅攀升，国产品牌手机出现强劲增长，市场占有率由 2001 年的 21.1% 上升到当年的 40%，手机市场的竞争也日益激烈。联想手机的品种瞄准的是中低端用户，引导消费者时尚。同时，联想也很会选择进入市场的时机，当时，国外品牌西门子、爱立信、诺基亚似乎放松了对中国市场的控制，联想手机趁机大举进市。

市场竞争要考虑两个市场，即主导产品市场和延伸产品市场，企业应根据两个市场的竞争激烈程度采取不同的延伸策略（参见图 11－4）。

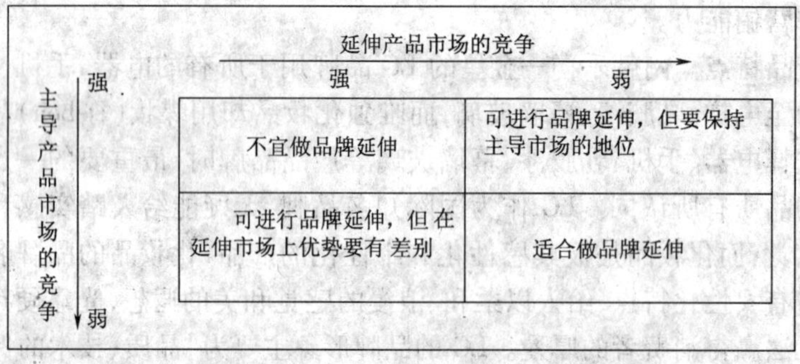

图 11－4　市场竞争的格局对品牌延伸决策的影响

2. 考虑产品的市场容量。企业所处的市场环境与企业产品的市场容量也会影响品牌决策，有时甚至会起决定性作用。台湾企业是运用品牌延伸策略最频繁的，连许多不应该延伸的行业也是一竿子到底，同一个品牌用于各种产品。这与其成长的市场环境有关，在发展初期，由于缺乏拓展岛外市场的实力，几乎所有台湾企业的目标市场都局限在岛内，而岛内人口基数仅为 2 000 多万，任何一个行业的市场容量都十分有限，也许营业额还不够成功推广一个品牌所需的费用，所以更多的是采用“一牌多品”策略，如台湾的统一、味全公司的奶粉、汽水、茶、饮料、果汁和方便面等一概冠以“统一”、“味全”的品牌名。

可以预见的是，随着台湾企业拓展大陆市场和国际化进程的加快，为适应市场竞争的需要，应该会有一些企业逐渐减少品牌延伸策略的使用，而采用“一牌一品”或“一品多牌”策略。

3. 考虑竞争对手的品牌策略。如果竞争对手也开始品牌延伸,延伸的风险就会被中和掉。很多品牌延伸尽管使新产品在成名品牌的强力拉动下发展起来了,但原产品的销售却下降了,即产生了"跷跷板效应"。娃哈哈的品牌延伸之所以基本未出现此类现象,除娃哈哈品牌核心价值能包容新老产品外,它在儿童乳酸奶行业旗鼓相当的对手乐百氏也在搞类似的品牌延伸也是一个重要因素。再如,"康师傅"、"统一"这些竞争品牌之间的产业结构基本雷同且都在延伸,各自的风险随之降低。

(五)站在企业战略的高度

品牌延伸的决策要基于企业战略的高度考虑,从战术层面看是失败的品牌延伸,从企业的全局和长远来看也许是非常成功的。例如,企业从 DVD 产品向蓝光 DVD 产品延伸,也许会因为新产品的推出,影响到原有产品的市场份额,导致"跷跷板效应",但从企业战略的角度和市场发展的前景来看,蓝光必将取代传统的 DVD 产品。也就是说,我们应该从品牌延伸是否有利于实现企业的战略目标,是否有利于企业的长远发展来判断品牌经营的成败,而不是仅仅从一些表面的现象来作出判断。

再如,格兰仕从微波炉产品向白色家电延伸的确模糊了品牌定位,不再是以前的那个微波炉专家了,但从企业战略发展的角度来看,如今的选择是为了格兰仕的未来发展,因为微波炉市场的容量毕竟有限,格兰仕创造了"胜利的极限"后面临的是自我的挑战,不走出原有的圈地,也就等于自取灭亡。所以从战略的角度来看,格兰仕的品牌延伸是很有必要的。

(六)保持适度的品牌延伸步伐

消费者对任何一种事物的认识都有一个心理接受过程,品牌延伸要发挥品牌伞的效应,就必须考虑到消费者对延伸产品的使用也有一个心理接受过程。品牌资产从主导产品到延伸产品的传递需要时间,要在企业的不断宣传和顾客尝试以后,才逐步的为顾客所接受,过于急躁是无益的。但如果品牌向过多的产品延伸,顾客就难以在短时期内对众多的新产品产生深刻的印象,而且会对众多的延伸产品产生怀疑,"有能力一下子生产这么多产品吗?"因而品牌延伸即使可行,也要保持适当的延伸步伐,延伸过快对企业而言是不利的。

案例分析

阿玛尼品牌延伸之路

1975 年,乔治·阿玛尼用其名字创立了公司。作为一名设计师,他凭着对美学、奢侈品的直觉,吸引了当今社会的精英。乔治·阿玛尼不仅仅是一个在时尚和奢侈品领域最受尊敬、最具知名度的品牌,也是当今最有价值的时尚公司之一。

案例分析

1. 乔治·阿玛尼的品牌体系

乔治·阿玛尼在社会精英群体及时尚的细分市场里也运用类似的方式延伸品牌。如今乔治·阿玛尼的品牌由1个主品牌和5个子品牌构成,这些品牌在不同的价格水平上满足不同的目标消费者。

(1)署名乔治·阿玛尼的产品线:这是由阿玛尼成衣和奥斯卡礼服等组成的衣饰系列。该系列售价极高,其主要目标消费群在35~50岁。

(2)Armani Collezioni:阿玛尼大胆地进入这个消费能力稍低的市场区域。基本上,这个品牌满足了两类人,一类是那些热衷于穿阿玛尼品牌的衣服但负担不起乔治·阿玛尼高价的;另一类是渴望为自己的衣橱增加新衣裳的人。售价比乔治·阿玛尼低20%的Armani Collezioni品牌向消费者提供了一条极好的,并且消费得起的时尚产品线。

(3)Emporio Armani:该品牌特别瞄准了25~35岁的专业人士群体,并提供与目标人群相关的具有时代感的设计。

(4)Armani Jeans:这是阿玛尼衣饰最低层次的品牌,它面向大众市场,充分满足了18到30岁的年轻人的需要。它提供具有时尚和奢华倾向的衣饰。

(5)A/X Armani Exchange:这是阿玛尼产品链上特许外包零售的品牌。它向消费者提供一些尽现品牌魅力的服务,通过向消费者提供全套衣饰和附属品来尽显乔治·阿玛尼全部的奢华时尚感。

这些子品牌帮助乔治·阿玛尼在许多不同的时尚成衣市场运作。但这还不是全部。它令阿玛尼不仅跨越相同品类的众多细分区域而且也跨越了不同品类。

在时尚服饰领域增加品牌资产后,乔治·阿玛尼开始投资其他相关品类,如眼镜、手表和化妆品。阿玛尼之所以这样做是为了确保以上品类能够满足不同的细分市场。通常的意见认为眼镜、香水、手表、化妆品与时尚和奢侈品是高度相关的。因此,时尚品牌自然把品牌延伸到这些品类。在这方面乔治·阿玛尼是强有力的证明。运用其在时尚和奢侈品产业的专业经验,阿玛尼在化妆品、手表、珠宝和眼镜领域的产品线方面成功地赢得了概念胜利。但是,阿玛尼没有在这些品类上止步,而将品牌延伸到其他品类,比如,阿玛尼之家(家具)、Dolci(糖果)以及阿玛尼之花(花卉)。阿玛尼最近和Emaar集团达成一项地产投资协议,在2011年建立14家以阿玛尼为品牌的连锁酒店。此举又为阿玛尼扩充了品牌部门。

案例分析

2. 乔治·阿玛尼未来的品牌挑战

(1)乔治·阿玛尼公司是缔造者面临两难局面的经典案例。公司的拥有者和CEO——乔治·阿玛尼已经70有余,然而公司似乎并未对阿玛尼离去后的事宜做出计划。在最近的访谈中阿玛尼的这段话被广泛引用,他说,寻找商业伙伴和继任者不是替今天、明天着想,而可能是替将来作打算。虽然一些公司通过种种努力,在缔造者故去后仍依然存活下去,但这种例子很罕见。阿玛尼应当和重要管理人员一起建立某种结构来确定和培养一些在缔造者故去后仍能够继续开展生意的接班人。

(2)过度延伸造成品牌的稀释。生意最根本的目的是追求更高的利润,并通过最大化投资回报率来增加股东的收益。投资建立和管理品牌的主要原因之一是相同的,正如我们所了解的那样,强势品牌能够让公司有能力利用有限的投资去开拓新市场。这为公司提供了丰富的收入来源。清楚了如此简单而有力的事实,世界上多数强势品牌增加其品牌资产并且将品牌延伸到新品类,新市场甚至是更新的细分市场,也就不足为奇了。用以上观点分析阿玛尼公司,我们发现其增加强势品牌资产的做法稍稍过了头。虽然阿玛尼的核心生意是时尚服饰,但是它把品牌延伸到了诸如豪华酒店和糖果等不同的品类中。一个很重要的事实是:时尚品牌的排他性造就了时尚品牌及其产品的价值。由于这些品牌涉及众多产品,因而丧失了强势品牌资产重要的一部分。

3. 管理品牌体系

阿玛尼品牌的身影不但出现在时尚领域而且还出现在其他市场上,在将来,有效管理这些不同的品牌部门将是最重大的挑战。因为阿玛尼品牌延伸到了不同的领域,与不同类型的消费者互动,体现出不同的品牌个性,所以需要保持营销沟通和其他行为的一致性。虽然阿玛尼在不同的子品牌上运用同一的品牌名称,但这确实是一把双刃剑。一方面,这令阿玛尼有绝佳的机会去建立一个强势的统一品牌;另一方面,这又为冲淡品牌资产埋下隐患。阿玛尼面临这样的战略困境,将来要小心走好每一步。阿玛尼还要意识到其品牌主要是依靠它在时尚服饰方面的拓展才存在的。因为阿玛尼品牌延伸到了不同领域,阿玛尼应该关注在开发资源方面的新压力。

(1)保持财务独立:从财务角度来看,阿玛尼也是很罕见的。从公司建立之初到现在,乔治·阿玛尼是唯一的股东,另外他也没有动用任

案例分析

何银行贷款。阿玛尼也是少数几家成功获得如此良好的运营收益的公司之一，并且从 1999 年起，阿玛尼花费差不多 7 亿欧元再投资其生意。财务独立极大地推动了阿玛尼公司进军不同领域，而无需承担股东的压力，也无需为面对季度性目标而烦恼，阿玛尼公司相当成功地运作着。时尚产业的常识是：一个概念或一个产品想要在市场上站稳脚跟需要花费相当长的时间。在酝酿期的时候，公司需要在不必每天面对财务压力的环境下运营。拥有这样的财务独立性，是阿玛尼成功的关键因素。但在将来阿玛尼还想继续“一个人公司”是有困难的。许多产业都发生了合并，而对于时尚产业来说，合并只是个早晚问题。一旦发生合并，这对阿玛尼的行事风格和持续成功是一大挑战。就此来说，在还有余地的时候，阿玛尼最好想想其他的选择。

（2）维持一致的品牌个性：一个时尚品牌最重要的方面是它的个性和特征。建立和维持一致的品牌个性，并且始终能够在目标消费者心中产生共鸣是建立强势品牌所面临的最严峻的挑战。阿玛尼涉足不同市场，拥有众多产品组合，要协调与不同类型消费者的关系。因此对于它来说，树立一脉相承且能引发消费者共鸣的品牌个性是一个巨大的挑战。在未来，阿玛尼还要面临时尚产业生生不息的竞争，因而建立和培养品牌个性是一个相当巨大的挑战。

资料来源：http://brand. iader. com/brand - annals/2007 - 03 - 06/1173141174d126180. html

本章小结

品牌延伸是企业常用的一种经营策略，在实践中的运用越来越普遍。品牌延伸即品牌形成以后，由于品牌环境和品牌资源条件等方面的变化，品牌管理者利用品牌资源和资产驱使目标品牌向其他领域或者细分市场延伸，获得进一步品牌收益的计划、控制和协调运作。品牌延伸的成因有：品牌的可延展性、产品生命周期的结果、企业实力的推动、规避风险的需要和市场竞争的压力。品牌延伸的意义表现在：充分利用品牌资源、减少新品上市成本、给品牌注入新的活力、满足消费者多样化的需求和形成品牌规模效应。品牌的强势度、产品相关性和品牌核心价值的可共享性是决定品牌延伸成功的几大核心要素。品牌延伸的类型按照品牌与产品的关系及扩展方向，大致可分为四种：产品系列延伸、产品线延伸、相关行业延伸和跨行业延伸。品牌延伸经营通常采取四种方式:统一品牌、许可授权、副品牌和品牌联合。品牌延伸操作的流程一般包括以下几个基本步骤:确定品牌联想、列出可能的延伸方案、评价待选方案的潜力和品牌延伸战略的实施。品牌延伸在还可以以下方面存在风险:损害原有高端形象、模糊品牌定位、淡化品牌个性、产生心理冲突以及产生跷跷板效应。可以从如下几个方面规避风险:原品牌的力量是品牌延伸的前提、品牌核心价值的包容力是根本;充分考虑行业与产品的特点;考虑企业所处的市场环境;站在企业战略的高度,保持适度的品牌延伸步伐。

思考练习题

1. 品牌延伸的含义是什么？其成因何在？
2. 品牌延伸经营有哪些意义？
3. 影响品牌延伸的要素有哪些？
4. 品牌延伸经营一般常用的策略是什么？
5. 品牌延伸经营有哪些风险？该如何规避？
6. 列举最新的品牌延伸成功或失败的案例,讨论其中得失。

品牌传播与管理

12

品牌的多元化与整合管理

本章学习重点

- 四大企业的多品牌结构差异
- 多品牌经营优劣势
- 多品牌适用条件及实现途径
- 品牌整合的概念及意义
- 品牌整合的对策
- 品牌管理的趋势
- 品牌领导模式的优势

世界著名的大公司大都拥有众多品牌。欧莱雅集团拥有近500个品牌，可口可乐公司在全球拥有400个非酒精饮料品牌，宝洁公司拥有300个品牌，伊莱克斯公司拥有50多个品牌，通用汽车公司拥有12个汽车品牌。这些公司专注于特定产业，采用多品牌分疆而治，让竞争对手无缝可钻。他们现身说法，证明多品牌战略有效而成功。为何这些成功的企业不约而同地采取多品牌战略，其背后的逻辑和方法如何，又是如何采取多品牌战略？本章将着重分析多品牌经营的现状及品牌整合管理对于多品牌经营的意义。

第一节　多品牌经营的现状

在第四章第三节中，我们对多种品牌战略决策进行了阐述。所谓多品牌就是一个企业同时经营两个以上相互独立、彼此没有联系的品牌。多品牌战略也是目前世界上大型集团、企业十分流行的一种品牌经营模式。本节主要分析多品牌经营的现状、优劣势、适用条件及其实现途径。

一、世界知名企业与多品牌经营

下面是几个实行了多品牌战略的知名企业，虽然它们都选择了多品牌战略，但在市场细分的标准以及所形成的品牌结构方面存在着一些明显区别：宝洁是消费利益区分；欧莱雅是消费档次区分；五粮液是消费档次结合消费区域区分；联合利华是品类结合区域区分。下面分别予以说明。

（一）宝洁——利益区分多品牌

始创于1837年的宝洁公司，是世界最大的日用消费品制造公司之一，既是多品牌的战略创始人，也是全球最成功地运用多品牌战略运营的企业之一。在《财富》杂志最新评选出的全球500家最大工业/服务业企业中，排名第86位，并位列最受尊敬企业榜第7位。宝洁的成就在很大程度上应该归因于其成功地运用了多品牌战略。

目前，宝洁公司有全球雇员近10万人，在80多个国家设有工厂及分公司，所经营的300多个品牌的产品畅销160多个国家和地区，其中包括洗发、护发、护肤用品、化妆品、婴儿护理产品、妇女卫生用品、医药、食品、饮料、织物、家居护理及个人清洁用品等。仅洗衣粉，在全球推出的就有汰渍（Tide）、快乐（Cheer）、格尼（Gain）、达诗（Dash）、波德（Bold）、卓夫特（Dreft）、象牙雪（Lvory Snow）、奥克多（Oxydol）和时代（Eea）等数十个品牌。表12－1是宝洁公司产品部分品牌一览表。

表 12－1　宝洁公司部分品牌一览表

序号	产品类别	品牌名
1	洗衣粉	汰渍(Tide),快乐(Cheer),波尔德(Bold)
2	清洁剂	Spin & Span,Comet,Mr. Clean
3	洗涤灵	象牙(Dawn,Joy, Ivory),Carcade
4	衣物柔软剂	Bounce,Downy
5	面部护理产品	Clearsil Noxzema
6	止痛药品	Aleve
7	香皂	佳美(Camay),象牙(Ivory),玉兰油(Coast,Oil of Olay),Bale guard,激爽(Zest)
8	化妆品	封面女郎(Cover Girl),Max Factor
9	香水	California,Giorgio,Incognito,Navy,Old Spice
10	护发用品	海飞丝(Head & Shouder),飘柔(Pert Plus),潘婷(Pantene),沙宣(Vidal Sassoon)
11	护肤用品	Oil Of OLay,Bain de Soleil,Noxzema,Cover Girl
12	食品饮料	Folgers,Hawaiian Punch,Sunny Delight,JH,Duncan Hines Crisco,Pringles
13	口腔保健	佳洁士(Crest)
14	家庭用纸	纸巾(Bounty),面纸(Puffs),浴室用纸(Charmin)
15	漱口水	Scope
16	除体臭剂	Old Spice,Secret,Sure
17	卫生巾	Always
18	纸尿布	帮宝适(Pampers),Luvs
19	肠胃药	Metamucil,Pepto－Bismol
20	呼吸器官药物	Vick5 咳嗽感冒系统,包括 Chioraspetic,NyQuil,VapoRub,Sinex,Formula 42

资料来源:李光斗:《品牌竞争力》,中国人民大学出版社 2004 年版,第 143 页。

宝洁公司实施多品牌战略最大的特色就是以“消费者的利益”来进行市场细分,与其他多品牌企业,比如,与同为日化企业的联合利华相比最大的不同就是,宝洁不仅为不同档次的产品、不同种类产品设立品牌,而且在相同的种类、相同档次的产品中,也大打品牌战。以我国市场为例,洗发水主推“飘柔”、“潘婷”、“海飞丝”、“沙宣”、“润妍”和“伊卡璐”;洗衣粉主推汰渍、碧浪和奥妙;沐浴乳主推舒肤佳、玉兰油和激爽。

宝洁公司经营的多种品牌策略不是把一种产品简单地贴上几种品牌,而是追求同类产品不同品牌之间的差异，包括功能、包装、价格、宣传和利益等诸多方面，从而形成每个品牌的鲜明个性。比如，在洗发水品牌中，有让“秀发光滑柔顺，飘逸洒脱”的飘柔；有“轻松除去烦心的头屑，再展骄人风采”的海飞丝；有“呵护营养流失的秀发，含有维他命原B5”的潘婷；还有“自己动手也能营造出专业护理风范”的沙宣，以及“植物萃取，富含草本精华，芳香怡人”的伊卡璐。在洗衣粉品牌中有“去污彻底”的汰渍，有“洗涤并保护颜色”的快乐，有“使衣物柔软”的波尔德，有“适于洗涤婴儿衣物”的德莱夫，有“去污快”象牙雪，有“去油漆等顽污”的伊拉。

这样，每一个品牌针对一个细分市场，不同品牌满足不同层次、不同需要的各类顾客，不仅避免了品牌之间的相互竞争，而且不同的相互独立细分市场，分疆而治，以稳定的品牌结构，实现垄断性的占有率，吸引了所有重要偏好群体内的消费者，大大超过了仅凭一种品牌能够得到的市场份额。

宝洁公司的多品牌结构参见图12－1。

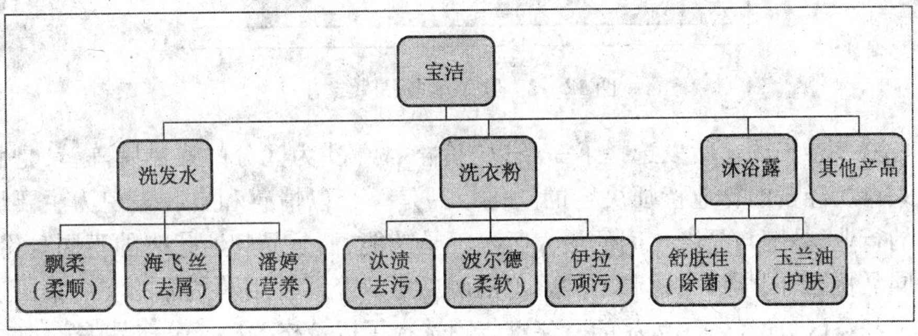

图12－1　宝洁公司多品牌结构

（二）欧莱雅——档次区分多品牌

作为财富500强之一的欧莱雅集团是世界知名的化妆品王国。由发明世界上第一种合成染发剂的法国化学家欧仁·舒莱尔创立于1907年的欧莱雅，如今已经从一个小型家庭企业跃居世界化妆品行业的领头羊。2001年12月，普华永道对全球65个国家所作的调查显示，欧莱雅集团被认为是最受尊敬的法国公司。目前欧莱雅一共拥有500多个品牌，事业遍及150多个国家和地区，在全球拥有283家分公司及100多个代理商，年销售额高达130多亿美元。

占据着欧莱雅集团销售总额的94%的17个国际知名品牌中，已经有12个品牌引入到中国，再加本土并购的上小护士和羽西，欧莱雅在华一共拥有14个品牌。小护士和羽西这两个在中国市场有着一定基础的品牌，加上已经成功进驻中国市场的兰蔻、巴黎欧莱雅、薇姿、美宝莲等辐射不同阶层的品牌，欧莱雅中国麾下构成了一支完美的品牌“梦之队”。这支品牌“梦之队”的阵营不同于其他集团，而是从大众化的低端品牌到顶级的高端品牌在中国各级市场都有强力覆盖,形成了一个“品牌金字塔”,如图 12－2 所示。

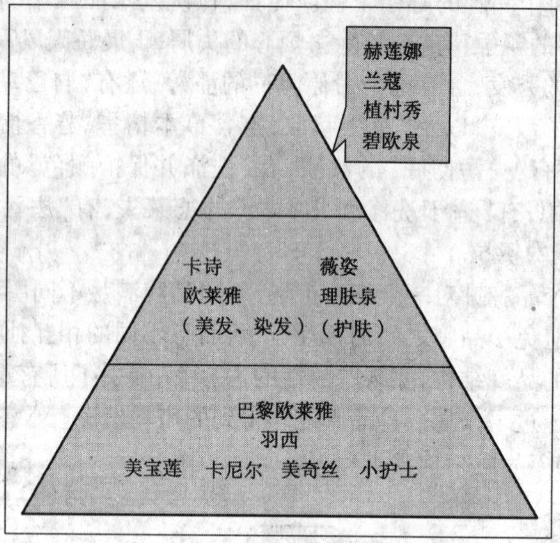

图 12－2　欧莱雅多品牌结构

欧莱雅集团之所以选择了一条以“价格、档次”为区分的多品牌阵营,是由欧莱雅所经营的行业特征决定的。化妆品是一个以情感和自我表现为主要诉求的行业,品牌与品牌之间的最大区隔不是功能,而是品牌所代表的不同身份、不同品位、不同生活方式和不同审美格调。所以经营日用消费品的宝洁集团选择了利益区分,经营化妆品的欧莱雅集团选择了以价格档次区分多品牌。

产品所代表的审美格调与品位以及由此决定的价格将欧莱雅的金字塔分成了高端、中端和低端 3 个部分。

1. 高端部分。高端第一品牌是赫莲娜,处于金字塔塔尖,无论其价格和品质都是 14 个品牌中最高的,面对的消费群体有很强的消费实力,年龄也相应偏高;第二品牌是兰蔻,它是全球著名的高端护肤及香水品牌之一,消费群体年龄比赫莲娜年轻 些,也具有相当的消费能力;第三品牌植村秀,它是欧莱雅所收购的日本品牌,也是全球高端化妆品牌之一,主要生产彩妆和化妆工具,面向年轻具有国际化视野的时尚群体;第四品牌是碧欧泉,它面对的是具有一定消费能力的年轻时尚消费群体。欧莱雅集团希望把它塑造成大众消费者进入高端的敲门砖,价格也比赫莲娜和兰蔻低一些。就销售渠道而言,赫莲娜 2000 年 10 月才进入中国,网点最少;兰蔻主要在高档的百货商场销售,目前在中国高端化妆品市场占有率稳居榜首;碧欧泉也主要在高级百货公司销售,专柜数量更多一些。

2. 中端部分。中端 4 个品牌根据品类不同分为两大类:一类是美发、染发产品,有卡诗和欧莱雅。卡诗在美发、染发领域属于高档品牌,比欧莱雅的价格和品质都稍高一些，它们主要通过高级发廊及专业美发店进行销售。这种销售模式也使消费者有机会得到专业发型师的专业服务。另一类是活性健康化妆品，有薇姿和理肤泉两个品牌，它们通过药房销售，也是欧莱雅集团率先把这种“药妆品”的理念引入了中国。

3. 低端部分。基于中国市场消费多元化、消费梯度大的特点，欧莱雅在塔基部分所铺设的品牌是最多的，在大众市场，欧莱雅一共有 6 个品牌。其中，巴黎欧莱雅处在塔基高端处，它有护肤、彩妆、染发等产品，在全国 500 多个百货商场设有专柜，还在家乐福、沃尔玛等高档超市有售。排在第二位的是羽西，羽西秉承“专为亚洲人的皮肤设计”的理念，是大众护肤品中的主流品牌，在全国 240 多个城市的 800 家百货商场有售。第三位是美宝莲——来自美国纽约的大众彩妆品牌，它在全球很多国家的彩妆市场排名第一，在中国也不例外，目前已经进入了 600 个城市，拥有 1.2 万个柜台。第四位是卡尼尔，天然染发和美容产品，它相比巴黎欧莱雅更大众化，更年轻时尚，在中国有 5 000 多个网点有售。第五位是美奇丝，专业美发品牌，面向低端市场 20 ~ 30 岁的年轻、时尚人士，主要在发廊和美发店销售。最低端的是小护士，它面对的是追求美和实惠的学生群体和年轻群体，市场认知度在 90% 以上，目前在全国有 28 万个销售点，网点遍布国内二、三线城市。

（三）五粮液——档次加区域

五粮液在全球的知名度可能不如宝洁和欧莱雅，但在中国的知名度要远远超过这两个企业。在 2006 年度“中国最有价值品牌”研究评估报告中，四川宜宾的五粮液以 358.26 亿元再次蝉联食品业榜首，继续稳居中国食品行业第一品牌。这是自 1995 年开展“中国最有价值品牌”评选活动以来，五粮液连续第十二年成为中国食品行业代表。同样是白酒品牌中的翘楚，茅台与五粮液一个被尊为至尊“国酒”，一个被誉为新兴“酒王”，但不同的经营理念决定了不同的市场策略，与茅台小心谨慎的单一品牌策略形成了鲜明反差，五粮液走的是一条大张旗鼓、全面通吃的多品牌发展之路。

五粮液的品牌王国也有着独特之处，五粮液集团通过联营、收购、买断、衍生等方式发展，在品牌数量与规模最大的时候，曾拥有上百个品牌。梳理下来，这些品牌构成了四个庞大的“品牌群落”，分别是：中档酒品牌群落、高档酒品牌群落、超高档酒品牌群落和礼品酒品牌群落。中档酒品牌群落中的构成品牌有：五粮春、金六福、浏阳河、千家福、陈泥香、锦绣前程、老作坊、烤酒、干一杯、天地春、名扬天下、江南古坊、龙晶玉液、百家宴、逍遥醉、玉酒和三杯爽等。这个群落的几十个品牌构成了五粮液集团的中坚力量，典型的有金六福，年销售收入在 10 亿元以上，每年为五粮液至少贡献 5 个亿的收入。高档酒品牌群落的构成品牌有：大展宏图、春夏秋冬、五龙宾、现代人、长三角、丝路花雨、酒王、锦上添花、金枝玉叶、金榜题名、秦皇、人民大会堂国宴酒、国玉春和龙虎酒等。从市场的最新动态来看,五粮液的“高档酒品牌群落”的扩张速度似乎还在加快。超高档酒品牌群落构成品牌有:贵宾五粮液、熊猫瓶型酒、红太阳、酒王酒、五粮神和紫光液等。这一群落的品牌价格与品质最高,主要满足高档消费群体的需求。礼品酒品牌群落的构成品牌有:一帆风顺(珍品五粮液)、一马当先、仰天长啸、鹏程万里、生日专用(十二生肖)五粮液、豪华五粮液和贵宾五粮液等。主要面对礼品消费群体,包装奢华,价格也偏高。

与此同时,多品牌“五粮液帝国”的弊端也逐渐显现,由于品牌太多,有几十个同等价位、同等香型、同等度数的品牌在市场上销售,扰乱了合理的价格体系,加剧了终端恶性竞争,甚至侵害了五粮液品牌价值,2004 年底,五粮液拿起了祭刀杀向了纷乱的品牌丛林,对众多品牌实行品牌整合,推出了“1+9+8 品牌工程”——即打造 1 个世界性品牌,9 个全国性品牌和 8 个区域性品牌:即 1——五粮液;9——五粮春、五粮神、五粮醇、金六福、浏阳河、百年老店、尖庄、火爆和干一杯;8——江南古坊(华东)、老广东(华南)、蜀粮醇(西南)、华北醇(华北)、龙晶玉液(中原)、两湖春(两湖)、亚克西(西北)和玉酒(东北)。由此建构起了五粮液结构清晰、合理、稳定的品牌金字塔。其中,8 个贴近普通消费者的区域品牌,构成了品牌金字塔的塔基部分,是五粮液市场份额和销量的主要来源,同时也是五粮液深植于大众消费者市场的根基。9 个全国品牌,则是连接五粮液塔基和塔顶五粮液之间的桥梁,它们一端承接金字塔顶部的五粮液,树立五粮液高端白酒的品牌形象,另一端将品牌价值辐射到金字塔底部,避免大众品牌过多造成品牌贬值(参见图 12-3)。

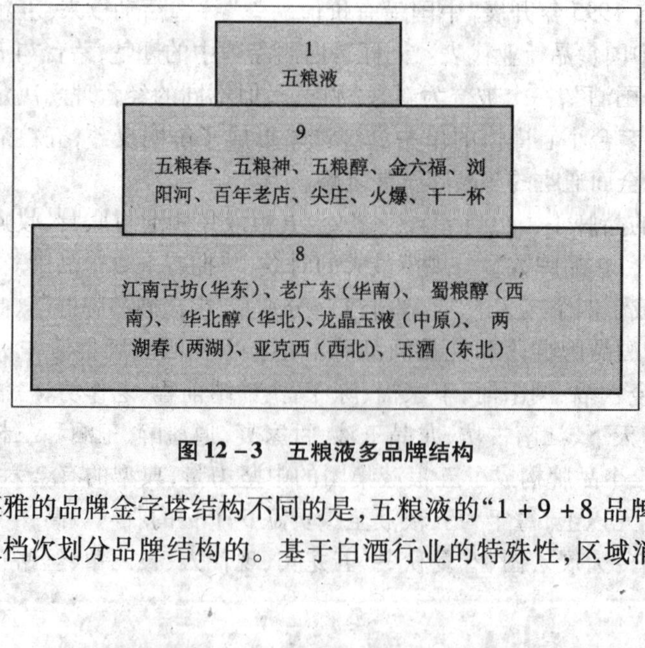

图 12-3 五粮液多品牌结构

与欧莱雅的品牌金字塔结构不同的是,五粮液的“1+9+8 品牌工程”不是单一的采取档次划分品牌结构的。基于白酒行业的特殊性,区域消费习惯、消费心理、消费偏好都会影响到品牌的销售，因此在大众品牌中，五粮液引入了区域细分的标准，如湖南、湖北推出的是“两湖春”、西北地区推出的是“亚克西”、华南地区推出的是“老广东”，这些品牌从品牌名称、包装、口感、宣传方式上都带有明显的区域色彩。

（四）联合利华——品类加区域

如果说宝洁在全球日化业中有旗鼓相当的对手，那就是联合利华。创立于19世纪70年代的联合利华，目前已是年销售额高达500亿美元的全球最大日用消费品制造商之一。在2003年全球财富500强中，联合利华排名第66位，而宝洁排名第86位。

尽管联合利华近年来在中国市场的表现不敌宝洁，但在中国的发展联合利华要远远早于宝洁，可以追溯到80多年前，当时利华兄弟在上海黄浦江畔建立了中国肥皂有限公司。1986年，联合利华重返中国市场。通过引入、收购和自创，联合利华目前在中国市场一共有20多个知名品牌，如力士、夏士莲、凡士林、中华、奥妙、和路雪、洁诺、旁氏、老蔡、立顿、阳光、家乐、四季宝、好乐门和CK香水等。

虽与宝洁同属日化集团，但联合利华的产品线比宝洁更为广泛，从家庭日化、个人护肤，到食品饮料，甚至黄油、调味品和冰淇淋产品都有涉及，再加之联合利华惯常采取本土收购加以培植的多品牌经营方式，所以联合利华的品牌图谱呈现出鲜明的品类加区域的划分特征（参见表12－2）。但过度强调品牌区域差异和品类差异，造成了联合利华品牌军团的庞杂和臃肿，截至2000年，联合利华在全球的品牌数目竟然达到了2 000多个，使其不得不在数目庞大和品种繁多的业务项目之间进行平衡和合理化协调，公司的核心业务放缓。

区域差异和品类差异的放大同时也造成了品牌“定位”的模糊，尽管联合利华也采用“利益”来区分品牌，比如，洗发水有植物护发的“夏士莲”与“国际巨星选择”的“力士”，但遗憾的是这种趋势并不明显，也许这正是联合利华近年来不敌宝洁的重要原因。正如联合利华公司发展部负责人所言：公司有2 000多个品牌，却没有2 000个好的经营理念。目前联合利华正在进行大刀阔斧的品牌缩减计划，计划将品牌数量从2000多个缩减到400个。

表12－2　联合利华多品牌结构

品类		国际性品牌	区域性品牌（东南亚）	本土品牌
护肤品		旁氏、凡士林	夏士莲	
个人洁肤用品	香皂	力士、多芬、阳光	夏士莲	
	沐浴露	力士、多芬	夏士莲	
护发用品		力士	夏士莲	

续表

品类		国际性品牌	区域性品牌(东南亚)	本土品牌
洗涤用品	洗衣粉	奥妙		芳草
	洗衣皂	阳光		
	洗涤剂	金纺		
护齿用品		洁诺		中华
调味品	鸡精	家乐		
	花生油	四季宝		
	色拉油	好乐门		
	酱油			老蔡
茶饮料	袋泡红茶	立顿		
	袋泡绿茶			车仔
	袋装茶			京华
冰淇淋		和路雪、百乐宝、可爱多、可丽波、梦龙、千层雪		蔓登琳
香水		CK,Cerruti,Lagerfeld,Chloe,Nautica 和 Valentino		

二、多品牌经营的优劣势

(一)多品牌经营的优势

大多数知名企业都不约而同地采取多品牌策略,是因为多品牌策略存在许多优势。

1. 满足需求多元化。通过多品牌策略将不同的品牌定位于不同的细分市场,可满足不同消费者群体的不同需要。如今,消费者的需求日趋多样化和差异化,消费趋势已从大众消费时代进入分众时代,不同消费群体的生活形态、品牌偏好、品味及嗜好都不尽相同。企业若能在科学的市场调查的基础上,根据不同消费群体的需求差异设计出多个品牌,以适应不同消费群体的品牌喜好和消费特点,那么每个品牌都可以为企业吸引一批不同需求的消费者,避免了当需求无法满足时消费者的流失。例如,宝洁产品下的每个品牌以某一特殊功能为诉求点,吸引着不同需要的消费者。希望免去头屑烦恼的人会选择“海飞丝”;希望头发营养、乌黑亮泽的人会选择“潘婷”;希望头发舒爽、柔顺、飘逸潇洒的人会选择“飘柔”;希望头发保湿、富有弹性的人会选择“沙宣”。这样,消费者的多样需求通过宝洁的多个品牌就可以全部得到满足,而不用转向其他企业的品牌。

2. 提高市场占有率。实行多品牌策略大大超过了仅凭单一品牌所能达到的市场占有率，有助于企业全面占领一个具有相当规模的市场。一般单一品牌能达到20%的市场占有率就已经相当不错，但宝洁的3个洗发水品牌(海飞丝、潘婷、飘柔)曾为其带来66.7%的市场占有率①。同样，箭牌公司通过益达、劲浪、绿箭、白箭和黄箭等占领了中国口香糖市场的60%以上。一个有一定规模的市场是由许多具有不同期望和需求的消费者组成的，推出一种品牌只能赢得某一消费群体，其市场占有率是有限的，但是根据各个消费群体的不同特点推出不同的品牌就可以吸引各类重要偏好群体内的消费者，可从整体上迅速提高市场占有率，扩大市场覆盖面。

3. 有助于品牌差异化。品牌差异化是消费者区分、识别品牌的关键。对于消费者而言，一种品牌个性鲜明、有独特的"卖点"远比某一品牌功效齐全、面面俱到更有吸引力。实施多品牌策略，可以通过赋予不同品牌以不同的定位，突出特色，从而在消费者心目中形成比较明显的品牌差别化。尤其是那些同质化现象比较严重的市场，若赋予不同产品独立品牌就有助于形成人为的品牌差别化，比那些面向消费者泛泛而谈、没有特色的品牌更有市场竞争力。

4. 强化企业竞争力。实施多品牌策略利于激活企业内部的活力，通过增强企业内部竞争，提高企业的效率。单一品牌企业内部一般实行统一集中管理，资源由企业统一分配，企业内部各机构之间缺乏竞争意识。而多品牌企业通常会按照战略经营单位(SBU)来设立部门，甚至会按品牌来设立部门，譬如，宝洁的品牌经理管理模式使每位品牌经营者都感到竞争的压力，力图搞好自己所管理品牌的营销与市场开拓工作，从而推动企业效率的提高，使企业在自己内部多品牌间的相互资源竞争中，实现并提升企业的价值。宝洁公司说，最好的策略就是不断攻击自己，而且同类产品的不同品牌之间适度竞争，能够提高士气和工作效率，共同进步。对宝洁公司来说，与其让对手品牌向自己挑战，不如让自己的品牌向自己挑战，这样，无论谁获胜，都是宝洁的胜利。②

5. 降低企业风险。多品牌策略下，企业抗风险的能力大大提高。由于实行多品牌策略的公司赋予每一种产品一个单独的品牌，品牌与品牌之间是相互独立的，即使个别品牌失败了，也不会影响到其他品牌和整个企业的形象。单一品牌策略显然略逊一筹，一旦某一类产品出现较大问题，就会影响到其他产品的销售，甚至毁掉一个企业。

6. 提高品牌转换者的忠诚度。实践表明，虽然消费者心目中存在着品牌忠诚信念，但却很少有消费者会对某一品牌忠诚到绝对的程度，也不会对其他品

① 黄静:《品牌管理》,武汉大学出版社2006年版,第170页。
② 雷燕:《浅谈多品牌策略》,《商业研究》,2003年第13期。

牌毫无兴趣。这一点正是单一品牌策略较多品牌策略明显的劣势所在。而多品牌策略，提供好几种品牌，就可能锁住大部分品牌转换者，使他们继续使用企业的其他品牌。在一定条件下，多品牌策略提供多个品牌，是获取"品牌转换者"的主要办法甚至是唯一办法。

（二）多品牌经营的劣势

虽然多品牌策略有一定的优势，但是它的不足之处也会令很多企业望而却步。

1. 投资大，风险大。多品牌策略最大的缺点是它所耗费的时间与成本极高，推出一种新的产品就要赋予一个新的品牌，而一个新品牌的创建通常需要大量的人力、物力、财力的投入。市场调查显示，品牌命名、标志设计、进行有效的市场定位并且贯彻实施，都离不开大量的资金成本的投入。而一个品牌被消费者从认识到认可、偏好和忠诚是需要一段时间的，在这段时间内，企业需要投入更多的资金进行品牌知名度的提升，培育品牌亲和力，建立品牌忠诚。比如，在美国成功推出一个品牌的成本估计是几千万美元，而推出一个品牌延伸的产品则只需 50 万美元，且冠以新品牌的产品成功率很低，5 个新品牌中，只有 1 个能在市场上维持 1 年以上。也就是说，要取得好的营销业绩所需要的资金投入已经越来越高，一旦品牌培育不成功，就意味着企业要付出更高的代价。

多品牌策略所具有的耗费资金多、耗时长、风险大等特点，使其只有实力雄厚的大公司尤其是大的跨国公司才能实施，而一些实力较弱的中小企业则很难做到，因此，该品牌策略的适用范围受到了较大的限制。

2. 增加品牌管理难度。多品牌策略增加了企业对品牌管理和控制的难度。如联合利华就不得不面临着品牌团队的庞杂和臃肿而带来的管理上的巨大困扰。联合利华的董事长坦言，就连他本人对公司的 1 600 个品牌也不甚清楚，也许总部的管理层也没有人能一一道出公司到底有哪些品牌。其中有些品牌属于高度地方性的品牌，所以如果没有当地市场专家们的参与，对这样一个公司进行有效管理是很难想象的①。由于多品牌经营的企业拥有的品牌数目繁多，以至于不得不在数量庞大和品种繁多的业务之间进行平衡和合理化调整，从而增加了品牌管理的复杂程度，企业将不得不为此付出更多的人力、物力和财力。培育好品牌，并且要管理好各个品牌，使每个品牌都健康持续地发展，为企业创造效益，这对企业的各个品牌经营和总的品牌经营都是一个巨大的挑战。

3. 品牌边际效益递减。边际效益递减是指一个以资源作为投入的企业，单位资源投入对产品产出的效用是不断递减的。实施多品牌策略也存在着品牌边际效益递减的问题，随着品牌的推出，新品牌的边际效益呈递减的趋势。在

① 黄江松：《品牌战略》，中国金融出版社 2004 年版，第 51 页。

宝洁的洗发水品牌中，收益最好的还是率先推出的飘柔和海飞丝。

在现代市场上创建一个有影响力的品牌并不是一件简单的事情，而品牌的成功，通常是大量资源整合运作的结果。一个品牌事实上就是一条战线，如果没有足够的实力，分兵作战往往是失败的前奏。

三、多品牌经营的适用条件

综合多品牌经营的优劣势，经营多品牌的企业需要满足以下条件。

（一）企业的经济实力与管理水平

实践证明，多品牌经营对企业的经济实力、管理水平和人员素质等综合条件要求比较高。

1. 企业经济实力。实施多品牌策略的企业最好是已经在战略规划、产品研发、生产营销方面成为行业领袖的企业。多品牌经营往往要有大量的资本作为后盾，需要具备足够的实力与能力，否则会顾此失彼，不但没有增加销量，反而使原有品牌“营养不良”而导致竞争力与价值下降，有损企业的长远发展。联合利华声称：以美国市场为例，一个洗发水品牌仅广告费用一项就高达 4 000 万美元，而倒退十年，这笔钱足够推出一个新品牌，而现在花上 8 000 万美元，可能根本看不到任何效果。而这样的资本实力除了大型跨国公司具备之外，一般的企业是不具备的，就连国内的海尔、海信、娃哈哈这类知名企业都严格恪守单一品牌道路。因此，当企业实力与能力不足时，不如暂时采用一牌多品策略，时机成熟时再运作多品牌策略。也就是说，企业在实施多品牌策略时，要量力而行。

2. 企业的管理实力。实施多品牌的企业还要具备较高的品牌管理水平。因为既要保证每个品牌都能独立发展，又要能产生品牌规模的效应，这就对企业的品牌整合能力、品牌管理体制、人员素质都提出了很高的要求。品牌经理制是国外实施多品牌策略的企业普遍采取的一种品牌管理模式，即一个品牌就是一个战略经营单位，由一位职业经理人全权负责这个品牌的全部工作，像管理一个公司一样来管理一个品牌。宝洁公司是品牌经理制的创造者和实践者，品牌经理制也是由它最早引入中国的。但宝洁的品牌经理制并不适合于所有的中国企业，一方面，宝洁作为有百年历史的跨国企业，在实践中积累了大量多品牌管理的经验，这是国内企业所无法复制的；另一方面，品牌经理制是建立在优秀的团队建设基础上的，宝洁公司每年都会花巨资引进和培养大量优秀的经营和管理人才。这点正是国内企业难以在短时期效仿品牌经理制模式的关键所在。

（二）产品与行业特点

宝洁、联合利华、欧莱雅、斯沃琪、可口可乐、通用和大众等企业都采取多品牌策略，而索尼、松下、飞利浦、西门子、诺基亚、维珍和 LG 等一批公司都坚守单一品牌策略，从中我们可以总结出一条规律——实施多品牌策略还要考虑符合产品和行业的特点。

1. 需求多元化的行业。多品牌策略的关键在于根据消费者多样化的需求细分市场，否则，就没有多品牌存在的必要。比如，汽车就是一个差异性很大的产品，可以明显细分出不同的市场，需要多个个性化的产品品牌来吸引不同的消费群。企业实施多品牌的最终目的是用不同的品牌去占有不同的细分市场，联手对外夺取竞争者的市场，如果引入的新品牌与原有品牌没有明显的差异，就等于自己打自己，毫无意义。

2. 利润率高的行业。成功推行多品牌策略，特别依赖大手笔的广告、促销活动。宝洁、联合利华、可口可乐都是世界上数一数二的广告大户，商品附加值、利润率不高的行业支撑不了多品牌策略高额的投入、较长的回报周期以及可能带来的市场风险。因此，多品牌策略适合利润率高的行业。

3. 市场容量大的行业。市场容量决定了细分市场的规模，如果市场容量小，再进一步细分，每一个细分市场的容量会更小，针对每个细分市场推出一个品牌的意义就不大了。日化、饮料都属于市场容量大的行业，细分市场后，每个细分市场的规模仍然可观，因此比较适合多品牌策略。

4. 高度细分化的产品。日常生活用品、化妆品、食品饮料、服饰和汽车等产品适合于采用多品牌策略，因为这类产品易于细分，可以通过不同个性、不同定位的多个品牌来增加对不同消费群的吸引力；而电器类产品更多的则是走一牌多品的模式，如松下、索尼、海尔无论洗衣机、彩电、音响、空调和冰箱均采用同一品牌。说到底，采取何种品牌策略与产品品牌是否需要个性形象来争夺市场有关。消费者会购买同一品牌的洗衣机、彩电、冰箱、热水器，是基于对这一品牌在技术、品质、服务上的认同，采用多品牌反而是对原有品牌资源的巨大浪费，所以对于电器类产品较好的品牌策略是兼顾主副品牌，即以主品牌卓越的技术、品质形象获取消费者的信赖，又以副品牌宣传产品的独特性，起到锦上添花的作用。

一般说来，多品牌策略适用于汽车、日用消费品、服饰、手表、鞋、化妆品等行业。当然，也不能一概而论，同是化妆品，欧莱雅以多品牌策略走向成功，雅芳则坚持单一品牌战略，同样成为大型跨国化妆品集团。

四、多品牌的实现途径

多品牌策略可以通过以下 3 种途径实现：自创品牌、收购品牌和联合品牌。

（一）自创品牌

实施多品牌策略最常规的途径就是自创品牌。这种方式虽然投资比较大，尤其是回报周期长，但企业与品牌之间的关系最为紧密，企业可以根据目标市场的变化和动向，发现市场空白点，为自己度身打造品牌。宝洁公司一直坚持走自创品牌的道路，旗下品牌绝大多数都属自创。自创品牌的关键在于细分市场，发现市场空白点，然后度身量造。宝洁公司成功的秘诀就在于针对每个产品所面对的市场，从消费者心理和利益的角度进行细分，一个细分市场创建一个品牌，例如，宝洁公司的洗衣粉市场就被细分成了9个分市场，每个市场创建了一个品牌，保证每个品牌都特色鲜明，"卖点"突出：

汰渍(Tide)：洗涤能力强，去污彻底。能满足洗衣量大的要求，是一种用途齐全的家用洗衣粉。"有汰渍，没污渍"。

快乐(Cheer)：具有"杰出的洗涤能力和护色能力，能使全家人的衣服显得更干净、更明亮、更鲜艳"。

奥克多(Oxydol)：含有漂白剂，"可使白色衣服更洁白，花色衣服更鲜艳，所以无需漂白剂，只需奥克多"。

格尼(Gain)：起初是宝洁公司的加酶洗衣粉，后重新定位为令衣服干净、清新、"如同太阳一样让人振奋"的洗衣粉。

波尔德(Bold)：加入了织物柔软剂，它能"清洁衣服，柔软织物，并能控制静电"。波尔德洗涤液还特别增加了"织物柔软剂的新鲜香味"。

象牙雪(Ivory Snow)："统一计划纯度达到99.44%"，这种洗衣粉碱性温和，不伤皮肤，适合洗涤婴儿尿布和衣服。

卓夫特(Dreft)：也用于洗涤婴儿尿布和衣服，它含有"天然清洁剂"硼石，"令人相信它的清洁能力"。

达诗(Dash)：是宝洁公司的低价产品，能有效去除污垢，容量大价格低廉。

时代(Era)：是天生的去污剂，能清除难洗油渍、血渍等污点。[①]

宝洁公司创建品牌的策略就是"一万个消费者就有一万个哈姆雷特"，发现差异，寻找空白点，用琳琅满目的品牌实现垄断性的市场份额。目前宝洁公司已占有了美洲洗衣粉市场55%的市场份额。而这种独特的品牌细分主张又是建立在宝洁精准的市场调查的基础之上的。仿佛切蛋糕一样，切分市场的主刀其实是一套科学的手段。据透露，宝洁在登陆亚洲市场前，整整作了两年的消费者调查。[②]

自创品牌最忌品牌之间没有差异，没有差异的多品牌，不仅起不到广泛覆盖市场、增加市场份额的作用，反而会加大企业的生产、营销成本，给消费者的心理造成混乱，如同手足相残，毫无意义。例如，上海家化的美加净、百爱神、六神和明星等品牌旗下均有洗发水，但各洗发水品牌之间没有明显的差异，价位

---

① 黄江松：《品牌战略》，中国金融出版社2004年版，第43页。

② [美]克莱夫·巴德：《宝洁品牌攻略》，哈尔滨出版社2003年版，第83页。

基本接近，目标市场相互重叠，除了起到多占货架的作用外，并没有协同作战去占领不同的细分市场，背离了多品牌的战略意图。

（二）收购品牌

与自创品牌相比，收购品牌最大的优势就在于可以在最短的时间内拥有一个较为成熟的品牌，大大缩短了品牌培育的周期。通过收购品牌来实施多品牌策略似乎是品牌领域新兴的一种趋势，越来越多的大公司把它视作是区域扩张、本土化以及打造多品牌的一条捷径。大众旗下9个品牌中的6个品牌都属收购；通用汽车旗下著名品牌别克、凯迪拉克、雪佛兰和庞蒂克等论起出身，也都是收购；联合利华和欧莱雅则更是品牌收购的专家。

联合利华在全球的400多个主力品牌，其中大部分都属收购。比如，“旁氏”原是一个美国品牌，联合利华将其买下并发展为一个护肤品名牌；“夏士莲”原是一个英国品牌，后主要在东南亚地区推广；“家乐”、“好乐门”、“四季宝”等品牌原属美国著名的国际食品集团公司百仕福旗下。联合利华（中国）有限公司发展联络总监曾锡文介绍说：“很少有跨国公司像联合利华这样并不一味推广自有品牌，而是善于收购本地品牌提升为国际品牌。”联合利华除400多个主力品牌外，还有大量的高度地方性的品牌也是通过并购当地品牌实现的，以中国市场为例，联合利华曾经收购的品牌有上海家化的“中华牙膏”、“美加净”（已被购回）、上海调料品牌“老蔡”酱油、北方第一大茶叶品牌“京华茶叶”、安徽日化“芳草”、广东茶饮料品牌“车仔”以及冰淇淋品牌“蔓登琳”。据闻，联合利华也曾有意收购护肤品著名品牌“大宝”。

同联合利华英雄所见略同，欧莱雅一贯的品牌拓展战略也是收购品牌，打造法国式的优雅包装，然后推向国际市场。1964年，收购高端化妆品品牌兰蔻；1970年，收购另一高档化妆品品牌碧欧泉；1980年，收购化妆品品牌薇姿；1984年，收购了两个著名化妆品品牌拉夫·劳伦和Gloria Vanderbilt。1988年，欧文·琼斯接掌欧莱雅帅印，他最擅长做的似乎就是用他精明的眼睛在世界各地寻找一个当地品牌，用一种独特的方法收购它并进行欧莱雅式的改造，然后再将它推广到世界各地，例如，当年收购赫莲娜，而最为成功的案例当属收购美国品牌美宝莲和非洲品牌Soft Sheen和Carson。

虽然收购式的多品牌途径品牌培育周期短，但投入也相当大，比如，全球第一大啤酒巨头比利时英博啤酒集团收购雪津啤酒的价格为58.86亿元人民币，欧莱雅收购小护士的价格在16亿元人民币，而大宝挂牌出售的价格也在23亿元人民币，如此大手笔的投入时刻提醒着企业在收购品牌时要谨慎起见，认真选择收购品牌是否符合以下条件：①被收购品牌从竞争角度看有很强的战略意义，收购后能迅速对主要竞争对手构成威胁；②被收购品牌拥有某一细分市场，而该细分市场是原有品牌的薄弱市场；③被收购品牌与原品牌具有高度一致的品牌核心价值,收购后可迅速整合。

品牌收购资金投入大,自然对企业的经济实力提出了很高的要求,资本杠杆在品牌整合中的应用只适用于那些全国强势品牌或国际品牌,对于一般中小企业难度很大;此外,也要求收购的企业有很强的品牌转化能力和品牌整合能力。因为在品牌收购后将面临诸多的问题,主要包括:被收购品牌的再定位;是否创建一个新品牌;是否品牌延伸;原品牌框架与现有品牌框架的整合;文化整合等。

欧莱雅公司对于收购来的品牌,有一套成功的国际化改造经验。以美宝莲为例,欧莱雅1996年购并美宝莲时它只是孟菲斯一家生产指甲油和唇膏的公司,只有7%是来自美国以外的市场。随后,欧莱雅彻底改造了它原本毫无新意的包装,重新将它标为"纽约美宝莲"——"美宝莲来自纽约"。因为在世界许多地方的消费者看来,纽约是时尚的发源地。这一战略后来被证明是无比成功的。从1996年到2002年,美宝莲在美国以外的市场销售额增长了93%。联合利华(中国)有限公司发展联络总监曾锡文也提出,本地品牌与消费者有感情维系,联合利华收购本地品牌绝不是削弱其对自有品牌的影响,令其搁置乃至最后消灭,而是要把它提升到联合利华全球品牌运作的整体策略中去,成为一个国际品牌。

(三)联合品牌

实施多品牌的第三种方式就是与另外的品牌联盟,形成联合品牌。如索爱是索尼打破多年来坚持的单一品牌策略后推出的第一个新品牌,其目的是为了强强联合——结合爱立信的通讯优势和索尼的消费娱乐设备的优势,打造"移动多媒体产品业界第一"。

与上述两种方式对比,联合品牌的优势在于投资较少,效益较大,可以相互借助品牌优势,取长补短。但缺点是企业对品牌的控制能力低,其中一方经营出现问题会殃及另一方;如果联合品牌中的另一方加入了多个联合品牌协定,还会带来过分暴露的风险,使品牌联想传递被削弱,淡化品牌的原有意义。

综上所述,是自创品牌、品牌收购还是与他人联合,决策者们在决定品牌培养方式时要考虑的3个关键问题是:速度、控制以及所需要的投资。理想的途径当然是能快速占领市场,严格控制品牌,以及以最低投资换来最大的回报。上述三种方式在这3个方面的优劣比较如表12-3所示。根据这三种不同途径的特点,公司再综合自身在品牌管理能力、经济实力、产品与市场的特点以及公司想要达到的目的等各方面的因素,选择建立多品牌的恰当途径。

表 12－3　三种方式的优劣势比较

方式	评价标准		
	速度	控制	投资
品牌自创	慢	高	中
品牌收购	快	中	高
品牌联合	中	低	低

第二节　品牌整合管理

在实践中，多品牌策略并不像想象中那么美好，它给企业带来了品牌管理上的严峻挑战，如何才能化整为零，让多品牌之间协同作战，发挥其规模优势，本节从品牌整合的角度探讨如何提升多品牌的作战能力。

一、品牌整合管理的意义

（一）品牌整合管理的提出

20 世纪最后 10 年，随着兼并、收购浪潮的兴起，新产品和新市场的不断出现，大型企业集团所拥有的品牌数量急剧增长，出现了品牌过剩的现象，品牌过多给企业带来了一系列的问题；新品牌无法与原有品牌有效整合，新品牌定位模糊，与原有品牌目标市场相互重叠；品牌过多造成了企业资源分散并影响了核心品牌的发展，企业竞争力下降。为此，大型企业集团开始了品牌缩减计划，对品牌数量进行大幅度的削减，宝洁公司在 1991 ~ 1994 年间取消了约 1/4 的品牌，世界 500 强排名第 29 位的 3M 公司两年内裁掉了近一半的品牌，品牌数量从以前的 1 500 个下降到 700 个左右，并严格控制每年推出的新品牌数量。从 2000 年开始，联合利华也开始了“品牌瘦身”计划，目标是将 1 600 个品牌减少到 400 个。

学者陈祝平提出，多品牌数量增加到一定程度时需要加以控制和调整，所谓品牌整合（Brand Integrating），就是企业对其多品牌组合进行结构性的调整，在此基础上，筛出弱势品牌并将它们的产品和业务并入强势品牌，以实现企业整个品牌组合范围经济效益的最大化[①]。这里我们提出，所谓品牌整合管理，是指通过管理的策略和手段，对品牌与品牌之间关系以及品牌与企业之间的复合关系进行结构性的调整，稳定结构、区别主次、优胜劣汰，以实现企业资源在品

① 陈祝平：《品牌管理》，中国发展出版社 2005 年版，第 214 页。

牌间的优化分配，最大限度地发挥多品牌的规模效应。

（二）品牌整合管理的意义

宝洁公司的品牌缩减为宝洁带来了市场份额的增长；联合利华的品牌瘦身，3 年来为公司节省了 16 亿美元的开支。品牌整合管理的成效卓著，其作用主要表现在以下几个方面。

1. 稳定结构。品牌整合有利于调整和优化品牌结构，保持品牌结构的稳定性。就力学角度而言，平面中三角形的结构最稳定，立体中四面体最稳定，这是因为点的均匀分布保持了受力的均衡。同理，最稳定的品牌结构也应该是由定位鲜明、界限清晰的各个品牌所组成。通过品牌整合，可以及时地发现品牌结构中的偏差、倾斜、重叠等不稳定的现象，实时进行调整，始终保持品牌结构的稳定性。

2. 区分主次。企业的资源是有限的，这就意味着要把企业有限的资源按照收益原则来进行分配。根据 80/20 原则，企业利润的 80% 的利润来自于 20% 的品牌。因此，品牌整合管理的重点就是要根据一定的标准区分金牛品牌、明星品牌和问号品牌、瘦狗品牌，进行分类管理，重点管理有市场规模和吸引力品牌，将企业资源进行有效分配，以免主次不分、轻重不分，让小品牌分散了资源，挤压了主力品牌的投入。

3. 优胜劣汰。宝洁公司从 1 300 多个品牌中淘汰了 500 多个品牌，联合利华要从 1 600 个品牌中淘汰 1 200 个品牌，如何从中众多品牌中作出选择呢？这个时候就要引入品牌整合管理思想，本着优胜劣汰的原则，从众多品牌中筛出弱势品牌加以淘汰，让强势品牌脱颖而出。

二、品牌整合管理的对策

品牌整合管理的对策是多种多样的，我们从组织和品牌关系管理的层面提出如下解决方法。

（一）建立多品牌的管理组织

1. 引入品牌经理制。品牌经理制是品牌管理组织形式中的一种，是指在企业内部建立产品经理组织制度，以协调职能型组织中的部门冲突。具体来说就是企业为其每一个品牌都专门配备一名经理，对产品的开发、销售以及品牌相关方面的事情负全部责任，并统一协调各职能部门的工作，管理影响产品的所有环节。品牌经理制由宝洁公司于 1931 年创立。宝洁公司创建品牌经理制的目的十分明确，增强职能部门围绕品牌运作的协调性和统一性，保证各个部门的行动统一在“市场或消费者”之下，强化内部竞争意识。多年来，品牌经理制已先后被福特公司、娇兰公司、庄臣公司、通用公司先后采用。国内的健力宝、森达、上海家化等公司也相继引入了这一管理体制。实践证明品牌经理制有诸多优势。

(1)增强职能部门围绕品牌运作的协调性和统一性。传统的职能部门分工不明,谁都对品牌负责,谁又都不对品牌负责。而品牌经理体制下,品牌经理围绕品牌运作,各部门围绕品牌经理运作,大大提高了部门的运作效率,协调了各部门围绕其品牌做的种种努力,明确每个部门对每个品牌所承担的责任,消除部门之间的推诿、延宕,增强了职能部门围绕品牌运作的协调性和统一性。

(2)有利于维护品牌的持续发展和整体形象。品牌经理犹如培育品牌的保姆,不但在品牌形象和核心价值方面会始终如一地去保护品牌,而且,还能有效地消除销售过程中容易出现的短期行为。如宝洁公司的“汰渍”已销售 40 多年,“佳美”香皂已营销 60 多年,而“象牙”香皂已营销 110 年以上。

(3)以目标管理提升顾客价值。品牌经理需要对产品的销售额和毛利率指标负责,所以会严格控制各个环节的成本支出,一旦发现异常情况,便迅速做出反应。有效的控制成本和不断改进服务,可以提高产品的市场竞争力,丰富与提升品牌的价值。

长期以来,品牌经理制发挥了很大的作用,但也存在着如下不足:

(1)品牌之间竞争有余而合作不足。由于品牌经理围绕品牌进行运作,品牌与企业之间,品牌与品牌之间缺乏合作和协调。缺乏整体观念,冲突仍然存在。

(2)品牌经理的目标导向容易产生不顾公司整体利益的短期行为。

(3)品牌经理制缺乏统一的规划和领导。

2. 探索新的多品牌管理组织。基于品牌经理制的缺陷,一些企业开始探索新的多品牌管理组织的方法,主要动态有:增加品牌经理管理的品牌数量,如品牌经理至少管理 3 个品牌;积极提倡品牌经理之间的合作和协调;在品牌经理制的基础上增设类别品牌管理层,赋予其利润责任和职能权限,由类别品牌经理统一管理同一品类的品牌,减少了企业内部各品牌之间的无序竞争;建立企业高层次品牌管理机构,通常由一名高级副总裁主管等。新的多品牌管理组织的构架由 3 个管理层次组成。

(1)基层:产品品牌管理,由产品品牌经理负责。任务是了解顾客对品牌的看法,向企业的生产、研发和营销部门反馈市场信息,并参与产品的研发和技术设计,并在营销部门的配合下,负责品牌的营销。

(2)中层:类别品牌管理,由品类经理负责,管理属于该类别的所有品牌。任务是协调品类内部各品牌之间的关系,协调本类别品牌与其他类别品牌之间的关系;防止同一类别的各品牌之间竞争过度,合理分配资源。

(3)高层:企业品牌管理,由企业高层管理负责。任务是从战略发展的高度对品牌进行规划和管理,从全局出发,以整体利益为重,对企业品牌实施系统管理,发挥它们对基层品牌的指导作用。负责企业品牌管理的高层管理人员叫首席品牌官、品牌总监或 CBO(Chief Brand Officer)。

资料链接

首席品牌官

随着全社会品牌意识的提高，国内某些企业开始设立首席品牌官(CBO)。首席品牌官是和首席执行官(CEO)并列的一个商层职位，全面负责企业发展中的品牌营造、维护、宣传和推广等相关事宜。也有企业采取了设立品牌经理的做法，使其与市场、财务、人事经理等重要职位相提并论－

首席品牌官的设立，是企业管理的一项机制创新，即把品牌专管提上管理日程。所谓品牌专管，指的是企业设立专人或专门机构，对自有品牌实行专业化管理。品牌之所以需要专管，首先在于它是企业最大的一笔无形资产。尽管这笔资产在许多企业还没有被列入财务报表，但它的确为企业所有，是企业人力、物力和财力的长期积聚，比如，为树立企业形象和商品信誉，争取特许经营等，不得不拿出的大量劳务投入；为形成核心竞争力，增加商品与服务的高科技含量，收购利用发明专利、设计权著作权、计算机软件、集成电路布图等，不得不拿出的大量知识投入；为扩大商品或服务的知名度，尽可抢占市场份额，强化商标、商号、域名的标志功能，不得不拿出的大量标志投入；为了实现上述目的，形成长期不断的公关广告投入等。实践证明，这些集聚在品牌周围名目繁多、数额巨大的劳务、知识、标志和公关广告资产，只要经营得法并持之以恒，其资产总额完全有可能赶上甚至远远超过有形资产。

品牌需要专管的第二个理由，在于它是企业生存发展的命脉所系。品牌意味着竞争力、意味着商誉、意味着市场份额。在一定意义上甚至可以说，企业的厂房、机器等全部有形资产和所有人力资源，统统有赖于无形资产，特别是有赖于其中居于核心地位的品牌来为它们赋予意义。一旦品牌出了问题，或者简而言之，牌子倒了，那么厂房机器只能闲置，工人和技术人员只好遣散，企业随之走到了尽头。反过来，哪怕一把大火把机械厂房全部烧毁，灾难过后，只要品牌挺立，就不愁找不到贷款，聚不起人才，赢不到新的生存与发展空间。

品牌专管的第三个理由，是以信用抵押的特殊形式解决困扰市场交易的信息不对称障碍。品牌专管的重要作用在于企业通过抵押自身产品信誉，使消费者能够逾越因“不对称信息”而产生的消费障碍，也就是让消费者“买牌子、买名牌，心里有底”。这无疑对坚定消费信心、扩大市场交易规模大有裨益。

还有，随着全国人均 GDP 超过 1000 美元，全社会的初始消费选择逐渐由讲成本转向讲品牌。社会富裕程度的不断提高，将导致非品牌不准入市场、非名牌不能进名店的现象。我们虽然不能说"购买品牌"的时代已经到来,但随着知识产权概念的深入人心,品牌塑造、品牌经营的年代的确在日益逼近。从这个意义上来说,品牌专管是时代的需要,是经济社会发展的必然要求。

资料来源:张敏:《从 CEO 到 CBO:凸现品牌管理效应》,《解放日报》,2005 年 1 月 17 日。

(二)品牌关系管理

品牌关系管理是整合管理非常重要的方面,要通过关系管理,对品牌与品牌之间关系以及品牌与企业之间的复合关系进行结构性的梳理和调整。

1. 明确品牌定位,稳定结构。各品牌鲜明的定位和清晰的界限有助于保持品牌结构的稳定性。多品牌的战略意图在于用不同的品牌之间的差异化,实现错位经营,起到广泛覆盖市场、增加市场份额的作用。如果品牌之间定位不鲜明、差异不明显、目标市场重叠,那么不仅起不到协同作战的目的,反而会引起内讧。如某白酒企业非常精心地推出一个自认为定位比较清晰的白酒新品牌,通过强大的市场推广,该白酒品牌迅速崛起,但不久却发现,企业原来的老品牌市场份额大幅度萎缩。原来这两个品牌所针对的目标消费群是基本一致的,而产品在消费者看来并没有显著差异,新品牌的市场份额的增长必然带来老品牌市场份额的下降。

尽管完全做到品牌之间没有竞争是不可能的,但关键是要能给消费者带来差异化的品牌感受。因此,各个品牌的定位要清晰,最大限度地保证企业内部多品牌之间的错位经营。欧莱雅公司将中国的消费群分割成不同的细分市场,并为每一个细分市场提供不同的品牌(参见表 12-4)。各个品牌之间的界限明晰,特色鲜明,都有自己的市场空间以及单独的销售渠道,多种品牌相互辅助、互为补充,保持了品牌结构的稳定性,既促进了企业的内部竞争,又有效地实现了市场扩张。

表 12-4　欧莱雅各品牌的目标市场与市场定位

品牌名称及档次		目标市场与市场定位
高端	赫莲娜	"超越时代之美";"美容界的科学先驱";提倡美容科学; 消费群体的年龄相应偏高,具有很强的消费能力
	兰蔻	护肤、彩妆及香水系列的极品; 消费者年龄比赫莲娜年轻一些,具有相当的消费能力
	碧欧泉	秉承"高尚的生活格调源于简约自然的保养"的护肤理念; 面向具有一定消费能力的年轻时尚消费者
	植村秀	专业彩妆、高档护肤品及专业化妆工具; 面向时尚、具有国际视野的高收入年轻女性

续表

品牌名称及档次		目标市场与市场定位
中端	薇姿	提倡健康护肤的理念 面向崇尚自然美的较高收入的年轻消费者
	理肤泉	皮肤疾病的辅助性治疗产品 面向问题型肌肤的消费者
	巴黎卡诗	“洗、护、韵”美发理念； 面向中高端的专业美发产品
	欧莱雅	“与众不同，展现自我”； 面向中高端的专业染发产品
低端	巴黎 欧莱雅	“巴黎欧莱雅，你值得拥有”，提供护肤、彩妆及染发品； 面向大众消费群体的高档化妆品
	羽西	秉承“专为亚洲人的皮肤设计”的理念； 面向大众消费群体的中高档化妆品
	美宝莲	亲和、时尚、活力、朝气，“美来自内心，美来自美宝莲”； 面向大众消费群体的彩妆品牌
	卡尼尔	以“健康之源美于自然”为宗旨，致力开发天然美容产品； 面向大众消费层的天然美容产品
	美奇丝	提倡“激情美发”的专业美发产品； 面向低端市场 20～30 岁的年轻、时尚人士
	小护士	“自然精华，健康肌肤”； 面向低端市场追求自然美的学生群体

2. 遵循 80/20 原则，区分主次。一方面由于各个品牌相互独立，各自服务相应的细分市场，很难从表面看出品牌的主次关系；另一方面，品牌经理们都希望自己培育的品牌能不断发展壮大，向企业争取投入更多的资源和预算。结果是企业把有限的资源进行了“平均分配”，最后每个品牌都因缺乏足够的资源支持而没有真正成长起来。因此，对每一个品牌平等对待并不是正确的品牌管理方式。根据 80/20 原则，企业利润的 80% 是由 20% 的品牌所贡献的。欧莱雅集团一共拥有 500 多个品牌，其中 17 个是国际知名的大品牌，占有着欧莱雅集团销售总额的 94%，这 17 个品牌是欧莱雅管理的重点。联合利华集团 76% 的销售额来自于 1 600 个品牌中的 400 个品牌。所以，企业与其将资源平均分配，遍地开花，不如将有限的资源集中到重点品牌的经营上，采取分类管理的策略，将管理的重点放在有发展潜力和发展规模的品牌上。那么，如何从众多的品牌中找出应该重点培育的品牌呢？

联合利华的标准是有吸引力、有规模和有潜力。是否有吸引力和有规模，建立在消费者对品牌的理解上，是来自实践的标准，从理论上来讲我们可以借鉴区分企业战略经营单位的波士顿矩阵分析法。波士顿矩阵以市场增长率和市场份额为横纵坐标将企业的战略经营单位分成了四类：金牛类、明星类、问号类和瘦狗类。这里，可以用品牌的市场增长潜力和品牌的相对市场份额作为两个衡量指标。横轴表示品牌的相对市场份额，虽然市场份额并不等同于品牌创造利润的能力[①]，但比较容易量化，可以通过市场调查得到相关数据，也能够在一定程度上反映出问题。纵轴表示品牌的市场增长潜力，包括品牌的市场前景、竞争能力、品牌忠诚度和美誉度等因素。

通过波士顿矩阵图，品牌被分成了四类：金牛品牌、瘦狗品牌、明星品牌和问号品牌（参见图 12－4）。每类品牌都有其不同的特点，企业要分而治之。

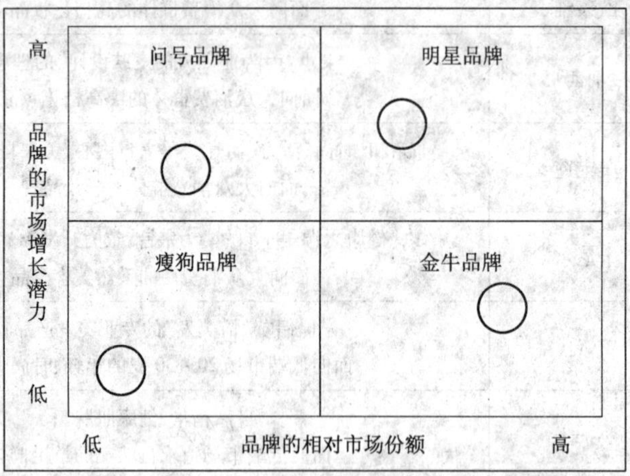

图 12－4　品牌的波士顿矩阵分析

（1）金牛品牌：指增长率低但市场份额高的品牌。金牛品牌已经拥有稳定的市场份额，甚至拥有了一定的品牌忠诚度，能源源不断地为企业提供现金流，是企业的主要利润来源。企业无须为此类品牌做过多的市场推广和高额投资，但仍需要投入一定的资源保持住现有的市场份额。例如，占欧莱雅销售总额的 94% 的 17 个品牌便属于典型的金牛类品牌。

（2）明星品牌：指增长率和市场份额都较为理想的品牌。这类品牌拥有良好的市场发展前景，是企业的“明日之星”，故称之为明星品牌。它是企业重点培育的对象，对于这类品牌企业要加大投资力度，稳步提升市场份额，提高品牌

① Vishwanath. Vijay & Mark. Jonathan “Your Brand's Best Strategy” Harvard Business Review May/June 1997 Vol. 75 Issue 3，p123.

的赢利能力，使之早日转化为金牛品牌。被收购的“中华”牙膏，在联合利华的国际化改造下，正重新焕发生机，由于功效不错，价格适中，市场份额稳步提升，甚至在有些区域市场超过了高露洁和佳洁士，可谓典型的明星品牌。

(3)问号品牌：指市场增长率高但市场份额较小的品牌。问号品牌往往是企业在市场上推出的新品牌，市场形势变幻莫测，此类品牌可能会成长为明星品牌，也可能变为瘦狗品牌。企业对此类品牌的投入应谨慎行事，步步为营，根据市场的变化采取适当的策略。比如，植村秀和美奇丝便属于欧莱雅品牌阵营中的问号品牌，虽然市场增长率比较可观，但因为刚刚进入中国市场，在市场上取得成功还要假以时日。

(4)瘦狗品牌：指市场增长潜力和市场份额都不理想的品牌。此类品牌已经没有扶持的必要，否则只会牵制企业的其他品牌，造成资源的浪费。它是企业应该收缩、淘汰的对象。正在从中国市场上消失的“洁诺”曾经是联合利华在全球推广的国际品牌，但由于价位较高，品牌形象模糊，所以联合利华正在考虑逐步收缩“洁诺”，其重点扶持的地位将被“中华”取而代之。

通过波士顿矩阵分析法，我们可以非常清晰地了解到企业旗下所有品牌的布局，明确品牌的角色，了解企业资源配置合理与否，帮助企业制定科学合理的多品牌策略。

3. 设计品牌角色，分而治之。一个多品牌阵营，就像一支球队，每个品牌都在其中担当重要的角色，企业就犹如教练员，要识别每个品牌的优势和特点，设计恰当的角色，保证这支队伍所向披靡、无往不胜。战略品牌大师凯勒在《战略品牌管理》一书中，根据品牌担当的不同角色将其分为四大类：主力品牌、侧翼品牌、高档品牌和低档品牌。

(1)主力品牌是企业的核心业务，是企业利润的重要来源，也是与竞争品牌抗衡的主要武器。它有可能是金牛品牌，给企业创造利润并提供现金流；也有可能是明星品牌，有着相当不错的市场前景，最有潜力转化为金牛品牌。分别占欧莱雅集团高、中、低端市场第一位的兰蔻、薇姿和美宝莲三大品牌可以视做欧莱雅的主力品牌。

(2)侧翼品牌又称为“斗士”品牌，其主要角色就是创造与竞争品牌更多相似之处，遏制竞争对手，以维持更重要的(或赢利更多)主力品牌的理想地位。它不宜过分廉价，否则会对其他品牌产生不良影响；也不宜太富吸引力，否则会抢走主力品牌的市场。

(3)低档品牌和高档品牌分别是“交易制造者”和“形象塑造者”。低档品牌价位相对较低，利润空间很小，但能够把消费者吸引到销售点，从而能借机劝说消费者购买更高价位的品牌。高档品牌定位较高，其价位可能让大多数消费者都望而却步，但却有助于提高整个品牌阵营的形象和品味。这些品牌或许并不能为公司带来多少利润，但它们的存在有助于促进其他品牌的销售。

企业对每个品牌在品牌阵营中所扮演的角色都必须有一个明确定位，包括职责和分工。明确品牌角色，才能避免角色冲突，充分发挥每一个品牌的作用。

4. 建立品牌关联，共享资源。多品牌虽然强调各品牌之间有明确定位、相互独立、分而治之，但品牌整合管理强调的是合中有分、分中有合，品牌之间也应保持一定的内在关联性，尤其是同一类别品牌之间的相互关联。其目的是在企业资源有限的前提下，保证品牌之间形成良好的资源整合和资源共享。这种共享可以表现在采购、生产、渠道、推广、财务和人力等各个环节，比如，成立完善的技术研发平台、采购平台和整合渠道资源等。品牌之间资源的高效整合与共享是欧莱雅集团取得成功的关键，尤其体现在技术和渠道方面。

在技术方面，欧莱雅尽量发挥技术平台的共享效应。卡尼尔原本是欧莱雅收购的一个染发品牌，但在欧莱雅的国际化策略的改造下，卡尼尔研究中心已经成为欧莱雅产品开发、研制的重要技术平台。小护士被其收购后即被归入卡尼尔研究中心，卡尼尔研究中心的创新能力和高科技的技术含量立刻在"全新小护士"上展现出来。收购前的"小护士"产品的主攻方向一直是"维他营养及防晒系列"，欧莱雅收购"小护士"后，在保持其原有产品风格不变的基础上，推出了高科技的新产品——"清泽"和"亮白"系列，大大提升了产品的市场竞争力。

在渠道方面，欧莱雅也十分注重整合渠道资源。欧莱雅的渠道策略是根据业务特点来设计的，欧莱雅的四类业务分别对应四种渠道，高档化妆品业务经严格挑选的高档百货专柜销售；大众化妆品业务经大众化的商场或超市销售；专业美发产品业务限发廊和专业美发店销售；活性健康护肤品业务由药店专售。这种方式既体现了渠道差异化，同时各个业务内部品牌之间又共享了渠道资源，比如，欧莱雅后推出的"针对敏感肌肤"的药妆品牌"理肤泉"就是搭了"薇姿"渠道的便车，在很短的时间内实现全球大范围上市铺货，充分体现了渠道整合的优势。

5. 发挥企业品牌对产品品牌的拉动作用。多品牌策略中品牌关系的管理还包括企业品牌和产品品牌之间关系的管理，要充分发挥企业品牌的杠杆作用，从而撬动企业的整个品牌阵营。宝洁、联合利华、欧莱雅等大型集团虽然从不刻意宣传企业品牌，但深知企业品牌的重要性，将营销推广跨越产品品牌宣传，把光芒聚焦到企业品牌上来，最终将形成一股激活产品品牌的能量。宝洁公司对社会的承诺是做有高度社会责任感的公司，从 1952 年公司建立"宝洁基金"以来，每年在全世界的捐款超过 5 000 万美元；联合利华 2004 年全球公益投入 6 350 万欧元，全球员工中平均每十人就有一人参加公益活动。着力营造企业品牌的结果就是，其传播影响顺畅地传递到旗下任何一个品牌身上。

6. 关注品牌动态，适时调整。品牌角色和品牌地位并不是一成不变的。随着产品本身、市场需求和竞争状态的变化，品牌结构也会出现新的变化。有效的品牌管理需要以长远和动态的眼光来进行决策，仔细考虑投资组合中不同品牌的作用和关系。品牌转移、品牌引进和品牌退役是调整品牌结构的 3 种方式。当某种品牌不能满足消费者的需求和期望时，要通过品牌转移使消费者在同类产品中进行选择，避免转向其他公司的品牌；赢得新顾客且留住新顾客是品牌引进的关键，要在适时推出新品牌赢取新顾客的同时，稳住老顾客，给老顾客更多的选择；品牌退役是指品牌是有生命周期的，到了品牌的衰退期，就要考虑是否该淘汰某品牌。

第三节　品牌管理的趋势

21 世纪市场的日新月异和越来越多样化的消费需求给品牌管理提出了新的课题，传统的品牌管理显得力不从心。企业在实践层面进行着积极的探索，学者在理论层面进行着积极的研究，品牌管理的新趋势就是在这样的情况下出现的，“品牌领导模式”也是在这样的背景下提出的。

一、品牌管理的趋势

随着品牌及品牌管理所面临的环境的变化，传统品牌管理模式的弊端不断显现出来，品牌管理的变革将会从小到大、从浅入深呈现以下 3 个阶段的变化趋势。

（一）第一阶段：品牌管理组织变革

前面在谈品牌经理制的缺陷时已经谈到这种品牌管理组织变革的必然性。新型的品牌管理机构是金字塔形的结构，金字塔的最上层的是首席品牌官、品牌总监或品牌管理委员会，金字塔的中层是品类品牌经理，而金字塔的基层则是各个产品品牌经理。组织变革的方向就是弥补品牌经理制的不足，强化企业品牌、品类品牌的管理职能，以及品牌战略管理职能。如今，很多跨国企业已经开始采用这一新的组织形式。比如，耐克、大众、微软等公司都设有首席品牌官或品牌总监这一职务。美国金融市场第三品牌大通曼哈顿银行更是从基层到高层都全面实施了品牌管理的变革：公司的基层是品牌经理型的业务主管，负责公司单个品牌战略的开发和实施，公司上层还设有品牌管理委员会，成员由高层管理人员组成，直接向银行的董事会汇报工作。

新型的品牌管理组织对品牌管理团队的成员提出了更高的要求：品牌管理人员必须具有市场、品牌方面的专业理论和实践经验；必须对目标消费群体的需求和个性有深入的感性认识和理性认识；要有敏锐的洞察力和锐意进取的创新意识；自身的价值观要与品牌的核心价值保持高度一致；应该以更宽广的胸怀吸收外部专家的加入并接受内部人员的监督等。

(二)第二阶段:建立品牌驱动的业务流程管理体系和绩效考核体系

未来的品牌管理主张,品牌管理不再是某一个部门的某些环节的工作,而是从战略的高度、品牌的角度对企业运营流程进行整体管理和监控,并建立起品牌驱动的业务流程管理体系和与之相配套的品牌管理绩效考核体系。传统的品牌管理将品牌管理职能放在营销部门,认为从事广告、公关、促销策划等工作内容就是品牌管理。事实上品牌管理的内容贯穿于产品设计研发、质量控制、渠道管理、价格管理、广告、公共关系、促销、售后服务、供应链管理、人力资源、投资、预算、外部并购和危机管理等几乎企业所有运营流程的始末。品牌驱动型的业务流程管理体系不仅强调协调、沟通,更强调监控;不仅要监控营销行为,更要监控与品牌有关的所有企业经营决策(如投资、预算、收购和兼并等)对品牌可能造成的影响。

品牌驱动的业务流程管理体系决定了品牌管理组织及其职能的变化,品牌管理工作的最高统帅机构——首席品牌官或品牌战略管理委员会要从全局出发,从战略的高度对品牌实施系统管理;品牌经理除负责各项品牌建设与管理的日常工作之外,要对品牌管理制度在企业流程中的执行情况进行监控,就品牌管理事宜进行跨部门跨职能的协调等。同时,还要建立科学的绩效考核体系,对品牌管理的执行情况进行严格的考核。有依据品牌周期制定的阶段性目标考核;也有由品牌知名度、品牌认知度、品牌联想度、品牌美誉度和品牌忠诚度等可量化指标构成的品牌资产考核,还有市场占有率、品牌溢价能力和品牌管理成本等业绩指标的考核,从而形成科学而全面的品牌驱动绩效考核体系。

(三)第三阶段:从品牌管理到客户关系管理

在信息技术不发达的过去,在直接实施客户关系管理不现实的情况下,品牌是帮助消费者减少消费成本以及帮助维系企业与客户关系的最佳方式。但日趋发展的信息技术给品牌管理提供了新的方式,通过先进的信息技术,企业可以识别和发现客户,可以巩固与客户之间的关系。信息技术使得企业进行直接客户关系管理已经变得可行。如果企业管理的重心由品牌转移到客户关系,整个企业的管理组织结构将会发生彻底的变化。过去以品牌为中心的管理组织将要变革为以客户群为中心的管理组织。一个企业可能服务于几个目标客户群,因此将围绕这几个客户群形成客户关系经理制的组织结构。

以客户关系为中心的组织与以品牌为中心的组织是两种完全不同的组织架构。过去品牌经理制度中,品牌经理是品牌的领导者,他的职责是使品牌的效益和效应最大化,公司市场研究、营销研究及广告、公关都是以品牌为中心进行的。但是客户关系经理制度中,客户关系经理的职责是建立和维持与各自目标客户群的关系,实现向目标客户群提供价值的最大化。在这种架构下,市场研究、营销研究及广告、公关乃至品牌都是为目标客户群体服务的。传统意义上的品牌经理或产品经理的职责将转变为在整个组织结构中作为一个产品专家或品牌专家出现,起支持性或辅助性的作用,帮助公司客户关系经理发展其目标所需的产品或品牌。

二、品牌领导的兴起

品牌管理的变革不可能在短期内全部实现,因而不可避免地带有预测的色彩。现阶段一种新兴的品牌管理模式——“品牌领导”在实践中的运用值得我们关注。大卫·艾克在《品牌领导》一书中写到:“一种新的模式正在宝洁和其他公司里逐步取代传统的品牌管理系统,我们称为‘品牌领导’的这个新兴模式与旧模式完全不同(参见表12-5),它注重战术,更注重战略,其视野更开阔,不但为销售,更为品牌识别所驱动。”①品牌领导模式不仅适用于多品牌的整合管理,作为一种全新的品牌管理系统对于实施各种品牌策略的企业都是适用的。品牌领导模式的优势主要表现在如下几个方面。

表12-5　品牌领导模式与传统品牌管理模式的区别

传统品牌管理模式	品牌领导模式
从战术管理到战略管理	
战术型　及时反应	战略型　具有远见
品牌经理资历浅、经验少	品牌经理资历深、处于企业高层
概念模式——品牌形象	概念模式——品牌资产
着眼于短期效益	发展品牌资产评估
从有限的焦点到广阔的视野	
着眼于单一产品和市场	跨产品和跨市场管理
单一的品牌结构	复杂的品牌架构
着眼于单一品牌	多元品牌——目录管理
多国化——每个国家配备一个品牌管理小组	全球观念
品牌经理协调传播团队	传播团队有专门领导
品牌处在一个职能化的组织中	品牌由个人或跨职能的团队进行管理
外向型的视野	依附于企业的文化和价值观
战略的推动者由销售转为品牌识别	
由销售和市场份额推动	由品牌识别推动
由产品带来品牌成功	由品牌带动一批产品市场成长

资料来源:[美]大卫·艾克:《品牌领导》,新华出版社2001年版,第10页。

① [美]大卫·艾克:《品牌领导》,新华出版社2001年版,第9页。

（一）从战术管理到战略管理

传统品牌管理模式中，品牌经理是战术型、反应型的，资历浅、经验少；新兴的品牌领导模式下的经理人才是战略型、谋划型，资历深、具有远见，是营销方面的顶级高手，位于企业高层。在传统的品牌管理模式下，企业主要以品牌形象作为概念模式，着眼于短期利益；新兴的品牌领导模式主张把品牌作为一项资产来管理，注重长期效应。

（二）品牌经理职能的拓展

传统品牌管理模式局限在单一产品和市场以及单一品牌结构，着眼于单一品牌的创建、发展和巩固。在这种模式下，品牌经理的沟通工作的范围也比较狭窄，内部的品牌沟通多被忽略。然而，在新的市场环境下，新兴的品牌领导模式中，品牌经理的职能大大拓展了，品牌经理面临更大的挑战，主要表现在：处理品牌的跨产品和跨市场管理，驾驭更为复杂的品牌架构，面临品类管理、跨国和全球品牌管理的新问题，领导和协调传播团队，促使品牌与企业内部与外部的其他品牌互相沟通、互相激励。

（三）从销售驱动到品牌驱动

在品牌领导模式中，指导品牌战略的不仅仅是销售和利润等短期效果，更重要的是品牌识别。明确一致、独特的品牌识别能帮助企业树立持久的竞争优势。品牌识别就是要将品牌希望能体现出的东西具象化，让消费者对品牌的感觉生动、具体。对于企业内部来讲，只有品牌识别的方向明确了，战略的执行才能有的放矢、行之有效。对于企业外部来说，只有品牌识别的内容明确了，才能帮助消费者进行消费品牌的决策。

在发展品牌识别的过程中，我们还需要明确的是，品牌识别的发展依靠的是对企业的消费者、竞争者和经验决策的全面理解，推动品牌价值的最终力量还是消费者。因此品牌策略必须建立在严格的市场细分策略基础上，同时对消费者动机有深入的了解，要分析影响消费者购买行为的真正动机。品牌识别还要差异化，体现出与竞争对手之间显著的区别。最后，品牌识别要反映经营策略，品牌识别不应承诺那些经营策略没有体现或表达的东西。

（四）重视客户需求管理

品牌领导模式重视对客户的需求管理。传统的品牌管理制是品牌驱动型而非客户驱动型，品牌经理集中全部精力把品牌推向每一个人，因此经常过分注重品牌以至于忘了市场。事实上市场是由客户的需求组成的，要赢得整个市场，就必须发现并满足客户的需求，这一点提醒企业不能再一味地以品牌为出发点，而必须以这些品牌所服务的消费者和中间商的需求为出发点。

这种理念高露洁公司早已付诸实施。它从管理高露洁牙膏这个品牌提升到管理所有的高露洁·帕默里夫牙膏这个品类，在实现类别管理的基础上发现了顾客的需求——口腔健康，因此高露洁把企业的注意力从品牌转移到了顾客需求管理上来——帮助消费者维护口腔健康。所有的品牌促销包括产品研发等企业经营策略都紧密围绕这一顾客需求，包括在全球建立“高露洁—福塞斯”改善全球口腔健康状况中心，在中国儿童中开展“甜美的微笑，光明的未来”口腔健康教育项目等，从而帮助高露洁建立起了持久的核心竞争优势。

案例分析

联合利华：瘦身之术　整合之道

提及“联合利华”，大部分消费者便会想起“有家，就有联合利华”，旗下为消费者所熟悉的知名日用消费品品牌有力士、夏士莲、凡士林、中华、奥妙、和路雪、洁诺、旁氏、老蔡、立顿、阳光、家乐、四季宝、好乐门和CK香水等。从1986年到2001年，联合利华在中国的投资共计约10亿美元，引进了100多项先进的专利技术，雇员约4 000多名中国员工，生产20多个品牌的产品，涵盖了人们日常生活的各个方面。目前，联合利华在华的业务主要分为三部分：①家庭及个人护理用品：联合利华股份有限公司——联合利华拥有股权77%，上海轻工控股（集团）公司控股23%，生产个人护理产品，品牌有中华、洁诺、夏士莲、力士、旁氏、多芬、凡士林和金纺；合肥利华洗涤剂有限公司与联合利华独资企业生产和销售洗涤剂、家庭清洁用品，如奥妙、芳草和阳光。②冰淇淋：和路雪（中国）有限公司——联合利华独资企业，本部在北京，并在北京、广州和江苏太仓设有工厂，生产梦龙、百乐宝、可丽波、可爱多等和路雪冰淇淋。③食品：联合利华百仕福（中国）食品有限公司——联合利华独资企业，本部在上海，生产家乐牌鸡精、酱油、速食汤料、好乐门调味酱、立顿黄牌精选红茶、老蔡酱油和京华茉莉花茶等。

从1999年开始，联合利华在全球实施整体瘦身行动，几乎囊括了各个战略层面，具体表现在四个方面：①品牌层面瘦身。从其1 600多个品牌中，精选400个重点推广，在中国推广还不到20个；②产品层面瘦身。果断退出非主营业务，专攻家庭及个人护理用品、食品及饮料和冰淇淋等优势系列；③企业组织架构瘦身。把14个独立的合资企业合并为4个由联合利华控股的公司，使经营成本下降了20%，外籍管理人员减少了3/4；④总成本领先。从2002年开始，联合利华一边在合肥兴建联合利华合肥工业园，一边将上海的生产基地逐渐关闭，逐步移至合肥，今后联合利华所有的日化用品的生产都将在合肥工业园实现，形成了统一的生产基地，联合利华的综合效益也因此提高了30%。

实施全球瘦身战略之后，联合利华在全球的业务取得了可喜的增长，2003年度其净利润比2002年度飙升了38%，达68亿美元之多，全

球拥有员工近29万人，在90个国家拥有生产基地，全球拥有近500余家分公司，是世界第一大冰淇淋、冷冻食品、茶和香皂制造商，世界第二位的牙膏和肥皂制造商，世界第三位的护发产品生产商。下面我们一起来分享联合利华的瘦身精髓！

20世纪90年代初，业务量庞大、人员及机构臃肿的联合利华，销售及利润增长日益放缓，此时如何提高企业发展速度，解决销售与增长中存在的问题，成为联合利华当务之急。基于此，1999年联合利华提出了全球瘦身战略，主要包括：集中优势品牌、与消费者再联系、探寻新的销售模式、分销方式、建立世界级的供应链、业务结构简单明了、构筑良好的企业文化。公司希望用5年的时间完成瘦身，到2004年公司的年销售额增长率达到6%，利润率达到16%。

品牌层面的瘦身与集中是整个瘦身战略中重要的组成之一，伊丽莎白·雅顿是联合利华20世纪80年代购买的品牌，当时联合利华希望进入高级香水市场，在最近的5年中，雅顿虽然有6%的业务增长，但是继续发展已有一些困难，所以出路只有重组或是卖掉。联合利华的品牌重组很大程度表现在对区域品牌的整合之上，尤其在品牌的取舍之上，尽显跨国企业的风范，以至重“中华”轻“洁诺”的结果让人惊讶不已。联合利华全球投资关系部官员阿·卡克思解释道：“虽然我们对一些著名的品牌有感情，但我们并不以这方面考察，如中国的中华牙膏，是一个为中国消费者建立、对中国消费者有吸引力的有规模的建立在对消费者良好的理解基础上的品牌，所以，中华牙膏是联合利华在全球市场都应重点发展的品牌。”

在过去的20多年中，联合利华将重点放在成长其家庭及个人护理用品、食品和冰淇淋的业务上，而退出了一些非主营的业务领域。阿·卡克思说：“目前集中发展的4个行业有13个类别，而13个类别下有近2 000多个品牌，但是联合利华75%的销售来自2 000多个品牌中的400个，这400个品牌的年增长率约为4.6%，有很高的利润，如果集中精力发展这400个品牌，必然对公司业务的增长有很大的益处。”他同时还指出：“从发展优势类别到发展优势品牌，这个过程我们会合并销售队伍、整合现有的品牌结构或者卖掉品牌”，显然，联合利华为了让这主要的400个品牌发展要做许多工作。那么如何选择这400个品牌？阿·卡克思对于选择标准的解释非常简单：“有吸引力，有规模，是否有潜力成为有吸引力和有规模的品牌，品牌要对消费者有影响力，看是否建立在对消费者的理解上”，但是实际上，联合利华却为选择这400个

案例分析

品牌而花了很长的时间，请看一些经过：

1998 年，联合利华公司以 80 亿美元的价格出售了旗下的特殊化学业务部门；2000 年，宣布与 FFI 香水公司签订协议，将公司旗下的香水品牌“伊丽莎白·雅顿”所属的业务、资产以将近 2.25 亿美元的价格卖给总部设在美国佛罗里达的 FFI 香水公司。

2003 年，联合利华公司把 4 个家用护理产品品牌出售给雷曼兄弟公司和 Witkoff 集团。出售的品牌包括：全球范围内的 Rit 品牌；美国、加拿大和波多黎各的 Final Touch 品牌；Sunlight 品牌在美国、加拿大和波多黎各 3 国的独家许可权；美国、加拿大、波多黎各以及其他几个地区的 Niagara 品牌以及 Niagara 品牌在几个中美洲国家和墨西哥的独家许可权。

香水名牌“伊丽莎白·雅顿”易主只是联合利华公司自今年 2 月以来逐步展开全球业务重组的一部分，未来的 4 年中该公司将把旗下的 1600 多个品牌合理整合，剥离一些不符合其总体发展战略要求的业务，以帮助企业尽快走向“增长之路”。伊丽莎白·雅顿易主后，旗下的 Cerruti，Lagerfeld，Chloe，Nautica 和瓦伦蒂诺（Valentino）等品牌的香水还将保留在联合利华，并归联合利华化妆品国际公司（UCI）所有。世界著名的香水品牌卡尔文·克莱恩（Calvin Klein）是联合利华化妆品国际公司的主要产品。

任何事物的发展在战略层面，总是以原点为终点，很多企业对品牌及多元化的需求上目标是好的，但方法上却是极端的。联合利华以及众多跨国企业进行品牌战略收缩的背后，同样是战略层面的原点回归，但实现的方法是有舍有取，舍弃与冷冻 1 600 多个品牌需要的不仅仅是勇气，更多的是舍弃得之间的正确战略认识。目前这 400 个品牌的增长率为 3.8%，与以往 3.5% 的增长率相比，虽然只是小小的进步，但足以让联合利华公司看到增长之路的未来。

在我们深度剖析联合利华的瘦身战略时，正面因素占据主要地位，但不可否认，在这一系列的战略背后，也暴露出联合利华不善于处理多品牌共存的局面，以及在品牌管理方面显得过于凌乱的弱点。在其洗发水领域，力士与夏士莲就存在同样的困境，定位不明确，在品牌的整体宣传层面上，缺乏深入人心的定位。在促销方面，联合利华花费了大量的资金，但却没有收到预期的效果。比如，在其最知名冰淇淋品牌“和路雪”初进中国时，联合利华采用了赠送冰柜的策略，但结果不仅是费力不讨好，还帮了倒忙，后来崛起的对手“伊利”等国产冰淇淋，都差

案例分析

不多受益于联合利华的冰柜。而在品牌管理方面,“力士”多年不敌“舒肤佳”的事实,亦给联合利华敲响了警钟,力士与舒肤佳无论在广告投放、创意表现等方面都不相上下,但就是输在销售的临门一脚上。透过现象,其根本原因是在品牌定位上,即销售驱动力的强弱。上述在品牌管理与建设中出现的一些问题,也从侧面加速了联合利华的瘦身战略,这一现象亦很重要。

总结他人,意在鉴己,联合利华的一系列战略部署促使本土企业更深入地考虑:如何实现企业在市场环境中处于有利的竞争地位?企业赢利的主要竞争战略在哪里?企业扩大市场份额最终凭借的是什么?如何实现企业的可持续发展?等等。联合利华一系列的瘦身战略背后所表现出来的战略决策之道,是非常值得本土企业学习的,瘦身只是手段,关键是瘦身的过程中,企业在自身实力、执行力、财力等方面资源有限的情况之下,如何运用战略工具作出适合的经营决策至关重要,要善于争取和发展相对优势与资源,而不是盲目的多元化。

资料来源:http://info. china. alibaba. com/news/detail/v5003374 - d5596956. html

本章小结

多品牌经营是在国内大企业中广泛运用的一种经营思路。本章首先选取了一些具有典型意义的企业,如宝洁、欧莱雅、五粮液、联合利华,分析其多品牌经营中所形成的独特的品牌结构。接着分析了多品牌经营的优劣势,适用条件及实现途径。多品牌经营必然涉及品牌整合,第二节探讨了品牌整合的意义与对策,品牌整合管理可以从多品牌的管理组织的建立以及品牌关系的管理两方面入手。最后一部分从品牌整合管理过渡到品牌管理的新趋势,并着重提出了“品牌领导模式”的概念。

思考练习题

1. 谈谈多品牌经营的优劣势。
2. 举例说明实现多品牌有哪几种途径。
3. 什么是品牌整合管理?品牌整合管理可以从哪些方面入手?
4. 联系实际,谈谈品牌管理的趋势。
5. 以一个实施多品牌策略的企业为例,谈谈它的多品牌架构。